Harro Otto

Aktienstrafrecht

Harro Otto

Aktienstrafrecht

Erläuterungen zu den §§ 399–410 AktG

1997

Walter de Gruyter · Berlin · New York

Sonderausgabe der Kommentierung der §§ 399 bis 410 AktG aus:
Aktiengesetz, Großkommentar, 4., neubearbeitete Auflage

Prof. Dr. Dr. h.c. *Harro Otto*,
o. Professor für Strafrecht, Strafprozeßrecht und Rechtsphilosophie
an der Universität Bayreuth

Die Deutsche Bibliothek – CIP-Einheitsaufnahme

Otto, Harro:
Aktienstrafrecht : Erläuterungen zu den §§ 399–410 AktG / Harro Otto. – Berlin ; New York : de Gruyter, 1997
ISBN 3-11-015654-7 Gb.

Printed in Germany
Satz und Druck: Arthur Collignon GmbH, Berlin
Einbandgestaltung: Thomas Beaufort, Hamburg
Bindearbeiten: Lüderitz & Bauer GmbH, Berlin

Vorwort

Das Aktienstrafrecht hat bislang weithin ein Schattendasein geführt, denn nur selten ist es zur Durchführung von Aktienstrafverfahren gekommen. Auch dann, wenn Vergehen nach dem Aktienstrafrecht angeklagt waren, wurde die Strafverfolgung wegen dieser Taten in der Regel eingestellt, wenn sich der Verdacht von Straftaten nach dem StGB in diesen Verfahren verdichtete. Dieser Sachverhalt scheint dazu geführt zu haben, daß die Sensibilität für strafbares Verhalten im Bereich von Aktiengesellschaften gelitten hat.

Zum einen begründen spektakulär herausgestellte Fälle in den letzten Jahren den Argwohn, daß selbst in großen Gesellschaften strafbewehrte Kommunikations- und Publikationspflichten nicht mit der hinreichenden Sorgfalt erfüllt werden, so daß Aktionäre auf Hauptversammlungen auch strafrechtliche Konsequenzen forderten. Besondere Beachtung fand in diesem Zusammenhang die Hauptversammlung der Daimler-Benz AG am 22. 5. 1996, auf der ein Verlust der Gesellschaft in Höhe von 5,73 Milliarden DM bekannt gegeben wurde. Noch ein Jahr zuvor hatte der damalige Vorstandsvorsitzende einen Gewinn in Aussicht gestellt, obwohl sich das wahre Ausmaß der Misere bereits abgezeichnet haben und in vertraulichen Papieren erörtert worden sein soll. Vergleichbare Vorwürfe wissentlich unrichtiger Information durch den Vorstand wurden u. a. auf den Hauptversammlungen der Bremer Vulkan Verbund AG, Philipp Holzmann AG und der Klöckner-Humboldt-Deutz AG erhoben. – Ein gegen die Vorstandsmitglieder und den Aufsichtsratsvorsitzenden der Daimler-Benz AG im Februar 1996 eingeleitetes Ermittlungsverfahren wurde von der Staatsanwaltschaft Stuttgart im Dezember 1996 eingestellt. Der ursprüngliche Anzeigenerstatter hat dagegen Beschwerde eingelegt.

Zum anderen erweist die Praxis stets erneut, daß leitende Personen von Unternehmen das Strafbarkeitsrisiko von Risikogeschäften nicht hinreichend einschätzen, weil sie offenbar davon ausgehen, daß Vermögensdelikte mit persönlicher Bereicherung verbunden sind. In dieser Fehlvorstellung liegen auch strafrechtliche Risiken, denn der Untreuetatbestand, § 266 StGB, setzt keine Bereicherungsabsicht voraus. Die Begründung unerlaubter Risiken für Vermögenspositionen der Gesellschaft führt unmittelbar zur Strafbarkeit, wenn sich diese Risiken realisieren. Die Wahrung der Interessen Dritter, z. B. eines Großaktionärs, kann eine Vermögensfürsorgepflicht gegenüber der Gesellschaft darstellen und ist damit gleichfalls als Untreue, § 266 StGB, relevant.

Schließlich läßt sich voraussehen, daß die Überprüfung der Angaben bei der Gründung der Gesellschaft oder Pflichtverletzungen bei Verlust, Überschuldung oder Zahlungsunfähigkeit der Gesellschaft einen neuen Stellenwert erlangen müssen, wenn es gelingen soll, das Vertrauen der Bevölkerung in die Aktienanlage zu erhöhen. Das aber ist nötig, um die im internationalen Vergleich geringe Anzahl der Aktionäre (in Deutschland besitzen nur rd. 5,5% der Bevölkerung Aktien, in Großbritannien rd. 16% und in den USA sogar rd. 21%) zu erhöhen und damit zugleich die Finanzkraft der Unternehmen zu steigern und größere Teile der Bevölkerung am Produktionsvermögen zu beteiligen.

Diese unterschiedlichen, zugleich aber eng miteinander verbundenen, auch strafrechtlichen Aspekte geben einer einheitlichen Darstellung des Aktienstrafrechts, die zugleich über die Vorschriften des AktG hinausgreift, ihre Legitimation.

Bayreuth, Januar 1997 Harro Otto

Inhaltsübersicht*

* Die Einzelheiten der Gliederung in den einzelnen Paragraphen ergeben sich jeweils aus den dem Gesetzestext folgenden Übersichten.

DRITTER TEIL

Straf- und Bußgeldvorschriften. Schlußvorschriften

Vorbemerkungen

Vor § 399

Übersicht

Schrifttum

Hinweis: Die §§ 399 ff sind z. T. Vorbild für die Formalisierung der strafrechtlichen Vorschriften des HGB gewesen, z. T. finden sich entsprechende Regelungen im GmbH-Recht. Die Kommentierung dieser Vorschriften gibt daher wesentliche Hinweise auch für die Erläuterung der §§ 399 ff.

1. Kommentare zum Aktiengesetz:

Baumbach/Hueck Aktiengesetz, 13. Aufl. 1968; *Fuhrmann* Aktiengesetz, in: Erbs/Kohlhaas, Strafrechtliche Nebengesetze, 119. Ergänzungslieferung 1996, Stand der Kommentierung des AktG: 1. 8. 1987; *Geilen* Aktienstrafrecht, 1984 (Sonderausgabe aus *Kölner Kommentar zum Aktiengesetz* 1. Aufl. 1970 ff); *Geßler/Hefermehl/Eckardt/Kropff* Aktiengesetz, Kommentar, 1973 ff, strafrechtliche Vorschriften, in: Bd. 4, 1994 (Bearbeiter: *Fuhrmann*); *Godin/Wilhelmi* Aktiengesetz, 4. Aufl. 1971; *Großkommentar zum Aktiengesetz* (GK), bearb. von Barz u. a., 4. Aufl. 1992 ff, strafrechtliche Vorschriften, in: Bd. 4, 3. Aufl. 1975, (Bearbeiter: *Klug*); *Hüffer* Aktiengesetz, Kommentar, 2. Aufl. 1995; *Kölner Kommentar zum Aktiengesetz* (KK), herausg. von Zöllner, 2. Aufl. 1986 ff; *Kropff* Aktiengesetz, 1965.

2. Kommentare zum HGB:

Baumbach/Duden/Hopt Kommentar zum HGB, 29. Aufl. 1995; *Heidelberger Kommentar zum HGB* (HK), hrsg. von Glanegger/Guroff/Niedner/Peuker/Ruß/Stuhlfelner, 4. Aufl. 1996; *Heymann* Handelsgesetzbuch, Bd. 3, 2. Aufl. 1997 (geplant).

3. Kommentare zum GmbH-Gesetz:

Baumbach/Hueck GmbH-Gesetz, 16. Aufl. 1996; *Hachenburg* GmbH-Gesetz, Bd. 3, 8. Aufl. 1990 ff (Bearbeiter der strafrechtlichen Vorschriften: *Kohlmann*); *Goutier/Seydel* GmbH-Gesetz, 1981; *Lutter/Hommelhoff* GmbH-Gesetz, 14. Aufl. 1995; *Meyer-Landrut/Miller/Niehus* GmbH-Gesetz, 1987; *Rowedder* GmbH-Gesetz, 2. Aufl. 1990 (Bearbeiter der strafrechtlichen Vorschriften: *Fuhrmann*); *Roth* GmbH-Gesetz, 2. Aufl. 1987; *Tiedemann* Kommentar zum GmbH-Strafrecht, 3. Aufl. 1995 (Sonderausgabe aus *Scholz*, Kommentar zum GmbH-Gesetz, 8. Aufl. 1993 ff).

4. Abhandlungen und Monographien:

Achenbach Diskrepanzen im Recht der ahndenden Sanktionen gegen Unternehmen, in: FS Stree/Wessels, 1993, S. 545; *Arloth* Zur Abgrenzung von Untreue und Bankrott bei der GmbH, NStZ 1990, 570; *Bieneck* Vermögensverschiebungen, in: Müller-Gugenberger (Hrsg.), Wirtschaftsstrafrecht, § 65; *Cobet* Fehlerhafte Rechnungslegung, 1991; *Cramer* Vermögensbegriff und Vermögensschaden im Strafrecht, 1968; *ders.* Rechtspflicht des Aufsichtsrats zur Verhinderung unternehmensbezogener strafbarer Handlungen und Ordnungswidrigkeiten, in: FS Stree/Wessels, 1993, S. 563; *Dannecker* Bilanzstrafrecht, in: Blumers/Frick/Müller (Hrsg.), Betriebsprüfungshandbuch, Loseblatt, Stand: Januar 1996, Rdn. 600 ff; *Dannecker/Fischer-Fritsch* Das EG-Kartellrecht in der Bußgeldpraxis, 1989; *Ewald* Untreue zwischen „verbundenen Unternehmen", Diss. Bochum 1980; *Geerds, Detlev* Wirtschaftsstrafrecht und Vermögensschutz, 1990; *Hamann* Das Unternehmen als Täter im europäischen Wettbewerbsrecht, 1992; *Handwörterbuch* des Wirtschafts- und Steuerstrafrechts (HWiStR), hrsg. von Krekeler/Tiedemann/Ulsenheimer/Weinmann, Stand: Mai 1990; *Hauke* Kriminalität im Management von Banken, 1972; *Hefendehl* Vermögensgefährdung und Expektanzen, 1994; *Heine* Die strafrechtliche Verantwortung von Unternehmen, 1995; *Hillenkamp* Risikogeschäft und Untreue, NStZ 1981, 161; *Hopt* Die Haftung von Vorstand und Aufsichtsrat, FS Mestmäcker, 1996, S. 909; *Jäger* Die Entwicklung der Rechtsprechung zur Aktiengesellschaft in den Jahren 1994–1996, WIB 1996, 457; *Kohl* Wirtschaftskriminalität – Wirtschaftsdelikte im Rechnungswesen der Unternehmung und ihre Bekämpfung, Diss. Mannheim 1991; *Kohlmann* Die strafrechtliche Verantwortlichkeit des GmbH-Geschäftsführers, 1990; *Labsch* Untreue (§ 266 StGB), 1983; *ders.* Die Strafbarkeit des GmbH-Geschäftsführers im Konkurs der GmbH, wistra 1985, 1, 59; *Lampe* Unternehmensaushöhlung als Straftat, GA 1987, 241; *Liebl* Die bundesweite Erfassung von Wirtschaftsstraftaten nach einheitlichen Gesichtspunkten, 1984; *Meyer* Die Strafvorschriften des neuen Aktiengesetzes, AG 1966, 109; *Müller-Gugenberger* (Hrsg.) Wirtschaftsstrafrecht[2], 1992; *Nelles* Untreue zum Nachteil von Gesellschaften, 1991; *Neudecker* Die strafrechtliche Verantwortung der Mitglieder von Kollegialorganen, 1995; *Otto* Der Zusammenhang zwischen Krise, Banktrotthandlung und Bankrott im Konkursstrafrecht, in: GedS R. Bruns, 1980, S. 265; *ders.* Straftaten leitender Personen von Banken, Beiheft zu ZStW 1982,

29; *ders.* Bankentätigkeit und Strafrecht, 1983; *ders.* Täterschaft und Teilnahme im Fahrlässigkeitsbereich, in: FS Spendel, 1992, S. 271; *ders.* Die Strafbarkeit von Unternehmen und Verbänden, 1993; *ders.* Die Auslegung ambivalenter Normen und ihre Bedeutung für die Strafbarkeit der verdeckten Sacheinlage, in: FS Gitter, 1995, S. 715; *ders.* Grundsätze der strafrechtlichen Produkthaftung nach dem „Holzschutzmittel"-Urteil, WiB 1995, 929; *Pernot* Actienunwesen, 1876; *Ransiek* Unternehmensstrafrecht, 1996; *Richter* Der Konkurs der GmbH aus der Sicht der Strafrechtspraxis, GmbHR 1984, 113, 137; *Riemann* Vermögensgefährdung und Vermögensschaden, 1989; *Roesler* Die strafrechtliche Verantwortlichkeit der Organe der Aktiengesellschaft, Diss. Leipzig 1908; *Schäfer* Die Entwicklung der Rechtsprechung zum Konkursstrafrecht, wistra 1990, 81; *Schlüchter* Der Kaufmann als Garant im Rahmen der unerlaubten Gewässerverunreinigung, FS Salger, 1995, S. 139; *Schmedding* Unrichtige Konzernrechnungslegung, 1991; *W. Schmid* Treupflicht-Verletzungen, in: Müller-Gugenberger (Hrsg.), Wirtschaftsstrafrecht, § 26; *Eb. Schneider* Die Untreue nach dem neuen Aktienrecht, Diss. Bochum 1972; *Schnellenbach* Die vorgesehenen Änderungen des Aktienstrafrechts im Regierungsentwurf zum Aktiengesetz 1960, Diss. Köln 1963; *ders.* Kritische Bemerkungen zum Aktienstrafrecht des Regierungsentwurfs eines Aktiengesetzes 1960, AG 1964, 57; *Schwarz* Das neue Aktienrecht, 1937; *Seher* Die aktienrechtliche Untreue in rechtsvergleichender Darstellung, 1965; *Stark* Strafbare Handlungen auf dem Gebiete des Aktienrechts (§§ 213 bis 319 HGB), Diss. Freiburg 1910; *Stratenwerth* Strafrechtliche Unternehmenshaftung? in: FS R. Schmitt, 1992, S. 295; *Tiedemann* Straftatbestand und Normambivalenz, in: FS Schaffstein, 1975, S. 195; *ders.* Tatbestandsfunktionen im Nebenstrafrecht, 1969; *ders.* Wirtschaftsstrafrecht, Bd. 2, 1976; *ders.* Grundfragen bei der Anwendung des neuen Konkursstrafrechts, NJW 1977, 777; *ders.* Handelsgesellschaften und Strafrecht: Eine vergleichende Bestandsaufnahme, in: FS Würtenberger, 1977, 241; *ders.* Die strafrechtliche Vertreter- und Unternehmenshaftung, NJW 1986, 1842; *ders.* Untreue bei Interessenkonflikten, in: FS Tröndle, 1989, S. 319; *ders.* Europäisches Gemeinschaftsrecht und Strafrecht, NJW 1993, 23; *ders.* Stichwort: „Auslegung", in: HWiStR; *ders.* Strafbarkeit von juristischen Personen?, in: Schoch/Stoll/Tiedemann (Hrsg.), Freiburger Begegnung, 1996, S. 30; *Volk* Zur Bestrafung von Unternehmen, JZ 1993, 429; *Vormbaum* Probleme der Gläubigerbegünstigung, GA 1981, 101; *Wehleit* Die Abgrenzung von Bankrott und Untreue, Diss. Kiel 1985; *Winkelbauer* Strafrechtlicher Gläubigerschutz im Konkurs der KG und der GmbH & Co KG, wistra 1986, 17.

5. Zu Fragen des allgemeinen Strafrechts ist verwiesen auf:

Arzt/Weber Strafrecht, B. T., LH3: Vermögensdelikte², 1986; *Dreher/Tröndle* StGB⁴⁷, 1995; *Jakobs* Strafrecht, A. T.², 1991; *Jescheck/Weigend* Lehrbuch des Strafrechts, A. T.⁵, 1996; *Krey* Strafrecht, B. T.1¹⁰, 1996; *Lackner* StGB²¹ 1995; *Leipziger Kommentar zum StGB* (LK¹⁰), herausg. von Jescheck/Ruß/Willms, 1978 ff; LK¹¹, herausg. von Jähnke/Laufhütte/Odersky, 1992 ff; *Maurach/Schroeder/Maiwald* Strafrecht, B. T.1⁸, 1995; *Nomos Kommentar zum StGB* (NK); herausg. von Neumann/Schild, 1. Aufl. 1995; *Otto* Grundkurs Strafrecht, A. T.⁵, 1996; *ders.* Grundkurs Strafrecht, B. T.⁴, 1995; *Roxin* Strafrecht, A. T. I², 1994; *Schmidhäuser* Strafrecht, B. T.², 1983; *Schönke/Schröder* StGB²⁵, 1997; *Systematischer Kommentar* (SK⁶), herausg. von Rudolphi/Horn/Günther/Samson, A. T., Stand: August 1995; B. T., Stand: August 1996; *Wessels* Strafrecht, B. T.–2¹⁹, 1996.

I. Die Entwicklung der Tatbestände

Die Aktiennovelle des Norddeutschen Bundes vom 11. 6. 1870 (BGBl. S. 375) be- **1**
freite die Aktiengesellschaften vom Konzessionszwang und von staatlicher Oberaufsicht. Das System der Konzessionspflicht wurde in ein System von Normativbestimmungen umgewandelt und mit der Einführung aktienrechtlicher Straftatbestände verbunden. Gründungsschwindel, Bilanzfälschung und -verschleierung sowie die nicht erfolgte Anzeige bei Überschuldung wurden unter Strafe gestellt.

Diese Strafbestimmungen wurden jedoch als unzureichend empfunden, nachdem **2**
in den folgenden Jahren durch den Zusammenbruch zahlreicher Aktiengesellschaften

Aktionäre und Gläubiger der Gesellschaften empfindliche Vermögensschäden erlitten und offenbar wurde, daß diese Verluste zu einem großen Teil auf rechtswidrige Verhaltensweisen der Organe der Gesellschaften zurückzuführen waren.[1] Das Vertrauen in die Aktiengesellschaften sank, das Aktienwesen wurde als „Aktienunwesen" (*Perrot*) begriffen. – Nach eingehenden Beratungen entschloß sich der Gesetzgeber, am Prinzip der Normativbestimmungen grundsätzlich festzuhalten, die Gründungsbestimmungen jedoch zu verschärfen und weiterem kriminellen Verhalten auf aktienrechtlichem Gebiet mit strengeren Strafvorschriften zu wehren.[2] Mit dem Gesetz betreffend die Kommanditgesellschaften auf Aktien und die Aktiengesellschaften v. 18. 7. 1884 (RGBl. I, 123) wurden die neuen Strafbestimmungen in das damals noch geltende ADHGB, Art. 249–249g, eingefügt. Besondere Bedeutung kam dabei den Vorschriften gegen aktienrechtliche Untreue, Art. 249, den Emissionsschwindel und die betrügerische Kapitalerhöhung, Art. 249a, sowie den betrügerischen Aktienhandel, Art. 249d Nr. 1, 2 zu. Diese Bestimmungen wurden mit Ausnahme des Art. 249d Nr. 1, 2, dessen Regelungen im Börsengesetz erfaßt wurden, im wesentlichen in das HGB v. 10. 5. 1897 (RGBl. I, 219), §§ 312–319, und sodann, ergänzt durch die Vorschriften über die Verletzung der Berichts- und Verschwiegenheitspflicht der Prüfer (dazu VO des Reichspräsidenten v. 19. 9. 1931 (RGBl. I, 493), in das Aktiengesetz v. 30. 1. 1937 (RGBl. I, 107), §§ 294–304, übernommen. Allerdings wurde durch das Gesetz von 1937 die Strafe in der Mehrzahl der Tatbestände verschärft. – Einschneidende Änderungen brachte dann das Aktiengesetz v. 6. 9. 1965. Der Tatbestand der aktienrechtlichen Untreue wurde gestrichen, weil dieser Sondertatbestand im Verhältnis zu § 266 StGB als überflüssig angesehen wurde, und durch Herabstufung von Straftatbeständen zu Ordnungswidrigkeiten – vgl. § 405 – fand die Tendenz der Entkriminalisierung Ausdruck.[3] Mit dem EGStGB v. 2. 3. 1974 (BGBl. I, 469 wurden die Tatbestände des Aktienstrafrechts dem neuen Strafrecht angepaßt. Weitere Änderungen erfolgten durch die Gesetze zur Durchführung der zweiten Richtlinie des Rates der Europäischen Gemeinschaften zur Koordinierung des Gesellschaftsrechts v. 13. 12. 1978 (BGBl. I, 1959) – Änderung des § 405 Abs. 1 Nr. 3, Einfügung von § 405 Abs. 1 Nr. 4 – und zur Änderung des GmbHG und anderer handelsrechtlicher Vorschriften v. 4. 7. 1980 (BGBl. I, 836) – Einfügung der §§ 399 Abs. 1 Nr. 6, 400 Abs. 2.

3 Mit dem Bilanzrichtliniengesetz v. 19. 12. 1985 (BGBl. I, 2355) wurden die Regelungen über Inhalt und Form der Eröffnungsbilanz, des Jahresabschlusses und des Lageberichts von Kapitalgesellschaften sowie des Konzernabschlusses und des Konzernlageberichts in das HGB übernommen. Dem Gesetzgeber erschien es sachgemäß, die Straf-, Bußgeld- und Zwangsgeldvorschriften, die im Zusammenhang mit der Aufstellung, Prüfung und Offenbarung dieser Übersichten stehen, in das HGB aufzunehmen (vgl. BT-Drucks. 10/317, S. 100; 10/3440, S. 46). Damit wurden Regelungen des geltenden Rechts zum einen aus Spezialgesetzen – auch dem AktG – in das HGB überführt, zum anderen aber auch ergänzt; vgl. im einzelnen dazu unter Rdn. 94ff. § 405 Abs. 1 Nr. 5 wurde aufgehoben. – Durch Gesetz v. 2. 8. 1994 (BGBl. I, 1961) wurde § 399

[1] *KK/Geilen* Rdn. 1f; *Roesler* S. 7; *Schneider* Untreue, S. 2f; *Schnellenbach* Änderungen, S. 3; *Seher* S. 12f; *Schwarz* S. 1; *Stark* S. 12f.

[2] Vgl. *Roesler* S. 8; *Schnellenbach* Änderungen, S. 3; *Seher* S. 12ff.

[3] Vgl. dazu *Meyer* AG 1966, 109f; *Schneider* Untreue, S. 14f; *Schnellenbach* AG 1964, 57ff. – Kritisch *KK/Geilen* Rdn. 8ff; *Scholz/Tiedemann* GmbHG, Vor § 82ff Rdn. 11. Im einzelnen zum Für und Wider des aktienrechtlichen Untreuetatbestandes *Seher* S. 2ff m. w. N.

Abs. 1 Nr. 1 ergänzt. § 399 Abs. 2 wurde durch das UmwBerG v. 28. 10. 1994 (BGBl. I, 3210) geändert. – Gemäß Art. 47 Nr. 12 des Einführungsgesetzes zur Insolvenzordnung v. 5. 10. 1994 (BGBl. I, 2911), das aber erst zum 1. 1. 1999 in Kraft tritt, werden in § 401 Abs. 1 Nr. 2 die Worte „des Konkursverfahrens oder des gerichtlichen Vergleichsverfahrens“ durch die Worte „Insolvenzverfahrens“ ersetzt.

Soweit sich zwischen den Strafvorschriften des HGB und des AktG Überschneidungen ergeben – vgl. § 400 Abs. 1 in Verb. mit § 331 Nr. 1, 4 HGB; § 404 Abs. 1 Nr. 2 in Verb. mit § 333 HGB – hat der Gesetzgeber den Bestimmungen des AktG subsidiären Charakter zugewiesen. Sie finden nur Anwendung, wenn die Tat nicht bereits nach den Vorschriften des HGB mit Strafe bedroht ist; vgl. §§ 400 Abs. 1 Nr. 2, 404 Abs. 1 Nr. 2. **4**

II. Überblick über die Tatbestände

Im AktG sind die Straf- und Ordnungswidrigkeitentatbestände in den §§ 399–404, § 405 geregelt. – Darüber hinaus ermöglicht § 407 in bestimmten Fällen die Festsetzung von Zwangsgeld. – Die Gleichstellungsklausel des § 408 erstreckt den Anwendungsbereich der §§ 399–407 auf die Kommanditgesellschaft auf Aktien; die für Vorstandsmitglieder geltenden Vorschriften finden auf die persönlich haftenden Gesellschafter Anwendung. **5**

Die einzelnen Tatbestände: **6**

1. § 399: **Falsche Angaben** (Vergehen)

Abs. 1 Nr. 1: Gründungsschwindel durch unrichtige Anmeldung
Nr. 2: Gründungsschwindel durch unrichtige Berichte
Nr. 3: Begebungsschwindel
Nr. 4: Kapitalerhöhungsschwindel
Nr. 5: Abwicklungsschwindel
Nr. 6: Unrichtige Angaben bei persönlicher Untauglichkeit
Abs. 2: Unrichtige Erklärungen bei Erhöhung des Grundkapitals

2. **§ 400: Unrichtige Darstellung** (Vergehen)

Abs. 1 Nr. 1: Unrichtige Wiedergabe von Gesellschaftsverhältnissen
Nr. 2: Falsche Angaben gegenüber Prüfern durch Gründer oder Aktionäre

3. **§ 401: Pflichtverletzung bei Verlust, Überschuldung oder Zahlungsunfähigkeit** (Vergehen)

Abs. 1 Nr. 1: Unterlassene Einberufung der Hauptversammlung und Verlustanzeige
Nr. 2: Unterlassener Konkurs- oder Vergleichsantrag (ab 1. 1. 1999: Unterlassener Antrag auf Eröffnung des Insolvenzverfahrens)
Abs. 2: Erstreckung der Strafbarkeit auf fahrlässiges Verhalten

4. **§ 402: Falsche Ausstellung oder Verfälschung von Hinterlegungsbescheinigungen** (Vergehen)

5. **§ 403: Verletzung der Berichtspflicht** (Vergehen)

6. **§ 404: Verletzung der Geheimhaltungspflicht** (Vergehen, Antragsdelikt)

7. **§ 405: Ordnungswidrigkeiten**

Abs. 1 Nr. 1: Ausgabe von Namens- oder Inhaberaktien
Nr. 2: Ausgabe von Aktien oder Zwischenscheinen vor Eintragung

	Nr. 3:	Ausgabe von Aktien oder Zwischenscheinen, die auf einen geringeren als den Mindestnennbetrag lauten
	Nr. 4:	Zuwiderhandlungen bei Erwerb und Veräußerung eigener Aktien
Abs. 2:		Unterlassene oder unrichtige Angaben zum Teilnehmerverzeichnis
Abs. 3	Nr. 1:	Aktiengebrauch ohne Vertretungsbefugnis und Einwilligung
	Nr. 2:	Aktienbenutzung nach Gewähren oder Versprechen eines besonderen Vorteils
	Nr. 3:	Aktienüberlassung nach Gewähren oder Versprechen eines besonderen Vorteils
	Nr. 4:	Aktienmißbrauch zur Ausübung des Stimmrechts
	Nr. 5:	Aktienmißbrauch durch Überlassen oder Benutzen von Aktien, die einem Stimmrechtsverbot unterliegen
	Nr. 6:	Stimmenverkauf
	Nr. 7:	Stimmenkauf

III. Ergänzungsfunktion des StGB und des OWiG

7 Folgerungen aus der Geltung der allgemeinen Bestimmungen des StGB und des OWiG für die einzelnen Tatbestände werden im Zusammenhang mit deren Erläuterung gezogen. Grundsätzlich zu beachten ist jedoch: §§ 399–404 erfassen Vergehen i. S. d. § 12 Abs. 2 StGB, denn in allen Fällen handelt es sich um rechtswidrige Taten, die im Mindestmaß mit einer Freiheitsstrafe von weniger als einem Jahr bedroht sind. Das bedeutet gemäß § 23 Abs. 1 StGB, daß diese Taten nur als vollendete Delikte strafbar sind, wenn das Gesetz selbst die Versuchsstrafbarkeit nicht ausdrücklich bestimmt, wie in § 402 Abs. 3. Auch der Versuch der Beteiligung an diesen Delikten, § 30 StGB, ist nicht strafbar.

IV. Anwendung der §§ 399 ff auf ausländische Aktiengesellschaften

8 Da die aktienrechtlichen Straftatbestände in enger Beziehung zu den im AktG geregelten Sachverhalten und damit zu den in diesem Gesetz geregelten deutschen Aktiengesellschaften stehen, hat die einstmals h. M. gefolgert, daß ausländische Gesellschaften durch diese Bestimmungen nicht geschützt werden: Da eine ausländische AG ihren Sitz nicht ins Inland verlege, wenn sie unter Beibehaltung ihres ausländischen Sitzes eine Zweigniederlassung in der Bundesrepublik Deutschland errichte, bleibe sie eine Gesellschaft ausländischen Rechts. Auf sie finden die Grundsätze des internationalen Privatrechts Anwendung. Die Straf- und Bußgeldtatbestände des AktG, welche den Schutzvorschriften dieses Gesetzes Nachdruck verleihen sollten, seien auf sie nicht anwendbar.[4]

9 Zutreffend hat *Klug*, Großkomm., 3. Aufl.[5], dagegen bereits kriminalpolitische Bedenken erhoben und geltend gemacht, daß diese Auffassung den europäischen Integrationsbestimmungen entgegenstehe. Auch sei es wenig überzeugend, wenn supranationalen Aktiengesellschaften der Schutz durch das Aktienstrafrecht versagt werde. – Hinzu kommt heute, daß die Beschränkung des Strafrechtsschutzes durch das Aktienstrafrecht auf deutsche Aktiengesellschaften ausländische Aktiengesellschaften diskri-

[4] RGSt. 68, 210, 211; BGH NJW 1997, 533, 534; *Fuhrmann* AktG, Vorbem. 2; *Geßler/Fuhrmann* AktG, Vor § 399 Rdn. 3.

[5] Vor § 399 Anm. 6. – Dazu auch *KK/Geilen* Rdn. 15; *Meyer* AG 1966, 117.

minieren würde. Das widerspricht der Idee der einheitlichen Binnenmärkte, so daß überhaupt nur eine Beschränkung des Strafrechtsschutzes gegenüber Gesellschaften aus dem EU-Ausland in Betracht käme. Diese Differenzierung ist jedoch kriminalpolitisch wenig sachgerecht.

Gleichwohl kommt der Problematik in der Praxis keine größere Bedeutung zu. Soweit nämlich die Strafvorschriften darauf gerichtet sind, Verpflichtungen nach dem AktG durchzusetzen und sicherzustellen, sind nur die nach diesem Gesetz verpflichteten Gesellschaften betroffen und damit nur deutsche Aktiengesellschaften. Soweit Strafvorschriften hingegen grundsätzlich dem Schutz der Gesellschaft dienen – zu denken ist hier an § 404 AktG – werden – entsprechend dem Schutz durch §§ 266, 263 StGB[6] – auch ausländische Gesellschaften geschützt. 10

V. Aktiengesellschaften und Wirtschaftskriminalität

1. Kriminalitätsbelastungen der Aktiengesellschaften

Der Aktiengesellschaft und dem Aktienstrafrecht kommen in der strafrechtlichen Praxis nur untergeordnete Bedeutung zu. Nach der auf der 42. Konferenz der Justizminister und Justizsenatoren seit 1974 eingeführten und 1985 abgeschlossenen „Bundesweiten Erfassung von Wirtschaftsstraftaten nach einheitlichen Gesichtspunkten" wurden in den Jahren 1974: 36, 1975: 39, 1976: 75, 1977: 53, 1978: 60, 1979: 83, 1980: 60, 1981: 101 Strafverfahren gegen verantwortliche Personen von Aktiengesellschaften und 1974: 0, 1975: 0, 1976: 1, 1977: 3, 1978: 1, 1979: 0, 1980: 0, 1981: 5 Verfahren gegen verantwortliche Personen von Kommanditgesellschaften auf Aktien durchgeführt (*Liebl* S. 143). Die Anklagen erfolgten wegen Betrugs, § 263 StGB, Bankrotts, § 283 StGB, Gläubigerbegünstigung, § 283 c StGB, Untreue, § 266 StGB, Steuerhinterziehung, Unlauteren Wettbewerbs u. a. (*Liebl* S. 474 ff). Nur in wenigen Verfahren beruhte die Anklage auf der Verletzung aktienrechtlicher Vorschriften. Betroffen waren 1974: 2, 1975: 3, 1976: 2, 1977: 4, 1978: 2, 1979: 2, 1980: 1, 1981: 1 Verfahren (*Liebl* S. 257). 11

Auch unter Berücksichtigung der Tatsache, daß die bundesweite Erfassung nur die mittlere und schwere Wirtschaftskriminalität betraf, die bekanntgewordenen Kriminalitätszahlen daher um eine erhebliche Dunkelziffer ergänzt werden müssen, lassen die erfaßten Daten keinen Schluß auf eine besondere Kriminalitätsbelastung der Aktiengesellschaften zu. Gleichwohl wäre auch der entgegengesetzte Schluß unrichtig, daß Aktiengesellschaften – von überall anzutreffenden Ausnahmefällen abgesehen – letztlich strafverhältnisfreie Sphären darstellen. Zum einen ist nämlich zu beachten, daß die Verfolgung von Straftaten nach dem AktG in der Regel eingestellt wird, wenn zugleich Straftaten nach dem StGB verwirklicht worden sind. Zum anderen werden Bilanzfälschungen und Unrichtige Wiedergaben der Verhältnisse von Gesellschaften in anderen Darstellungen in der Bundesrepublik Deutschland oftmals der Öffentlichkeit nur bekannt, wenn es zum Konkurs der Gesellschaft kommt und eine nachträgliche systematische Überprüfung auch und gerade im Hinblick auf die Buchführung vorgenommen wird (dazu *Tiedemann* FS Würtenberger, S. 253). Das darf aber nicht zu dem Eindruck führen, daß grobe Bilanzfälschungen oder Unrichtige Darstellungen der Verhältnisse der Gesellschaft heute im üblichen Geschäftsleben kaum noch anzutreffen sind, soweit 12

[6] Vgl. auch *KK/Geilen* Rdn. 15; *Klug* Großkomm., 3. Aufl., Vor § 399 Anm. 6.

es sich um die Rechtsform der Aktiengesellschaft handelt (**a. A.** *Tiedemann* FS Würtenberger, S. 254). Darüber hinaus ist auffällig, daß durch die Jahre hindurch der Untreue, § 266 StGB, nach Zahl und Schadenshöhe besondere Bedeutung zukommt (*Liebl* S. 478, 487).

2. Spektakuläre Fälle

13 *Vorwürfe* der *Bilanzfälschung*, §§ 331 HGB, 400 AktG, der *Unrichtigen Darstellung*, § 400 AktG, und der *Untreue*, § 266 StGB, gegen leitende Personen börsennotierter Gesellschaften beschäftigten Öffentlichkeit und Strafverfolgungsbehörden in den letzten Jahren wiederholt. Unabhängig vom Ausgang der einzelnen Verfahren zeigt die Zahl der Vorwürfe, daß es sich hier um Straftatbestände handelt, denen in der Praxis durchaus Relevanz zukommt (vgl. im übrigen zu den Erscheinungsformen von Wirtschaftsdelikten im Rechnungswesen: *Kohl* Wirtschaftskriminalität, S. 85 ff). Betroffen waren u. a.:

14 a) Vorwurf der *Bilanzfälschung*, § 331 HGB, § 400 AktG: **Beteiligungsgesellschaft für Gemeinwirtschaft (BGAG)**[7], **Coop AG**[8], **Ymos AG**[9], **Metallgesellschaft AG**[10], **Sektkellerei Schloß Wachenheim**[11], **Balsam AG**[12], **Schieß AG/Dorries Scharmann AG**[13], **Klöckner-Humboldt-Deutz AG/KHD Humboldt Wedag AG**[14], **VK Mühlen AG**[15], **Aktiengesellschaft für Beteiligungen an Telekommunikationsunternehmen(AGFB)/Süweda**[16].

15 b) Vorwurf der *Unrichtigen Darstellung*, § 400 AktG: **Daimler-Benz AG**[17], **Holzmann AG**[18].

16 c) Vorwurf der *Untreue*, § 266 StGB: **Coop AG**[19], **Standard Elektrik Lorenz AG (SEL)**[20], **Rheinisch-Westfälische Kreditgarantiebank (RKB)**[21], **MVG Aktiengesellschaft für Internationale**

---

[7] Vgl. Handelsblatt v. 6. 9. 1990, Nr. 172, S. 1; v. 7./8. 9. 1990, Nr. 173, S. 17.

[8] Vgl. Handelsblatt v. 5. 12. 1989, Nr. 234, S. 8; v. 24. 12. 1991, Nr. 247, S. 1; v. 10. 11. 1992, Nr. 218, S. 7; FAZ v. 12. 2. 1991, Nr. 36, S. 19; v. 13. 4. 1991, Nr. 86, S. 15; v. 10. 11. 1992, Nr. 262, S. 17.

[9] Vgl. Handelsblatt v. 12. 11. 1992, Nr. 220, S. 22.

[10] Vgl. Handelsblatt v. 3. 3. 1994, Nr. 44, S. 17; v. 4./5. 3. 1994, Nr. 45, S. 21; v. 21. 3. 1994, Nr. 56, S. 21; v. 12. 8. 1996, Nr. 154, S. 10.

[11] Vgl. Handelsblatt v. 13. 10. 1994, Nr. 198, S. 20; FAZ v. 14. 10. 1994, Nr. 239, S. 20; v. 16. 11. 1995, Nr. 267, S. 29.

[12] Vgl. FAZ v. 21. 4. 1995, Nr. 93, S. 16; v. 25. 4. 1996, Nr. 97, S. 16; v. 4. 6. 1996, Nr. 128, S. 8; Handelsblatt v. 12. 10. 1994, Nr. 197, S. 25; v. 12. 6. 1996, Nr. 111, S. 9.

[13] Vgl. Handelsblatt v. 1. 6. 1995, Nr. 105, S. 23.

[14] Handelsblatt v. 29. 5. 1996, Nr. 102, S. 11; v. 30. 5. 1996, Nr. 103, S. 9; v. 7./8. 6. 1996, Nr. 108, S. 9; v. 2. 10. 1996, Nr. 191, S. 13; FAZ v. 29. 5. 1996, Nr. 123, S. 15; v. 4. 6. 1996, Nr. 128, S. 21; v. 7. 6. 1996, Nr. 130, S. 20; v. 22. 8. 1996, Nr. 195, S. 17; Wirtschaftswoche 24/96, S. 54; Capital 7/96, S. 20.

[15] Vgl. FAZ v. 14. 6. 1996, Nr. 136, S. 19; Handelsblatt v. 17. 6. 1996, Nr. 114, S. 19; v. 19./20. 7. 1996, Nr. 138, S. 11.

[16] Vgl. Handelsblatt v. 11. 9. 1996, Nr. 176, S. 17.

[17] Vgl. Handelsblatt v. 11. 6. 1996, Nr. 110, S. 13; v. 12. 8. 1996, Nr. 154, S. 13; FAZ v. 11. 6. 1996, Nr. 133, S. 18; v. 5. 7. 1996, Nr. 154, S. 17. – Ein im Februar 1996 eingeleitetes Ermittlungsverfahren wurde im Dezember 1996 von der Staatsanwaltschaft Stuttgart eingestellt; vgl. FAZ v. 21. 12. 1996, Nr. 298, S. 15; Handelsblatt v. 23. 12. 1996, Nr. 248, S. 14. Der ursprüngliche Anzeigeerstatter hat dagegen Beschwerde eingelegt.

[18] Capital 9/96, S. 20.

[19] Vgl. Fn. 8.

[20] Vgl. FAZ v. 14. 11. 1990, Nr. 266, S. 22; v. 22. 5. 1991, Nr. 116, S. 21. – Zum Antrag auf Wiederaufnahme des Verfahrens durch den früheren Vorstandsvorsitzenden der SEL-AG vgl. FAZ v. 21. 12. 1996, Nr. 298, S. 15.

[21] Vgl. Handelsblatt v. 30./31. 3. 1990, Nr. 64, S. 13.

Mode[22], Sektkellerei Schloß Wachenheim AG[23], Südmilch AG/Sachsenmilch AG[24], Bremer Vulkan Verbund AG[25], Stumpf AG[26], Mannesmann AG[27], Thyssen AG[28], Aktiengesellschaft für Beteiligungen an Telekommunikationsunternehmen (AGFB)/Süweda[29].

VI. Relevante Straftatbestände außerhalb des AktG

Auch wenn eine „typische Kriminalität" verantwortlicher Personen innerhalb einer Aktiengesellschaft daher nicht nachweisbar ist, verdienen einige Straftatbestände besondere Beachtung, weil die Gefahr ihrer Verwirklichung im Zusammenhang mit der Führung von Geschäften der Aktiengesellschaft oft nicht hinreichend realistisch eingeschätzt wird. **17**

1. Die Organ-Untreue, § 294 AktG 1937

Bis zum 1. 1. 1966 war die Organ-Untreue als spezifisch aktienrechtlicher Tatbestand – zuletzt in § 294 AktG 1937 – geregelt. Bestraft wurde, „wer als Mitglied des Vorstandes oder des Aufsichtsrats oder als Abwickler vorsätzlich zum Nachteil der Gesellschaft handelt" (Abs. 1). In besonders schweren Fällen war eine Strafschärfung vorgesehen. – Die Aufhebung dieser Vorschrift durch das AktG 1965 wurde damit begründet, daß „der gesamte Anwendungsbereich des § 294 AktG bereits durch den allgemeinen Untreuetatbestand des § 266 StGB mitumfaßt sein dürfte", der auch eine entsprechende Bestrafung ermögliche.[30] **18**

Diese Tendenz, Sondertatbestände zugunsten allgemeiner Tatbestände des StGB zu streichen, führte auch zum Wegfall anderer, früher speziell geregelter Fälle der Organuntreue (vgl. früher § 81 a GmbHG, § 146 GenG, § 142 VersAufsG, § 95 BörsenG). Sie stand allerdings im Gegensatz zur Tendenz des Strafrechtsreformgesetzgebers, im Umkreis des § 263 StGB und später auch des § 266 StGB das Unrecht spezieller Betrugs- und Untreuehandlungen in Sondertatbeständen zu erfassen. Dennoch überzeugen die gegen die Streichung geltend gemachten Bedenken nicht, die dahin gehen, daß die Unschärfe des Untreuetatbestandes nunmehr auch das Aktienstrafrecht in diesem Bereich belaste und daß die Neuregelung zu einer zweifelhaften Strafbarkeitsausweitung führe, weil der Täterkreis des § 266 StGB nicht ausdrücklich benannt sei.[31] – Die Differenzen über die Auslegung des Treubruchstatbestandes, § 266 Abs. 1, 2. Alt. StGB, berühren **19**

---

[22] Vgl. Handelsblatt v. 26. 10. 1992, Nr. 207, S. 17.

[23] Vgl. Fn. 11.

[24] Vgl. FAZ v. 13. 3. 1995, Nr. 61, S. 20; v. 10. 6. 1996, Nr. 132, S. 19; v. 20. 6. 1996, Nr. 141, S. 16; v. 10. 10. 1996, Nr. 236, S. 22; v. 26. 11. 1996, Nr. 276, S. 23; v. 29. 11. 1996, Nr. 279, S. 25; Handelsblatt v. 12. 6. 1996, Nr. 111, S. 15; v. 2. 7. 1996, Nr. 125, S. 18; v. 29./30. 11. 1996, Nr. 232, S. 14.

[25] Vgl. Handelsblatt v. 20. 6. 1996, Nr. 117, S. 1, 27; v. 21./22. 6. 1996, Nr. 118, S. 13; v. 24. 6. 1996, Nr. 119, S. 11; v. 23. 9. 1996, Nr. 184, S. 21; v. 25./26. 10. 1996, Nr. 207, S. 22; FAZ v. 21. 6. 1996, Nr. 142, S. 17.

[26] Vgl. FAZ v. 14. 2. 1996, Nr. 38, S. 22; v. 16. 7. 1996, Nr. 163, S. 16; v. 27. 7. 1996, Nr. 173, S. 14; Handelsblatt v. 23. 7. 1996, Nr. 140, S. 9.

[27] Handelsblatt v. 20. 8. 1996, Nr. 160, S. 9; v. 3. 9. 1996, Nr. 170, S. 12; FAZ v. 19. 8. 1996, Nr. 192, S. 17.

[28] FAZ v. 9. 8. 1996, Nr. 184, S. 15; Handelsblatt v. 13. 8. 1996, Nr. 155, S. 11; v. 2. 9. 1996, Nr. 169, S. 13; Welt am Sonntag v. 11. 8. 1996, Nr. 32, S. 32.

[29] Vgl. Fn. 16.

[30] Vgl. BT-Drucks. IV/171, S. 270; dazu auch *Meyer* AG 1966, 109.

[31] Vgl. *KK/Geilen* Rdn. 12; entsprechend zu § 81 a GmbHG a. F. *Scholz/Tiedemann* Vor §§ 82 ff Rdn. 11.

die gesetzliche Neuregelung nicht, da sie für den in § 294 AktG a. F. erfaßten Personenkreis nicht relevant sind. Das Treueverhältnis dieser Personen gegenüber der Gesellschaft ist unstreitig. Die Ausweitung der Strafbarkeit auf andere als die in § 294 AktG a. F. genannten Personen wiederum hat mit der Streichung dieser Vorschrift vielleicht de facto zu tun, nicht aber de iure. De facto mag die bisherige Spezialvorschrift eine Sperrfunktion gegenüber nicht in der Vorschrift genannten Personen gehabt haben (vgl. *KK/Geilen* Rdn. 12). Diese Sperrfunktion wirkte jedoch nur beschränkt, denn § 266 StGB wurde gegenüber anderen als den in § 294 AktG a. F. genannten Personen durchaus angewandt (vgl. BT-Drucks. IV/171, S. 260), so daß die de-facto-Sperrfunktion letztlich eine Zufallsbestrafung begünstigte. Sachlich war eine derartige Sperrfunktion aber auch nicht zu legitimieren, denn daß den Tatbestand des § 266 StGB verwirklichende, nicht in Sondergesetzen erfaßte Verhaltensweisen im Bereich des Gesellschaftsrechts im Gegensatz zu anderen Bereichen straflos bleiben sollten, ist nicht einsichtig. Die damit allerdings begründete Abgrenzungsproblematik ist in § 266 StGB selbst angelegt, nicht aber in der Streichung der Vorschriften gegen die Organ-Untreue im Gesellschaftsrecht.

2. Untreue, § 266 StGB

20 a) **Tatbestand und Rechtsfolgen der Untreue.** Untreue ist die vorsätzliche Schädigung fremden Vermögens durch Mißbrauch einer dem Täter eingeräumten Vertrauensstellung, und zwar sind der sog. **Mißbrauchstatbestand**, § 266 Abs. 1, 1. Alt. StGB, und der sog. **Treubruchstatbestand**, § 266 Abs. 1, 2. Alt. StGB, zu unterscheiden. Der Mißbrauchstatbestand erfordert eine Vermögensschädigung durch Mißbrauch der dem Täter rechtswirksam eingeräumten Befugnis, über fremdes Vermögen zu verfügen oder einen anderen zu verpflichten, der Treubruchstatbestand setzt die Verletzung der Pflicht, fremde Vermögensinteressen selbständig wahrzunehmen, voraus. Bestraft wird die Untreue mit Freiheitsstrafe bis zu fünf Jahren oder mit Geldstrafe, in besonders schweren Fällen gemäß § 266 Abs. 2 StGB mit Freiheitsstrafe von einem Jahr bis zu zehn Jahren.

21 b) **Geschütztes Rechtsgut** des Untreuetatbestandes ist das Vermögen (vgl. LK[11]/*Schünemann*, § 266 Rdn. 28 m. w. N.). Dem besonderen Vertrauensverhältnis zwischen Täter und Opfer oder der Redlichkeit des Geschäftsverkehrs kommt keine eigenständige Bedeutung zu.

22 c) Der **Mißbrauchstatbestand** setzt als Tathandlung den Mißbrauch einer Vertretungsmacht (Verpflichtungs- oder Verfügungsbefugnis) in bezug auf fremdes – verstanden im bürgerlich-rechtlichen Sinn – Vermögen voraus. Der Täter *überschreitet mißbräuchlich das rechtliche Dürfen im Rahmen des rechtlichen Könnens.* Aus diesem Grunde sind im Rahmen des Mißbrauchstatbestandes nur rechtsgeschäftliche Handlungen relevant.[32] Rein tatsächliche Einwirkungen auf das fremde Vermögen, wie z. B. die Zerstörung einer fremden Sache oder der eigennützige Verbrauch anvertrauter Gelder fallen nicht unter den Mißbrauchstatbestand, können aber im Einzelfall den Treubruchstatbestand erfüllen.[33]

---

[32] Zutreffend weist zwar LK[11]/*Schünemann* § 266 Rdn. 43, darauf hin, daß die Rechtsmacht des Täters der Untreue ihren Ursprung auch in Gesetzen und einem behördlichen Auftrag haben kann, so daß als Verfügungsbefugnis auch die Befugnis in Betracht kommt, hoheitlich über Vermögen zu verfügen; vgl. auch *Nelles* Untreue, S. 513. – Diesem Bereich kommt aber im vorliegenden Zusammenhang keine Bedeutung zu.

[33] Vgl. BGHSt. 1, 186, 187 f; 5, 61, 63 f; 12, 207, 210. – Dazu vgl. auch *Geßler/Fuhrmann* AktG, Vor § 399 Rdn. 7; *Hachenburg/Kohlmann* GmbHG, Vor § 82 Rdn. 79; *Kohlmann* Verantwortlichkeit,

Die Streitfrage, ob **Täter** des Mißbrauchstatbestandes nur derjenige sein kann, dem – wie dem Täter des Treubruchstatbestandes – als Hauptpflicht die selbständige Betreuung fremder Vermögensinteressen obliegt[34], ist im Verhältnis der leitenden Personen einer Aktiengesellschaft oder Kommanditgesellschaft auf Aktien zur Gesellschaft bedeutungslos. *Vorstandsmitglieder*, ihre *Stellvertreter*, die *Mitglieder des Aufsichtsrates*, auch Arbeitnehmer als Mitglieder des Aufsichtsrates und *Abwickler einer Aktiengesellschaft* sowie die *persönlich haftenden Gesellschafter*, die *Mitglieder des Aufsichtsrates* und *Abwickler einer Kommanditgesellschaft auf Aktien* sind vermögensfürsorgepflichtig i. S. d. Treubruchstatbestandes des § 266 Abs. 1, 2. Alt. StGB (vgl. im einzelnen dazu LK[11]/*Schünemann*, § 266 Rdn. 126). **23**

Die Verpflichtung der **Mitglieder des Aufsichtsrats**, die Vermögensinteressen der Gesellschaft wahrzunehmen, geht nicht nur dahin, eigene vermögensschädigende Handlungen zu unterlassen, sondern auch vermögensschädigende Verhaltensweisen des Vorstandes zu unterbinden (vgl. *Tiedemann* FS Tröndle, S. 322). Die Pflicht wird nicht durch die Möglichkeiten des § 111 Abs. 3, 4 begrenzt (**a. A.** *Cramer* FS Stree/Wessels, S. 585), sondern wird z. B. bei bevorstehenden Schädigungen der Gesellschaft durch strafbare Handlungen auch die Pflicht zur Anzeige umfassen. – Streng zu trennen vom Inhalt der Pflicht ist jedoch die Frage, wann eine derartige Pflicht entsteht. Hier sind insbesondere zwei Situationen zu unterscheiden. Zum einen die Zustimmung zu bestimmten Arten von Geschäften der AG, die nur mit Zustimmung des Aufsichtsrates vorgenommen werden dürfen, §§ 107 Abs. 3 S. 2 in Verb. mit § 111 Abs. 4 S. 2, und zum anderen die Geltendmachung von Schadensersatzansprüchen gegen Mitglieder des Vorstandes. **24**

Den Beschluß über die **Anordnung eines Zustimmungsvorbehalts** nach § 111 Abs. 4 S. 2 faßt der Aufsichtsrat grundsätzlich nach pflichtgemäßem Ermessen. Dieses kann sich zu einer Handlungspflicht verdichten, wenn gesetzwidrige, die Gesellschaft schädigende Geschäftsführungsmaßnahmen des Vorstandes nur noch durch eine solche Anordnung verhindert werden können.[35] Unterläßt der Aufsichtsrat in Kenntnis des schädigenden Charakters dieser Geschäfte die Anordnung eines Zustimmungsvorbehalts oder stimmt er diesen Geschäften zu, so ist dieses Verhalten als Treubruch zu beurteilen. **25**

Unabhängig von § 111 Abs. 4 S. 2 stellt sich allerdings die Frage, ob der Aufsichtsrat im Rahmen seiner Überwachungsaufgabe die Pflicht hat, bestimmte Arten von Geschäften oder bestimmte **Einzelgeschäfte ad hoc** an seine *Zustimmung* zu binden. – Zu beachten ist hier, daß der Aufsichtsrat grundsätzlich nicht berechtigt ist, einzelne mit Risiken verbundene Geschäfte zu verhindern.[36] Daher wird man eine derartige Handlungs**pflicht** nur bei Geschäften bejahen können, die nicht mehr in den Rahmen erlaubt riskanter Geschäfte fallen, weil sie zu einer erheblichen Gefährdung und damit zu einer wesentlichen Verschlechterung der Gesamtsituation der Gesellschaft führen.[37] Die Verletzung dieser Pflicht, wenn es um den Schutz auch strafrechtlich geschützter Rechtgüter geht, ist als Treubruch zu erfassen.[38] **26**

Noch problematischer ist die Frage, ob sich der Aufsichtsrat dadurch einer Untreue durch Treubruch schuldig macht, wenn er es unterläßt, **Schadensersatzansprüche gegen** **27**

Rdn. 197; *Scholz/Tiedemann* GmbHG, Vor § 82 Rdn. 14.

[34] Im einzelnen dazu *Otto* Grundkurs Strafrecht, B. T., § 54 I 3 m. N.

[35] Vgl. BGHZ 124, 111, 126 ff; *Götz* ZGR 1990, 639; *Hopt* FS Mestmäcker, S. 929 Fn. 94.

[36] Vgl. BGH AG 1978, 79, 81.

[37] Vgl. auch *Boujong* AG 1995, 206; *Jäger* WiB 1996, 460.

[38] Vgl. auch *Ransiek* Unternehmensstrafrecht, S. 82.

Mitglieder des Vorstands geltend zu machen. Denn strittig ist bereits, ob und wann eine Rechtspflicht des Aufsichtsrats zur Geltendmachung derartiger Ansprüche begründet ist. Das LG Düsseldorf hat eine derartige Pflicht angenommen für den Fall, daß der Schadensersatzanspruch schlüssig und beweisbar ist und keine ganz gewichtigen Gegengründe im Unternehmensinteresse gegeben sind. Das Entscheidungsermessen des Aufsichtsrats reduziere sich in diesem Fall auf Null im Sinne einer Pflicht zur Geltendmachung des Schadensersatzanspruchs.[39] Die Gegenmeinung will dem Aufsichtsrat bei der Prüfung der Geltendmachung von Schadensersatzansprüchen gegen Mitglieder des Vorstandes einen gerichtlich nur eingeschränkt nachprüfbaren Beurteilungsspielraum zuerkennen, da eine Ermessensschrumpfung auf Null nur dann vorliege, wenn die Geltendmachung der Ansprüche die allein sachgerechte und gesetzmäßige Entscheidung sei.[40] Schließlich wird die Auffassung vertreten, daß eine Pflicht zur Geltendmachung von Schadensersatzansprüchen besteht, wenn die Geltendmachung unter Zugrundelegung des Sorgfaltsmaßstabs der §§ 116, 93 im Interesse der Gesellschaft liegt.[41] – Diese Ansicht erscheint aus strafrechtlicher Sicht sachgerecht, denn sie knüpft unmittelbar an die Überwachungs- und Kontrollpflicht des Aufsichtsrates an, die sich hier in einer Vermögensfürsorgepflicht konkretisiert. Wird diese unter Zugrundelegung des Maßstabes der §§ 116, 93 vorsätzlich verletzt, so ist das Verhalten als Treubruch zu beurteilen.[42]

28 Die Befugnis, über fremdes Vermögen zu verfügen oder einen anderen vermögensrechtlich zu verpflichten, ist zugleich Ausdruck **rechtsverbindlich begründeter äußerer Macht**, wie auch Ausdruck innerer Berechtigung zu derartigen Verfügungen und Verpflichtungen. Ohne den Rückhalt in einem legitimierenden Innenverhältnis ist äußere – tatsächliche – Macht ohne innere Befugnis (dazu LK[10]/*Hübner*, § 266 Rdn. 63; **a. A.** LK[11]/*Schünemann* § 266 Rdn. 37). Das hat zur Folge, daß eine rechtsunwirksame, wenn auch faktische Rechtsmacht hier – im Gegensatz zur Treubruchsalternative des § 266 Abs. 1, 2. Alt. StGB – ebensowenig ausreicht, wie eine Rechtsmacht, die sich lediglich auf Wirkungen des Rechtsscheines oder des guten Glaubens gründet.[43]

29 d) Der **Treubruchstatbestand** setzt die Verletzung einer Pflicht, fremde Vermögensinteressen wahrzunehmen, voraus, die zu einem Vermögensnachteil für den Berechtigten führen muß.

30 Angesichts der „uferlosen Weite“ der Gesetzesformulierung ist der Treubruchstatbestand seit jeher als rechtsstaatlich höchst problematisch eingestuft und als kaum vereinbar mit dem Bestimmtheitsgebot des Art. 103 Abs. 2 GG angesehen worden (dazu *Otto* Grundkurs Strafrecht, B. T., § 54 II 2 m. w. N.). – Rechtsprechung und Lehre haben indes versucht, dem Tatbestand durch eine **restriktive Interpretation** der Vermögensfürsorgepflicht schärfere Konturen zu geben. Gefordert wird zum einen, daß die Pflicht zur Wahrnehmung fremder Vermögensinteressen der typische und wesentliche Inhalt des Fürsorgeverhältnisses – „Hauptpflicht“ – sein müsse, zum anderen, daß es sich bei dem Vermögensfürsorgeverhältnis um eine Geschäftsbesorgung handeln müsse, so

---

[39] LG Düsseldorf ZIP 1994, 628, 630. – Zust. *Lutter* ZIP 1995, 441 f; abl. *Dreher* ZHR 158 (1994), 614 ff, 637 ff; *ders.* ZIP 1995, 628 f.

[40] OLG Düsseldorf DB 1995, 1500 mit zust. Anm. *Rittner* EWiR 1995, 629 ff, und abl. Anm. *Fischer* BB 1996, 225 ff, *Raiser* NJW 1996, 552 ff.

[41] Vgl. *Jaeger/Trölitzsch* ZIP 1995, 1157 ff; *Jäger* WiB 1996, 460.

[42] Dazu auch *Tiedemann* FS Tröndle, S. 328.

[43] Vgl. dazu BGHSt. 5, 61, 63; LK[11]/*Schünemann* § 266 Rdn. 38, jedoch mit Ausnahme der gesetzlichen Nachwirkungen rechtsgeschäftlicher Vertretungsmacht, Rdn. 40; *Kohlmann* Verantwortlichkeit, Rdn. 177.

daß Nebenpflichten aus schuldrechtlichen Austauschverträgen von vornherein ausgeschlossen sind.[44]

31 Eine **Geschäftsbesorgung** in diesem Sinne setzt danach eine selbständige, eigene Überlegung erfordernde Tätigkeit wirtschaftlicher Art im Interesse des Geschäftsherrn voraus. Die Pflicht zur Wahrnehmung fremder Vermögensinteressen muß der typische und wesentliche Inhalt des Vertragsverhältnisses sein. Darüber hinaus muß dem Pflichtigen eine gewisse Selbständigkeit bei der Erfüllung seiner Pflichten eingeräumt sein, so daß er Raum für eigenverantwortliche Entscheidungen hat. – „Selbständigkeit bei der Wahrnehmung fremder Vermögensinteressen ist allein aber auch untrüglich daran zu messen, ob der Betreuer so *handeln muß oder auch anders handeln darf*" (LK[10]/*Hübner* § 266 Rdn. 32; **a. A.** LK[11]/*Schünemann* § 266 Rdn. 85).

32 Auf die **Rechtswirksamkeit** des Aktes mit dem dem Täter die Vermögensfürsorgeposition eingeräumt worden ist, kommt es im Rahmen der Treubruchsalternative, § 266 Abs. 1, 2. Alt. StGB, nicht an, denn hier geht es nicht um den Mißbrauch einer wirksam eingeräumten Rechtsposition, sondern um den Mißbrauch eines Vertrauensverhältnisses, das dem Täter ausdrücklich oder konkludent eingeräumt worden ist.[45] Entscheidend ist sodann allein die tatsächliche Stellung und Tätigkeit, z. B. als Mitglied des Vorstandes einer AG, auch wenn die Bestellung nicht durch den vorschriftsmäßig besetzten Aufsichtsrat erfolgte (BGHSt. **21** 101).

33 Eine **Treupflicht Dritten gegenüber** können Vorstandsmitglieder der AG oder die persönlich haftenden Gesellschafter der Kommanditgesellschaft auf Aktien aufgrund vertraglich übernommener Vermögensfürsorgepflicht der Gesellschaft – Geschäftsbesorgungsvertrag im weiteren Sinne, Kommissionsvertrag, Auftrag – haben. Auch wenn sie nicht **persönlich** in dem erforderlichen Treueverhältnis zu dem geschädigten Vermögen stehen, haften sie für Verletzungen der Vermögensfürsorgepflicht der Gesellschaft gemäß § 14 Abs. 1 Nr. 1 i. V. m. § 266 StGB.[46] Zu beachten ist aber auch hier, daß nur Geschäftsbesorgungsverhältnisse im Interesse des anderen Vertragspartners Grundlage der Vermögensfürsorgepflicht sein können, nicht aber vertragliche Nebenpflichten.

Eine **Vermögensfürsorgepflicht** kommt daher **nicht in Betracht** beim Kauf einer Sache, die unter Eigentumsvorbehalt übergeben wurde (BGH wistra **1987** 136, 137), bei der Sicherungsübereignung, und zwar weder für den Sicherungsgeber gegenüber dem Sicherungsnehmer[47], noch für den Sicherungsnehmer gegenüber dem Sicherungsgeber (BGH bei *Holtz* MDR **1978** 625), beim Leasing eines Objekts gegenüber dem Leasinggeber (OLG Köln NJW **1988** 3219, 3220) oder beim Forderungsverkauf innerhalb eines Factoringvertrags gegenüber dem Forderungskäufer (BGH JR **1989** 207 mit Anm. *Otto* S. 208 ff).

34 Vorstandsmitglieder, insbes. Vorstandsvorsitzende, die ihre Position der Einflußnahme eines Mehrheitsaktionärs o. ä. verdanken, können in erhebliche **Interessenkonflikte** geraten, wenn die Interessen der Gesellschaft und die ihres „Förderers" divergieren. Werden in dieser Situation Entscheidungen getroffen, die z. B. im Falle der Förde-

[44] Vgl. BGH GA 1977, 18 f; BGH NJW 1983, 461; BGH NStZ 1989, 72 f mit Anm. *Otto* JR 1989, 208 ff; LK[11]/*Schünemann* § 266 Rdn. 74; *Schönke/Schröder/Lenckner* § 266 Rdn. 23 a.

[45] Vgl. auch BGHSt. 3, 32, 39; 6, 314, 315; BGH wistra 1987, 334, 335; *Kohlmann/Hachenburg* GmbHG, Vor § 82 Rdn. 139; *Kohlmann* Verantwortlichkeit, Rdn. 177; *Schmid* in: Müller-Gugenberger, § 26 Rdn. 71; *Scholz/Tiedemann* GmbHG, Vor §§ 82 ff Rdn. 15.

[46] Vgl. *Schönke/Schröder/Lenckner* § 14 Rdn. 5. – Für eine unmittelbare Treupflicht des Organs auch in diesen Fällen: BGH MDR 1954, 495; BGHSt. 13, 330, 331 f mit Anm. *Schröder* JR 1960, 105.

[47] Vgl. BGH wistra 1984, 143, einschränkend aber BGH bei *Holtz* MDR 1990, 888.

rung durch ein Bundesland arbeitsmarktpolitisch nützlich erscheinen, die Gesellschaft jedoch schädigen, so liegt in diesem Verhalten ein Treubruch.[48]

35 Dem **Aktionär** obliegt grundsätzlich keine *Vermögens*fürsorgepflicht gegenüber der Gesellschaft.[49] Die Treubindung des Aktionärs *gegenüber* der Gesellschaft beeinflußt zwar die Ausübung mitgliedschaftlicher Rechte. Sie steht einer willkürlichen oder unverhältnismäßigen Rechtsausübung entgegen und verpflichtet den Aktionär, Mitgliedsrechte, insbesondere Mitverwaltungs- und Kontrollrechte, loyal gegenüber der Gesellschaft auszuüben[50], begründet aber keine Vermögensfürsorgepflicht gegenüber der Gesellschaft. Der Aktionär nimmt nicht *selbständig* Geschäftsbesorgungsaufgaben gegenüber der Gesellschaft wahr. – Im Einzelfall kann aber durch besondere Umstände – z. B. geschäftliche Einflußnahme des Mehrheitsaktionärs – eine Vermögensfürsorgepflicht begründet werden. Diese ist dann aber nicht in der gesellschaftsrechtlichen Treupflicht begründet.

36 Auch im **Verhältnis der Aktionäre untereinander** bezieht sich die mitgliedschaftliche Treubindung der Aktionäre, soweit man die Treupflicht bejaht[51], nur auf die loyale Ausübung von Mitgliedsrechten, bei der die Mitgliedschaftsrechte der Mitaktionäre angemessen berücksichtigt werden müssen. Diese Treubindung ermöglicht damit gleichfalls keine *selbständige Wahrnehmung von Vermögensrechten anderer Mitaktionäre* und begründet daher keine *Vermögens*fürsorgepflicht i. S. des Untreuetatbestandes.

37 e) Mißbrauchs- und Treubruchstatbestand können durch **positives Tun und Unterlassen** verwirklicht werden. – Ein **Mißbrauch** einer Verpflichtungs- oder Verfügungsmacht **durch Unterlassen** kommt allerdings nur in Betracht, wenn dem Unterlassen die Bedeutung eines rechtsgeschäftlichen Verhaltens zukommt. Dieses ist der Fall beim Schweigen auf ein kaufmännisches Bestätigungsschreiben, § 362 HGB[52], beim Unterlassen der Kündigung unvorteilhafter Verträge (LK[11]/*Schünemann* § 266 Rdn. 54), beim Nichteinschreiten gegen eine unbefugte Aufrechnung der Bank[53] oder beim bewußten Verjährenlassen einer Forderung.[54] Das bloße Nichteinziehen einer Forderung,

---

[48] Zu den Vorwürfen einer derartigen Konfliktsituation bei der *Bremer Vulkan Verbund AG* vgl. Handelsblatt v. 17. 10. 1996, Nr. 201, S. 13; v. 21. 10. 1996, Nr. 203, S. 19; v. 22. 10. 1996, Nr. 204, S. 12; v. 25./26. 10. 1996, Nr. 207, S. 1, 22; v. 6. 11. 1996, Nr. 215, S. 16; v. 2. 12. 1996, Nr. 233, S. 21; FAZ v. 18. 10. 1996, Nr. 243, S. 24; v. 6. 11. 1996, Nr. 259, S. 23.

[49] Bzgl. des Minderheitsaktionärs vgl. LG Köln wistra 1988, 279 f.

[50] Dazu im Überblick: *Jäger* WiB 1996, 458.

[51] Vgl. dazu BGHZ 103, 184, 194 f; BGH NJW 1992, 3167, 3171; BGH JZ 1995, 1064, 1065 f mit zust. Anm. *Bungert* DB 1995, 1749 ff, *Henssler* DZWir 1995, 430 ff, *Lutter* JZ 1995, 1053 ff, *Müller* ZIP 1995, 1416 ff, *Ritter* EWiR 1995, 525 ff, *Witte* WiB 1995, 549 ff, und krit. Anm. *Altmeppen* NJW 1995, 17149 ff, *Flume* ZIP 1995, 161; OLG Düsseldorf AG 1994, 228, 233 f. – Im übrigen dazu: *Henze* FS Kellermann, 1991, S. 141 ff; *ders.* BB 1996, 489 ff; *Hüffer* FS Steindorff, 1990, S. 59 ff; *Kort* ZIP 1990, 294 ff; *Lutter* ZHR 153 (1989), 446 ff; *Wiedemann* JZ 1989, 447 ff.

[52] Vgl. *Kohlmann* Verantwortlichkeit, Rdn. 246; LK[11]/*Schünemann* § 266 Rdn. 54; *Schmid* in: Müller-Gugenberger, § 26 Rdn. 49; *Scholz/Tiedemann* GmbHG, Vor §§ 82 ff Rdn. 18.

[53] Vgl. BGH 5 StR 102/54 v. 26. 10. 1953; dazu *Hachenburg/Kohlmann* GmbHG, Vor § 82 Rdn. 131; *Kohlmann* Verantwortlichkeit, Rdn. 250; *Scholz/Tiedemann* GmbHG, Vor §§ 82 ff Rdn. 18.

[54] Vgl. LK[11]/*Schünemann* § 266 Rdn. 54; *Lackner* StGB, § 266 Rdn. 6. – Offengelassen in BGH NJW 1983, 461. – **A. A.** *Kohlmann* Verantwortlichkeit, Rdn. 251; *Schmid* in: Müller-Gugenberger, § 26 Rdn. 48; *Schönke/Schröder/Lenckner* § 266 Rdn. 16.

die später wegen Vermögensverfalls des Schuldners nicht mehr realisierbar ist, stellt hingegen als bloß tatsächliches, schädigendes Verhalten kein Unterlassen im Sinne des Mißbrauchstatbestandes dar. In diesem Verhalten kann jedoch ein Treubruch durch Unterlassen liegen.[55]

Ein im Sinne des **Treubruchstatbestandes relevantes Unterlassen** kommt vor allem in Betracht, wenn ein Vorstandsmitglied nicht gegen ein das Vermögen der Gesellschaft schädigendes Verhalten eines anderen Vorstandsmitglieds einschreitet oder aber Aufsichtsratsmitglieder Unregelmäßigkeiten der Geschäftsführung nicht unterbinden. Unterstützt das Aufsichtsratsmitglied derartige Handlungen durch positives Tun, so begründet dieses Verhalten aufgrund seiner besonderen Pflichtenstellung in jedem Fall eine täterschaftliche Haftung.[56] Versucht ein Aufsichtsratsmitglied schädigendes Verhalten anderer Aufsichtsratsmitglieder oder der Geschäftsführung zu unterbinden und wird es beim Versuch, einen entsprechenden Beschluß herbeizuführen, überstimmt, so ist sein anschließendes Unterlassen allerdings nicht tatbestandsmäßig, „wenn es jedes rechtlich zulässige Mittel ergriffen hat, um das Zustandekommen eines solchen Beschlusses zu verhindern" (BGHSt. 9 216). **38**

f) Ob in der Eingehung von **Risiko- und Spekulationsgeschäften** eine Verletzung der Pflicht liegt, fremde Vermögensinteressen wahrzunehmen, entscheidet sich danach, in welchem Umfang der Betroffene Risiken eingehen durfte und ob er sich die für die Entscheidung notwendigen und in zumutbarer Weise zu erlangenden Informationen verschafft hat. Ein Geschäft, das sich im Rahmen eines nach diesen Kriterien erlaubten Risikos hält, stellt keine Verletzung der Vermögensfürsorgepflicht dar.[57] Die Pflichtverletzung liegt in der Überschreitung des erlaubten Risikos.[58] Maßgebliches Kriterium ist aber nicht der objektive Erfolg, d. h. der später u. U. eingetretene oder nicht eingetretene Vermögensschaden, sondern die Begründung eines unerlaubten Risikos durch den Abschluß des Geschäfts. **39**

Dabei ist zu beachten, daß die Tathandlung des Mißbrauchstatbestandes bereits erfüllt ist, wenn der Täter die ihm eingeräumten **Kompetenzen überschreitet**, während die Überschreitung der eingeräumten Kompetenzen keineswegs zwingend einen Treubruch darstellen muß. Der im kaufmännischen Bereich Tätige kann Risiken nicht nur nicht immer ausschließen oder mindern, er ist u. U. sogar verpflichtet, Risiken – auch entgegen internen Weisungen – einzugehen, wenn es die Situation zum Wohle der Gesellschaft erfordert. Eine Treupflichtverletzung begeht der Täter im Rahmen von Risikogeschäften daher erst, wenn er „nach Art eines Spielers bewußt und entgegen den Regeln kaufmännischer Sorgfalt eine ... äußerst gesteigerte Verlustgefahr auf sich **40**

55 Dazu auch *Kohlmann* Verantwortlichkeit, Rdn. 251 a. E.

56 Vgl. BGHSt. 9, 203, 217 f (Aufsichtsratsmitglied einer GmbH); eingehend dazu *Tiedemann* FS Tröndle, S. 322 ff.

57 Vgl. BGH wistra 1985, 190, 191; *Hachenburg/Kohlmann* GmbHG, Vor § 82 Rdn. 241; *Kohlmann* Verantwortlichkeit, Rdn. 317; *Lackner* StGB, § 266 Rdn. 7; LK[11]/*Schünemann* § 266 Rdn. 95 ff; *Maurach/Schroeder/Maiwald* B. T. 1, § 45 Rdn. 47; *Nelles* Untreue, S. 567 f; *Otto* Grundkurs Strafrecht, B. T., § 54 II 2 f; *Samson* SK, § 266 Rdn. 17; *Schmid* in: Müller-Gugenberger, § 26 Rdn. 100 ff; *Scholz/Tiedemann* GmbHG, Vor §§ 82 ff Rdn. 16; *Schönke/Schröder/Lenckner* § 266 Rdn. 20.

58 Vgl. dazu BGH wistra 1985, 190, 191; 1988, 305, 306; *Bringewat* JZ 1977, 668; *Hachenburg/Kohlmann* GmbHG, Vor § 82 Rdn. 241 ff; *Hillenkamp* NStZ 1981, 161 ff; LK[11]/*Schünemann* § 266 Rdn. 97; *Otto* Grundkurs Strafrecht, B. T., § 54 II 2 f; *Schmid* in: Müller-Gugenberger, § 26 Rdn. 104 ff; *Scholz/Tiedemann* GmbHG, Vor §§ 82 ff Rdn. 19. – Im einzelnen dazu *Kohlmann* Verantwortlichkeit, Rdn. 316 ff.

nimmt, nur um eine höchst zweifelhafte Gewinnaussicht zu erhalten".[59] – Aber auch im Rahmen des Mißbrauchstatbestandes muß sich der Vorsatz des Täters auf die Vermögensschädigung beziehen. Damit wird in beiden Alternativen des Untreuetatbestandes das riskante Verhalten nicht allein durch die Kompetenzüberschreitung zur Untreue, sondern erst dadurch, daß der Täter die mögliche Schädigung des Vermögens der Gesellschaft durch sein Verhalten erkennt und seine Erwartung, der Eintritt des Schadens bleibe aus, sich lediglich als vage Hoffnung ohne rationale Grundlage darstellt.[60]

41 **Risikoentscheidungen** können Investitionen (BGH WM **1960** 203), Lagerhaltung, Preisgestaltung (BGH MDR **1982** 624), Produktion, Produktentwicklung und anderes betreffen.[61] Besondere Bedeutung jedoch hat die Risikoentscheidung in der Praxis bei der Kreditgewährung und bei Spekulationsgeschäften erlangt. – Die unvertretbar riskante und damit **unerlaubte Kreditvergabe** ist besonders im Bankenbereich seit langem als Problem ersten Ranges bekannt. Derartige Kredite spielen nicht nur eine herausragende Rolle beim Zusammenbruch von Banken, sondern beschäftigen die Gerichte in zahlreichen zivil- und strafrechtlichen Verfahren. Die Zahl einschlägiger Fälle in diesem Bereich ist so groß, daß die Motivationen der Täter bereits in Übersichten typisiert werden konnten. Genannt werden als einschlägige Motive: Geltungsbedürfnis gegenüber Kunden oder sonstigen Geschäftspartnern, Beschaffung zusätzlicher Einnahmen, unbefriedigtes Sozialprestige und aufwendiger Lebenswandel. Auffällig ist dabei, daß dem Streben nach Vorteilen materieller Art als Motiv für die Vergabe unerlaubt riskanter Kredite keineswegs die führende Rolle zukommt. Eher sind es Leichtsinn und mehr noch eine leichtfertige Einschätzung der Kreditsituation oder falsch verstandener Erfolgszwang, die zur Eingehung extremer Risiken bzw. zur Überschreitung der eingeräumten Kreditlinien führen. Oft ist dieser erste Schritt sogar strafrechtlich noch völlig irrelevant und hätte nur interne Konsequenzen für den Täter. Um diesen auszuweichen, wird dann jedoch der gefährlichere und strafrechtlich relevante Schritt getan: Droht nämlich der Ausfall des pflichtwidrig vergebenen Kredits, so wird versucht, diesen Ausfall zu verhindern, indem der Kreditnehmer weitere Kredite erhält, obwohl nunmehr das erlaubte Risiko eindeutig vorsätzlich überschritten wird. In der trügerischen Hoffnung, den drohenden Verlust abwenden zu können, wird dem schlechten Geld gutes Geld nachgeworfen. Das pflichtwidrige Verhalten wird zur strafrechtlichen Untreue.[62] – Vergleichbar der hier beschriebenen Entwicklung ist die Entwicklung beim Umschlag von Währungs- oder Lieferrisiken sichernden Termingeschäften in auf Gewinn gerichtete spekulative Termingeschäfte.

42 g) **Erlischt das zugrundeliegende Rechtsverhältnis**, so erlischt grundsätzlich auch die Vermögensfürsorgepflicht, es sei denn die Beziehungen werden einvernehmlich einstweilen fortgeführt, so z. B. wenn das Vorstandsmitglied einer AG nach Ablauf seines Anstellungsvertrages die Vorstandsgeschäfte mit Zustimmung des Aufsichtsrates vorerst weiterführt.[63]

---

[59] BGH wistra 1991, 219, 220 im Anschluß an BGH GA 1977, 342, 343; *Geßler/Fuhrmann* AktG, Vor § 399 Rdn. 10.

[60] Vgl. BGH wistra 1992, 26 im Anschluß an BGH NJW 1979, 1512; vgl. auch BGH wistra 1989, 142.

[61] Im einzelnen dazu *Kohlmann* Verantwortlichkeit, Rdn. 355 ff; *Schmid* in: Müller-Gugenberger, § 26 Rdn. 103.

[62] Eingehend dazu m. N.: *Hachenburg/Kohlmann* GmbHG, Vor § 82 Rdn. 266 ff; *Hauke* Kriminalität, S. 554 f, 564 ff; *Kohlmann* Verantwortlichkeit, Rdn. 338 ff; *Otto* Beiheft/ZStW 1982, 61 ff, 64 ff.

[63] Vgl. RG HRR 1935, 116; RG JW 1934, 696; im einzelnen dazu *Hachenburg/Kohlmann* GmbHG, Vor § 82 Rdn. 140; LK[11]/*Schünemann* § 266 Rdn. 62; *Lenckner* JZ 1973, 795.

Wird über das Vermögen der Gesellschaft der **Konkurs** eröffnet und ein Konkursverwalter eingesetzt, so steht das Verwaltungs- und Verfügungsrecht über das zur Konkursmasse gehörende Gesellschaftsvermögen allein dem Konkursverwalter zu. Der Pflichtenkreis der Vorstandsmitglieder beschränkt sich in diesem Fall im wesentlichen auf die Wahrnehmung der Gemeinschuldneraufgaben. Ihnen kommt keine besondere, die Täterstellung nach § 266 Abs. 1 StGB ausmachende Machtposition über das Vermögen der Gesellschaft mehr zu.[64] 43

h) Beide Untreuetatbestände setzen als Taterfolg einen **Nachteil** voraus, der sachlich – unter Berücksichtigung einiger Besonderheiten – mit dem **Vermögensschaden** i. S. des Betrugstatbestandes, § 263 StGB, identisch ist.[65] Daher geht die höchstrichterliche Rechtsprechung und ein Teil der Literatur auch hier bei der Bestimmung des Nachteils grundsätzlich vom sog. wirtschaftlichen Vermögensbegriff aus. 44

aa) Nach dem **wirtschaftlichen Vermögensbegriff** ist Vermögen die Summe aller wirtschaftlichen (geldwerten) Güter einer Person nach Abzug der Verbindlichkeiten. – Ein Vermögensschaden liegt in der Minderung der Wertsumme, doch wird diese Minderung nicht – dem objektiven Ausgangspunkt dieser Vermögenslehre entsprechend – objektiv bestimmt, sondern objektiv-individuell, d. h. aus der Sicht des Betroffenen, doch unter Berücksichtigung „objektiver Maßstäbe wirtschaftlicher Vernunft".[66] 45

Modifiziert wird der wirtschaftliche Vermögensbegriff von den Vertretern des **juristisch-wirtschaftlichen Vermögensbegriffs**. Auch sie gehen zunächst vom wirtschaftlichen Vermögensbegriff aus. Sie begrenzen jedoch den Bereich des geschützten Vermögens. Vermögen ist danach die Summe der wirtschaftlichen Güter einer Person, über die diese „rechtliche Verfügungsmacht" hat (*Nagler* ZAkDR **1941** 294), die ihr „unter dem Schutz der Rechtsordnung" zur Verfügung stehen[67] oder mit deren Billigung bzw. ohne deren Mißbilligung realisiert werden kann.[68] 46

Von diesen Vermögensbegriffen unterscheidet sich der **personale Vermögensbegriff** bereits im Ansatz. Der personale Vermögensbegriff sieht Vermögen als eine personal strukturierte Einheit, die die Entfaltung der Person im gegenständlichen Bereich gewährleistet. Sie konstituiert sich in den von der Rechtsordnung akzeptierten Herrschaftsbeziehungen der Person zu Objekten (Vermögensgütern), die von der Rechtsgesellschaft als selbständige Gegenstände des wirtschaftlichen Verkehrs anerkannt werden. – Ein im Zeitpunkt der Bewertung vorhandener Veräußerungswert ist unerheblich. Ein Vermögensschaden liegt nicht schon im Verlust eines Vermögenswertes, sondern 47

[64] Vgl. BGH wistra 1991, 305, 307 (zur GmbH). – Bei der Bestellung eines Sequesters im Rahmen des Konkurseröffnungsverfahrens kommt es auf die konkreten Anordnungen des Gerichts an, die dessen Position und die der bisherigen Geschäftsführung bestimmen; vgl. dazu BGH NStZ 1993, 239.

[65] So *Hachenburg/Kohlmann* GmbHG, Vor § 82 Rdn. 168; *Lackner* StGB, § 266 Rdn. 16 f; LK[11]/*Schünemann* § 266 Rdn. 131, 134; *Otto* Grundkurs Strafrecht, B. T., § 54 II 3; *Samson* SK, § 266 Rdn. 37; *Schönke/Schröder/Lenckner* § 266 Rdn. 39. – **A. A.** Dreher/Tröndle StGB, § 266 Rdn. 16; *Hillenkamp* NStZ 1981, 161, 166; *Lubsch* Untreue, S. 318 ff.

[66] Vgl. dazu RGSt. 16, 1 f; 44, 230, 233; BGHSt. 1, 262, 264; 16, 220, 221; *Arzt/Weber* LH3, Rdn. 436 ff; *Dreher/Tröndle* StGB, § 263 Rdn. 27; *Krey* Strafrecht, B. T. 2, Rdn. 428, 433; *Wessels* Strafrecht, B. T. – 2, Rdn. 517 ff.

[67] Vgl. *Franzheim* GA 1960, 277; *Gutmann* MDR 1963, 5; *Foth* GA 1966, 42.

[68] Vgl. *Lenckner* JZ 1967, 107; *Cramer* JuS 1966, 475; *ders.* Vermögensbegriff, S. 100 ff; *Schönke/Schröder/Cramer* § 263 Rdn. 82.

die Vermögensminderung ist nur – und immer dann – Vermögensschaden, wenn der mit der Vermögensminderung erstrebte wirtschaftliche Erfolg nicht erreicht wird.[69]

48 bb) Zum **Verständnis der Praxis** ist die Kenntnis aller drei Vermögensbegriffe notwendig, denn die höchstrichterliche Rechtsprechung geht zwar von dem wirtschaftlichen Vermögensbegriff aus, hat aber in einzelnen Fallgruppen die Prämissen des juristisch-wirtschaftlichen Vermögensbegriffs anerkannt.[70] Im Rahmen einseitiger Leistungsverhältnisse[71] – z. B. Zahlung von Subventionen, Schenkungen – und bei der Verwendung zweckgebundener Mittel[72] bestimmen höchstrichterliche Rechtsprechung und h. L. den Nachteil nicht von der bloßen Vermögensminderung her, sondern von der Verfehlung des mit der Vermögensminderung erstrebten Zwecks, und damit nach den Prämissen der personalen Vermögenslehre. – Dieser Ansatz ermöglicht es auch, die Zahlung von Geldstrafen für Angehörige der Gesellschaft u. U. als Untreue zu erfassen. Mag nämlich bei einer fahrlässigen Straftat noch der Gedanke eines fürsorglichen Eintretens für den Nachteil in der Person des Täters im Einzelfall als Verwirklichung der Zwecke der Gesellschaft interpretiert werden können, so versagt dieser Gedanke bei der Zahlung einer Geldstrafe wegen vorsätzlicher Straftaten.[73]

49 Darüber hinaus sind bei der Bestimmung des Vermögensnachteils weitere Besonderheiten zu beachten, die im Rahmen des Betrugstatbestandes nicht in gleicher Weise relevant werden. – Einig sind Rechtsprechung und Lehre sich im Rahmen der Bestimmung des Vermögensnachteils, daß auch die **pflichtwidrig unterlassene Vermögensmehrung** einen Nachteil darstellt.[74] An einem Nachteil fehlt es hingegen, wenn der verfügungsberechtigte Täter den Vermögensstand des Berechtigten mindert, aber jederzeit fähig und willig ist, aus eigenen flüssigen Mitteln die Vermögensminderung auszugleichen.[75]

50 Hat ein Täter durch treuwidriges Verhalten der Gesellschaft Nachteile zugefügt, so kann dieser Nachteil nicht mit Vorteilen aus anderen Handlungen aufgerechnet werden. Gereicht hingegen die gleiche Handlung der Gesellschaft zum **Vorteil und Nachteil**, so ist das Verhalten schon nicht tatbestandsmäßig, wenn der höherwertige wirtschaftliche Vorteil nur auf dem Weg über einen wirtschaftlich geringeren Nachteil zu erreichen war. – Ob die gleiche Handlung vorliegt oder eine Mehrzahl von Einzelhandlungen zu beurteilen ist, muß in wertender Betrachtungsweise ermittelt werden: „Gehört zum Tat-

---

[69] Vgl. *Alwart* JZ 1986, 564 f; *D. Geerds* Wirtschaftsstrafrecht, S. 125 ff; *Hardwig* GA 1950, 17 ff; *Heinitz* JR 1968, 387 f; *Labsch* JuS 1981, 47; *Maurach/Schroeder/Maiwald* B. T. 1, § 41 Rdn. 113 ff; *Otto* Die Struktur des strafrechtlichen Vermögensschutzes, 1970, S. 34 ff; *ders.* Grundkurs Strafrecht, B. T., § 51 III 4 a; *Schmidhäuser* Strafrecht, B. T., 11/1–4.

[70] Vgl. BGHSt. 20, 136 (Beweismittelverschaffung für Tilgung einer nichtbestehenden Forderung); BGHSt. 26, 346 (Lösegeld für Rückgabe der Beute aus Diebstahl); BGHSt. 31, 178 (Arbeitsleistung ohne Rechtsanspruch auf Entgelt); BGH JZ 1987, 684; BGH wistra 1989, 142 (Dirnenlohn); OLG Hamm NStZ 1990, 342 (Telefonsex).

[71] Vgl. im einzelnen BGHSt. 19, 37, 45; 19, 206 ff; BGH NJW 1982, 2453; NJW 1992, 2167; *Cramer* Vermögensbegriff, S. 202 ff, 210; *Dreher/Tröndle* StGB, § 263 Rdn. 35; *Gallas* FS Eb. Schmidt, 1961, S. 435.

[72] BGH NStZ 1984, 549; NStZ 1986, 455 f; OLG Hamm NStZ 1986, 119.

[73] Daß in dieser Zahlung keine Strafvereitelung liegt, hat der BGH – BGHSt. 37, 226 – klargestellt.

[74] Vgl. dazu BGHSt. 31, 232, 234 f; BGH wistra 1984, 109 f; 1989, 224; dazu auch *Hachenburg/Kohlmann* GmbHG, Vor § 82 Rdn. 175; *Kohlmann* Verantwortlichkeit, Rdn. 300.

[75] Vgl. dazu BGH NStZ 1982, 331 f; BGH bei *Holtz* MDR 1983, 281; *Dreher/Tröndle* StGB, § 266 Rdn. 24; *Kohlmann* Verantwortlichkeit, Rdn. 307; LK[11]/*Schünemann* § 266 Rdn. 150; *Otto* Grundkurs Strafrecht, B. T., § 54 II 3 b. – Abweichend: *Schönke/ Schröder/Lenckner* § 266 Rdn. 42.

bestand einer strafbaren Handlung das Merkmal der Zufügung eines Nachteils oder ein verwandtes Merkmal, wie etwa das „Verfügen zum Nachteil" (§ 266 Abs. 1 Nr. 2 StGB), so ist bei der Anwendung auf den Einzelfall zu prüfen, ob nicht dieselbe Handlung, die eine Beeinträchtigung enthält, einen Vorteil mit sich bringt, durch den die Beeinträchtigung aufgewogen oder überwogen wird. Dabei kann sich ein aus mehreren Einzelhandlungen bestehendes Verhalten bei natürlicher Betrachtung derart als äußere und innere Einheit darstellen, daß es unzulässig ist, aus diesem Gesamtverhalten bestimmte Einzelhandlungen willkürlich herauszugreifen und unabhängig von den anderen zu beurteilen. In solchen Fällen ist vielmehr das Gesamtverhalten auf den Beeinträchtigungsgehalt, also auch daraufhin zu prüfen, ob nicht ein Nachteilsausgleich ... vorliegt".[76]

cc) **Vermögensschaden und Vermögensgefährdung**. Einer Vielzahl von Entscheidungen ist die Feststellung zu entnehmen, daß eine „konkrete Vermögensgefährdung" dem Vermögensschaden gleichsteht.[77] Diese Identifizierung ist evident unrichtig, denn die Gefahr eines Schadens kann begriffsnotwendig nicht identisch sein mit dem eingetretenen Schaden. Soweit die h. M. daher ohne inhaltliche Klärung ihrer Aussage eine konkrete Vermögensgefährdung als Vermögensschaden i. S. des § 263 StGB interpretiert, widerspricht dieses Vorgehen eklatant dem Grundsatz der Gesetzesbestimmtheit, Art. 103 Abs. 2 GG. – In einer derartigen Verallgemeinerung liegt jedoch bereits ein Mißverständnis begründet, das allerdings Ursache für zahllose Fehlentscheidungen geworden ist. Die Rede von der Vermögensgefährdung ist doppeldeutig, weil zu weit. Begrenzt man nämlich die Aussage, daß eine konkrete Vermögensgefährdung in dem hier gemeinten Sinne nur dann vorliegt, wenn diese Vermögensgefährdung zu einer *nachweisbaren Wertminderung* des betroffenen Vermögens geführt hat, so wird einsichtig, daß sich hinter einer sprachlichen Ungenauigkeit eine sachlich durchaus richtige Aussage verbirgt: Vermögensschäden im Sinne eines effektiven Entzuges eines Vermögensgutes und jene Vermögensgefährdungen, die zu einer Vermögenswertminderung führen, begründen den Schaden i. S. des § 266 StGB. Die hier relevante konkrete „Vermögensgefährdung" ist daher entgegen einer viel gebrauchten Redeweise niemals nur „schadensgleich", sie begründet vielmehr eine Vermögenswertminderung und stellt daher einen Schaden dar.[78] Das bedeutet: Ein Vermögensschaden liegt sowohl in der Minderung des Bestandes an Vermögensobjekten als auch in der Minderung ihres Wertes. 51

Zutreffend ist daher eine **Vermögensschädigung** durch Vermögenswertminderung bejaht worden beim Verbrauch anvertrauter Anlagebeträge durch einen Täter, demgegenüber die Realisierung des Rückzahlungsanspruchs stark gefährdet war (BGH wistra **1991** 307), bei der Eröffnung eines unwiderruflichen Akkreditivs durch eine Bank, wenn der Auftraggeber nicht in der Lage ist, den Akkreditivbetrag später zu erstatten (BGH StV **1985** 189), bei der Eintragung eines Nichtberechtigten als Eigentümer eines Grundstücks in das Grundbuch (OLG Stuttgart NStZ **1985** 365), bei der Stundung einer Forderung, die am Fälligkeitstag noch realisierbar war, nicht aber nach Ablauf der Stundungsfrist (BGH wistra **1986** 170) und bei der Erlangung eines materiell unrichtigen, vorläufig vollstreckbaren Urteils gegen einen anderen (BGH NStZ **1992** 233).[79] 52

In den Bereich der vermögenswertmindernden Vermögensgefährdung fällt auch die Problematik der **Nicht- oder Falschbuchung** von Einnahmen und Ausgaben. Führt die 53

---

[76] RGSt. 65, 422, 430 f; dazu auch *Hachenburg/Kohlmann* GmbHG, Vor § 82 Rdn. 179; *Kohlmann* Verantwortlichkeit, Rdn. 306.

[77] Vgl. z. B. BGHSt. 15, 24, 27; 21, 112; 34, 394, 395. – Übersicht über die Rechtsprechung bei *Hefendehl* Vermögensgefährdung, S. 49 ff, 256 ff; *Riemann* Vermögensgefährdung, S. 28 ff.

[78] Eingehend dazu *Otto* Jura 1991, 495 f; vgl. auch *Kohlmann* Verantwortlichkeit, Rdn. 301.

[79] Weitere Beispiele aus der neueren Rechtsprechung bei *Otto* JZ 1993, 660.

unordentliche Buchführung dazu, daß es der Gesellschaft unmöglich wird, begründete Ansprüche geltend zu machen oder unbegründete Ansprüche abzuwehren, so liegt eine vermögenswertmindernde Vermögensgefährdung vor und damit ein Vermögensnachteil.[80] Die bloße Schlampigkeit in der Buchführung, die nicht zur Verdunkelung konkreter Vermögenspositionen führt, sondern nur dazu, daß Abrechnungen und andere Geschäftsvorgänge verzögert werden, begründet hingegen noch keinen Vermögensnachteil.[81]

54 dd) **Träger eines Vermögensnachteils** kann nur eine vom Täter verschiedene natürliche oder juristische Person sein. Eine in Gründung befindliche Gesellschaft kann daher bis zur Eintragung nicht geschädigt werden, da ihr bis zu diesem Zeitpunkt die Rechtspersönlichkeit fehlt.[82] In Betracht kann aber in dieser Situation eine Untreue gegenüber den Gründungsgesellschaftern kommen, soweit der Täter ihnen gegenüber vermögensfürsorgepflichtig ist und diese Pflicht verletzt hat.

55 i) Der **Vorsatz** des Täters – bedingter Vorsatz genügt – muß sich auf die Verletzung der Vermögensfürsorgepflicht erstrecken – und zwar auch beim Mißbrauchstatbestand, soweit sie dort mit der höchstrichterlichen Rechtsprechung vorausgesetzt wird – und den Vermögensnachteil umfassen.[83] Vorsätzlich erfüllt den Untreuetatbestand daher nur, wer seine Vermögensfürsorgepflicht kennt, ihr bewußt zuwiderhandelt und sich dabei zumindest der konkreten Gefahr bewußt ist, dem ihm anvertrauten Vermögen einen Nachteil zuzufügen. Praktisch bedeutet das – wie *Tiedemann* zutreffend feststellt[84] – „daß *Unkenntnis oder irrige Auslegung der für die Pflichtigkeit maßgebenden Normen* (des Rechts einschließlich des Vertragsrechts, aber auch des Wirtschaftsverkehrs) zum *Vorsatzausschluß* und damit zur Straflosigkeit wegen Untreue führt. Damit ergibt sich aufgrund der besonderen Tatbestandsstruktur des § 266 StGB ein Ergebnis, das weithin dem der sog. Vorsatztheorie entspricht (die als generelle Theorie freilich nach h. M. durch § 17 StGB verworfen worden ist)".[85]

56 j) **Rechtswidrigkeit.** – Vermögensfürsorgepflichtwidriges Verhalten ist nicht grundsätzlich rechtswidrig. Im Einzelfall kann das Verhalten gerechtfertigt sein. Als Rechtfertigungsgründe kommen insbes. der rechtfertigende Notstand, § 34 StGB, und die gewohnheitsrechtlich anerkannte rechtfertigende Pflichtenkollision in Betracht.[86] Die Rechtsprechung ist jedoch nicht bereit, das Interesse an der Fortführung eines Betriebes grundsätzlich fremden Vermögensinteressen, die der Täter wahrzunehmen hat, überzuordnen: „Es kann nicht anerkannt werden, daß das Interesse an der Fortführung des Betriebs und der Weiterbeschäftigung der Arbeitnehmer rechtlich höher zu bewerten sei als die vertraglich übernommene und durch Strafdrohung gesicherte Treueverpflichtung" (BGHSt. 5 61, 66). – Bei rechtswidrigem Einzug von Forderungen, um die Fort-

---

[80] Vgl. BGHSt. 20, 304; BGH wistra 1996, 184; *Hachenburg/Kohlmann* GmbHG, Vor § 82 Rdn. 160, 161; *Kohlmann* Verantwortlichkeit, Rdn. 279 ff; *Lackner* StGB, § 266 Rdn. 17; *Scholz/Tiedemann* GmbHG, Vor §§ 82 ff Rdn. 21.

[81] Vgl. OLG Stuttgart NJW 1971, 64 f. – Zur Entwicklung der Rechtsprechung *Scholz/Tiedemann* GmbHG, Vor §§ 82 ff Rdn. 21.

[82] Vgl. zur GmbH: BGHSt. 3, 23, 25; BGH wistra 1992, 24. – Eingehend zur Vor-GmbH: *Kohlmann* FS Geerds, 1995, S. 678 ff.

[83] Vgl. BGHSt. 3, 24; 34, 379, 390; BGH wistra 1986, 25; LK[11]/*Schünemann* § 266 Rdn. 156; *Otto* Grundkurs Strafrecht, B. T., § 54 II 2 g; *Schönke/Schröder/Lenckner* § 266 Rdn. 49.

[84] *Scholz/Tiedemann* GmbHG, Vor §§ 82 ff Rdn. 13.

[85] Eingehend zur Vorsatztheorie: *Otto* Grundkurs Strafrecht, A. T., § 15 Rdn. 5 ff.

[86] Eingehender dazu LK[11]/*Schünemann* § 266 Rdn. 159; *Otto* Grundkurs Strafrecht, A. T., § 8 Rdn. 197 ff.

führung eines Betriebes und die Weiterbeschäftigung von Arbeitnehmern zu ermöglichen, sowie beim Verbrauch von Fremdgeldern zur Befriedigung dringender Schulden, um eine Anwaltspraxis vor dem Zusammenbruch zu retten, hat der BGH eine rechtfertigende Notstandslage nicht anerkannt.[87]

k) **Täterschaft und Teilnahme.** Die Untreue ist ein **Sonderdelikt.** Täter – auch Mittäter oder mittelbarer Täter – kann daher nur jemand sein, der in der für die Mißbrauchs- bzw. Treubruchstat erforderlichen Sonderbeziehung – Verfügungs- oder Verpflichtungsbefugnis bzw. Treuepflicht – zu der geschädigten Gesellschaft steht oder aber – soweit die Gesellschaft die Vermögensfürsorgepflicht trifft – als Vertreter i. S. des § 14 StGB tätig wird. Außenstehende können nur Teilnehmer – Anstifter oder Gehilfe, §§ 26, 27 StGB, sein. – Derjenige, der selbst vermögensfürsorgepflichtig ist, wird allerdings selbst dann, wenn er das Verhalten anderer Vermögensfürsorgepflichtiger nur unterstützt hat, im Regelfall Täter, nicht bloß Teilnehmer sein (BGHSt. 9 203, 217 zu § 81 a GmbHG a. F.). **57**

l) Der **Versuch der Untreue** ist straflos, §§ 23 Abs. 1, 12 Abs. 2 StGB. **58**

m) **Untreue im Konzern.** – Konzernrechtliche Verpflichtungen können sowohl den Pflichtenkreis der Organe einer Aktiengesellschaft als auch die Möglichkeit eines Gesellschaftsschadens erweitern. **59**

aa) Handlungen zum **unmittelbaren Nachteil des Konzerns** oder anderer Konzernfirmen können durchaus einen mittelbaren Schaden der eigenen Gesellschaft begründen, so z. B. wenn der Konzern dadurch seinen Verpflichtungen der Gesellschaft gegenüber nicht mehr nachkommen oder erforderliche Investitionen nicht mehr tätigen kann. Diese Schäden beruhen dann auf einer Vermögensfürsorgepflichtverletzung der eigenen Gesellschaft gegenüber, wenn sie durch Verletzung von Regelungen eines ausdrücklichen Beherrschungsvertrages oder anderer rechtsverbindlicher Anweisungen des Konzerns begründet werden. Denn dann sind diesbezügliche Verstöße zugleich Pflichtverletzungen der eigenen Gesellschaft gegenüber.[88] Zu beachten ist aber, daß Vorteile, die der eigenen Gesellschaft aus dem treuwidrigen Verhalten erwachsen sind, bei der Schadensberechnung zu berücksichtigen sind, wenn sie dem Konzern zu Gute kommen, weil er z. B. ein unmittelbares Abführungsrecht o. ä. hat. **60**

bb) Handeln **Organe des Konzerns zum Schaden einer Konzerngesellschaft,** so ergeben sich Maßstäbe für treuepflichtwidrige Verhaltensweisen aus den §§ 309, 317 AktG, die unter dem Aspekt der Konzernhaftung verallgemeinert und in Anlehnung an BGH ZIP 1993 593 („TBB") – allerdings im subjektiven Bereich ergänzt – dahin zusammengefaßt werden können, daß ein treuwidriges Verhalten dann vorliegt, wenn die Konzernleitung ihre Herrschaft bewußt in einer Weise ausübt, die keine angemessene Rücksicht auf die eigenen Belange der abhängigen Gesellschaft nimmt, ohne daß sich der ihr zugefügte Nachteil durch Einzelausgleichsmaßnahmen kompensieren ließe. – Die Treupflicht selbst entsteht nicht mit der konzernrechtlichen Verpflichtung, sondern erst mit der faktischen Einflußnahme auf die Geschäftsführung der beherrschten Gesellschaft. Ob diese Einflußnahme vertraglich begründet ist (§ 309 AktG) oder faktisch wahrgenommen wird (§ 317 AktG), ist für die Pflichtenposition im Rahmen des § 266 StGB irrelevant.[89] **61**

---

87 Dazu m. N. LK[11]/*Schünemann* § 266 Rdn. 159.

88 Vgl. auch *Kohlmann* Verantwortlichkeit, Rdn. 361.

89 Vgl. im einzelnen dazu BGH NJW 1997, 66, 66 f; *Ewald* Untreue, S. 109 f; *Hachenburg/Kohlmann* GmbHG, Vor § 82 Rdn. 306 ff; *Kohlmann* Verantwortlichkeit, Rdn. 360 ff; *Scholz/Tiedemann* GmbHG, Vor §§ 82 ff Rdn. 22 ff. – Grundsätzlich zur strafrechtlichen Täterschaft im Konzern: *Ransiek* Unternehmensstrafrecht, S. 84 ff.

n) Rechtsprechung zur Untreue von Organen einer Aktiengesellschaft

62 **aa) Strafbares Verhalten von Mitgliedern des Vorstandes:** Nachteilige Verfügung über Vermögensstücke der Gesellschaft (RGSt. 7 279, 282). – Im Gesellschaftsvertrag einer AG war dem Aufsichtsrat die Befugnis eingeräumt, über die Veräußerung von Vermögensgegenständen Beschlüsse zu fassen, die den Vorstand zur Ausführung verpflichteten. Die Frage, ob die Vorstandsmitglieder überhaupt noch als Bevollmächtigte i. S. d. § 266 StGB anzusehen waren, beantwortet das RG dahingehend, daß der Gesellschaftsvertrag dem Vorstand nicht die strafrechtliche Verantwortung entziehen kann. Bei Ausführung der Beschlüsse des Aufsichtsrats handeln die Vorstandsmitglieder als Bevollmächtigte der Gesellschaft.[90]

- Belasten eines in die Gesellschaft eingebrachten aber noch nicht aufgelassenen Grundstückes mit Hypotheken zur Sicherung privater Schulden des Angeklagten (RGSt. **36** 69, 70).
- Begleichen eigener Verbindlichkeiten mit Mitteln der Gesellschaft (RGSt. **47** 32, 33): Vorstandsmitglied einer Bank begleicht Schulden seines Gläubigers durch Überweisung seiner Bank ohne von seinem Gläubiger einen entsprechenden Auftrag erhalten zu haben. Durch diese „Schuldübernahme" gedenkt er von seinen eigenen Verbindlichkeiten gegenüber dem Gläubiger frei zu kommen.
- Ausschütten von Dividenden auf der Grundlage manipulierter Bilanzen, obwohl tatsächlich hohe Verluste erwirtschaftet wurden (RGSt. **49** 358, 364; BGH wistra **1986** 69).
- Unrichtige Gutschrift der Dividende aus einer Schutzaktie (RG JW **1929** 1054): Der alleinige Vorstand einer AG ließ sich die volle Dividende seiner Schutzaktie auszahlen, obwohl ihm nur 1/30 und der Gesellschaft 29/30 davon zustanden.
- Begleichen überhöhter und fingierter Rechnungen eines Dritten aus Mitteln der Gesellschaft, auch wenn der Dritte hierdurch seinerseits zu Unredlichkeiten veranlaßt wird, die der Gesellschaft erhebliche wirtschaftliche Vorteile bringen (RGSt. **71** 344).

63 **bb) Nicht strafbare Verhaltensweisen von Mitgliedern des Vorstandes:** Die unterlassene Auflassung eines in die Gesellschaft eingebrachten Grundstückes, ohne daß der Angeklagte über die Auflassungsforderung der Gesellschaft anderweitig verfügt hat (RGSt. **36** 69, 70).

- Bezug von Provisionen von einem Lieferanten der Gesellschaft, ohne daß sich der Lieferpreis für die Gesellschaft hierdurch erhöhte (RGSt. **66** 81, 84).
- Das Bezahlen von Hausangestellten und Gärtner für ein Privathaus aus Firmenmitteln: keine unverhältnismäßigen Repräsentationsausgaben trotz gefährdeter wirtschaftlicher Lage der Gesellschaft (BGH bei Herlan GA **1967** 258).
- Das Verheimlichen von Gewinnen aus Eigengeschäften, wodurch die Gesellschaft ihr Eintrittsrecht nach § 88 II 2 AktG nicht ausüben konnte: keine Verletzung der Vermögensfürsorgepflicht des Vorstandes (BGH NJW **1988** 2483).

64 **cc) Strafbares Verhalten von Mitgliedern des Aufsichtsrates:** Fassen von Beschlüssen, die den Vorstand zu nachteiligen Verfügungen über Vermögensstücke der Gesellschaft verpflichteten (RGSt. 7 279, 282).

- Unterlassene Klarstellung der Überbewertung von Grundstücken in der Bilanz zum Nachteil der Gesellschaft (RGSt. **41** 293, 300).

---

[90] Vgl. hierzu auch RGSt. 68, 210.

3. Konkursstraftaten, §§ 283 ff StGB

In den Konkursstraftaten werden einzelne Bankrotthandlungen in bestimmten Unternehmenssituationen unter Strafe gestellt. 65

a) **Konkursdelikte als Sonderdelikte.** – Obwohl der Wortlaut der §§ 283 ff StGB – abgesehen von einzelnen Tatbeständen, die die Strafbarkeit auf Voll- und Sollkaufleute begrenzen, § 283 Abs. 1 Nr. 5, 7, § 283 b StGB – jedermann als tauglichen Täter benennt, handelt es sich mit Ausnahme des § 283 d StGB (Schuldnerbegünstigung) um echte **Sonderdelikte,** da nur **Schuldner taugliche Täter** sein können. Vorausgesetzt wird nämlich, daß der Täter seine Zahlungen eingestellt hat oder über sein Vermögen das Konkursverfahren eröffnet oder der Eröffnungsantrag mangels Masse abgewiesen worden ist, § 283 Abs. 6 StGB. – Diese Identifizierung von Schuldner und Täter in § 283 Abs. 6 StGB, scheint auf den ersten Blick die §§ 283 ff StGB im Falle einer juristischen Person als Schuldner für Bankrotthandlungen ihrer Organe aus dem Strafbarkeitsbereich auszugrenzen. Die juristische Person kann im strafrechtlichen Sinne nicht „Täter" sein, die für sie Handelnden sind hingegen nicht die Schuldner. – Bei dieser Wortwahl handelt es sich jedoch um einen begrifflichen Mißgriff des Gesetzgebers, der im Rahmen systematischer Auslegung berichtigend dahin zu interpretieren ist, daß hier „der Schuldner" gemeint ist. Voraussetzung der Strafbarkeit ist daher, daß der „Schuldner" und keineswegs der Täter seine Zahlungen eingestellt hat usw. Eine andere Auslegung würde zu einer Differenzierung im Strafbarkeitsbereich führen, für die es im Gesetz keinen Anhaltspunkt gibt und die schlicht willkürlich wäre.[91] 66

Da die Schuldnereigenschaft besonderes persönliches Merkmal i. S. des § 14 StGB ist, können auch die dort genannten **Organe und Vertreter Täter** der Konkursdelikte sein. Allerdings grenzt die Rechtsprechung den Täterkreis hier insoweit ein, als sie im Rahmen des § 14 StGB ein Handeln zumindest auch im Interesse der Gesellschaft voraussetzt. Bei einem ausschließlich eigennützigen Handeln des Täters sollen nicht die Konkurstatbestände, sondern die vermögensstrafrechtlichen Tatbestände, z. B. §§ 242, 246, 266 StGB, eingreifen.[92] Diese Interessentheorie ist in der Literatur vielfältig auf Kritik gestoßen, denn sie ist nicht sachgerecht, da der Täter, der in seiner Eigenschaft als Geschäftsführer einer GmbH oder als Vorstandsmitglied einer AG rechtswirksam, wenn auch zu eigenen Gunsten, über Vermögen der Gesellschaft verfügt, in seiner Eigenschaft als Organ der Gesellschaft handelt und die durch die §§ 283 ff geschützten Gläubiger in gleicher Weise betroffen sind, unabhängig davon, ob die sie schädigende Verfügung eigennützig oder im Interesse der Gesellschaft erfolgte.[93] – Auch der BGH hat in einer neueren Entscheidung (BGH wistra **1990** 99) die Berechtigung der Interessentheorie offengelassen und ihre Anwendung auf den Geschäftsführer einer KG ausdrücklich abgelehnt.[94] 67

---

[91] Vgl. auch *Dreher/Tröndle* StGB, Vor § 283 Rdn. 12 f; *Lackner* StGB, § 283 Rdn. 26; NK/*Kindhäuser* Vor § 283 Rdn. 44; *Otto* Grundkurs Strafrecht, B. T., § 61 VI 1e; *Richter* GmbHR 1984, 142; *Tiedemann* NJW 1977, 780. – Kritisch: *Labsch* wistra 1985, 4. – **A. A.** *Wehleit* Abgrenzung, S. 14 f.

[92] Vgl. zur GmbH: BGHSt. 28, 371, 373 f; 30, 127, 128 ff; BGH NStZ 1984, 119; BGH wistra 1987, 218; vgl. auch *Geßler/Fuhrmann* AktG, Vor § 399 Rdn. 12.

[93] Vgl. *Arloth* NStZ 1990, 572 ff; *Bieneck* in: Müller-Gugenberger, § 64 Rdn. 19; *D. Geerds*, FS Geerds, 1995, S. 589, 601 ff; *Gössel* JR 1988, 256 ff; *Labsch* wistra 1985, 59 ff; *Lampe* GA 1987, 253 f; NK/*Kindhäuser* Vor § 283 Rdn. 52 ff; *Richter* GmbHR 1984, 143 f; *Schäfer* wistra 1990, 85; *Tiedemann* NJW 1986, 1844; *Winkelbauer* wistra 1986, 19 f; *Wehleit* Abgrenzung, S. 62 ff.

[94] BGH StV 1988, 14 mit Anm. *Weber* S. 16 ff und *Winkelbauer* JR 1988, 33 ff.

68 b) **Krisensituation.** – Die Bankrotthandlungen nach § 283 Abs. 1 StGB sind nur strafbar, wenn sie im Zeitpunkt einer wirtschaftlichen Krise (Überschuldung, drohende oder eingetretene Zahlungsunfähigkeit) vorgenommen werden, die Bankrotthandlungen nach § 283 Abs. 2 StGB, wenn sie die Krise (Überschuldung oder Eintritt der Zahlungsunfähigkeit) kausal herbeiführen *und* eine der in § 283 Abs. 6 StGB genannten objektiven Strafbarkeitsvoraussetzungen (Zahlungseinstellung, Eröffnung des Konkursverfahrens oder Ablehnung des Eröffnungsantrages mangels Masse) vorliegt.

69 Während die Bankrotthandlungen vorsätzlich bzw. leichtfertig oder fahrlässig – vgl. §§ 283 Abs. 4, 5, 283 b Abs. 2 StGB – begangen sein müssen und auch die Krisensituation bewußt erkannt bzw. leichtfertig oder fahrlässig verkannt worden sein muß, brauchen die objektiven Bedingungen der Strafbarkeit nicht vom Vorsatz, der Leichtfertigkeit oder der Fahrlässigkeit umfaßt zu sein. Sie stehen gleichwohl nicht ohne inneren Zusammenhang zu den anderen Tatbestandsmerkmalen. Die h. M. fordert eine **„tatsächliche Beziehung" zwischen den Bankrotthandlungen und dem Bankrott.** Dieser Zusammenhang ist jedoch zu ungenau. Es kommt vielmehr darauf an, daß sich im Eintritt der Strafbarkeitsbedingung (Zahlungseinstellung, Eröffnung des Konkursverfahrens, Ablehnung des Eröffnungsantrages mangels Masse) jene Gefahr realisiert hat, die in der Krisensituation ihren Ausdruck fand. Fehlt es an diesem Zusammenhang, so verliert das Strafbedürfnis in gleicher Weise an Bedeutung wie in den Fällen, in denen es dem Täter gelingt, den wirtschaftlichen Zusammenbruch abzuwenden.[95]

c) Die einzelnen Bankrotthandlungen gemäß § 283 StGB

aa) Die Tathandlungen:

70 **Abs. 1 Nr. 1:** Verringerung der Konkursmasse durch Beiseiteschaffen, Verheimlichen oder entgegen den Anforderungen ordnungsgemäßer Wirtschaft Zerstören, Beschädigen oder Unbrauchbarmachen von Vermögensbestandteilen, die im Falle der Konkurseröffnung zur Konkursmasse gehören würden.

71 **Beiseiteschaffen** ist das Verbringen von Vermögensbestandteilen in eine tatsächliche oder rechtliche Lage, in der den Gläubigern der Zugriff unmöglich gemacht oder wesentlich erschwert wird, ohne daß dies im Rahmen der ordnungsgemäßen Wirtschaft liegt. **Verheimlichen** ist das Verschleiern der Massezugehörigkeit. **Unbrauchbarmachen** ist die Funktionsstörung oder Vernichtung ohne Substanzänderung. – Das **Zerstören** und **Beschädigen** entspricht den Tathandlungen des § 303 StGB.

72 **Abs. 1 Nr. 2:** Das Eingehen bestimmter Risikogeschäfte. **Verlustgeschäfte** sind Geschäfte, die von vornherein auf einen Vermögensverlust angelegt sind. – **Spekulationsgeschäfte** beziehen sich auf besonders hohe Risikochancen. – **Differenzgeschäfte** sind Geschäfte, bei denen es dem Täter um die Differenz zwischen dem An- und Verkaufspreis geht, nicht aber um den Erwerb der Ware (z. B. Warenterminoptionsgeschäfte). – **Unwirtschaftliche Ausgaben** sind Ausgaben des Schuldners, die zu seinem Gesamtvermögen in keinem angemessenen Verhältnis stehen (dazu BT-Drucks. 7/3441, S. 34).

73 **Abs. 1 Nr. 3:** Veräußerung und sonstiges Abgeben von Wertpapieren oder Waren sowie den aus diesen Waren hergestellten Sachen, die im Zusammenhang mit der Aufnahme eines Kredits erlangt wurden, erheblich unter ihrem Wert in einer den Anforderungen einer ordnungsgemäßen Wirtschaft widersprechenden Weise.

74 **Abs. 1 Nr. 4:** Vortäuschung oder Anerkennung erdichteter Rechte anderer.

[95] Vgl. dazu *Dreher/Tröndle* StGB Vor § 283 Rdn. 17; LK[11]/*Tiedemann* Vor § 283 Rdn. 90 ff m. w. N.; *Otto* Bruns-Gedächtnisschrift, 1978, S. 281 ff.

Abs. 1 Nr. 5: Verletzung der Pflicht, Handelsbücher in bestimmter Weise zu führen. 75

Abs. 1 Nr. 6: Beiseiteschaffen, Verheimlichen, Zerstören und Beschädigen von Handelsbüchern und sonstigen Unterlagen, zu deren Aufbewahrung ein Kaufmann nach Handelsrecht verpflichtet ist. 76

Abs. 1 Nr. 7: Erstellen falscher Bilanzen. 77

Abs. 1 Nr. 8: In einer anderen, den Anforderungen einer ordnungsgemäßen Wirtschaft grob widersprechenden Weise seinen Vermögensstand verringern oder seine wirklichen geschäftlichen Verhältnisse verheimlichen oder verschleiern. 78

Abs. 2: Abs. 2 dehnt die Strafbarkeit über die in der Krise begangenen Handlungen auf jene Bankrotthandlungen aus, die erst die Überschuldung oder Zahlungsunfähigkeit, d. h. die Krise herbeiführen. 79

bb) Subjektive Voraussetzungen: Strafbar gemäß Abs. 1 und Abs. 2 ist zunächst die vorsätzliche Verwirklichung des Tatbestandes. Der Vorsatz muß sich auch auf die Krisensituation beziehen. 80

Gemäß Abs. 4 ist strafbar, wer die Bankrotthandlung vorsätzlich begeht, das Vorhandensein der Krise jedoch fahrlässig nicht kennt oder die Überschuldung oder Zahlungsunfähigkeit leichtfertig herbeiführt. 81

Gemäß Abs. 5 ist strafbar, wer bestimmte Bankrotthandlungen (Abs. 1 Nr. 2, 5, 7, Abs. 2 i. V. m. Abs. 1 Nr. 2, 5, 7) fahrlässig begeht und das Vorhandensein der Krise wenigstens fahrlässig nicht kennt, bzw. die Überschuldung oder Zahlungsunfähigkeit wenigstens leichtfertig herbeiführt. 82

d) Besonders schwere Fälle des Bankrotts, § 283 a StGB: § 283 a StGB enthält einen unbenannten Strafschärfungsgrund mit zwei Regelbeispielen: Gewinnsucht und wirtschaftliche Gefährdung einer größeren Zahl von Personen. 83

e) Verletzung der Buchführungspflicht, § 283 b StGB: § 283 b Abs. 1 Nr. 1–3 StGB stellt die vorsätzliche, außerhalb der Krisenzeit (sonst greift § 283 Abs. 1 Nr. 5, 6, 7 StGB ein) begangene Verletzung bestimmter handelsrechtlicher Buchführungspflichten unter Strafe. Gemäß § 283 b Abs. 2 StGB ist in den Fällen des § 283 b Abs. 1 Nr. 1 und 3 StGB auch die fahrlässige Tatbegehung strafbar. Auch hier ist Zahlungseinstellung, Konkurseröffnung oder Ablehnung des Antrags auf Konkurseröffnung objektive Bedingung der Strafbarkeit, vgl. Abs. 3 i. V. m. § 283 Abs. 6 StGB. 84

Die Verletzung der Buchführungspflicht muß symptomatischen Gehalt hinsichtlich ihrer gefährlichen Eignung zur Herbeiführung des wirtschaftlichen Zusammenbruchs haben. Es wird daher ein Zusammenhang zwischen der objektiven Bedingung der Strafbarkeit und der Tathandlung vorausgesetzt, der strafrechtlich dahin relevant wird, daß der Ausschluß eines jeden Zusammenhangs zwischen dem Buchführungsmangel und dem Unternehmenszusammenbruch zur Straffreiheit führen muß.[96] 85

f) Die Gläubigerbegünstigung, § 283 c StGB: Die Gläubigerbegünstigung ist ein **privilegierter Fall des Bankrotts.** – Bestraft wird der Schuldner, der in Kenntnis seiner Zahlungsunfähigkeit absichtlich oder wissentlich einen Gläubiger vor den übrigen Gläubigern begünstigt, indem er diesem aus seinem dem Konkurs unterliegenden Vermögen eine inkongruente Sicherung oder Befriedigung gewährt. 86

Subjektiv erfordert der Tatbestand neben der sicheren Kenntnis der Zahlungseinstellung direkten Vorsatz in bezug auf den Begünstigungserfolg, während für die Tathand- 87

---

[96] Vgl. BGHSt. 28, 231, 233 mit Anm. *Schlüchter* JR 1979, 513 ff; OLG Hamburg NJW 1987, 1342; LK[11]/*Tiedemann* Vor § 283 Rdn. 97; *Otto* Grundkurs Strafrecht, B. T., § 61 VI 3 c. – **A. A.** *Schäfer* wistra 1990, 87 f.

lung bereits bedingter Vorsatz genügt. **Objektive Bedingung der Strafbarkeit** ist auch hier: Zahlungseinstellung, Konkurseröffnung oder Ablehnung des Antrags auf Konkurseröffnung, Abs. 3 i. V. m. § 283 Abs. 6 StGB. Der Zusammenhang zwischen objektiver Bedingung der Strafbarkeit und Tathandlung liegt vor, wenn Objekte in der Situation dem zum Konkurs gehörenden Vermögen entzogen wurden, aus der sich die objektive Bedingung der Strafbarkeit entwickelt hat.

88 g) **Schuldnerbegünstigung, § 283 d StGB:** Nach § 283 d Abs. 1 StGB wird bestraft, wer Vermögensbestandteile eines anderen, die zur Masse gehören würden, mit dessen Einwilligung oder zu dessen Gunsten in einer bestimmten Krisenzeit beiseiteschafft, verheimlicht oder in einer den Anforderungen einer ordnungsgemäßen Wirtschaft widersprechenden Weise zerstört, beschädigt oder unbrauchbar macht.

89 Seinem Wortlaut nach eröffnet das Gesetz die Möglichkeit, auch den Gläubiger wegen Schuldnerbegünstigung zu bestrafen, der sich in einvernehmlichem Zusammenwirken mit dem Schuldner Vermögensgegenstände zur Absicherung seiner Forderung verschafft. Auch dieser Täter schafft „Bestandteile" des Vermögens eines anderen, die im Falle der Konkurseröffnung zur Konkursmasse gehören, mit Einwilligung des Schuldners beiseite. Diese Auslegung widerspricht jedoch dem Sinngehalt des § 283 d StGB. Die Vorschriften über die Konkursstraftaten begründen eine besondere strafrechtliche Verantwortlichkeit des Schuldners und der für ihn nach § 14 StGB tätigen Personen. Zwischen ihm und den Konkursgläubigern besteht eine scharfe Trennung. Daher wäre es ein Widerspruch, wenn das Gesetz einen Nichtschuldner mit der hohen Strafdrohung der §§ 283 Abs. 1 Nr. 1, 283 d Abs. 1 StGB belegte, wo es dem Schuldner die Privilegierung des § 283 c StGB zugute kommen läßt. Von der Tatvariante des Beiseiteschaffens mit Einwilligung des Schuldners werden daher einvernehmlich zwischen Schuldner und Gläubiger vorgenommene Handlungen, wie sie in § 283 c StGB näher unterschieden sind, nicht erfaßt.[97]

90 **Krisenzeiten** sind hier die dem anderen drohende Zahlungsunfähigkeit, die Zeit nach Zahlungseinstellung, das Konkursverfahren, das gerichtliche Vergleichsverfahren zur Abwendung des Konkurses oder das Verfahren zur Herbeiführung der Entscheidung über die Eröffnung des Konkurs- oder gerichtlichen Vergleichsverfahrens eines anderen.

91 **Subjektiv** erfordert die Tathandlung Kenntnis der einem anderen drohenden Zahlungsunfähigkeit (Abs. 1 Nr. 1), d. h. direkten Vorsatz, im übrigen genügt bedingter Vorsatz.

92 Der **Versuch** ist strafbar, Abs. 2. — Abs. 3 enthält einen unbenannten **Strafschärfungsgrund** mit Regelbeispielen: Gewinnsucht, wirtschaftliche Gefährdung einer größeren Anzahl von Personen.

93 **Objektive Bedingung der Strafbarkeit** ist auch hier, daß der andere seine Zahlungen eingestellt hat, über sein Vermögen der Konkurs eröffnet oder der Antrag auf Eröffnung mangels Masse abgewiesen worden ist, Abs. 4.

4. Die Bilanzstraftatbestände der §§ 331 ff HGB und die Ordnungswidrigkeiten nach § 334 HGB

94 a) Das **Bilanzrichtliniengesetz** vom 19. 12. 1985 (BGBl. I, 2355) hat für alle Kapitalgesellschaften eine einheitliche — wenn auch nicht abschließende — Regelung des Bilanz-

---

[97] Vgl. BGHSt. 35, 357 mit Anm. *Otto* JK 89, StGB § 283 d/1; LK[11]/*Tiedemann* § 283 d Rdn. 4; *Vormbaum* GA 1981, 130. — **A. A.** *Dreher/Tröndle* StGB, § 283 d Rdn. 1.

strafrechts in das HGB eingefügt; vgl. dazu auch oben Rdn. 3. Damit wurden Regelungen des geltenden Rechts zum einen aus den Spezialgesetzen (AktG, GmbHG, PublG) in das HGB überführt, zum anderen aber auch ergänzt, soweit die in Art. 51 Abs. 3 der Vierten Richtlinie, Art. 38 Abs. 6 der Siebenten Richtlinie und Art. 26 der Achten Richtlinie des Rates der Europäischen Gemeinschaft geforderten Sanktionen im geltenden Recht noch nicht enthalten waren. Regelungen in den Spezialgesetzen wurden dadurch z. T. überflüssig, z. T. in ihrem Anwendungsbereich erheblich eingeschränkt, da die Vorschriften des HGB diesen Regelungen als Spezialregelungen vorgehen, soweit sie einschlägig sind. Leider hat der Gesetzgeber die Gelegenheit nicht ergriffen, die verbleibenden Bestimmungen grundsätzlich unter Strafwürdigkeits- und Strafbedürftigkeitsaspekten zu überprüfen und – wo möglich – enger zu fassen oder zu streichen.

b) **Übersicht.** Im HGB sind folgende Straf- und Ordnungswidrigkeitstatbestände **95**
geregelt.

aa) **§ 331 HGB: Unrichtige Darstellung** (Vergehen)

Nr. 1: Unrichtige Wiedergabe oder Verschleierung der Verhältnisse der Kapitalgesellschaft in der Eröffnungsbilanz, im Jahresabschluß, im Lagebericht oder im Zwischenabschluß nach § 340 a Abs. 3 HGB.

Nr. 2: Unrichtige Wiedergabe oder Verschleierung der Verhältnisse des Konzerns im Konzernabschluß, Konzernlagebericht oder im Konzernzwischenabschluß nach § 340 i Abs. 4 HGB.

Nr. 3: Offenlegung eines unrichtigen Konzernabschlusses oder Konzernlageberichtes zum Zweck der Befreiung von der Pflicht, einen Konzernabschluß oder Konzernlagebericht aufzustellen.

Nr. 4: Unrichtige Angaben, unrichtige Wiedergabe oder Verschleierung der Verhältnisse der Kapitalgesellschaft, eines Tochterunternehmens oder des Konzerns in Aufklärungen oder Nachweisen gegenüber einem Abschlußprüfer.

bb) **§ 332 HGB: Verletzung der Berichtspflicht** (Vergehen): Verletzung der Berichtspflicht oder Erteilung eines unrichtigen Bestätigungsvermerkes durch Abschlußprüfer einer Kapitalgesellschaft oder deren Gehilfen.

cc) **§ 333 HGB: Verletzung der Geheimhaltungspflicht** (Vergehen, Antragsdelikt): Verletzung der Geheimhaltungspflicht durch Abschlußprüfer oder deren Gehilfen.

dd) **§ 334 HGB: Bußgeldvorschriften:**

Abs. 1 Nr. 1: Zuwiderhandlungen gegen die Vorschriften über die Form oder den Inhalt, die Bewertung, die Gliederung oder die in der Bilanz oder im Anhang zu machenden Angaben bei der Aufstellung oder Feststellung des Jahresabschlusses.

Abs. 1 Nr. 2: Zuwiderhandlungen gegen die Vorschriften über den Konsolidierungskreis, den Inhalt oder die Form, die Konsolidierungsgrundsätze sowie das Vollständigkeitsgebot, die Bewertung, die Behandlung assoziierter Unternehmen oder die im Anhang zu machenden Angaben bei der Aufstellung des Konzernabschlusses.

Abs. 1 Nr. 3: Unrichtige Darstellung im Lagebericht der Kapitalgesellschaft.

Abs. 1 Nr. 4: Unrichtige Darstellung im Konzernlagebericht.

Abs. 1 Nr. 5: Zuwiderhandlungen gegen die Vorschriften über Form und Inhalt der Unterlagen bei der Offenlegung des Jahresabschlusses und des Konzernabschlusses sowie bei der Veröffentlichung oder Vervielfältigung.

Abs. 1 Nr. 6: Zuwiderhandlungen gegen Vorschriften einer RechtsVO nach § 330 Abs. 1 S. 1 HGB über Formblätter oder eine andere Gliederung des Jahresabschlusses oder des Konzernabschlusses.

Abs. 2: Erteilung eines Bestätigungsvermerkes zu einem Jahresabschluß oder Konzernabschluß durch eine Person oder eine für eine Wirtschafts- oder Buchprüfungsgesellschaft tätige Person, obwohl sie oder diese Gesellschaft nicht Abschlußprüfer sein darf.

5. Weitere besondere Straftatbestände, die für bestimmte Aktiengesellschaften und Kommanditgesellschaften auf Aktien relevant werden können

96 In einer Reihe von *Spezialgesetzen* sind Straf- und Ordnungswidrigkeitentatbestände erfaßt, die für Gesellschaften in bestimmten Bereichen relevant werden können. Hingewiesen sei hier auf §§ 54 ff Kreditwesengesetz, §§ 37 ff Hypothekenbankgesetz, §§ 134 ff Versicherungsaufsichtsgesetz, §§ 38 f Wertpapierhandelgesetz. – Straftaten im Zusammenhang mit einer *Umwandlung* einer Aktiengesellschaft sind in den §§ 313 ff UmwG erfaßt; vgl. dazu die Hinweise bei den entsprechenden Tatbeständen der §§ 399 ff.

VII. Schädigungen Dritter durch Organmitglieder; Produkthaftung

1. Interne Aufgabenzuweisung und rechtliche Verantwortung

97 Der **Vorstand** ist das Geschäftsführungs- und Vertretungsorgan, das die AG in eigener Verantwortung zu leiten hat, §§ 76 ff. Besteht der Vorstand aus mehreren Personen, so richtet sich deren Aufgabenverteilung in der Regel nach der Satzung oder nach einer Geschäftsordnung, § 77 Abs. 2. Diese Geschäftsaufteilung führt jedoch nicht zu einer – jeweils partiellen – Freistellung von Verantwortung, sondern nur zu einer Verteilung der Verantwortungsgewichte.[98] Trotz interner Aufteilung des Geschäftsbereichs bleibt die Handlungspflicht für jedes Organmitglied grundsätzlich verbindlich. Aus der internen Geschäftsaufteilung ergibt sich jedoch eine **besondere Pflichtenposition** für denjenigen, in dessen Aufgabenkreis die entsprechende Maßnahme der Geschäftsführung fällt, während die nach dem Geschäftsverteilungsplan nicht zuständigen Mitglieder insoweit eine Aufsichts- und Kontrollpflicht trifft. Aus diesem Grunde werden diese Vorstandsmitglieder sich dann noch nicht pflichtwidrig verhalten, wenn sie bestimmte Geschäftsführungs- oder Aufsichtsmaßnahmen, die in den Aufgabenkreis eines anderen Vorstandsmitglieds fallen, selbst nicht von sich aus vornehmen. Umgekehrt folgt daraus, daß das zuständige Vorstandsmitglied nicht erwarten kann, daß die anderen Vorstandsmitglieder die gebotene Maßnahme vornehmen werden. Erkennt jedoch ein Organ, daß die Maßnahme oder die Unterbindung rechtswidrigen Verhaltens, die an sich in den Aufgabenkreis eines anderen Organs fällt, nicht oder möglicherweise nicht vorgenommen wird, oder hätte es dies erkennen können, so kann es wegen vorsätzlicher oder fahrlässiger Pflichtverletzung haften. Trotz interner Geschäftsaufteilung bleiben die übrigen Organe Normadressaten. Sie müssen daher, wenn sie die Möglichkeit einer Pflichtverletzung erkennen, im Rahmen des Möglichen und Zumutbaren dafür sorgen, daß die Pflichten, die dem Unternehmen obliegen, befolgt werden, sei es durch Gegenvorstellung bei dem speziell verantwortlichen Organ, durch Unterrichtung anderer Organe oder durch eigenes Eingreifen.[99] – Besteht hingegen keine Veranlassung, an der ordnungsgemäßen Wahrnehmung der Aufgaben durch das primär verantwortliche Vorstandsmitglied zu zweifeln, so kommt eine Haftung der anderen Vorstandsmitglieder nicht in Betracht.

98 Streitig ist allerdings, wie weit die *Zumutbarkeit* geht, wenn die Abwendung oder Minderung der Zuwiderhandlungsgefahr nur durch *gemeinschaftliches Handeln* meh-

---

[98] Vgl. dazu BGHSt. 31, 264, 277; 37, 106, 123; BGH ZIP 1996, 2017, 2019 f (GmbH-Geschäftsführer); *Geßler/Fuhrmann* AktG, § 399 Rdn. 16.

[99] Vgl. auch *Geßler/Fuhrmann* AktG, § 399 Rdn. 16, *Neudecker* Verantwortlichkeit, S. 23 ff, 58 ff, 166 ff; *Ransiek* Unternehmensstrafrecht, S. 61 ff; *Schlüchter* FS Salger, S. 153 ff.

rerer erfolgen kann, weil es insoweit an einer Einzelbefugnis des konkreten Normadressaten fehlt. – Hier entsteht das Problem der *Majorisierung*, sobald die relevante Entscheidung nicht einstimmig, sondern von einer Mehrheit des Organs getroffen wird. Diese Entscheidung entlastet das unterlegene Mitglied des Vorstandes grundsätzlich nicht. Es muß vielmehr jedes rechtlich zulässige Mittel ergreifen, dessen Nutzung ihm zumutbar ist, um die deliktische Schädigung der Gesellschaft oder Dritter zu verhindern[100], d. h. bei schweren Schädigungen Dritter u. U. sogar ein behördliches Eingreifen veranlassen.

Die Problematik der relevanten Beschlüsse des *Aufsichtsrats* liegt entsprechend, so- 99
weit Mehrheitsentscheidungen gefällt oder für bestimmte Aufgabengebiete nach § 107 Abs. 3 *Ausschüsse* gebildet werden.[101] Kommt den Ausschüssen nur vorbereitende Funktion zu, so fehlt ihnen jedoch die eigenständige Entscheidungsfunktion. Der maßgebliche Beschluß ist der des Aufsichtsrats. Entscheidet der Ausschuß hingegen abschließend, so sind die Ausschußmitglieder für die Entscheidung rechtlich verantwortlich.

2. Vorsätzliche, gemeinschaftliche Schädigungen

Soweit die vorsätzliche, deliktische Schädigung Dritter durch arbeitsteiliges Zusam- 100
menwirken mehrerer Personen der Geschäftsführung einer Gesellschaft in Frage steht, bietet der Sachverhalt keine besonderen, in der gesellschaftlichen Eingebundenheit begründeten Probleme. Zu prüfen ist, ob im konkreten Fall eine mittäterschaftliche Deliktsverwirklichung vorliegt. Entscheidend sind hier die auch sonst akzeptierten Kriterien. *Mittäter* ist danach – von unterschiedlichen Akzentuierungen kann hier abgesehen werden – *wer in bewußtem und gewolltem Zusammenwirken mit einem oder mehreren anderen den Unrechtstatbestand eines Delikts derart erfüllt, daß die Tätermerkmale in der Person eines jeden Mitwirkenden vorliegen und daß jeder Mitträger des Tatplans ist.* – Das Urteil gemeinsamer, gleichwertiger Verantwortung für ein Geschehen kann sich auf die gemeinsame Innehabung der Tatherrschaft, die planmäßige, einverständliche Vermeidepflichtverletzung von Unterlassenden oder die gemeinsame Zuweisung der Verantwortung aufgrund tatherrschaftlicher Lenkung des Geschehens und pflichtwidrigen Unterlassens gründen.[102]

3. Fahrlässige Schädigungen

Die Klärung der Problematik der vermeidbaren, nicht vorsätzlichen deliktischen 101
Schädigung Dritter, die nicht auf das Verhalten einer einzigen konkreten Person zurückgeführt werden kann, befindet sich erst in den Anfängen. In der Literatur wird die Möglichkeit einer **fahrlässigen Mittäterschaft** weithin abgelehnt.[103] Diese Ablehnung bleibt jedoch nichtssagend, denn letztlich wird nur der Beweis geführt, daß die Kriterien, nach denen der Täter des Vorsatzdelikts bestimmt wird, nicht geeignet sind, den Täter und damit den Mittäter des Fahrlässigkeitsdelikts zu definieren. Die Argumentation beruht nämlich auf der Feststellung, daß das fahrlässige Deliktsverhalten im Rahmen eines Erfolgsdelikts nicht durch die arbeitsteilige Steuerung des Geschehens auf

---

100 Vgl. BGHSt. 9, 203, 216; 37, 106, 131 (GmbH-Geschäftsführer); *Geßler/Fuhrmann* AktG, § 399 Rdn. 18.

101 Vgl. auch *Geßler/Fuhrmann* § 399 Rdn. 19; *KK-Geilen* § 399 Rdn. 38.

102 Im einzelnen dazu mit Darstellung der unterschiedlichen Ansätze: *Otto* Grundkurs Strafrecht, A. T., § 21.

103 Vgl. dazu mit eingehenden Nachweisen: *Otto* Grundkurs Strafrecht, A. T., § 21 Rdn. 116 ff.

den Deliktserfolg hin charakterisiert ist, die im Vorsatzbereich die Mittäterschaft konstituiert. Dieses ist jedoch eine Selbstverständlichkeit, denn sie bringt nur zum Ausdruck, daß das Vorsatzelement der finalen Steuerung des Geschehens auf den Erfolg hin dem Fahrlässigkeitsdelikt fehlt und daß daher Täterschaft beim Fahrlässigkeitsdelikt nicht mit Vorsatzkriterien begründet werden kann.

102 Auch im Vorsatzbereich ist es nicht die bewußte, arbeitsteilige Steuerung des Geschehens bis zum Erfolg, die die Mittäterschaft begründet, sondern die bewußte, **arbeitsteilige Begründung oder Erhöhung jener Gefahr, die sich im Erfolg realisiert,** d. h. die Steuerung des Geschehens auf den Deliktserfolg hin. Dem Tatplan im Vorsatzbereich entspricht im Fahrlässigkeitsbereich beim Begehungsdelikt das Bewußtsein der Beteiligten, arbeitsteilig einen Sachverhalt zu verwirklichen, durch den Gefahren für Rechtsgüter anderer begründet oder erhöht werden. Die Gefahr selbst braucht nicht erkannt zu werden, jedoch muß die Gefährdung und die Realisierung der Gefahr in der Rechtsgutsbeeinträchtigung den Beteiligten vorhersehbar sein. – Im Unterlassungsbereich entspricht der gemeinschaftlichen Gefahrbegründung oder -erhöhung die Übereinkunft der Beteiligten, die Gefahr nicht abzuwenden oder zu vermindern, zu deren Abwendung oder Minderung sie rechtlich verpflichtet sind. Entsprechend dem Tatentschluß beim Vorsatzdelikt ist beim Fahrlässigkeitsdelikt auch hier nur das Bewußtsein des gemeinschaftlichen Unterlassens eines bestimmten Verhaltens erforderlich, während die Verpflichtung zum Handeln und die Realisierung der nicht abgewendeten oder nicht verminderten Gefahr im Erfolg nur vorhersehbar gewesen sein müssen.[104]

103 Auch der **BGH** hat in der sog. Lederspray-Entscheidung (BGHSt. 37 106, 130 ff) eine strafrechtliche Haftung für die fahrlässig unterlassene Abwendung bzw. Minderung von Gefahren, die nur durch gemeinschaftliches Handeln mehrerer beseitigt oder vermindert werden konnten, anerkannt. Die Begründung des Ergebnisses ist allerdings widersprüchlich und dunkel, denn zu einem ausdrücklichen Bekenntnis zur Konstruktion der Mittäterschaft im Fahrlässigkeitsbereich konnte sich der BGH nicht durchringen, obwohl seine Ausführungen zur Haftung wegen fahrlässiger Körperverletzung im Anschluß an die Darlegungen zur mittäterschaftlichen Haftung wegen vorsätzlicher Körperverletzung folgen und entsprechend zur Begründung der vorsätzlichen Mittäterschaft aufgebaut sind. Dennoch wird deutlich, daß der BGH in der gemeinsamen Verantwortung für die Abwendung bestimmter Erfolge die Grundlage sieht, das Unterlassen der einzelnen Mitglieder der Geschäftsführung zu einer einheitlichen Unterlassung zusammenzufassen, die allen zugerechnet wird. Bemerkenswert ist aber, daß ein *gemeinsamer* Entschluß, ein bestimmtes Verhalten nicht zu erbringen, nicht vorausgesetzt wird, sondern bereits das Bewußtsein, gemeinsam ein bestimmtes Verhalten *erbringen zu können*, als Einheit begründendes Element vom BGH für ausreichend erachtet wird. – In der Sache ist diese Klammer allerdings durchaus geeignet, die einzelnen Verhaltensweisen zu einem einheitlichen Geschehen zu verbinden, das jedem Beteiligten dann als Mittäter zugerechnet wird.[105]

104 Wird die **mittäterschaftliche Haftung im Fahrlässigkeitsbereich** akzeptiert, so hat das weitreichende Konsequenzen. Wann immer mehrere *gemeinschaftlich für die Vermeidung eines bestimmten Erfolges verantwortlich sind*, haften sie für diesen Erfolg, wenn sie selbst nicht alles ihnen persönlich Mögliche und Zumutbare getan haben, um ihn abzuwenden (dazu BGHSt. 37 106, 131). Besonders im Bereich der Umweltkriminalität kann das die rechtliche Situation erheblich beeinflussen, weil dem rechtswidrig

---

[104] Eingehender dazu *Otto* FS Spendel, 1992, S. 282 ff.

[105] Eingehender dazu *Otto* WiB 1995, 934.

Handelnden oder Unterlassenden damit die Möglichkeit genommen wird, die eigene Verantwortung im Hinblick auf das rechtswidrige Verhalten anderer abzuweisen. Gleichwohl sollte die Leistungsfähigkeit der Konstruktion bei Rechtsgüterbeeinträchtigungen in und aus einem Unternehmen heraus nicht überschätzt werden. Die Konstruktion ermöglicht eine sachgerechte Haftung in Fällen gemeinschaftlicher Verantwortung für die Vermeidung ganz bestimmter Erfolge. Sie kann aber nicht derart ausgeweitet werden, daß das gesamte Unternehmen als Einheit bewertet wird mit der Konsequenz, daß alle in dem Unternehmen verantwortlich oder leitend Tätigen als gemeinsam Verantwortliche dafür angesehen werden, daß beim Betrieb des Unternehmens nicht durch sorgfaltspflichtwidriges Verhalten für Dritte Gefahren erwachsen. Das Band der Mittäterschaft würde damit gesprengt.

VIII. Strafrechtliche Sanktionen gegen Aktiengesellschaften

Die Schwierigkeit, ein schädigendes Ereignis, das seinen Ursprung in einem Unternehmen hat, auf eine konkrete Person als Täter zurückzuführen, begründet den – durchaus internationalen – Trend[106], die Strafbarkeit von Unternehmen, zumindest aber die Möglichkeit, Unternehmen unmittelbar mit Bußgeldern zu belegen, zu erwägen und entsprechende gesetzliche Grundlagen zu schaffen. Auch der deutsche Gesetzgeber hat von der Möglichkeit, strafrechtliche Sanktionen gegen Unternehmen zu verhängen, Gebrauch gemacht. **105**

1. Verfall und Einziehung

§ 73 Abs. 3 StGB schreibt die Anordnung des Verfalls dessen vor, was „ein anderer“, also auch ein als Personenverband organisiertes Unternehmen, aus der rechtswidrigen, d. h. straftatbestandsmäßig-rechtswidrigen Tat einer Person erlangt hat, die für diesen anderen gehandelt hat. § 73 a StGB ermöglicht die Anordnung des Verfalls des Wertersatzes. – Eine entsprechende – fakultative – Regelung enthält § 29 a Abs. 2 OWiG für die Begehung einer mit Geldbuße bedrohten Handlung. – § 75 StGB ermöglicht es, die Einziehung von Gegenständen oder des Wertersatzes gegen bestimmte Personenverbände zu verfügen, wenn deren Organe oder Vertreter gehandelt und dabei die Voraussetzungen der §§ 74–74 c, 74 f StGB erfüllt haben. – § 29 OWiG enthält entsprechende Vorschriften für das Ordnungswidrigkeitenrecht.[107] **106**

2. Strafen und Geldbußen

Von der Möglichkeit, Unternehmen unmittelbar mit Geldbußen zu belegen, hat der Gesetzgeber in § 30 OWiG Gebrauch gemacht, indem er an das strafbare oder ord- **107**

[106] Vgl. dazu *Tiedemann* FS Jescheck, 1985, S. 1418 ff; *Achenbach* JuS 1990, 601 ff; *Stratenwerth* FS R. Schmitt, 1992, S. 295 f; *Volk* JZ 1993, 429 ff; *H.-J. Schroth* Unternehmen als Normadressaten und Sanktionsobjekte, 1993; *Hirsch* Die Frage der Straffähigkeit von Personenverbänden, 1993; *Otto* Strafbarkeit, S. 5 ff; *Alwart* ZStW 105 (1993), 752 ff; *Schünemann* in: Schünemann/Suárez Gonzáles (Hrsg.), Madrid-Symposium, 1994, S. 265 ff; *Ehrhardt* Unternehmensdelinquenz und Unternehmensstrafe, 1994; *Heine* Die strafrechtliche Verantwortlichkeit von Unternehmen, 1995; *Ransiek* Unternehmensstrafrecht, 1996; *Lampe* ZStW 106 (1994), 728 ff; *Schall/Schreibauer* Natur und Recht, 1996, 448 f; *Tiedemann* Strafbarkeit, S. 30 ff.

[107] Im einzelnen zum Verfall und zur Einziehung als Sanktionen gegen Unternehmen: *Achenbach* FS Stree/Wessels, 1993, S. 554 ff; *Ransiek* Unternehmensstrafrecht, S. 121 ff, 125.

nungswidrige Handeln des vertretungsberechtigten Organs der Gesellschaft oder eines Mitglieds eines derartigen Organs anknüpft und sodann auch die Festsetzung einer Geldbuße gegen die Gesellschaft vorsieht, § 30 Abs. 1 OWiG, bzw. gemäß § 30 Abs. 3 OWiG die selbständige Festsetzung einer Geldbuße gegen die Gesellschaft ermöglicht.

108 Schon gegen diese Möglichkeit der Festsetzung von Geldbußen gegen Unternehmen wurden jedoch in der Literatur schwerwiegende Bedenken erhoben. Juristische Personen und andere rechtsfähige Vereinigungen sind zwar rechtsfähig und nehmen gleichwertig mit natürlichen Personen am Rechtsleben teil. Ihre Fähigkeit, sich deliktisch zu verhalten, wird jedoch bestritten. Geltend gemacht wird vor allem, daß Strafe, und auch Geldbuße als Strafe im weiteren Sinne, den Vorwurf schuldhaften Verhaltens voraussetzen, der nur gegenüber verantwortlichen Einzelpersonen erhoben werden könne.

109 Dieser Einwand überzeugt, soweit es um die Verhängung von Strafen, auch von Strafen im weiteren Sinne geht. Zu bestreiten ist aber, daß Geldbußen stets als strafähnliche Übel zu interpretieren sind. Im Wirtschaftsstrafrecht ist es durchaus legitim, die Geldbuße als „wirtschaftsaufsichtsrechtliches Sanktionsinstrumentarium" zu verstehen.[108] Damit werden im nationalen Recht nämlich lediglich die Konsequenzen aus der Interpretation der Geldbuße im Recht der Europäischen Union gezogen. – Bußen gegen Unternehmen werden bereits heute in erheblichem Umfang auf der EU-Ebene festgesetzt, obwohl der Europäischen Union *keine Kriminalstrafgewalt* zukommt, da die Mitgliedstaaten bei Abschluß der Verträge insoweit keinen Souveränitätsverzicht geleistet haben.[109] Die Union besitzt jedoch die Bußgeldkompetenz, wobei in den Rechtssätzen der Union davon ausgegangen wird, daß es sich bei diesen Geldbußen um Entscheidungen „nicht strafrechtlicher Art" handelt.[110] – Die Bußgeldkompetenz ist in Art. 87 EWG-Vertrag für das Wettbewerbsrecht geregelt und in weiteren Bereichen, besonders auf dem Kohle-, Stahl- sowie Verkehrssektor normiert und wird für den Agrar- und Fischereimarkt aus den Art. 40 Abs. 3, 172 EWGV abgeleitet.[111]

110 Bei der Ahndung von Verstößen gegen bußgeldbewehrte Normen rechnen *Kommission* und *EuGH* dem Unternehmen das Verhalten und Verschulden aller natürlichen Personen zu, die befugtermaßen für das Unternehmen oder den Verband tätig sind, wobei es nicht nur um das Verhalten von Arbeitnehmern des Unternehmens oder Verbandes geht, sondern auch um das externer Beauftragter und Bevollmächtigter.[112] Wesentlich aber ist, daß die Rechtsgutsbeeinträchtigungen durch Verletzung von Sorgfaltspflichten seitens der Unternehmens- oder Verbandsleiter ermöglicht oder erleichtert wurden. „Hiernach muß weder festgestellt werden, wer konkret gehandelt hat, noch, daß diese Person ein persönlicher Schuldvorwurf trifft, es reicht ein formales organisatorisches Verschulden aus".[113] Die Verletzung von Sorgfalts-, Organisations-, Aufsichts- und Kontrollpflichten, die das Unternehmen oder den Verband durch deren Organe und Vertreter treffen, bildet den Kern des hier maßgeblichen Vorwurfs.

---

[108] Im einzelnen dazu *Otto* Strafbarkeit von Unternehmen, S. 5, 15 ff, 27 ff; *K. Schmidt* wistra 1990, 138; im übrigen vgl. dazu *Heine* Verantwortlichkeit, S. 182 ff; *Ransiek* Unternehmensstrafrecht, S. 333.

[109] Vgl. dazu *Tiedemann* Wirtschaftsstrafrecht, Bd. 2, S. 216; *ders.* NJW 1993, 23 m. w. N.; *ders.* Strafbarkeit, S. 49 ff.

[110] Im einzelnen dazu *Otto* Strafbarkeit von Unternehmen, S. 27; *Tiedemann* NJW 1993, 28.

[111] Eingehender dazu *Tiedemann* NJW 1993, 27 m. N.

[112] Vgl. dazu eingehend *Dannecker/Fischer-Fritsch* EG-Kartellrecht, S. 279 ff, 287 ff; *Hamann* Das Unternehmen als Täter im europäischen Wettbewerbsrecht, 1992, S. 172 ff.

[113] *Dannecker* in: Schünemann/Suarez Gonzales (Hrsg.), Madrid-Symposion, 1994, S. 331 ff, 342; vgl. auch *Buriánek* Das Verschuldenselement – ein den Rechtsordnun-

IX. Auslegungsprobleme sog. Blankettstraftatbestände

Kennzeichnend für die Strafnormen des Aktienstrafrechts ist ihre ausdrückliche – z. B. § 399 Abs. 1 Nr. 3–6, Abs. 2 – oder konkludente – z. B. § 399 Abs. 1 Nr. 1, 2 – Bezugnahme auf außerstrafrechtliche Rechtsnormen. Aufgrund dieser Bezugnahme werden diese Normen im Schrifttum z. T. als Blankettnormen oder als blankettartig ausgestaltete Straftatbestände bezeichnet.[114] Dieser Sprachgebrauch birgt allerdings erhebliche Gefahren in sich, da sich hinter dem so weit gebrauchten Begriff der Blankettnorm sehr unterschiedliche Problemstellungen verbergen, nämlich die der Gesetzesbestimmtheit, Art. 103 Abs. 2 GG, und die der Normspaltung. Beide Problemstellungen knüpfen jedoch an ganz verschiedene Blankettgestaltungen an. In der Literatur wird daher versucht, diesen Unterschieden bereits in der begrifflichen Kennzeichnung gerecht zu werden. Differenziert wird demgemäß zwischen echten und unechten Blankettstraftatbeständen.[115] **111**

1. Echte Blankettstraftatbestände

Echte Blankettstraftatbestände sind dadurch charakterisiert, daß sie durch rechtssetzende Tätigkeit anderer legislatorischer oder auch administrativer Stellen ausgefüllt werden müssen. Sie selbst enthalten die Strafdrohung (Sanktionen), während die Ausfüllungsnorm anderen Stellen überlassen bleibt. Der vollständige Tatbestand ergibt sich aus der Verbindung von Sanktions- und Ausfüllungsnorm. Diese Verbindung begründet zugleich die Problematik im Hinblick auf den Bestimmtheitsgrundsatz, wenn es sich z. B. bei den ausfüllenden Normen um eine Verordnung oder einen Verwaltungsakt handelt, denn Art. 103 Abs. 2 GG fordert, daß die möglichen Fälle der Strafbarkeit schon hinreichend sicher der Sanktionsnorm zu entnehmen sind, nicht aber erst der ausfüllenden Norm: „Wird der Tatbestand eines Blankettstrafgesetzes, das Freiheitsstrafe androht, durch eine Rechtsverordnung ergänzt, muß die Verbotsmaterie jedenfalls in ihren Grundzügen in einem förmlichen Gesetz hinreichend umschrieben sein. Dem Gesetzgeber dürfen lediglich gewisse Spezifizierungen des Tatbestandes überlassen bleiben. Entsprechendes hat zu gelten, wenn ein solcher Straftatbestand in einem förmlichen Gesetz an den Verstoß gegen Verhaltenspflichten anknüpft, die durch einen Verwaltungsakt begründet werden: Auch hier muß der Gesetzgeber grundsätzlich selbst festlegen, welches Verhalten mit Freiheitsstrafe bedroht sein soll“.[116] **112**

2. Unechte Blankettstraftatbestände

Auch bei den unechten Blankettstraftatbeständen ergibt sich der vollständige Tatbestand erst aus der Verbindung von Sanktions- und Ausfüllungsnorm. Da der Gesetzgeber aber bei ihnen – und hier bietet das Aktienstrafrecht geradezu das typische Beispiel – auf das gleiche Gesetz oder auf eines seiner anderen Gesetze Bezug nimmt, stellt sich hier nicht das Bestimmtheitsproblem als besonderes Problem der Sanktionsnorm. Weil aber Strafrechtsnorm und Ausfüllungsnorm zusammen gelesen werden müssen, ist die Gefahr der Normspaltung in diesem Verfahren begründet: Die Gesamtnorm ist **113**

gen der Mitgliedstaaten gemeinsamer Rechtsgrundsatz im Sinne von Art. 215 Abs. 2 EWGV, 1991, S. 42 ff; *Ransiek* Unternehmensstrafrecht, S. 326 ff.

[114] Vgl. z. B. *Fuhrmann* AktG § 399 Anm. 1e; *KK/Geilen* § 399 Rdn. 12, § 400 Rdn. 7.

[115] Übersicht bei *Tiedemann* Tatbestandsfunktionen, S. 90 ff; im übrigen vgl. *Otto* FS Gitter, 1995, 715 f; *Schünemann* FS Lackner, 1987, S. 370 ff.

[116] BVerfGE 78, 374, 383; vgl. auch BVerfGE 14, 174, 185 f; 75, 329, 342.

die relevante Strafrechtsnorm. Ihre – gesamten – Tatbestandsmerkmale sind demgemäß unter strafrechtlichen Gesichtspunkten und nach den Maßstäben zu würdigen, die für die Auslegung von Strafgesetzen gelten.[117] Zu beachten ist dabei, daß die – isolierte – Auslegung der außerstrafrechtlichen Ausfüllungsnorm unter Aspekten erfolgt sein kann, die für die Schutzrichtung des Strafrechtsschutzes irrelevant sind oder deren Mißachtung des Verhaltens keineswegs bereits als strafwürdig erscheinen läßt. Darüber hinaus ist zu beachten, daß Analogieschlüsse im Zivilrecht ohne weiteres zulässig, im Strafrecht jedoch zu Ungunsten des Täters unzulässig sind. Die extensive Auslegung einer bestimmten Ausfüllungsnorm im Wege der Analogie kann daher zivilrechtlich durchaus sachgerecht sein, unter strafrechtlichen Aspekten ist sie verboten. Zutreffend hat daher das OLG Köln für den Tatbestand der Geschäftsberichtsfälschung im Rahmen des § 400 Abs. 1 Nr. 4 AktG a. F. (jetzt § 331 HGB) die Auffassung des LG Bonn bestätigt, daß eine interpretatorische Ergänzung der von § 160 Abs. 3 AktG a. F. (§ 160 Abs. 1 AktG n. F., § 285 HGB) geforderten Pflichtangaben entsprechend den Grundsätzen einer „gewissenhaften und getreuen Berichterstattung" im Strafrecht unannehmbar sei, weil sie auf eine verbotene Analogie hinauslaufe.[118]

§ 399
Falsche Angaben

(1) Mit Freiheitsstrafe bis zu drei Jahren oder mit Geldstrafe wird bestraft, wer

1. **als Gründer oder als Mitglied des Vorstands oder des Aufsichtsrats zum Zweck der Eintragung der Gesellschaft über die Übernahme der Aktien, die Einzahlung auf Aktien, die Verwendung eingezahlter Beträge, den Ausgabebetrag der Aktien, über Sondervorteile, Gründungsaufwand, Sacheinlagen, Sachübernahmen und Sicherungen für nicht voll einbezahlte Geldeinlagen,**
2. **als Gründer oder als Mitglied des Vorstands oder des Aufsichtsrats im Gründungsbericht, im Nachgründungsbericht oder im Prüfungsbericht,**
3. **in der öffentlichen Ankündigung nach § 47 Nr. 3,**
4. **als Mitglied des Vorstands oder des Aufsichtsrats zum Zweck der Eintragung einer Erhöhung des Grundkapitals (§§ 182 bis 206) über die Einbringung des bisherigen, die Zeichnung oder Einbringung des neuen Kapitals, den Ausgabebetrag der Aktien, die Ausgabe der Bezugsaktien oder über Sacheinlagen,**
5. **als Abwickler zum Zweck der Eintragung der Fortsetzung der Gesellschaft in dem nach § 274 Abs. 3 zu führenden Nachweis oder**
6. **als Mitglied des Vorstands in der nach § 37 Abs. 2 Satz 1 oder § 81 Abs. 3 Satz 1 abzugebenden Versicherung oder als Abwickler in der nach § 266 Abs. 3 Satz 1 abzugebenden Versicherung**

falsche Angaben macht oder erhebliche Umstände verschweigt.

(2) Ebenso wird bestraft, wer als Mitglied des Vorstands oder des Aufsichtsrats zum Zweck der Eintragung einer Erhöhung des Grundkapitals die in § 210 Abs. 1 Satz 2 vorgeschriebene Erklärung der Wahrheit zuwider abgibt.

---

117 Vgl. BVerfGE 48, 48, 60 f; 41, 314, 319; dazu auch *Otto* FS Gitter, S. 716 ff; *Tiedemann* Verfassungsrecht und Strafrecht, 1991, S. 39 f.

118 Vgl. dazu *Tiedemann* Auslegung, S. 4 f.

Übersicht

Schrifttum

Altgelt Verschleierung von Aktienbilanzen, Diss. Breslau 1921; *Arnhold* Auslegungshilfen zur Bestimmung einer Geschäftslagetäuschung im Rahmen der §§ 331 Nr. 1 HGB, 400 Abs. 1 Nr. 1 AktG, 82 Abs. 2 Nr. 2 GmbHG, 1993; *Bergmann* Die verschleierte Sacheinlage bei AG und GmbH, AG 1987, 57; *Brandes* Die Rechtsprechung des Bundesgerichtshofs auf dem Gebiet des Aktienrechts, WM 1992, 465; *Brandner* Verdeckte Sacheinlage: eine Aufgabe für den Gesetzgeber?, in: FS Boujong 1996, S. 37; *Cadus* Die faktische Betrachtungsweise, 1984; *Dannecker* Bilanzstrafrecht, in: Blumers/Frick/Müller (Hrsg.), Betriebsprüfungshandbuch, Loseblatt, Stand: Jan. 1996, Rdn. 600 ff; *Dierlamm* Der faktische Geschäftsführer im Strafrecht – ein Phantom?, NStZ 1996, 153; *Diris-Poerting* Möglichkeiten zur Verhinderung beziehungsweise Erschwerung des Gründungsschwindels bei der GmbH und bei Publikumsgesellschaften, Diss. Köln 1981; *Ebenroth/Neiß* Zur Vereinbarkeit der Lehre von der verdeckten Sacheinlage mit EG-Recht, BB 1992, 2085; *Einsele* Verdeckte Sacheinlage, Grundsatz der Kapitalaufbringung und Kapitalerhaltung, NJW 1996, 2681; *Frassati* Die Strafbestimmungen der drei Gesellschaftsgesetze vom 18. Juli 1884, vom 1. Mai 1889 und vom 20. April 1892, ZStW 15 (1895), 409; *Fuhrmann* Die Bedeutung des „faktischen Organs" in der strafrechtlichen Rechtsprechung des Bundesgerichtshofs, in: FS Tröndle, 1989, S. 139; *v. Gerkan* Verdeckte Sacheinlagen in der GmbH, GmbHR 1992, 433; *Gross* Die Lehre von der verdeckten Sacheinlage, AG 1991, 217; *Gübel* Die Auswirkungen der faktischen Betrachtungsweise auf die strafrechtliche Haftung faktischer GmbH-Geschäftsführer, 1994; *Henze* Zur Problematik der „verdeckten (verschleierten) Sacheinlage" im Aktien- und GmbH-Recht, ZHR 154 (1990), 105; *Hildesheim* Die strafrechtliche Verantwortung des faktischen Mitgeschäftsführers in der Rechtsprechung des BGH, wistra 1993, 166; *Hoffmann-Becking* Gesetz zur „kleinen AG" – unwesentliche Randkorrekturen oder grundlegende Reform?, ZIP 1995, 1; *Hommelhoff/Kleindiek* Schuldrechtliche Verwendungspflichten und „freie Verfügung" bei der Barkapitalerhöhung, ZIP 1987, 477; *Ihrig* Die endgültige freie Verfügung über die Einlagen von Kapitalgesellschaften, 1991; *Joost* Verdeckte Sacheinlagen, ZIP 1990, 549; *Kaligin* Anm. zu BGH, 22. 9. 1982 – 3 StR 287/82, BB 1983, 788; *Kindler* Verdeckte Sacheinlage und Kapitalschutzrichtlinie – Zur Umwandlung von Geldkrediten in Nennkapital der AG, in: FS Boujong, 1996, S. 299; *Knobbe-Keuk* Niederlassungsfreiheit: Diskriminierungs- oder Beschränkungsverbot? – Zur Dogmatik des Art. 52 EWG-Vertrag am Beispiel einiger gesellschaftsrechtlicher Beschränkungen, DB 1990, 2573; *Kratzsch* „Das faktische Organ" im Gesellschaftsrecht, ZGR 1985, 506; *Löffeler* Strafrechtliche Konsequenzen faktischer Geschäftsführung, wistra 1989, 121; *Loos* Zur verschleierten Sacheinlage bei der Aktiengesellschaft – eine systemwidrige Gesetzesinterpretation contra legem?, AG 1989, 381; *Lutter* Verdeckte Leistungen und Kapitalschutz, in: FS Stiefel, 1987, S. 505; *ders.* Das überholte Thesaurierungsgebot bei Eintragung einer Kapitalgesellschaft im Handelsregister, NJW 1989, 2649; *ders.* Das neue „Gesetz für kleine Aktiengesellschaften und zur Deregulierung des Aktienrechts", AG 1994, 429; *Marsch-Barner* Anm. zu LG Koblenz WM 1988, 1630, in: WuB II A § 399 AktG 2.89; *Meilicke* Die „verschleierte" Sacheinlage – eine deutsche Fehlentwicklung, 1989; *Meyer* Die Strafvorschriften des neuen Aktiengesetzes, AG 1966, 109; *Montag* Die Anwendung der Strafvorschriften des GmbH-Rechts auf faktische Geschäftsführer, 1994; *Mülbert* Das „magische Dreieck der Barkapitalaufbringung", ZHR 154 (1990), 145; *Müller-Gugenberger*

(Hrsg.) Wirtschaftsstrafrecht[2], 1992; *Neudecker* Die strafrechtliche Verantwortlichkeit der Mitglieder von Kollegialorganen, 1995; *Otto* Bankentätigkeit und Strafrecht, 1983; *ders.* Der vorsatzausschließende Irrtum in der höchstrichterlichen Rechtsprechung, in: GedS Meyer, 1990, S. 583; *ders.* Die Auslegung ambivalenter Normen und ihre Bedeutung für die Strafbarkeit der verdeckten Sacheinlage, in: FS Gitter, 1995, S. 715; *Peter* Die strafrechtliche Verantwortlichkeit von Kollegialorganmitgliedern der AG und der GmbH für das Nichteinschreiten bei Gründungsschwindelhandlungen anderer Kollegialorganmitglieder, 1990; *Priester* Kapitalaufbringung bei korrespondierenden Zahlungsvorgängen, ZIP 1991, 345; *Rabben* Das kriminelle Strafrecht im Aktiengesetz nach deutschem Reichsrecht, 1912; *Ransiek* Unternehmensstrafrecht, 1996; *Rümker* Verdeckte Sacheinlage und Bankenhaftung, ZBB 1991, 176; *Schmedding* Unrichtige Konzernrechnungslegung, 1991; *W. Schmid,* Kapitalbeschaffung, in: Müller-Gugenberger (Hrsg.), Wirtschaftsstrafrecht, § 23; *K. Schmidt,* Barkapitalaufbringung und „freie Verfügung" bei der Aktiengesellschaft und der GmbH – Mittelaufbringung und Mittelverwendung bei Kapitalgesellschaften, AG 1986, 106; *ders.* Die Strafbarkeit „faktischer Geschäftsführer" wegen Konkursverschleppung als Methodenproblem, FS Rebmann, 1989, S. 419; *ders.* Die Sicherung der Kapitalaufbringung und Kapitalerhaltung in Kapitalgesellschaften, in: Recht der Unternehmen in Europa, hrsg. von Blaurock, 1993, S. 103; *Schröder* Aktienhandel und Strafrecht, 1994; *Sieben/Matschke/Neuhäuser* Bilanzdelikte, 1974; *Siegmann/Vogel* Die Verantwortlichkeit des Strohmanngeschäftsführers einer GmbH, ZIP 1994, 1821; *Stein* Das faktische Organ, 1984; *dies.* Die Normadressaten der §§ 64, 84 GmbHG und die Verantwortlichkeit von Nichtgeschäftsführern wegen Konkursverschleppung, ZHR 148 (1984), 207; *Steinmetz* Die verschleierte Sacheinlage im Aktienrecht aus zivil- und strafrechtlicher Sicht, 1990; *Steindorff* Vorlagepflicht nach Art. 177 Abs. 3 EWGV und Europäisches Gesellschaftsrecht, ZHR 156 (1992), 1; *Tiedemann* Handhabung und Kritik des neuen Wirtschaftsstrafrechts – Versuch einer Zwischenbilanz, in: FS Dünnebier, 1982, S. 519; *ders.* Die strafrechtliche Vertreter- und Unternehmenshaftung, NJW 1986, 1842; *ders.* Gründungs- und Sanierungsschwindel durch verschleierte Sacheinlagen, in: FS Lackner, 1987, S. 737 ff; *ders.* Zum Stand der Irrtumslehre, insbesondere im Wirtschafts- und Nebenstrafrecht, in: FS Geerds, 1995, S. 95; *ders.* Straftatbestand und Normambivalenz, in: FS Schaffstein, 1975, S. 195; *Ulmer* Verdeckte Sacheinlagen im Aktien- und GmbH-Recht, ZHR 145 (1990), 128; *H. Weber,* Unrichtige Wiedergabe und Verschleierung, in: Leffson/Rückle/Großfeld, Handwörterbuch unbestimmter Rechtsbegriffe im Bilanzrecht des HGB, 1986.

I. Allgemeines

1. Entstehungsgeschichte

§ 399 entspricht im wesentlichen § 295 AktG 1937, der wiederum auf § 313 HGB a. F. zurückzuführen war. § 313 HGB a. F.[1] zielte vor allem auf Bekämpfung des 1

[1] § 313 HGB v. 10. 5. 1897:
Mit Gefängniß und zugleich mit Geldstrafe bis zu zwanzigtausend Mark werden bestraft:
1. Gründer oder Mitglieder des Vorstands oder des Aufsichtsraths, die zum Zwecke der Eintragung der Gesellschaft in das Handelsregister in Ansehung der Zeichnung oder Einzahlung des Grundkapitals, des Betrags, zu welchem die Aktien ausgegeben werden, oder der im § 186 vorgesehenen Festsetzungen wissentlich falsche Angaben machen;
2. diejenigen, welche in Ansehung der vorerwähnten Thatsachen wissentlich falsche Angaben in einer im § 203 bezeichneten Ankündigung von Aktien machen;
3. Mitglieder des Vorstands oder des Aufsichtsraths, die zum Zwecke der Eintragung einer Erhöhung des Grundkapitals in das Handelsregister in Ansehung der Einzahlung des bisherigen oder der Zeichnung oder Einzahlung des erhöhten Kapitals oder in Ansehung des Betrags, zu welchem die Aktien ausgegeben werden, oder in Ansehung der im § 279 bezeichneten Festsetzungen wissentlich falsche Angaben machen.
Zugleich kann auf Verlust der bürgerlichen Ehrenrechte erkannt werden.
Sind mildernde Umstände vorhanden, so tritt ausschließlich die Geldstrafe ein.

Gründungsschwindels, doch wurde der Schutzbereich bereits durch § 295 AktG 1937[2] erweitert. Diese Tendenz kennzeichnete auch die Regelungen des § 399. In § 399 Abs. 2 wurde die frühere Strafvorschrift des § 20 des Gesetzes über die Kapitalerhöhung aus Gesellschaftsmitteln und über die Gewinn- und Verlustrechnung vom 23. 12. 1959 (BGBl. I, 789) übernommen und bestimmte wahrheitswidrige Erklärungen im Zusammenhang mit der Umwandlung einer AG in eine GmbH wurden nunmehr unter Strafe gestellt. Eine zusätzliche Erweiterung des Tatbestands erfolgte durch das Gesetz zur Änderung des GmbHG vom 4. 7. 1980 (BGBl. I, 836, 842). Gemäß § 399 Abs. 1 Nr. 6 wurden falsche Angaben von Mitgliedern des Vorstands und von Abwicklern bei der Abgabe bestimmter Versicherungen strafrechtlich erfaßt. Mit dem Gesetz zur Bereinigung des Umwandlungsrechts vom 28. 10. 1994 (BGBl. I, 3210, 3263) wurden die Bestimmungen über die Umwandlung aus dem AktG entfernt. Die Materie ist nunmehr umfassend im UmwandlungsG geregelt.

2. Die einzelnen Tatbestände

2 § 399 Abs. 1 stellt nunmehr falsche Angaben oder das Verschweigen erheblicher Umstände zum Zwecke der Eintragung der Gesellschaft in das Handelsregister (Abs. 1 Nr. 1), im Gründungs-, Nachgründungs- oder im Prüfungsbericht (Abs. 1 Nr. 2), in öffentlichen Ankündigungen bei der Einführung von Aktien (Abs. 1 Nr. 3), bei der Erhöhung des Grundkapitals zum Zwecke der Eintragung in das Handelsregister (Abs. 1 Nr. 4), bei der Festsetzung einer in Liquidation befindlichen Gesellschaft in dem Nachweis hinsichtlich der Vermögensverteilung zum Zweck der Eintragung in das Handelsregister (Abs. 1 Nr. 5) und bei der Abgabe bestimmter Versicherungen gegenüber dem Registergericht (Abs. 1 Nr. 6) unter Strafe.

3 In § 399 Abs. 2 wird die Abgabe wahrheitswidriger Erklärungen gegenüber dem Registergericht zum Zweck der Eintragung einer Erhöhung des Grundkapitals in das Handelsregister erfaßt.

3. Das geschützte Rechtsgut

4 § 399 dient dem Schutz gutgläubiger Dritter vor Täuschungen durch bestimmte falsche bzw. unwahre Angaben. Dieser Schutz ist im Hinblick auf die beschränkte aktien-

---

[2] § 295 AktG v. 30. 1. 1937:
Falsche Angaben
(1) Mit Gefängnis werden bestraft:
1. Gründer oder Mitglieder des Vorstands oder des Aufsichtsrats, die zum Zweck der Eintragung der Gesellschaft über die Zeichnung, die Einzahlung auf die Aktien, die Verwendung eingezahlter Beträge, den Ausgabebetrag der Aktien, über Sondervorteile, Gründungsaufwand, Sacheinlagen und Sachübernahmen sowie im Gründungsbericht oder im Prüfungsbericht falsche Angaben machen oder erhebliche Umstände verschweigen;
2. Personen, die in der öffentlichen Ankündigung nach § 40 Nr. 3 falsche Angaben machen oder erhebliche Umstände verschweigen;
3. Mitglieder des Vorstands oder des Aufsichtsrats, die zum Zweck der Eintragung einer Erhöhung des Grundkapitals (§§ 149 ff., 169 ff.) über die Einbringung des bisherigen, die Zeichnung oder Einbringung des neuen Kapitals, den Ausgabebetrag der Aktien oder über Sacheinlagen falsche Angaben machen oder erhebliche Umstände verschweigen;
4. Vorstandsmitglieder, die zum Zweck der Eintragung einer bedingten Kapitalerhöhung über die Ausgabe der Bezugsaktien falsche Angaben machen oder erhebliche Umstände verschweigen;
5. Abwickler, die zum Zweck der Eintragung der Fortsetzung der Gesellschaft in dem von ihnen nach § 215 Abs. 3 zu führenden Nachweis falsche Angaben machen oder erhebliche Umstände verschweigen.

rechtliche Haftung der Gesellschaft angemessen und notwendig. **Geschütztes Rechtsgut** ist daher das Vertrauen der Gesellschaftsgläubiger und sonstiger interessierter dritter Personen, d. h. der Allgemeinheit, in die Korrektheit der Handelsregistereintragungen und ihrer Grundlagen sowie der öffentlichen Ankündigungen.[3] Darüber hinaus aber auch das Interesse der Gesellschaft selbst, von den Gründern ordnungsgemäß errichtet worden zu sein.

4. Schutzgesetz

§ 399 ist **Schutzgesetz i. S. des § 823 Abs. 2 BGB** zugunsten der Gesellschaft, der Gläubiger, sonstiger Vertragspartner der AG und der Aktionäre. Der zivilrechtliche Schutz setzt allerdings voraus, daß der Geschädigte durch ein Verhalten im Vertrauen auf die Richtigkeit der relevanten Angaben einen Schaden erlitten hat.[4] – Für den Erwerb von Aktien bedeutet das, daß die falsche Erklärung nur dann als ursächlich für den Aktienerwerb und damit für den durch diesen eingetretenen Schaden angesehen werden kann, wenn der Erwerb im Vertrauen auf diese Erklärung erfolgte (vgl. *Brandes* WM 1992 477). Diese Voraussetzung ist erfüllt, wenn der Erwerber der Aktien Kenntnis davon hatte, daß die in Frage stehenden Angaben bei der Anmeldung zum Handelsregister gemacht worden sind.[5] 5

5. Die Rechtsnatur des Delikts

§ 399 soll den Gefahren begegnen, die sich aus der Haftungsbeschränkung der Gesellschaft für diejenigen Personen ergeben, die mit der Gesellschaft in wirtschaftlichen Beziehungen stehen oder in wirtschaftliche Beziehungen treten wollen. Der Eintritt eines Vermögensschadens, einer Vermögensgefährdung oder auch nur einer Täuschung ist jedoch nicht Tatbestandsmerkmal des § 399. Das Delikt ist demnach ein **abstraktes Gefährdungsdelikt** im Vorfeld des Betruges.[6] 6

II. Der Gründungsschwindel durch unrichtige Anmeldung, § 399 Abs. 1 Nr. 1

1. Der objektive Tatbestand

a) **Täter.** – Gemäß § 36 Abs. 1 ist die Gesellschaft bei dem Gericht von allen Gründern und Mitgliedern des Vorstands und des Aufsichtsrats zur Eintragung in das Handelsregister anzumelden. Dementsprechend ist die Täterschaft in § 399 Abs. 1 Nr. 1 geregelt. Das Delikt ist **echtes Sonderdelikt**, da nur der genannte Personenkreis als Täter in Betracht kommt. Die Tätermerkmale sind besondere, strafbegründende Merk- 7

(2) Zugleich kann auf Verlust der bürgerlichen Ehrenrechte erkannt werden.

[3] Vgl. RGSt. 38, 195, 198; 40, 285, 286; 41, 293, 301; 43, 407, 415; BGHZ 105, 121, 123 f; *Brandes* WM 1992, 477; *Fuhrmann* AktG, Anm. 1b; *Geßler/Fuhrmann* AktG, Rdn. 2; *KK/Geilen* Rdn. 14, 15, 93, 109, 129, 142, 164; *Schmid* in: Müller-Gugenberger, § 23 Rdn. 36; *Steinmetz* Sacheinlage, S. 100 ff.

[4] Vgl. *Baumbach/Hueck* Rdn. 3; *Fuhrmann* AktG, Anm. 1b; *Geßler/Fuhrmann* AktG, Rdn. 3; *Steinmetz* Sacheinlage, S. 105.

[5] Vgl. – zu § 399 Abs. 1 Nr. 4 – BGHZ 96, 231, 243; 105, 121, 126; *Geßler/Fuhrmann* AktG, Rdn. 3. – Zum Umfang der Ersatzpflicht: *Brandes* WM 1992, 477.

[6] Vgl. *Fuhrmann* AktG, Anm. 1b; *Geßler/Fuhrmann* AktG, Rdn. 2; *KK/Geilen* Rdn. 9 – Für § 82 GmbHG: *Scholz/Tiedemann* GmbHG, § 82 Rdn. 16.

male i. S. des § 28 StGB, so daß die Strafe etwaiger Teilnehmer – Anstifter oder Gehilfen –, in deren Person die Tätermerkmale nicht vorliegen, gemäß § 28 Abs. 1 StGB in Verb. mit § 49 Abs. 1 StGB zu mildern ist.

8 aa) **Gründer der Aktiengesellschaft** ist der Aktionär bzw. sind die Aktionäre, die die Satzung festgestellt haben, § 28. Satzung ist gemäß § 2 der von einer oder mehreren Personen, die Aktien gegen Einlagen – Bar- oder Sacheinlagen – übernehmen, festgestellte Gesellschaftsvertrag. Die Übernahme einer Aktie genügt.[7] – Zur Feststellung der Satzung vgl. § 23.

9 Die Mitwirkung von **Personen, die keine Aktien übernehmen,** an der Feststellung der Satzung berührt deren Gültigkeit nicht, begründet aber nicht die Gründereigenschaft dieser Personen. Auch eine wirtschaftliche oder faktische Betrachtungsweise vermag an diesem Ergebnis nichts zu ändern, da der Gesetzgeber die Gründereigenschaft an den faktischen Akt der Beteiligung an der Feststellung der Satzung *und* die Übernahme von Aktien gebunden hat.[8]

10 Das AktG verlangt nicht, daß die Gründer der Gesellschaft bei Feststellung der Satzung und bei Übernahme der Aktien für eigene Rechnung handeln. **Offene Stellvertretung** ist zulässig: Die Gründer können sich bei der Feststellung der Satzung und bei der Übernahme der Aktien durch Bevollmächtigte vertreten lassen, davon geht § 23 Abs. 1 S. 2 aus. Hingegen kann sich der in verdeckter Treuhandschaft Handelnde, der **sog. Strohmann,** nicht darauf berufen, daß er die Aktie nicht für eigene Rechnung übernommen hat. Er ist Gründer im Sinne des Gesetzes und im Außenverhältnis Aktionär mit allen Rechten und Pflichten[9] und unterliegt insoweit auch der strafrechtlichen Haftung. Dementsprechend können die Hintermänner, für deren Rechnung der Strohmann tätig wird, nicht Gründer sein und auch nicht als unmittelbare oder mittelbare Täter gemäß § 399 Abs. 1 Nr. 1 strafrechtlich haften. Eine Strafbarkeit dieser Hintermänner kommt nur als Anstifter oder Gehilfen zu strafbaren Handlungen des Strohmannes in Betracht.[10]

11 Zutreffend weist *Geilen* (*KK/Geilen* Rdn. 19) darauf hin, daß damit **Strafbarkeitslücken** in Fällen besonders massiven Gründungsschwindels eröffnet sind. Wird nämlich ein gutgläubig handelnder Strohmann eingesetzt, der die Manipulationen der Hintermänner nicht erkennt, so erfüllt er aufgrund fehlenden Vorsatzes den Tatbestand des § 399 Abs. 1 Nr. 1 nicht. Damit fehlt es aber an einer Haupttat, so daß auch die Möglichkeit strafbarer Teilnahme an dieser Haupttat entfällt.

12 Die **zivilrechtliche Haftung** eventueller Hintermänner gemäß § 46 Abs. 5 kann nicht auf das Strafrecht erstreckt werden. § 46 Abs. 5 konstituiert eine Haftung der Hintermänner neben den Gründern. Aus § 46 Abs. 5 kann aber keine Garantenstellung der Hintermänner zur Verhinderung von Täuschungshandlungen des Strohmannes abgeleitet werden (**a. A.** *KK/Geilen* Rdn. 20). Hier würde im Wege der Haftung für ein Unterlassen der Kreis der als Täter haftenden Gründer gegen den Wortlaut des Gesetzes ausgedehnt werden.

---

[7] Vgl. *Baumbach/Hueck* Anm. 5; *Brändel* § 2 Rdn. 63; *Fuhrmann* AktG, Anm. 4; *Geßler/Fuhrmann* AktG, Rdn. 8; *KK/Geilen* Rdn. 18.

[8] Vgl. dazu *Baumbach/Hueck* § 2 Rdn. 5; *Brändel* § 2 Rdn. 64; *Geßler/Fuhrmann* AktG, Rdn. 8; *Godin/Wilhelmi* § 2 Anm. 4; *KK/Geilen* Rdn. 19.

[9] Eingehend dazu *Brändel* § 2 Rdn. 35 ff.

[10] Vgl. RGSt. 24, 286, 290; 30, 300, 312; *Fuhrmann* AktG, Anm. 4 a; *Geßler/Fuhrmann* AktG, Rdn. 8; *Godin/Wilhelmi* Anm. 2; *KK/Geilen* AktG, Rdn. 19; *Schmid* in: Müller-Gugenberger, § 23 Rdn. 37.

Aufgrund **gesetzlicher Vertretung** können auch geschäftsunfähige oder in der Geschäftsfähigkeit beschränkte Personen Gründer der AG sein, sofern sie durch ihren gesetzlichen Vertreter wirksam vertreten werden (dazu m. N. *Brändel* § 2 Rdn. 20). In diesem Fall ist der **Vertreter als Gründer** strafrechtlich haftbar, § 14 Abs. 1 Nr. 3 StGB (vgl. auch *KK/Geilen* Rdn. 22). **13**

Im Falle **rechtsgeschäftlicher Vertretung** ist hingegen allein der **Vertretene als Gründer** strafrechtlich haftbar, und zwar als mittelbarer Täter, soweit er das Handeln des Vertreters beherrscht. Diese Herrschaft kann z. B. auf der Ausnutzung eines Irrtums oder auf dem Einsatz rechtswidriger Drohungen oder Gewalt beruhen. Insoweit gelten keine Besonderheiten. Hingegen begründet die Tatsache des dolosen Zusammenwirkens mit dem Vertreter als solche noch keine mittelbare Täterschaft.[11] **14**

Juristische Personen und andere Personengemeinschaften (eingehend dazu *Brändel* § 2 Rdn. 26 ff) können Gründer einer AG sein. In diesen Fällen greifen die Grundsätze der gesetzlichen Vertreterhaftung nach § 14 Abs. 1 StGB durch. Danach haften bei einer juristischen Person als Gründer die natürlichen Personen, die für die juristische Person als deren vertretungsberechtigte Organ(mitglieder) handeln, § 14 Abs. 1 Nr. 1 StGB, bei einer Personengesellschaft des Handelsrechts, d. h. einer OHG oder KG, die natürlichen Personen, die als vertretungsberechtigte Gesellschafter für die Personengesellschaft Aktien übernommen und an der Feststellung der Satzung mitgewirkt haben, § 14 Abs. 1 Nr. 2 StGB (vgl. auch *KK/Geilen* Rdn. 23 f). **15**

Der strafrechtlichen Haftung als Gründer steht eine etwaige **Nichtigkeit der Gesellschaft** oder das **Ausbleiben der Eintragung** der Gesellschaft nicht entgegen.[12] **16**

Gründer einer KGaA sind die Gesellschafter, die die Satzung festgestellt haben, § 280 Abs. 3. Sie haften gemäß § 408 in Verb. mit § 399 Abs. 1 Nr. 1. **17**

Die **Umwandlung anderer Gesellschaften in eine AG** ist nunmehr — auch soweit strafrechtlich relevante Sachverhalte in Frage stehen — umfassend im UmwandlungsG geregelt. **18**

bb) Mitglieder des Vorstands. — Mitglied des Vorstands ist, wer durch den Aufsichtsrat, § 84, oder in dringenden Fällen durch das Gericht, § 85, zum Mitglied des Vorstands bestellt worden ist. Zuständig für die Bestellung ist der Aufsichtsrat. Die Übertragung der Bestellung auf einen Ausschuß ist unzulässig (BGHZ 65, 190, 192; 79, 38, 42). Der Bestellte erlangt durch den Bestellungsakt die Stellung des Vorstandsmitglieds. Der Bestellungsakt ist unabhängig von dem Anstellungsverhältnis und bedarf der Zustimmung des Bestellten. Vorstandsmitglied kann nur eine natürliche, unbeschränkt geschäftsfähige Person werden, § 76 Abs. 3. — Sind mehrere Vorstandsmitglieder bestellt worden, so kommt das einzelne Mitglied auch dann als Täter in Betracht, wenn die Gesellschaft — vgl. § 78 Abs. 2 — nur durch mehrere oder sogar nur durch die Gesamtheit der Mitglieder gemeinschaftlich vertreten werden kann. Interne Ressortzuständigkeiten des jeweils Handelnden sind irrelevant. Eine Geschäftsverteilung kann nur zu einer Verteilung des Verantwortungsgewichts, nicht aber zur Befreiung von der Verantwortung führen; dazu Vor § 399 Rdn. 97. Das gilt grundsätzlich auch **19**

---

[11] **A. A.** *Klug* Großkomm., 3. Aufl., Anm. 4: Nutzung eines „qualifikationslosen dolosen Werkzeugs"; eingehender zu dieser Problematik *Otto* Grundkurs A. T., § 21 Rdn. 93 m. N.

[12] Vgl. RGSt. 43, 407, 414; *Geßler/Fuhrmann* AktG, Rdn. 8; *KK/Geilen* Rdn. 25.

dann, wenn ein Mitglied des Vorstands von dem anderen majorisiert wird; eingehender dazu Rdn. 112 ff.

20 cc) Vorstandsmitglieder als **faktische Organe**. – Für die strafrechtliche Haftung der Vorstandsmitglieder ist es unwesentlich, daß die **Gesellschaft (noch) nicht zivilrechtlich wirksam entstanden oder (noch) nicht eingetragen ist.**[13] Entscheidend für die täterschaftliche Haftung ist die tatsächliche Übernahme des Amtes, d. h. die tatsächliche Stellung und Tätigkeit als Mitglied des Vorstands.

21 Gleichgültig für die strafrechtliche Verantwortung soll es nach h. M. weiter sein, ob das Vorstandsmitglied rechtswirksam mit der Vertretungsmacht betraut wurde oder nicht. Maßgeblich soll allein sein, daß der Betreffende seine Tätigkeit als Vorstandsmitglied aufgenommen und, vom Aufsichtsrat geduldet, ausgeübt hat. Vorstandsmitglied ist danach auch, wer ohne förmlich dazu bestellt und im Handelsregister eingetragen zu sein, im Einverständnis oder zumindest mit Duldung des Aufsichtsrats die **tatsächliche Stellung eines Vorstandsmitglieds** ausübt.[14] Daß andere Mitglieder für dieses Amt rechtswirksam bestellt sind und dieses Amt auch ausüben, soll der Vorstandseigenschaft des tatsächlich Tätigen grundsätzlich nicht entgegenstehen.[15] Durch diese **Weite der faktischen Betrachtungsweise** wird die Gefahr begründet, daß das vom Gesetzgeber ausdrücklich als Sonderpflichtverletzung begründete Unrecht in ein an ein bestimmtes Täterverhalten geknüpftes Allgemeinunrecht uminterpretiert wird. Das Sonderdelikt wird zum Jedermanndelikt.

22 Richtig ist – das kommt auch in § 14 Abs. 3 StGB zum Ausdruck –, daß **zivilrechtliche Mängel des Bestellungsaktes** strafrechtlich unbeachtlich sind. Gleiches gilt für die fehlende oder später nicht erfolgende Eintragung in das Handelsregister, da das Gesetz die betreffenden Personen schon vor ihrer Eintragung als Vorstandsmitglieder bezeichnet;[16] vgl. §§ 37 Abs. 2–6, 81 Abs. 3. Auch eine zivilrechtlich rückwirkende Beendigung der Bestellung des Betroffenen ist strafrechtlich unbeachtlich.

23 Irrelevant ist weiter das Fehlen eines formellen – sei es rechtswirksamen oder rechtsunwirksamen – Bestellungsaktes, wenn die **Bestellung** nicht ausdrücklich, sondern **konkludent** erfolgt. Von einer konkludenten Bestellung aber kann bereits ausge-

---

[13] Vgl. RGSt. 43, 407, 413; *Fuhrmann* AktG, Anm. 4 a; *Geßler/Fuhrmann* AktG, Rdn. 10; *KK/Geilen* Rdn. 29; *Löffeler* wistra 1989, 123; *Schmid* in: Müller-Gugenberger, § 23 Rdn. 39.

[14] Vgl. dazu BGHSt. 21, 101, 104; BGHZ 75, 96, 106; *Fuhrmann* AktG, Anm. 4 a; *ders.* FS Tröndle, S. 139 ff; *Geßler/Fuhrmann* AktG, Rdn. 10; *Gübel* Auswirkungen, S. 106 ff; *KK/Geilen* Rdn. 32; *Montag* Anwendungen, S. 79 ff, 111 ff; *Richter* GmbHR 1984, 118; *Schmid* in: Müller-Gugenberger, § 23 Rdn. 39; *K. Schmidt* FS Rebmann, S. 419 ff. – **A. A.** RGSt. 72, 187, 191; *Baumbach/Hueck/Schulze-Osterloh* GmbHG, § 82 Rdn. 77; *Cadus* Betrachtungsweise, S. 69 ff; *Joerden* wistra 1990, 1 ff; *Kaligin* BB 1983, 790; *Ransiek* Unternehmensstrafrecht, S. 96; *Stein* Organ, S. 70; *dies.* ZHR 1984, 222.

[15] Vgl. BGHSt. 31, 118, 121; BGH StV 1984, 461 mit krit. Anm. *Otto* S. 463. – Überblick über die Rechtsprechung bei *K. Schmidt* FS Rebmann, S. 421 ff. – Kritisch zu dieser Rechtsprechung: OLG Düsseldorf NStZ 1988, 368; *Achenbach* NStZ 1989, 497 f; *Hachenburg/Kohlmann* GmbHG, Vor § 82 Rdn. 32; *Hildesheim* wistra 1993, 169; *Kratzsch* ZGR 1985, 531, 534 f; *Löffeler* wistra 1989, 125; *Schäfer* wistra 1990, 82; *Tiedemann* NJW 1986, 1845.

[16] Vgl. RGSt. 64, 81, 84; BGHSt. 3, 32, 37; *Hachenburg/Kohlmann* GmbHG, Vor § 82 Rdn. 23; *Kratzsch* ZGR 1985, 506 f; *Löffeler* wistra 1989, 123; *K. Schmidt* FS Rebmann, S. 429; *Scholz/Tiedemann* GmbHG, § 82 Rdn. 41.

gangen werden, wenn der Betreffende (1.) die Tätigkeit eines Vorstandsmitglieds tatsächlich aufgenommen hat und ausübt und dieses (2.) mit Billigung, zumindest aber im Einverständnis mit dem Aufsichtsrat erfolgt. Die bloße Anmaßung der Tätigkeit genügt nicht.[17]

Das gilt nicht nur für den Fall des **Mißbrauchs der Bestellungsmöglichkeit** dadurch, daß die Bestellung des Vorstands ganz unterbleibt oder eine Neubestellung nicht erfolgt, weil die Geschäfte dadurch „besser" von anderen Personen geführt werden können,[18] sondern auch dann, wenn bewußt ein Vorstandsmitglied rechtswirksam bestellt ist, dem es nach seinen Kenntnissen und Fähigkeiten nicht möglich ist, die Sachlage überhaupt zu überschauen, und dessen Funktion im wesentlichen darin besteht, davon abzulenken, daß die Gesellschaft von anderen Personen geleitet wird (sog. Sitzvorsitzender).[19] **24**

Damit aber sind die Möglichkeiten der faktischen Betrachtungsweise ausgeschöpft. Der Begriff des faktischen Vorstandsmitglieds ist weder auf den aktiven Mehrheitsaktionär auszudehnen, soweit nicht die weiteren Voraussetzungen vorliegen, noch kann bereits die Vornahme von Geschäften, die üblicherweise von einem Vorstandsmitglied vorgenommen werden, zur Begründung der faktischen Organstellung ausreichen, wenn ordnungsgemäß bestellte Vorstandsmitglieder vorhanden und tätig sind. Die Führung der laufenden Buchhaltung und die Erteilung von Auskünften an den Steuerberater kann entgegen der Auffassung des BGH nicht die faktische Stellung eines GmbH-Geschäftsführers neben dem ordentlich bestellten und tätigen Geschäftsführer (BGH StV **1984** 461 mit abl. Anm. *Otto* S. 462f) und noch weniger die eines faktischen Vorstandsmitglieds begründen. Die Wahrnehmung derartiger Aufgaben gehört in einen Geschäftsbereich, in dem Vorstandsmitglieder typischerweise durch qualifiziertes Fachpersonal Entlastung suchen und finden. Zutreffend hat das OLG Düsseldorf in Bezug auf die Geschäftsführung der GmbH dargelegt: „Ein Bedürfnis, die strafrechtliche Verantwortlichkeit auf den faktischen Geschäftsführer zu erstrecken, besteht nur dann, wenn er einen Einfluß ausübt, der über den des formellen Geschäftsführers hinausgeht. Das ist der Fall, wenn der faktische Geschäftsführer die Geschicke der Gesellschaft allein bestimmt ..., ein Übergewicht gegenüber dem formellen Geschäftsführer besitzt ..., eine überragende Stellung in der Geschäftsführung einnimmt ... oder die Geschäfte in weiterem Umfang als der formelle Geschäftsführer wahrnimmt, die Seele des Geschäfts ist und bestimmenden Einfluß auf alle Geschäftsvorgänge hat".[20] Diese Grundsätze sind ohne Vorbehalt auf das faktische Vorstandsmitglied zu übertragen. Die Ausdehnung der faktischen Betrachtungsweise über diesen Bereich hinaus sprengt den Kreis der Sonderpflichtigen. An die Stelle der Sonderpflicht tritt die Vornahme bestimmter einzelner Handlungen.[21] **25**

[17] Vgl. dazu BGHSt. 3, 32, 38; 6, 314, 315 f; 21, 101, 103; 31, 118, 122; 34, 221, 222; 34, 379, 384; OLG Düsseldorf NStZ 1988, 368; *Fuhrmann* FS Tröndle, S. 140 ff; *Hachenburg/Kohlmann* GmbHG, Vor § 82 Rdn. 29; LK[11]/*Schünemann* § 14 Rdn. 69; *Löffeler* wistra 1989, 123 ff; *Montag* Anwendungen, S. 79 ff, 111 ff; *Ransiek* Unternehmensstrafrecht, S. 93 ff; *Tiedemann* NJW 1986, 1845.

[18] Dazu *Kratzsch* ZGR 1985, 533; *Tiedemann* NJW 1986, 1845.

[19] Zur strafrechtlichen Haftung des Strohmannes vgl. *Siegmann/Vogel* ZIP 1994, 1821 ff.

[20] OLG Düsseldorf NStZ 1988, 368, 369; dazu auch *Dierlamm* NStZ 1996, 157; *Fuhrmann* AktG, Anm. 4 a; *Gübel* Auswirkungen, S. 113 ff; *Hildesheim* wistra 1993, 169; *Löffeler* wistra 1989, 125; *Montag* Anwendungen, S. 79 ff, 111 ff.

[21] Zur Anerkennung der Stellung des faktischen Organs in diesem Rahmen und zur Ablehnung dieser Ausdehnung der Sonderpflicht vgl. auch *Dierlamm* NStZ 1996, 156 f; *Hachenburg/Kohlmann* GmbHG,

26 Die **Täterstellung des Vorstandsmitglieds endet** entsprechend der faktischen Betrachtungsweise nicht mit der rechtlichen Beendigung der Vorstandseigenschaft, sondern erst mit der tatsächlichen Aufgabe des Amtes. Nimmt das ausgeschiedene Vorstandsmitglied **nach dem Ausscheiden** noch **einzelne Aufgaben** nachträglich wahr, so ist es wie ein noch amtierendes Vorstandsmitglied anzusehen.[22]

27 Die **Auflösung der AG** wirkt sich grundsätzlich auf die strafrechtliche Haftung des Täters nicht aus, sofern die Rechtspersönlichkeit der Gesellschaft noch erhalten ist.

28 dd) **Stellvertretende Vorstandsmitglieder.** Stellvertretende Vorstandsmitglieder stehen den Vorstandsmitgliedern rechtlich gleich, § 94. In ihrer Bestellung als stellvertretende Vorstandsmitglieder liegt gegenüber der Bestellung zu einem ordentlichen Vorstandsmitglied nur eine Beschränkung nach innen; vgl. im einzelnen dazu die Erläuterungen zu § 94. Strafrechtlich haften sie nach Art und Umfang wie die ordentlichen Vorstandsmitglieder.

29 Auch das stellvertretende Vorstandsmitglied kann seine **Organstellung aufgrund faktisch übernommener und ausgeübter Tätigkeit** im Einverständnis mit dem Aufsichtsrat erlangt haben.[23] Insoweit und auch für die **Beendigung der Organstellung** gelten die Ausführungen zum ordentlichen Vorstandsmitglied entsprechend.

30 ee) **Persönlich haftender Gesellschafter einer KGaA.** – Die persönlich haftenden Gesellschafter einer KGaA gelten im Rahmen der §§ 399–407 als Vorstandsmitglieder, § 408 S. 2.

31 ff) **Mitglieder des Aufsichtsrats.** – Mitglied des Aufsichtsrats ist, wer nach der Gründung der AG von den Gründern der Gesellschaft gemäß § 30 bestellt, wer nach § 101 Abs. 1 von der Hauptversammlung der Aktionäre gewählt oder wer nach § 101 Abs. 2 von ihr entsandt worden ist. Daneben können Aufsichtsratsmitglieder unter den Voraussetzungen des § 104 auch durch das Gericht bestellt werden oder als Arbeitnehmervertreter aufgrund des Betriebsverfassungsgesetzes, des Mitbestimmungsgesetzes, des Mitbestimmungsergänzungsgesetzes und des Montan-Mitbestimmungsgesetzes entsandt oder gewählt werden; im einzelnen dazu die Erläuterungen zu § 96.

32 Für die **strafrechtliche Haftung** ist es irrelevant, ob das Aufsichtsratsmitglied Aktionärs- oder Arbeitnehmervertreter ist. Wie bei den Vorstandsmitgliedern kommt es bei den Aufsichtsratsmitgliedern nicht darauf an, daß die AG rechtswirksam entstanden ist oder daß sie selbst rechtswirksam gewählt oder bestellt worden sind. Maßgeblich ist auch hier, daß sie ihre Tätigkeit als Aufsichtsrat tatsächlich aufgenommen haben und ausüben und daß dies mit Billigung, zumindest aber im Einverständnis mit dem für die Bestellung zuständigen Gesellschaftsorgan erfolgt; vgl. die entsprechenden Ausführungen unter Rdn. 20 ff. Auch für die Beendigung der Haftung gelten die für die Vorstandsmitglieder maßgeblichen Gesichtspunkte; vgl. Rdn. 26 f.

33 **Stellvertretende Aufsichtsratsmitglieder** können nicht bestellt werden, § 101 Abs. 3 S. 1. Möglich ist jedoch die Bestellung von **Ersatzmitgliedern,** § 101 Abs. 3 S. 2. Da ihre Wahl unter der aufschiebenden Bedingung des endgültigen Fortfalls bisheriger Mitglieder des Aufsichtsrats erfolgt, sind sie vor Bedingungseintritt keine Aufsichtsratsmit-

---

Vor § 82 Rdn. 32 ff; *Hildesheim* wistra 1993, 169; *Kratzsch* ZGR 1985, 566 ff; *Montag* Anwendungen, S. 79 ff, 111 ff; *Otto* Bankentätigkeit, S. 21 ff; *Tiedemann* NJW 1986, 1845. – **A. A.** *Bruns* GA 1982, 19 ff; *ders.* JR 1984, 133 ff; *Rowedder/Fuhrmann* GmbHG, § 82 Rdn. 6.

[22] Vgl. auch *Fuhrmann* AktG, Anm. 4 a; *Geßler/Fuhrmann* AktG, Rdn. 11; *KK/Geilen* Rdn. 30.

[23] Vgl. BGHSt. 6, 314, 315 für den stellvertretenden Geschäftsführer einer GmbH; dazu auch *Fuhrmann* AktG, Anm. 4 a; *Geßler/Fuhrmann* AktG, Rdn. 10.

glieder. Sie kommen daher bis zu diesem Zeitpunkt nicht als Täter gemäß § 399 Abs. 1 Nr. 1 in Betracht.

Mitglieder des Aufsichtsrats einer KGaA können Täter gemäß §§ 408, 399 Abs. 1 Nr. 1 sein. 34

b) **Tathandlung** – Der Tatbestand setzt voraus, daß der Täter falsche Angaben macht oder erhebliche Umstände verschweigt. 35

aa) **Angaben** sind nachprüfbare Aussagen über **Tatsachen**, d. h. über einem Beweis zugängliche, konkrete äußere oder innere Geschehnisse oder Zustände der Vergangenheit oder Gegenwart. Derartige Aussagen können auch in **Werturteilen**, z. B. Schätzungen, Bewertungen und Prognosen enthalten sein, soweit diese wiederum auf eine Tatsachengrundlage verweisen oder – zumindest in ihrem Kern – eine dem Beweis zugängliche Tatsachenbehauptung enthalten. 36

Im **Gegensatz** zur Aussage über Tatsachen stehen reine Meinungsäußerungen, Werturteile, allgemeine Anpreisungen oder offensichtlich reklamehafte Übertreibungen, die jeglichen Tatsachenkerns entbehren und nach allgemeiner Auffassung des Verkehrs nicht als Tatsachenbehauptungen angesehen werden.[24] Indem der Täter die gemäß § 399 Abs. 1 relevanten Angaben macht, identifiziert er sich mit ihnen in der Weise, daß er zum Ausdruck bringt, daß das die gesetzlich geforderten und erwarteten Angaben sind. Die Betonung, daß es sich um **eigene Angaben** des Täters handeln muß, durch *Geilen (KK/Geilen* Rdn. 49), ist daher geeignet zu verwirren. Nicht die Frage, wer die Angaben erstellt und zusammengetragen hat, ist hier maßgeblich, sondern daß der Äußernde sich mit den Angaben derart identifiziert, daß er zum Ausdruck bringt, dies seien die für die Eintragung geforderten und erforderlichen Angaben. 37

bb) **Falsch** sind die Angaben, wenn sie **irreführend** sind, d. h. wenn sie den Adressaten, für den sie bestimmt sind – hier den Registerrichter und die Allgemeinheit – veranlassen können, sie für wahr zu halten und dadurch getäuscht zu werden. Das ist bei tatsächlichen Angaben einmal der Fall, wenn der Inhalt der Angabe nicht mit der Wirklichkeit der Gründungsvorgänge übereinstimmt, zum anderen aber auch dann, wenn die Angabe objektiv wahr ist, ihr aber aus der Sicht des Empfängerhorizonts eine andere Bedeutung zugemessen wird. So ist z. B. die Angabe, es sei eine Bareinzahlung auf Aktien erfolgt, objektiv wahr, wenn die Einzahlung erfolgt ist, auch wenn vereinbart ist, die Einlage nach der Eintragung zurückzuzahlen. Dem Verständnis der Einzahlung auf Aktien i. S. des § 399 Abs. 1 Nr. 1 entspricht „diese Art der Einzahlung" jedoch nicht (vgl. dazu RGSt. **24** 286, 289; RGZ **157** 213, 225). Die Angabe ist daher falsch, denn die Angabe, die Einzahlung sei erfolgt, ist aus der Sicht des Registergerichts dahin zu verstehen, daß die Einzahlung rechtswirksam i. S. des § 37 Abs. 1 erfolgt ist, nicht aber dahin, daß *irgendeine* Einzahlung geschah. – Insofern entspricht die falsche Angabe – abgesehen vom unterschiedlichen relevanten Empfängerhorizont der unwahren und irreführenden Angabe i. S. des § 4 UWG (vgl. dazu *GK/Otto* UWG, § 4 Rdn. 24ff, 34). 38

Werturteile sind falsch, wenn sie entweder auf tatsächlichen Grundlagen beruhen, die falsch sind oder wenn die tatsächlichen oder rechtlichen Schlußfolgerungen, auf denen sie beruhen, **objektiv unrichtig** sind. Eine Begrenzung der falschen Angabe auf die unrichtige Wiedergabe des tatsächlichen Kerns des Werturteils (so aber *Fuhrmann* 39

[24] Der Begriff stimmt insoweit inhaltlich überein mit dem der Angabe in § 4 UWG; vgl. dazu *GK/Otto* UWG, § 4 Rdn. 16f.

AktG, Anm. 2) ist unangemessen, da gerade eine Wertung, deren tatsächlicher Kern zutreffend wiedergegeben wird, besonders gefährliche Möglichkeiten einer Täuschung bietet[25] und auch in der Bewertung die tatsächliche Angabe liegt, daß die Bewertung nach sachgerechten-rechtlichen oder wirtschaftlichen Maßstäben erfolgt, nicht aber willkürlich. Allerdings ergibt sich aus diesem Maßstab die Notwendigkeit, einen eventuell vorhandenen Beurteilungsspielraum des Bewertenden angemessen zu berücksichtigen. **Unrichtige Schlußfolgerungen oder Beurteilungen** können daher nur dann als falsche Angaben angesehen werden, wenn sie evident unrichtig sind derart, daß nach einheitlichem Konsens der einschlägigen Fachleute die vorgelegte Schlußfolgerung oder Beurteilung unvertretbar ist, d. h. schlicht willkürlich erscheint.[26] – Maßstab der unrichtigen Schlußfolgerungen und Beurteilungen sind die einschlägigen Rechtsnormen und wirtschaftlichen Gepflogenheiten, z. B. die Grundsätze ordnungsgemäßer Buchführung.[27]

40 **Maßgeblicher Zeitpunkt** der Feststellung, ob eine falsche Angabe vorliegt, ist der Zugang der Erklärung beim Registergericht.[28] Erstreckt sich der Zugangszeitpunkt gleichsam auf einen längeren Zeitraum, weil die zunächst eingereichten Unterlagen unvollständig waren und das Registergericht Ergänzungen angefordert hat, so ist der nun maßgebliche Zeitpunkt der Gesamtanmeldung der des Zugangs der ergänzten Angaben bei Gericht. Haben sich die zuvor gemachten Angaben geändert – z. B. weil inzwischen Verfügungen über das Grundkapital getroffen wurden –, so sind die ursprünglichen Angaben zu ergänzen (vgl. auch BGH wistra **1993** 225 f), wenn sie nicht als unrichtig beurteilt werden sollen.

41 **Bloßes Schweigen** stellt keine Angabe dar. Wird hingegen bei einer Äußerung ein **Teil verschwiegen** mit der Folge, daß der Adressat der Äußerung – hier das Registergericht – diese inhaltlich anders versteht, weil es sie als vollständige Information auffaßt und nach den rechtlichen Vorgaben oder der Verkehrssitte auch auffassen durfte und konnte, so liegt im Verschweigen eine inhaltliche Änderung der positiv gemachten Aussage: die Unvollständigkeit verändert den Inhalt der Angabe und macht diese zur unrichtigen Angabe. Die **unvollständige Angabe** ist daher eine **unrichtige** und damit falsche Angabe.[29] So ist z. B. das Verschweigen, daß eine eingebrachte Sache zuvor an einen Dritten sicherungsübereignet wurde oder daß die Sache der Gesellschaft nur sicherungsübereignet wurde, eine unvollständige und damit falsche Angabe über die Sacheinlage.[30]

---

[25] Vgl. auch *KK/Geilen* Rdn. 51; *Scholz/Tiedemann* GmbHG, § 82 Rdn. 59.

[26] Vgl. dazu *Dannecker* Bilanzstrafrecht, Rdn. 645; *Geßler/Fuhrmann* AktG, Rdn. 21; *Gramich* wistra 1987, 159; *Heyman/Otto* HGB, § 331 Rdn. 25 f m. w. N.; *KK/Geilen* Rdn. 51, § 400 Rdn. 27; *Schmedding* Konzernrechnungslegung, S. 100 ff; *Schmid* in: Müller-Gugenberger, § 23 Rdn. 42; *Scholz/Tiedemann* GmbHG, § 82 Rdn. 60 m. w. N. – Zur Rechtsprechung: RGSt. 39, 222, 223; 49, 358, 363; RGZ 120, 363, 367; dazu *Tiedemann* FS Lackner, S. 745 f.

[27] Vgl. *Arnhold* Auslegungshilfen, S. 55 ff; *H. Weber* in: Leffson/Rückle/Großfeld, S. 323.

[28] Vgl. auch *Geßler/Fuhrmann* AktG, Rdn. 21; *Hachenburg/Kohlmann* GmbHG, § 82 Rdn. 24; *Scholz/Tiedemann* GmbHG, § 82 Rdn. 61.

[29] Vgl. auch *Geßler/Fuhrmann* AktG, Rdn. 22; *Hachenburg/Kohlmann* GmbHG, § 82 Rdn. 23; *KK/Geilen* Rdn. 53; *Scholz/Tiedemann* GmbHG, § 82 Rdn. 62; *Tiedemann* FS Lackner, S. 743 f. – Vgl. zur entsprechenden Problematik der konkludenten Täuschung: *GK/Otto* UWG, § 4 Rdn. 22, 40 ff; LK[10]/*Lackner* § 263 Rdn. 30.

[30] Weitere Beispiele bei *Scholz/Tiedemann* GmbHG, § 82 Rdn. 62.

42 Ob auch eine unvollständige Angabe vorliegt, wenn die Angaben zu den einzelnen angegebenen Punkten vollständig sind, aber zu anderen selbständigen Punkten Angaben fehlen, braucht hier nicht entschieden zu werden, da das Gesetz das Verschweigen erheblicher Umstände selbständig unter Strafe stellt. Möglich wäre eine derartige Interpretation, wenn einer Anmeldung die Aussage zu entnehmen wäre, weitere nach dem Gesetz erforderliche Angaben seien mangels eines entsprechenden Angabegegenstandes nicht gemacht worden, die gemachten Angaben seien daher die vollständigen, gesetzlich erforderlichen Angaben.

43 Werden die Angaben bezüglich eines Gegenstandes nicht unvollständig gemacht, sondern wird zu einem selbständigen, gesetzlich vorgeschriebenen Gegenstand überhaupt keine Angabe gemacht, so **verschweigt** der Täter **erhebliche Umstände** i. S. des Gesetzes. Insoweit kann der Tatbestand durch Unterlassen erfüllt werden: Die Nichterfüllung der gesetzlichen Verpflichtung zur Angabe bestimmter selbständiger Gegenstände und Umstände erfüllt den Tatbestand des Verschweigens erheblicher Umstände. Wer daher einen eingeräumten Sondervorteil überhaupt nicht erwähnt, macht keine falschen Angaben zu den anderen Gegenständen seines Eintragungsantrags, aber er verschweigt für die Eintragung erhebliche Umstände (vgl. auch *KK/Geilen* Rdn. 54).

44 cc) **Erheblichkeit** – Daß nur das Verschweigen von Umständen, die für die Eintragung erheblich sind, tatbestandsmäßig ist, bringt eine Selbstverständlichkeit zum Ausdruck, die sowohl **für das Verschweigen als auch für die positiv gemachten Angaben** gilt: Das Verschweigen oder die Angabe von Umständen, die für die Eintragung unerheblich sind, kann nicht strafbar sein, wo es um den Schutz des Vertrauens in die inhaltliche Richtigkeit einer Eintragung geht.

45 Problematisch hingegen ist der Bezugspunkt der Erheblichkeit. Erheblich kann die Angabe **allein für die Eintragung** der Gesellschaft, aber auch für den **Vertrauensschutz** sein. – Wenn *Geilen* (*KK/Geilen* Rdn. 63, 74) als erheblich nur solche Angaben ansieht, die die Zulässigkeit der Eintragung betreffen, so kann er dafür durchaus den Gesetzeswortlaut anführen, aus dem sich ergibt, daß die Angaben „zum Zweck der Eintragung" erfolgen müssen. Diese enge Auslegung des Gesetzes ist aber weder zwingend noch sachlich angemessen. Im Einklang mit dem Gesetzeswortlaut steht auch eine Interpretation, die als erheblich solche Umstände beurteilt, die für den Vertrauensschutz der Eintragung erheblich sind. **Erheblich** i. S. des § 399 Abs. 1 Nr. 1 sind dann Umstände, die zur Eintragung in das Handelsregister **geeignet** sind **und** auf die sich der **Vertrauensschutz** erstreckt. – Das hat besondere Bedeutung für Angaben, deren Unrichtigkeit nicht die Zulässigkeit der Eintragung berührt, weil die gesetzlichen Mindestanforderungen in jedem Fall erfüllt sind. So müssen z. B. die Bareinlagen gemäß §§ 36 Abs. 2, 36 a Abs. 1 mindestens 25% des Nennwertes der Aktien und im Falle eines höherliegenden Ausgabekurses auch die volle Differenz zwischen Kurs und Nennwert eingezahlt sein, § 36 a Abs. 1, soweit die Satzung keine abweichende Regelung enthält. – Wird nunmehr ein den Eintragungsvoraussetzungen zumindest entsprechender Zahlungseingang behauptet, obwohl der Zahlungseingang unter dem gesetzlichen Mindestbetrag liegt, so werden unstreitig falsche Angaben gemacht. Aber auch dann, wenn die Zahlung die für die Eintragung erforderliche Mindestgrenze erreicht hat, jedoch ein überhöhter Zahlungseingang angegeben wird, liegt – entgegen der Auffassung *Geilens* (*KK/Geilen* Rdn. 63) – eine falsche Angabe in dieser für den Vertrauensschutz erheblichen Aussage.[31] Wird hingegen ein zwar über der Mindestgrenze aber unter dem wirk-

---

[31] Vgl. auch RGSt. 33, 252, 253; 43, 323, 325; BGH NJW 1955, 678 f; *Fuhrmann* AktG, Anm. 4 b, bb; *Geßler/Fuhrmann* AktG, Rdn. 20; *Scholz/Tiedemann* GmbHG, § 82 Rdn. 63.

lichen Zahlungseingang liegender Betrag angegeben, so ist diese Angabe nicht erheblich i. S. des § 399 Abs. 1 Nr. 1. Untertreibungen können keinen für die Allgemeinheit gefährlichen Vertrauensschutz begründen (vgl. auch *Scholz/Tiedemann* GmbHG, § 82 Rdn. 63).

46 dd) **Zum Zweck der Eintragung** – Die Begrenzung der relevanten Angaben auf die zum Zweck der Eintragung der Gesellschaft erfolgenden stellt klar, daß es sich um **Angaben bei der Anmeldung** gemäß § 36 handeln muß, d. h. um die dem Registergericht gegenüber zu machenden Angaben, nicht aber um Angaben von Gründern gegenüber Vorstandsmitgliedern o. ä.[32] – Der Anmeldung müssen vorausgegangen sein die Feststellung der Satzung, § 23, und die Errichtung der Gesellschaft durch die Übernahme der Aktien, § 29. Eine etwaige Nichtigkeit der Gründung hindert die Strafbarkeit nicht (RGSt. 43 407, 414). Die Eintragung muß angestrebt werden, sie braucht aber nicht erfolgt zu sein (RGSt. 37 25, 27).

47 Auch wenn die Formulierung „zum Zweck der Eintragung" auf ein rein subjektives Tatbestandselement deutet, bedarf die Subjektivierung doch der Begrenzung, denn es kann nicht Aufgabe dieses Merkmals sein, in einem Tatbestand, dessen Versuch nicht strafbar ist, bestimmte Fälle des Versuchs und sogar des untauglichen Versuchs als vollendete Deliktsverwirklichungen der Strafe zu unterwerfen. Zutreffend fordert daher *Fuhrmann* eine objektive Begrenzung des Merkmals dahin, daß die **Angaben objektiv zur Eintragung in das Register geeignet** sein müssen.[33] Geeignet in diesem Sinne sind alle für die Eintragung **erheblichen** Angaben, unabhängig davon, ob sie das Gesetz vorschreibt oder ihre Kenntnis für die Entschließung des Gerichts oder eines interessierten Dritten von Bedeutung sind; im einzelnen dazu Rdn. 44f.

48 **Subjektiv** ist die Absicht des Täters erforderlich, mit den Angaben die Eintragung zu erreichen, dazu eingehender Rdn. 89.

49 ee) **Die Berichtigung falscher Angaben.** – Hat der Täter unvorsätzlich oder für ihn nicht erkennbar falsche oder lückenhafte Angaben gemacht und erkennt er nachträglich die Unrichtigkeit oder Lückenhaftigkeit der Angaben, so ist er zur Berichtigung dieser Angaben verpflichtet. Die in § 399 Abs. 1 Nr. 1 genannten Täter werden vom Gesetzgeber als besonders qualifizierte und speziell zuständige Personen angesehen, die in besonderer Weise für den Vertrauensschutz der hier maßgebenden Angaben verantwortlich sind. Sie **haften** für die Richtigkeit der Angaben und des gesamten Eintrages als **Garanten.**[34]

50 Diese Garantenhaftung ist allerdings begrenzt bis zum **Zeitpunkt der Eintragung,** denn da die Tathandlung des § 399 Abs. 1 Nr. 1 „zum Zweck der Eintragung der Gesellschaft" erfolgen muß, sind Handlungen und Unterlassungen nach erfolgter Eintragung nicht mehr tatbestandsmäßig. Die Gleichstellung einer zum Zweck der Eintragung der Gesellschaft erfolgenden Angabe mit der Korrektur einer unrichtigen Eintragung würde die Tathandlung inhaltlich umgestalten. Bei dem dann relevanten Unterlas-

---

32 Vgl. *Fuhrmann* AktG, Anm. 3; *KK/Geilen* Rdn. 73; *Rabben* Strafrecht, S. 37. – **A. A.** *Godin/Wilhelmi* Anm. II 3.

33 *Fuhrmann* AktG, Anm. 3; *Geßler/Fuhrmann* AktG, Rdn. 24. – **A. A.** *KK/Geilen* Rdn. 75.

34 Vgl. auch *Cobet* Rechnungslegung, S. 75; *Hachenburg/Kohlmann* GmbHG, § 82 Rdn. 57; *KK/Geilen* Rdn. 56f. – Der Heranziehung der Ingerenz als Garantenposition – dazu *Geßler/Fuhrmann* AktG, Rdn. 22; *Scholz/Tiedemann* GmbHG, § 82 Rdn. 30, 31; *Steinmetz* Sacheinlage, S. 142 – bedarf es daher nicht. – Eingehend und differenzierend zur Garantenproblematik: *Schmedding* Konzernrechnungslegung, S. 83ff.

sen ginge es nicht mehr um ein Unterlassen, das dem Tun zum Zwecke der Eintragung entspräche, sondern um ein Unterlassen mit einem ganz anderen sozialen Sinngehalt.

Zum Unterlassen eines Kollegialmitglieds, das vom strafbaren Verhalten anderer Kollegialmitglieder Kenntnis hat, vgl. Rdn. 112 ff, 115. **51**

c) **Bezugsgegenstand der falschen Angaben.** – Die falschen Angaben oder die verschwiegenen, für die Eintragung erheblichen Umstände müssen sich auf bestimmte Gründungsvorgänge beziehen, denen besondere Bedeutung für das Vertrauen in eine neu gegründete Gesellschaft zukommt. **52**

aa) **Übernahme der Aktien** durch die Gründer. – Mit der Feststellung der Satzung und der Übernahme sämtlicher Aktien durch die Gründer wird die Gesellschaft errichtet (dazu *Brändel* § 2 Rdn. 65). Die Übernahme der Aktien ist Teil des Gründungsvertrages und hat deshalb rechtsgeschäftlichen Charakter. Sie erfordert eine – zumindest im Verhältnis zu den Mitgründern – empfangsbedürftige Willenserklärung der Gründer (im einzelnen dazu *Brändel* § 2 Rdn. 70 ff m. w. N.). Die Gründer können sich bei der Feststellung der Satzung und der Übernahme der Aktien durch **Bevollmächtigte** vertreten lassen, wie sich aus § 23 Abs. 1 S. 2 ergibt. – Zum **Strohmann** vgl. Rdn. 10. Er gehört auch gegen seinen Willen zu den Gründern der AG (dazu *Brändel* § 2 Rdn. 44). **53**

Der Übernahmevorgang muß in derselben Urkunde wie die Feststellung der Satzung beurkundet werden, § 23 Abs. 2. Diese notarielle Urkunde muß der Anmeldung beigefügt sein, § 37 Abs. 4 Nr. 1. In ihr sind die Gründer, der Nennbetrag, der Ausgabebetrag und, wenn mehrere Gattungen bestehen, die Gattung der Aktien, die jeder Gründer übernimmt, anzugeben, § 23 Abs. 2 Nr. 1, 2. – Die Richtigkeit und Vollständigkeit dieser Angaben wird durch § 399 Abs. 1 Nr. 1 strafrechtlich geschützt, und zwar unabhängig davon, ob die falschen Angaben z. B. über die Beteiligungsverhältnisse, zu einer Gefährdung Dritter führen können oder nicht (vgl. auch *KK/Geilen* Rdn. 59). Die Angaben sind Gegenstand des Vertrauensschutzes, nicht aber die hinter den angegebenen Verhältnissen bestehenden Vermögensverhältnisse. **54**

bb) **Einzahlung auf Aktien.** – In der Anmeldung der Gesellschaft ist nach § 37 Abs. 1 zu erklären, daß die Voraussetzungen der §§ 36 Abs. 2, 36 a erfüllt sind. Der Betrag, zu dem die Aktien ausgegeben werden und der darauf – ordnungsgemäß i. S. des § 54 Abs. 3 – eingezahlte Betrag sind anzugeben. – Die diesbezüglichen Angaben sind falsch oder wegen Unvollständigkeit unrichtig, wenn die Einzahlung behauptet wird, obwohl sie nicht, nicht in dem angegebenen Umfang, in der angegebenen Art oder in der Form des § 54 Abs. 3 erfolgt ist. **55**

Einzahlung eines Betrages heißt gemäß § 36 Abs. 2, daß der Betrag „endgültig zur freien Verfügung des Vorstands steht". – Die Bedeutung der „freien Verfügung des Vorstands" ist streitig. Z. T. wird die Auffassung vertreten, § 36 Abs. 2 wolle die Freiheit der Mittelverwendung durch den Vorstand sichern (vgl. *Godin/Wilhelmi* § 36 Anm. 13). Diese Interpretation beruht jedoch auf einem Mißverständnis des Gesetzeswortlauts. Wie *Karsten Schmidt* (AG **1986** 106 ff) überzeugend nachgewiesen hat, sprach das Gesetz früher von barer Zahlung und meinte, daß die Einlage wirklich – also nicht nur zum Schein – in das Gesellschaftsvermögen überführt worden sein muß. Als sich die unbare Zahlung durchsetzte, meinte der Gesetzgeber, mit dem Begriff der „freien Verfügung" diesen Sachverhalt treffend zu kennzeichnen, begründete jedoch ein Mißverständnis. Gemeint ist daher nicht, daß das Geld sichtbar vorhanden sein muß und bloß der Vorstand damit tun darf, was er will, sondern daß die **Mittel wirklich in das Gesellschaftsvermögen geflossen sind,** und zwar durch effektive Zahlung im Sinne des § 54 Abs. 3. Schuldrechtliche Verwendungsabsprachen, durch die die Geschäftsfüh- **56**

rung der Gesellschaft verpflichtet wird, mit den eingezahlten Beträgen in bestimmter Weise zu verfahren, sind danach unschädlich, wenn sie weder mittelbar noch unmittelbar dazu bestimmt sind, die eingezahlten Mittel wieder an den Einleger zurückfließen zu lassen, sondern allein der Umsetzung von Investitionsentscheidungen der Gesellschafter oder sonstiger der Weisung der Gesellschafter unterliegender geschäftspolitischer Zwecke dienen.[35] – Eine Aufrechnung des Aktionärs gegen die Forderung auf Leistung der Einlagen ist unzulässig, § 66 Abs. 1 S. 2.

57 **Unrichtig** ist die Angabe daher, wenn Barzahlung behauptet wird, obwohl eine Aufrechnung erfolgt ist[36]; wenn eine Einzahlungssumme angegeben wird, die in dieser Höhe nicht erfolgt ist, und zwar gleichgültig, ob der gesetzliche Mindestbetrag erreicht war oder nicht, während die Angabe eines über der Mindestsumme, aber unter der wirklichen Einzahlung liegenden Betrages nicht tatbestandsmäßig ist; vgl. dazu Rdn. 45. Unrichtig ist gleichfalls die Angabe einer Einzahlung, wenn sofortige Rückgabe des Einzahlungsbetrages vereinbart ist, so daß der Täter „nur für einige Augenblicke Depositär des sofort wieder ... zu retradierenden Geldes sein, keinerlei sonstige Verfügungsmacht aber daran erwerben sollte" (RGSt. **24** 286, 289), oder wenn die Einzahlung lediglich ein Darlehen zum Zwecke des Vorzeigens und anschließender Rückzahlung darstellt, denn auch in diesem Fall ist der angegebene Betrag nicht vollwertig in das Vermögen der Gesellschaft gelangt, sondern nur als Darlehen (vgl. auch *KK/Geilen* Rdn. 62). Gleiches gilt, wenn mit einer Überweisung des Aktionärs an die Gesellschaft zeitgleich eine betragsgleiche Überweisung der Gesellschaft an den Aktionär erfolgt (BGH NJW **1993** 1983, 1984: zur Kapitalerhöhung). Hier ist zwar die Zahlung des Aktionärs in das Vermögen der Gesellschaft gelangt. Durch Erfüllung der Abrede gleichzeitiger Rücküberweisung des Betrages handelt es sich – wirtschaftlich gesehen – aber um eine Scheinzahlung, die das Vermögen der Gesellschaft gerade nicht in der angegebenen Weise erhöht hat. – Die angegebenen Mittel sind ferner nicht in dem angegebenem Maß bzw. Umfang in das Vermögen der Gesellschaft geflossen, wenn dem Vorstand nicht der Besitz an dem Geld eingeräumt worden ist (RGSt. **43** 182, 186), wenn das eingezahlte Geld mit einer Rückforderung belastet ist, die Ansprüche aus dem Kontoguthaben verpfändet sind (BGH GA **1977** 340, 341) oder wenn der eingezahlte Betrag von der Bank sogleich mit dem Sollsaldo verrechnet wird und sie den ausgeschöpften Kreditrahmen um diesen Betrag absenkt (OLG Stuttgart ZIP **1995** 1595, 1596).

58 **Streitig** ist, ob die Angabe einer Bareinzahlung unrichtig ist, wenn sich hinter der angegebenen Zahlung eine **sog. verschleierte** oder **verdeckte Sacheinlage** verbirgt, weil durch Koppelung von Verkehrsgeschäften mit einer Bareinlage wirtschaftlich der Erfolg einer Sacheinlage erreicht wird.[37] Diese Situation liegt einerseits vor, wenn im Gesellschaftsvertrag eine Bareinlage vereinbart worden ist, die Einlage auch einbezahlt, jedoch dazu verwendet ist, von dem Aktionär Sachen oder Immaterialgüter zu kaufen

[35] Vgl. BGHZ 113, 334, 345; BGH NJW 1991, 226, 227 (GmbH); BGH NJW 1991, 1294, 1295 (GmbH); BGH NStZ 1996, 238, 239 (GmbH); *Hommelhoff/Kleindiek* ZIP 1987, 486; *K. Schmidt* AG 1986, 109 ff; *ders.* Sicherung, S. 115 f; *ders.* Gesellschaftsrecht, 2. Aufl. 1991, S. 740 mit eingehenden Nachweisen zum Literaturstand in Fn. 13.

[36] RGSt. 53, 149; RGZ 94, 61; dazu auch *Röhricht* § 27 Rdn. 188; *Wiedemann* § 183 Rdn. 95.

[37] Vgl. *K. Schmidt* Gesellschaftsrecht, S. 743. – Auf abweichende Nuancierungen anderer Definitionen kommt es an dieser Stelle nicht an, weil hier nur das Problem benannt, nicht aber eine diffizile – zivilrechtliche – Lösung vorbereitet werden soll.

oder bereits früher entstandene Forderungen des Aktionärs gegen die Gesellschaft zu tilgen, andererseits im umgekehrten Fall, indem die Gesellschaft zunächst Objekte vom späteren Aktionär erwirbt oder seine Forderung befriedigt, bevor dieser seine Bareinlage an die Gesellschaft erbringt. – Hintergrund der Verdeckung der Sacheinlage sind die Risiken, die mit der Einbringung einer Sacheinlage verbunden sind, nämlich die Feststellung in der Satzung, die Gründungsprüfung und die Differenzhaftung des Aktionärs.

Bereits **zivilrechtlich** ist die Konstruktion der verdeckten Sacheinlage heftig umstritten. Z. T. wird ihre Berechtigung schon grundsätzlich in Frage gestellt,[38] z. T. werden europarechtliche Bedenken gegen die Konstruktion geltend gemacht,[39] weil in ihr ein Verstoß gegen die 2. Richtlinie des Rates der Europäischen Gemeinschaften v. 13. 12. 1976, sog. Kapitalschutzrichtlinie gesehen wird. Das LG Hannover hatte die Frage, ob es zulässig sei, bestimmte Geschäfte zwischen einer Aktiengesellschaft und einem Aktionär als verdeckte Sacheinlage zu behandeln und den Vorschriften für das Sacheinlagegeschäft zu unterwerfen, nach Art. 177 EWGV dem EuGH vorgelegt (LG Hannover DB **1991** 376). Der EuGH hat die Gelegenheit einer Klarstellung jedoch nicht ergriffen und eine Sachentscheidung abgelehnt.[40] **59**

Der Bundesgerichtshof hat diese Bedenken nicht geteilt. Er geht in ständiger Rechtsprechung in Einklang mit der h. L. von einer verdeckten Sacheinlage aus, wenn zwar formal bei der Gesellschaftsgründung (oder Kapitalerhöhung) eine Bareinlage gezeichnet wird, in zeitlich und sachlich engem Zusammenhang mit diesem Vorgang aber ein Rechtsgeschäft zwischen der Gesellschaft und dem Aktionär vorgenommen wird, kraft dessen die Mittel aus der Bareinlage – ganz oder teilweise – an den Aktionär zurückgeführt werden. Der Vorgang wird als wirtschaftliche Einheit betrachtet mit der Folge, daß der Aktionär keine Bareinlage, sondern eine – verdeckte – Sacheinlage erbracht hat.[41] **60**

Die **strafrechtliche** Beurteilung der verdeckten Sacheinlage knüpft weitgehend an das Zivilrecht an, kommt hinsichtlich der Zulässigkeit der Konstruktion jedoch zu divergierenden Auffassungen. **61**

Das **LG Koblenz** ist in einer Entscheidung vom 29. 10. 1986 (WM **1988** 1630) davon ausgegangen, daß die Problematik der verdeckten Sacheinlage mit den allgemein anerkannten Regeln zu lösen sei, die im Falle der Gesetzesumgehung gelten. „Wird nämlich eine gesetzliche Vorschrift zwar dem Buchstaben nach erfüllt oder nicht erfüllt, läuft diese Erfüllung oder Nichterfüllung aber dem Zweck der gesetzlichen Vorschrift zuwi- **62**

---

[38] Vgl. die Nachweise bei *Hüffer* AktG, § 27 Rdn. 8, sowie eingehend *Röhricht* § 27 Rdn. 188 ff, und *Wiedemann* § 183 Rdn. 88 ff.

[39] Vgl. *Einsele* NJW 1996, 2683 f; *Ihrig* ZHR 153 (1989), 354; *Knobbe-Keuck* DB 1990, 2582 f; *Loos*, BB 1989, 2151; *Meilicke* Sacheinlage, S. 97 ff; *ders.* DB 1989, 1068 ff, 1119 ff; *ders.* DB 1990, 1173 ff; *Wilhelm* ZHR 152 (1988), 333. – Dazu auch *Kindler* FS Boujong, S. 301 ff.

[40] EuGH ZIP 1992, 1076, 1078; dazu *Ebenroth/Neiß* BB 1992, 2085 ff; *Sernetz* ZIP 1995, 185; *Steindorff* ZHR 156 (1992), 1 ff.

[41] Vgl. BGHZ 15, 52; 28, 314, 319; 96, 231, 241; 110, 47; 113, 335; 118, 83; 122, 180; BGH DZWiR 1996, 285. – Aus der Literatur: *Bergmann* AG 1987, 57 ff; *Brandner* FS Boujong, S. 37 ff; *Ebenroth/Neiß* BB 1992, 2085 ff; *Einsele* NJW 1996, 2682; *v. Gerkan* GmbHR 1992, 433 ff; *Gross* AG 1991, 217 ff; *Henze* ZHR 154 (1990), 105 ff; *Joost* ZIP 1990, 549 ff; *Lutter* FS Stiefel, 1987, S. 505 ff; *Mülbert* ZHR 154 (1990), 145 ff; *Priester* ZIP 1991, 345 ff; *Rümker* ZBB 1991, 176 ff; *Ulmer* ZHR 145 (1990), 128 ff.

der, so erkennt die Rechtsordnung die Handlungen oder Unterlassungen, mit denen das Gesetz umgangen werden soll, nicht an" (WM **1988** 1630, 1634).

63 Zutreffend hat *Steinmetz* dagegen geltend gemacht, daß es derart allgemeine Grundsätze, eine Gesetzesumgehung der Gesetzesverletzung gleichzustellen, im Strafrecht nicht gibt. In Ermangelung einer besonderen, die Umgehung ausdrücklich pönalisierenden Norm, scheitert die Bestrafung wegen Umgehung des Gesetzes am verfassungsrechtlichen Analogieverbot (*Steinmetz* Sacheinlage, S. 110 ff, 121). Er selbst kommt allerdings aufgrund der Auslegung des § 399 Abs. 1 Nr. 1 auch zu dem Ergebnis, daß im Falle einer verdeckten Sacheinlage eine unrichtige Angabe über die Einzahlung auf Aktien vorliege. Da die aktienstrafrechtliche Norm des § 399 Abs. 1 die aktienrechtlichen Vorschriften zum Schutz der Aufbringung und Erhaltung des Grundkapitals sichern will und daher die gleiche Schutzrichtung hat wie die in Bezug genommenen Vorschriften, könnten die in der Strafnorm gebrauchten Begriffe wie Sacheinlage, Einzahlung etc. im Strafrecht keinen anderen (völlig eigenständigen) Bedeutungsinhalt haben als im Aktiengesellschaftsrecht (*Steinmetz* Sacheinlage, S. 98 ff, 122 ff, 124, 132 ff). „Alle als verschleierte Sacheinlage im Zivilrecht festgestellten Fallkonstellationen sind somit als Falschangaben über die „Einzahlung auf Aktien" bzw. die „Einbringung des neuen Kapitals" zu bewerten" (*Steinmetz* Sacheinlage, S. 144).

64 Auch *Tiedemann*, der sich grundsätzlich mit der Problematik auseinandergesetzt hat (FS Lackner, S. 737 ff), interpretiert den Sachverhalt der verdeckten Sacheinlage als unvollständige und daher unrichtige Angabe über die Einzahlung, macht jedoch zwei wesentliche Einschränkungen. Da die zivilrechtliche Konstruktion der verdeckten Sacheinlage auf der künstlichen Trennung eines einheitlichen geschäftlichen Vorgangs in Bareinzahlung und Sachkauf bzw. Kreditrückzahlung beruhe, müsse dem Täter zum einen die gewollte Verknüpfung der Bareinlage mit der Sachleistung nachgewiesen werden. Die zivilrechtliche Vermutung dieser Verknüpfung aufgrund des nahen sachlichen und zeitlichen Zusammenhangs zwischen der Bareinlage und der Sachleistung sei im Strafrecht nicht akzeptabel.[42] Zum anderen sei bei normalen Verkehrsgeschäften des Aktionärs mit der Gesellschaft eine strafrechtliche Pflicht zur Offenbarung allenfalls bei evidenter Unwertigkeit des Geschäftes anzunehmen.[43]

65 Inzwischen hat das **LG Koblenz** seine ursprüngliche Auffassung aufgegeben.[44] Es geht nunmehr[45] davon aus, daß eine Einzahlung nicht ordnungsgemäß sei, wenn bei der Handelsregisteranmeldung unzutreffende Angaben gemacht werden. Die Nichtangabe des im zeitlichen oder sachlichen Zusammenhang mit der Bareinzahlung (der Fall des LG Koblenz betrifft eine Kapitalerhöhung) stehenden Verkehrsgeschäftes mache die Angabe der Bareinzahlung aber nicht unrichtig, da insoweit keine Offenbarungspflicht bestehe. § 399 sanktioniere die Umgehung der Sacheinlagevorschriften nur insoweit,

---

[42] Vgl. *Tiedemann* FS Lackner, S. 748 f; *Scholz/Tiedemann* GmbHG, § 82 Rdn. 119. – Zur Vermutung der Verknüpfung aufgrund des nahen zeitlichen und sachlichen Zusammenhangs: *K. Schmidt* Gesellschaftsrecht, S. 743 f; *Ulmer* ZHR 154 (1990), 140 ff. – Der Versuch von *Steinmetz* Sacheinlage, jedes subjektive Element auszuklammern – vgl. S. 48 ff, 51 ff, 62 ff, 145 –, wird dem Umgehungsgedanken nicht gerecht.

[43] *Scholz/Tiedemann* GmbHG, § 82 Rdn. 117; *Tiedemann* FS Lackner, S. 741. – Im übrigen vgl. OLG Hamm GmbHR 1990, 559; *OLG Karlsruhe* GmbHR 1991, 199, 200; *Hachenburg/Ulmer* GmbHG, § 5 Rdn. 147 a; *Ulmer* ZHR 154 (1990), 142.

[44] Zur Kritik vgl. *Marsch-Barner* WuB II A § 399 AktG 2.89; *Steinmetz* Sacheinlage, S. 108 ff.

[45] Vgl. ZIP 1991, 1284 ff. – Eingehender dazu *Otto* FS Gitter, S. 724 ff.

als Scheinzahlungen erfolgen oder die Bareinlage rechtlich oder faktisch nicht in das Vermögen der Gesellschaft übergegangen sei: „In den Fällen der ‚verdeckten Sacheinlage' ist die Bareinlage tatsächlich erbracht worden. Sie wurde nur zum Erwerb von Wirtschaftsgütern oder zur Schuldtilgung bei den Inferenten verwandt. Das ist aber ein ganz anderer Fall, als die vom § 399 AktG erfaßten, in denen nur Scheinzahlungen erfolgen oder in denen die Bareinlage rechtlich oder faktisch nicht in das Vermögen der Gesellschaft übergegangen ist" (LG Koblenz ZIP **1991** 1284, 1290).

Die relevante Problematik kommt in den entgegengesetzten Auffassungen von *Steinmetz* und dem LG Koblenz offen zum Ausdruck. Sie liegt einzig und allein in der Frage, ob die **Einlage tatsächlich erbracht** wurde, wenn die an sich gewollte Sacheinlage künstlich in zwei Geschäfte aufgespalten wird, so daß eines der Geschäfte als Bareinlage interpretiert werden kann, oder ob in diesem Fall nur **scheinbar eine Bareinlage** erfolgt. Letzteres aber ist zu bejahen, wenn die gewollte Sacheinlage künstlich in zwei Geschäfte aufgespalten wird. Die dann mögliche isolierte Betrachtung der beiden Einzelgeschäfte wird dem wirtschaftlichen Vorgang nicht gerecht, erfaßt ihn vielmehr nur in Teilbereichen und nicht in dem, was die Parteien wirklich wollen: Die Zahlung erfolgt nicht als eine Bareinlage, sondern im Rahmen einer Sachleistung. Sie ist daher nicht als Bareinzahlung auf Aktien i. S. des § 399 Abs. 1 Nr. 1 anzusehen.[46] **66**

Das bedeutet: (1.) Maßgeblich dafür, daß die Zahlung nicht als Bareinlage anerkannt werden kann, ist die **gewollte Verknüpfung der Barzahlung mit der Sacheinlage**. Diese Verknüpfung ist – wie *Tiedemann* darlegt – dem Täter nachzuweisen. Eine Beweislastumkehr oder bloße Vermutungen können diesen Nachweis nicht ersetzen. (2.) Eine Sacheinlage liegt jedoch auch vor, wenn die gewollte Verknüpfung von Bareinlage und Sachleistung im Rahmen eines normalen Verkehrsgeschäftes erfolgt. Allein die Tatsache, daß der Austausch der Bareinlage mit einer Sachleistung des Aktionärs im Rahmen eines normalen Verkehrsgeschäftes erfolgt, ist noch keine Garantie dafür, daß der Wert der Sacheinlage dem der entsprechenden Bareinlage entspricht. Grundsätzlich besteht daher kein zwingender Grund das „normale Verkehrsgeschäft" der Wertkontrolle durch das Handelsregistergericht zu entziehen.[47] Allerdings bietet sich – wie grundsätzlich bei den abstrakten Gefährdungsdelikten[48] – die Möglichkeit eines persönlichen Strafausschlusses in den Fällen, in denen erwiesen ist, daß trotz des Verdeckungsgeschäfts eine effektive Kapitalzufuhr in der angegebenen Höhe stattgefunden hat, weil das „Sachgeschäft" den Wert der Einlage nicht gemindert hat und die Parteien dieses auch wußten und wollten. In diesem Fall liegt nur ein Verstoß gegen Formvorschriften vor, der nicht als sozialgefährliches, sozialschädliches und damit bereits strafwürdiges Verhalten angesehen werden muß. **67**

Unrichtig sind die Angaben schließlich, wenn über die **Modalitäten der Einzahlung gemäß § 54 Abs. 3** getäuscht wird. § 54 Abs. 3 schreibt vor, daß die Einzahlung auf die Aktien nur in gesetzlichen Zahlungsmitteln oder in von der Deutschen Bundesbank bestätigten Schecks oder durch Gutschrift auf ein Konto im Inland bei der Deutschen Bundesbank oder einem Kreditinstitut oder auf ein Postscheckkonto der Gesellschaft oder des Vorstands erfolgen kann. – Wird eine der in § 54 Abs. 3 genannten Zahlungsmodalitäten angegeben, obwohl die Zahlung nicht in dieser Weise erfolgte, – z. B. **68**

[46] Eingehender dazu *Otto* FS Gitter, S. 726 f.

[47] Vgl. dazu auch OLG Hamburg GmbHR 1988, 219, 220; *Einsele* NJW 1996, 2688; *v. Gerkan* GmbHR 1992, 434; *Priester* ZIP 1991, 353; *Scholz/Priester* GmbHG, § 56 Rdn. 40; *Scholz/Schneider* GmbHG, § 19 Rdn. 106; *Ulmer* ZHR 154 (1990), 142.

[48] Im einzelnen zum Streitstand: *Otto* Grundkurs Strafrecht, B. T., § 78 I 2; *ders.* FS Gitter, S. 728.

Hingabe von Wechseln, statt Barzahlung oder Einzahlung (RGSt. **36** 185, 187), Verrechnung der Schuld eines Aktionärs mit den Leistungen anderer (RGSt. **33** 253) –, so liegt eine unrichtige Angabe vor.[49]

69 cc) **Verwendung eingezahlter Beträge.** Nach § 36 Abs. 2, 54 Abs. 3 müssen die eingezahlten Beträge endgültig zur freien Verfügung des Vorstands stehen, sofern sie nicht bereits zur Bezahlung der bei der Gründung angefallenen Steuern und Gebühren verwendet wurden. Dieses ist vom Vorstand bei der Anmeldung zum Handelsregister nachzuweisen, § 37 Abs. 1 S. 2.

70 Wie bereits dargelegt – vgl. Rdn. 56 – bedeutet „freie Verfügung" nicht, daß das Geld sichtbar vorhanden sein muß und der Vorstand damit tun darf, was er will. Gemeint ist vielmehr, daß die Mittel wirklich in das Vermögen der Gesellschaft geflossen sind. Darüber hinaus aber wurde die „freie Verfügung" mit **unangetasteter Geldanlage** gleichgesetzt. Der Formulierung des § 36 Abs. 2 S. 1: „... wenn ... der eingeforderte Betrag ordnungsgemäß eingezahlt worden ist (§ 54 Abs. 3) und, soweit er nicht bereits zur Bezahlung der bei der Gründung angefallenen Steuern und Gefahren verwandt wurde, endgültig zur freien Verfügung des Vorstands steht", wurde ein Thesaurierungsgebot entnommen. Aus den eingezahlten Geldbeträgen durften nur die Steuern und Gebühren und allenfalls die Kosten des Gründungsprüfers, sonst aber nichts, bezahlt werden. Die Beträge mußten bis zur Eintragung ins Handelsregister gesondert gehalten werden.[50]

71 Die Lehre vom Thesaurierungsverbot ist heute bereits zivilrechtlich bestritten. Unter Hinweis darauf, daß höchstrichterliche Rechtsprechung und h. L. bei der GmbH vom **Vorbelastungsverbot** zur Differenzhaftung (Unterbilanzhaftung) übergegangen sind und daß GmbH und AG sich systematisch und strukturell nicht unterscheiden, wird auch im Aktienrecht die Aufgabe des Vorbelastungsverbots gefordert. Der Vorstand der Vor-AG sei bei entsprechender Ermächtigung durch die Gründer bereits vor Eintragung der AG berechtigt, mit Wirkung für die künftige AG und unter Verwendung der geleisteten Einlagen die Geschäfte der AG aufzunehmen. Das hat die Konsequenz: „Das Merkmal der ‚freien Verfügbarkeit' nach §§ 36 Abs. 2 S. 1, 37 Abs. 1, 188 Abs. 2, 203 Abs. 1 AktG ... verlangt die vorbehaltslose Leistung der Einlage an die Gesellschaft so, wie sie versprochen wurde (ohne Wenn und Aber), enthält aber keinerlei Beschränkungen ... des Vorstands in der Verwendung der Mittel auch vor Eintragung der Gesellschaft bzw. der Kapitalerhöhung im Handelsregister" (*Lutter* NJW **1989** 2655). Dementsprechend haben die Anmeldenden bei der Gründung nicht zu erklären, daß der eingezahlte Betrag sich noch in ihrem Besitz befindet, sondern daß keine Vorbelastungen bestehen, die die Deckung des Kapitals tangieren können,[51] so daß der eingeforderte und eingezahlte Betrag wertmäßig zu ihrer Verfügung steht.

72 Dieser Auffassung ist aus strafrechtlicher Sicht grundsätzlich zuzustimmen. § 399 Abs. 1 will nicht sicherstellen, daß eingezahlte Beträge unangetastet geblieben sind, sondern daß das durch Einzahlung aufgebrachte Kapitel in vollem Umfang wertmäßig erhalten geblieben ist. – **Unrichtig** ist die Angabe daher, wenn durch Mittelverwendung vor der Eintragung der Wert der einbezahlten Summe nicht mehr erhalten ist

---

[49] Vgl. auch *Fuhrmann* AktG, Anm. 4b, bb; *Geßler/Fuhrmann* AktG, Rdn. 28; *KK/Geilen* Rdn. 61.

[50] Im einzelnen dazu *Lutter* NJW 1989, 2654.

[51] Zur Kapitalerhöhung vgl. BGHZ 119, 177 ff mit Bespr. *Priester* ZIP 1994, 599 ff; BGH NStZ 1996, 238, 239. – Im übrigen vgl. auch *Hachenburg/Kohlmann* GmbHG, § 82 Rdn. 41; *Tiedemann* FS Lackner, S. 737; *Richter* GmbH-Rdsch 1984, 116.

oder die Gesellschaft durch Vorbelastungen beschwert ist, die die Deckung des Kapitals tangieren, und diese Geschäfte nicht angegeben werden. Die Nichtangabe der Verwendung eingezahlter Beträge, die nicht zu einer Wertminderung geführt hat, ist hingegen nicht tatbestandsmäßig. Die strafrechtliche Offenbarungspflicht betrifft daher nicht alle Arten der Mittelverwendung, sondern nur die der gefährlichen Mittelverwendung.[52]

dd) **Ausgabebetrag der Aktien.** – Die Einbeziehung der Angaben über den Ausgabebetrag der Aktien in die strafrechtlich sanktionierten Angaben ergibt sich zum einen aus der Bedeutung, die die Kapitalausstattung für die Gesellschaft hat, zum anderen aber erhalten interessierte Dritte auf diese Weise die Möglichkeit, die Bonität der Gründung abzuschätzen (vgl. *KK/Geilen* Rdn. 65). – Im einzelnen folgt daraus: **73**

Werden Aktien für einen **geringeren Betrag als den Nennbetrag** ausgegeben und dieses durch überhöhte falsche Angaben kaschiert, so wird über die Kapitalausstattung der Gesellschaft und die Bonität der Gründung getäuscht. Zwar wird die nach § 9 Abs. 1 unzulässige Unterpariausgabe als solche nicht gemäß § 399 Abs. 1 Nr. 1 unter Strafe gestellt. Hierin sieht der Gesetzgeber vielmehr nur eine Ordnungswidrigkeit gemäß § 405 Abs. 1 Nr. 3. Mittelbar wird durch die Strafbarkeit falscher, hier relevanter Angaben jedoch die verbotene Ausgabe von Aktien für einen geringeren Betrag als den Nennbetrag wesentlich erschwert, weil wahrheitsgemäße Angaben das verbotene Verhalten aufdecken wurden (vgl. auch *KK/Geilen* Rdn. 66). **74**

Werden Aktien zu einem **über dem Nennwert liegenden Betrag** ausgegeben, dieser Betrag aber **nicht in voller Höhe angegeben**, so wird die Bonität der Gründung nicht berührt. Die Angaben können aber dazu führen, daß das nach § 36a bis zur Einzahlung erforderliche Mindestkapital nicht in der dem Gesetz entsprechenden Höhe aufgebracht wird. Nach § 36a Abs. 1 muß der bis zur Anmeldung eingeforderte Betrag mindestens ein Viertel des Nennbetrages „und bei Ausgabe der Aktien für einen höheren als den Nennbetrag auch den Mehrbetrag umfassen". **75**

Werden schließlich Aktien **zu einem über dem Nennbetrag** liegenden Betrag ausgegeben und dieser Betrag **höher angegeben als der wirkliche Ausgabebetrag**, so wirkt sich dieses hinsichtlich des einzufordernden Betrags i. S. des § 36a Abs. 1 nur günstig auf die Kapitalausstattung der Gesellschaft aus. Dennoch handelt es sich um erhebliche falsche Angaben (**a. A.** *KK/Geilen* Rdn. 68), denn durch diese Angaben können Dritte über die Bonität der Gründung getäuscht werden. – Auch hier gilt, daß erheblich nicht nur Angaben sind, die die Zulässigkeit der Eintragung betreffen, sondern bereits solche Angaben, die zur Eintragung in das Handelsregister geeignet sind und auf die sich der Vertrauensschutz der Eintragung erstreckt; dazu vgl. Rdn. 45. **76**

ee) **Sondervorteile, Gründungsaufwand, Sacheinlagen und Sachübernahmen.** – Die hier relevanten Angaben kommen nur bei sog. qualifizierten Gründungen in Betracht, vgl. §§ 26, 27. Da in diesen Fällen die Gefahr der Täuschung Dritter über den wirtschaftlichen Wert des Grundkapitals und der Aktien besonders groß ist (dazu bereits *Rabben* Strafrecht, S. 35), müssen Verträge, die sich auf die genannten Gegenstände beziehen, sowie eine Berechnung des Gründungsaufwandes vorgelegt werden, § 37 Abs. 4 Nr. 2. **77**

Sondervorteile können einzelnen Aktionären oder Dritten durch die Satzung gemäß § 26 Abs. 1 eingeräumt werden. Möglich sind vermögensrechtliche Vorteile – z. B. **78**

[52] **A. A.** *Fuhrmann* AktG Anm. 4b, cc – zurückhaltend aber *Geßler/Fuhrmann* AktG, Rdn. 29: Offen, ob der neueren Auffassung im Schrifttum zu folgen ist –; *KK/Geilen* Rdn. 64, da sie nach wie vor vom Thesaurierungsverbot in § 37 Abs. 2 ausgehen.

vorzugsweise Beteiligung am Gewinn, besonderes Warenbezugs- oder Warenlieferungsrecht, Recht, Anlagen der Gesellschaft zu nutzen, oder andere Vorteile, z. B. ein Entsendungsrecht o. ä.[53]

79 ff) **Gründungsaufwand** ist gemäß § 26 Abs. 2 der Gesamtaufwand, der zu Lasten der Gesellschaft an Aktionäre oder an andere Personen als Entschädigung oder als Belohnung für die Gründung oder ihre Vorbereitung gewährt wird.

80 Falsch ist die Angabe über den Gründungsaufwand nicht nur dann, wenn im einzelnen falsche Zahlungsangaben gemacht werden. Falsch sind die Angaben auch dann, wenn z. B. ein Vertrag über eine Belohnung für die Mitwirkung an der Gründung nicht vorgelegt wird (vgl. RGSt. **18** 105, 111).

81 gg) **Sacheinlagen** sind Einlagen der Aktionäre, die nicht durch Einzahlung des Nennbetrages oder des höheren Ausgabebetrages der Aktien zu leisten sind, § 27 Abs. 1, 1. Alt. Es können nur Vermögensgegenstände sein, deren wirtschaftlicher Wert feststellbar ist, § 27 Abs. 2. In Betracht kommen übertragbare Sachen, Rechte – z. B. Erfinder-, Urheber-, Lizenzrechte – Herstellungsverfahren, Beteiligungen und sonstige Objekte mit wirtschaftlichem Wert.[54] Falsch sind die Angaben nicht nur, wenn die Wertangaben keine reelle Grundlage haben (vgl. RGSt. **49** 340, 341), sondern auch dann, wenn sie nicht den Inhalt haben, den Registergericht und interessierte Dritte ihnen nach Treu und Glauben entnehmen können und müssen. Die Angabe, ein Restaurationsbetrieb werde mit Inventar eingebracht, ist daher falsch, wenn nur noch ein Teil des üblichen Inventars vorhanden ist (vgl. RGSt. **40** 285, 287). – Im Falle einer **verdeckten Sacheinlage** liegen falsche Angaben über die (scheinbare) Einzahlung auf Aktien vor – dazu vgl. 58 ff. – Zugleich wird auch die Tatsache der Sacheinlage verschwiegen (dazu BGHZ **96** 231, 241).

82 Bei der **Sachübernahme** schließen die Gründer einen schuldrechtlichen Vertrag mit einem Dritten oder einem der Gründer, der die Gesellschaft verpflichtet, vorhandene oder herzustellende Anlagen oder andere Gegenstände zu übernehmen, § 27 Abs. 1, 2. Alt., ohne daß die Gegenleistung in dafür zu übertragenden Aktien besteht.

83 Der für die Sachübernahme besonders bedeutsame Sachverhalt der **Nachgründung**, § 52, wird vom Tatbestand nicht erfaßt, da die Anmeldung in diesen Fällen nicht zum Zweck der Eintragung der Gesellschaft erfolgt.[55] Erhebliche Strafbarkeitslücken werden dadurch jedoch nicht begründet, da einschlägige Fälle durch Abs. 1 Nr. 2 – falsche Angaben im Nachgründungsbericht – erfaßt werden (vgl. auch *KK/Geilen* Rdn. 71).

84 hh) **Sicherungen für nicht voll einbezahlte Geldeinlagen.** – Mit dem Schutz der hier relevanten Angaben zog der Gesetzgeber die Konsequenzen aus der Zulassung der Einpersonen-Gründung durch das Gesetz für kleine Aktiengesellschaften und zur Deregulierung des Aktienrechts vom 2. 8. 1994 (BGBl. I, 1961): Gemäß § 36 Abs. 2 S. 2 hat der einzige Gründer Sicherungen zu bestellen für den Teil der Geldeinlage, der den eingeforderten Betrag übersteigt. Damit soll sichergestellt werden, daß das Grundkapital durch den einzigen Gründer aufgebracht wird. Die Sicherungen sind so zu bestellen, daß gewährleistet ist, daß das Sicherungsgut bei Eintragung der AG ohne besondere

[53] Vgl. *Fuhrmann* AktG, Anm. 4 b, ee; *Geßler/Fuhrmann* AktG, Rdn. 32.

[54] Bilanzierungsfähigkeit wird vom Gesetz nicht vorausgesetzt, BGHZ 29, 300, 304. – **A. A.** *Baumbach/Hueck* § 27 Rdn. 3; *Eckardt* in: Geßler/Hefermehl, § 27 Rdn. 8; *Fuhrmann* AktG, Anm. 4 b, ff; *Geßler/Fuhrmann* AktG, Rdn. 34; *Godin/Wilhelmi* § 27 Anm. 11.

[55] Vgl. auch *Baumbach/Hueck* Rdn. 6; *KK/Geilen* Rdn. 71. – **A. A.** *Geßler/Fuhrmann* AktG, Rdn. 33.

weitere Übertragungserklärung auf die Gesellschaft übergeht.[56] – Gemäß § 37 Abs. 1 S. 1 ist in der Anmeldung zu erklären, daß u. a. die Voraussetzungen des § 36 Abs. 2 erfüllt sind, d. h. auch, daß die nach § 36 Abs. 2 S. 2 erforderliche Sicherung erfolgt ist.

Falsch sind die Angaben, wenn Art, Höhe oder Wert der Sicherung unrichtig angegeben werden. Das ist z. B. der Fall, wenn die Realisierung einer Sicherung davon abhängig ist, daß zuvor Verpflichtungen des Gründers erfüllt werden müssen, oder wenn hinsichtlich der angegebenen Grundschuld ein Rangvorbehalt zugunsten einer weiteren Grundschuld besteht, so daß die Verwertung der angegebenen Grundschuld nicht voll realisierbar ist.[57] **85**

2. Der subjektive Tatbestand

a) **Vorsatz.** – Der Tatbestand des § 399 erfordert Vorsatz; bedingter Vorsatz genügt. **86**

Direkter Vorsatz liegt vor, wenn der Täter die Merkmale des objektiven Tatbestands kennt, d. h. wenn er weiß, daß er – bezogen auf die im Gesetz genannten Gegenstände – bei der Anmeldung der Gesellschaft beim Registergericht unrichtige Angaben macht oder erhebliche Umstände verschweigt. **87**

Bedingter Vorsatz wird unter Verweis auf die Rechtsprechung dann angenommen, wenn der Täter mit der Möglichkeit der Verwirklichung des objektiven Tatbestands rechnet, diese aber gleichwohl billigend in Kauf nimmt.[58] Diese Kennzeichnung des bedingten Vorsatzes ist ungenau und begünstigt Mißverständnisse, denn auch bei der bewußten Fahrlässigkeit ist sich der Täter der (abstrakten) Möglichkeit der Tatbestandsverwirklichung bewußt. Zu berücksichtigen ist daher, daß der BGH das Merkmal der „Billigung" inzwischen normativ interpretiert. Er geht davon aus, daß der Täter den Eintritt einer bestimmten Rechtsgutsverletzung dann billigt, wenn er nach dem ihm bekannten Grad der Wahrscheinlichkeit des Erfolgseintritts nicht mehr auf das Ausbleiben des Erfolgs vertrauen kann oder sich sein Vertrauen auf einen guten Ausgang ohne tatsächliche Grundlage als bloß vage Hoffnung auf einen völlig dem Zufall überlassenen anderen Geschehensablauf darstellt.[59] Auf die hier relevante Situation übertragen bedeutet das, daß der Täter vorsätzlich handelt, wenn er die konkrete Gefahr erkennt, daß er bei der Anmeldung der Gesellschaft die entsprechenden unrichtigen Angaben macht oder erhebliche Umstände verschweigt, sich aber damit abfindet, ohne eine Überprüfung vorzunehmen. Wer trotz konkreter Anhaltspunkte dafür, daß die Angaben unrichtig oder unvollständig sind, diese Angaben dem Gericht gegenüber macht, ohne den Sachverhalt zu klären, ist sich der konkreten Gefahr der Rechtsgutsbeeinträchtigung bewußt. Er billigt diese im Sinne der Rechtsprechung, wenn er dennoch handelt. – Das bloße Inbetrachtziehen der abstrakten Möglichkeit, daß die Angaben falsch oder unvollständig sein können, genügt hingegen dem Vorsatzerfordernis noch nicht. Gleichfalls fehlt es am Vorsatz, wenn der Täter nach der Prüfung eventueller Anhaltspunkte zu der Überzeugung kommt, diesen komme keine Indizwirkung dafür **88**

[56] Vgl. dazu die Ausführungen von *Hachenburg/Kohlmann* GmbHG, § 82 Rdn. 38.

[57] Vgl. dazu *Hachenburg/Kohlmann* GmbHG, § 82 Rdn. 39.

[58] *Fuhrmann* AktG, Anm. 11; *Geßler/Fuhrmann* AktG, Rdn. 35; *KK/Geilen* Rdn. 77.

[59] Vgl. dazu BGHSt. 36, 1, 9 f; BGH NJW 1979, 1512 mit Anm. *Otto* S. 2414 f; BGH bei *Holtz* MDR 1980, 812; BGH NStZ 1982, 506 f; BGH NJW 1983, 2268; BGH NStZ 1984, 19.

zu, daß die Angaben unrichtig oder unvollständig sind.[60] – Die **Absicht,** andere zu **täuschen** ist nicht erforderlich (RGSt. **64** 422, 423).

89 b) **Zum Zweck der Eintragung.** – Neben dem Vorsatz ist subjektiv erforderlich, daß der Täter die **Absicht** hat, **mit den Angaben die beantragte Eintragung zu erreichen;** zur objektiven Begrenzung des subjektiven Elements vgl. Rdn. 47. Ob der Täter diesen Erfolg für sicher hält oder nur für möglich, ist irrelevant. Die Eintragung muß nur Ziel seines Handelns sein, auf die Verwirklichung dieses Ziels muß es dem Täter ankommen.[61]

3. Rechtswidrigkeit und Schuld

90 Eine Rechtfertigung des tatbestandsmäßigen Verhaltens wird kaum einmal in Betracht kommen (vgl. auch *KK/Geilen* Rdn. 87). Einer **Einwilligung** oder **Weisung** der Hauptversammlung oder aller Aktionäre kann schon deshalb keine rechtfertigende Wirkung zukommen, weil diese über das überindividuelle Rechtsgut – dazu Rdn. 4 – nicht dispositionsbefugt sind.[62] Gleichfalls bedeutungslos ist die Tatsache, daß der Täter u. U. in einem der für die Täterschaft maßgebenden Gesellschaftsorgane überstimmt wurde.[63] Die **Mehrheitsentscheidung** ist keine hinreichende Legitimation für die eigene Mitwirkung am Gründungsschwindel; vgl. dazu auch Rdn. 112 ff.

91 Auch die **übrigen Rechtfertigungsgründe** des Strafrechts, z. B. der rechtfertigende Notstand § 34 StGB, sind beim Gründungsschwindel zwar nicht grundsätzlich ausgeschlossen, doch kann ihnen nur in extremen Ausnahmefällen einmal Bedeutung zukommen. Zu denken ist dabei an eine Rechtfertigung, wenn durch die Tathandlung die Fortführung der Produktion oder die Erhaltung von Arbeitsplätzen gesichert oder die Offenbarung betriebswichtiger Geheimnisse verhindert werden soll. Hier ist jedoch zu beachten, daß eine Produktionstätigkeit in der Situation des Gründungsschwindels erst geplant ist[64] und daß der Gesetzgeber sich grundsätzlich für den Vorrang zutreffender Angaben vor anderen Interessen zum Schutze des Publikums entschieden hat. – Näher liegt daher im Umfeld mafioser Firmengründungen eine hier relevante Nötigung des Täters durch Drohung oder Gewalt. Nach h. M. soll allerdings in diesen Fällen auch dann keine Rechtfertigung in Betracht kommen, wenn es um den Erhalt eines ungleich höherwertigen Rechtsgutes geht, weil der Täter – wenn auch gezwungener Maßen – auf der Seite des Unrechts steht, was das Recht in keiner Weise billigen kann.[65] Dieser rigorose Standpunkt ist jedoch nicht haltbar wenn es sich um eine nicht anders abwendbare Gefahr für ein Rechtsgut handelt, das allein durch Aufopferung eines wesentlich geringerwertigeren Rechtsguts gerettet werden kann. Im Hinblick auf das durchaus erhebliche Interesse der Öffentlichkeit an der Richtigkeit der Registereintragungen, kann eine Rechtfertigung aber nur bei unmittelbarer Lebensgefahr in Betracht gezogen werden.

92 Denkbar ist in extremen Ausnahmefällen der Nötigung auch eine **Entschuldigung** gemäß § 35 StGB, soweit dessen Voraussetzungen vorliegen.[66]

---

[60] Zur Abgrenzung des bedingten Vorsatzes von der bewußten Fahrlässigkeit im einzelnen: *Dreher/Tröndle* StGB, § 15 Rdn. 11–11g; *Otto* Grundkurs Strafrecht, A. T., § 7 Rdn. 35 ff.

[61] Vgl. BGHSt. 18, 246, 248; 21, 283, 284; 35, 325, 327 f; *Fuhrmann* AktG, Anm. 11; *Geßler/Fuhrmann* AktG, Rdn. 35.

[62] Vgl. auch *KK/Geilen* Rdn. 87; *Scholz/Tiedemann* GmbHG, § 82 Rdn. 165.

[63] Vgl. auch *Hachenburg/Kohlmann* GmbHG, § 82 Rdn. 58.

[64] Vgl. auch *KK/Geilen* Rdn. 87; *Scholz/Tiedemann* GmbHG, § 82 Rdn. 165.

[65] Im einzelnen zum Streitstand *Schönke/Schröder/Lenckner* § 34 Rdn. 41 b.

[66] Vgl. *KK/Geilen* Rdn. 88; *Scholz/Tiedemann* GmbHG, § 82 Rdn. 167.

4. Irrtum

Im Falle eines Irrtums finden die allgemeinen Grundsätze des Strafrechts gemäß § 16 StGB (Tatbestandsirrtum) und § 17 StGB (Verbotsirrtum) Anwendung. 93

a) **Tatbestandsirrtum, § 16 StGB.** – Handelt der Täter in Unkenntnis eines zum gesetzlichen Tatbestand gehörenden Umstandes, so liegt ein den **Vorsatz ausschließender Tatbestandsirrtum** vor, § 16 StGB. Ob der Irrtum sich auf ein deskriptives oder ein normatives Merkmal des Tatbestands bezieht, ist irrelevant. Maßgeblich ist allein, daß der Täter das tatsächliche Geschehen nicht in dem Bedeutungsgehalt erfaßt hat, an den der Gesetzgeber die Strafe wegen vorsätzlicher Rechtsgutsverletzung geknüpft hat. Diese Kenntnis des relevanten Sinngehalts des Geschehens setzt nicht die fehlerfreie rechtliche Subsumtion voraus, sondern die zutreffende Erfassung des sozialen Bedeutungsgehalts aufgrund der Würdigung des Sachverhalts, d. h. eine Parallelbeurteilung in der Laiensphäre des Täters.[67] 94

Eine Differenzierung zwischen dem „mangelnden Erkennen der Lebenssituation“ und der „sozialethischen Falschbewertung“ ist nach Auffassung der höchstrichterlichen Rechtsprechung auf der Ebene des Tatbestands nicht vorzunehmen. Daher kann nicht nur der Tatsachenirrtum, sondern auch der Bewertungs- und sogar der Rechtsirrtum auf der Tatbestandsebene den Vorsatz entfallen lassen (vgl. auch *Scholz/Tiedemann* GmbHG, § 82 Rdn. 170). – Diese Rechtsprechung hat gerade im sog. Nebenstrafrecht und damit auch im Aktienstrafrecht weitreichende Konsequenzen für den **Irrtum im Bereich von Blankettstrafnormen.** 95

Da erst Blankett- und Blankettausfüllungsnorm zusammengelesen den einheitlichen Deliktstatbestand ergeben, begründet ein **Irrtum über Rechtspflichten**, die sich aus der blankettausfüllenden Norm ergeben, einen vorsatzausschließenden Tatbestandsirrtum. Der Täter, der unvollständige Angaben macht, weil er nicht weiß, daß er bestimmte Angaben machen muß, handelt demnach im Tatbestandsirrtum gemäß § 16 StGB,[68] nicht aber im Verbotsirrtum gemäß § 17 StGB, auch wenn dieser Irrtum darauf beruht, daß er die blankettausfüllende Norm nicht kennt. 96

Gleichfalls ein vorsatzausschließender Irrtum liegt nach h. M. vor, wenn der Täter über die **tatsächlichen Voraussetzungen eines Rechtfertigungsgrundes** – sog. Erlaubnistatbestandsirrtum – irrt, während die irrige Annahme eines nicht existierenden oder im konkreten Falle nicht eingreifenden Rechtfertigungsgrundes als bloßer Verbotsirrtum gemäß § 17 StGB angesehen wird (dazu *Scholz/Tiedemann* GmbHG, Rdn. 172). 97

Beispielsfälle: Ein vorsatzausschließender Irrtum liegt demnach vor, wenn aufgrund eines Rechenfehlers ein unrichtiger Betrag als eingezahlt angegeben wird, wenn der Täter darüber irrt, daß das eingezahlte Kapital endgültig zur freien Verfügung des Vorstands steht (vgl. BGH GA 1977 340, 341), wenn bei Sacheinlagen oder Sachübernahmen deren Wert falsch berechnet worden ist und dementsprechend angegeben wird oder wenn die Sacheinlage oder Sachübernahme verschwiegen wird, weil der Täter sich ihrer im Anmeldungszeitpunkt nicht bewußt ist. – Ein vorsatzausschließender Tatbestandsirrtum liegt aber auch dann vor, wenn der Täter bei einer ergänzenden Anmeldung die zwischenzeitlich getroffenen Verfügungen über das Grundkapital nicht 98

---

[67] Im einzelnen dazu *Otto* GedS Meyer, S. 585 ff. m. w. N.

[68] Zum methodisch entsprechenden Problem des Irrtums über die Steuerpflicht bei der Steuerhinterziehung vgl. BGH DB 1977, 1776; BGH wistra 1986, 220; 1987, 139; 1989, 263; BFH wistra 1987, 151; BayObLG MDR 1990, 655; OLG Bremen StV 1985, 282.
Eingehender dazu: *Cobet* Rechnungslegung, S. 76 f; *Otto* GedS Meyer, S. 585 ff; *Tiedemann* FS Schaffstein, S. 209 f; *ders.* FS Geerds, S. 103 ff, 108.

angibt, weil er davon ausgeht, zu einer solchen Angabe nicht verpflichtet zu sein (vgl. BGH wistra 1993 225, 226). Gleiches gilt, wenn der Täter Angaben über Sacheinlagen oder Sachübernahmen nicht macht, weil er sich der Verpflichtung zu diesen Angaben gemäß § 27 nicht bewußt ist.[69]

99 b) **Verbotsirrtum, § 17 StGB.** – Fehlt dem Täter bei Begehung der Tat die Einsicht, Unrecht zu tun, und konnte er diesen Irrtum nicht vermeiden, so handelt der Täter ohne Schuld, § 17 S. 1 StGB. Konnte der Täter den Irrtum vermeiden, so kann die Strafe gemäß § 49 Abs. 1 StGB gemildert werden, § 17 S. 2 StGB. – In Anlehnung an BGHSt. **2** 194, 197 läßt sich die Problematik des Verbotsirrtums dahin umreißen, daß der im Verbotsirrtum handelnde Täter weiß, was er tut, aber irrig annimmt, es sei erlaubt: „Der Irrtum über die Rechtswidrigkeit ist Verbotsirrtum".

100 An die **Unvermeidbarkeit des Verbotsirrtums** stellt die Rechtsprechung hohe Anforderungen: „Ein Verbotsirrtum ist vermeidbar, wenn dem Täter sein Vorhaben unter Berücksichtigung seiner Fähigkeiten und Kenntnisse hätte Anlaß geben müssen, über dessen mögliche Rechtswidrigkeit nachzudenken oder sich zu erkundigen, und er auf diesem Weg zur Unrechtseinsicht gekommen wäre" (BayObLG JZ **1989** 599, 600). – Maßgeblich ist danach, ob der konkrete Täter bei seinen individuellen Fähigkeiten und Kenntnissen unter Beachtung der ihn in seiner Position treffenden Rechtspflichten die Möglichkeit hatte, den Irrtum zu vermeiden. Die Anforderungen im Einzelnen ergeben sich dabei aus der spezifischen Lebens- und Berufssituation des Täters, seiner Vorbildung, entsprechenden Anlässen, Erkundungen anzustellen und Rechtsauskünfte einzuholen. – Ein unvermeidbarer Verbotsirrtum ist demnach z. B. anzunehmen, wenn der Irrtum auf der Rechtsauskunft eines Notars beruht, dem der relevante Sachverhalt zutreffend und vollständig unterbreitet wurde.[70]

101 **Beispielsfälle** für einen vermeidbaren Verbotsirrtum: Angabe eines Betrages als eingezahlt, der zwar aus der Sicht des Täters in den nächsten Tagen eingezahlt wird, aber noch nicht eingezahlt worden ist.[71] Angabe unrichtiger Einzahlungsbeträge, um eventuell die Konkurrenz über Umfang und Bedeutung der Neugründung zu täuschen. – Streitig ist die Beurteilung der Angabe einer Barzahlung, obwohl nur eine Hingabe von Wechseln vorlag oder eine Kreditzusage erfolgte.[72] Konsequenterweise muß hier differenziert werden: Hat der Täter den Begriff der Barzahlung mißverstanden, weil er – wenig lebensnah – davon ausgeht, eine Bareinzahlung sei bereits eine Zusage, die einen sicheren Zugriff auf Bargeld ermögliche, so liegt ein Tatbestandsirrtum vor. Meint der Täter dagegen zur Annahme, es sei eine Barzahlung erfolgt, berechtigt zu sein, weil er davon ausgeht, daß der Geldeingang mit Sicherheit erfolgen werde und er deshalb schon berechtigt sei, von diesem Eingang auszugehen, so liegt nur ein – vermeidbarer – Verbotsirrtum vor.

5. Versuch und Vollendung

102 a) **Versuch.** – Der Versuch des Gründungsschwindels ist nicht strafbar, denn Gründungsschwindel ist – wie auch die anderen Straftatbestände des Aktienrechts – ein Vergehen gemäß § 12 Abs. 2 StGB. Es handelt sich um rechtswidrige Taten, die im Mindestmaß mit einer Freiheitsstrafe von weniger als einem Jahr bedroht sind. Das bedeutet gemäß § 23 Abs. 1 StGB, daß diese Taten nur als vollendete Delikte strafbar sind, da das Gesetz selbst eine Versuchsstrafbarkeit nicht ausdrücklich bestimmt. Auch der Versuch einer Beteiligung an diesen Delikten, § 30 StGB, kommt nicht in Betracht.

---

[69] Vgl. auch *Fuhrmann* AktG, Anm. 11; *Geßler/Fuhrmann* AktG, Rdn. 37. – **A. A.** *KK/Geilen* Rdn. 80.

[70] Vgl. dazu BGH GA 1959, 88; *Scholz/Tiedemann* GmbHG, § 82 Rdn. 172.

[71] Dazu vgl. auch RGSt. 14, 36, 45; *KK/Geilen* Rdn. 80.

[72] Für Verbotsirrtum: BGH GmbHR 1952, 108; BGH wistra 1993, 225, 226; *KK/Geilen* Rdn. 80. – **A. A.** (Tatbestandsirrtum) *Baumbach/Hueck* Rdn. 9.

b) **Vollendung.** – Nach dem Wortlaut des Gesetzes wäre es möglich, ein vollendetes Delikt bereits dann anzunehmen, wenn der Täter die unrichtigen, für die Eintragung gemäß § 36 relevanten Angaben mit der Absicht, die Eintragung dieser Angaben zu erreichen, Dritten gegenüber macht, z. B. als Gründer gegenüber dem Vorstand oder Aufsichtsrat im Gründungsbericht (vgl. auch *KK/Geilen* Rdn. 83). – Die Strafbarkeit würde damit jedoch unangemessen und in nur schwer übersichtliche Bereiche ausgedehnt werden. Aus § 399 Abs. 1 Nr. 2 ergibt sich zudem, daß der Gesetzgeber unrichtige Angaben vor der Anmeldung nur in ganz bestimmten Fällen und unter genau beschriebenen Voraussetzungen unter Strafe stellt. Darüber hinaus ist augenfällig, daß der Täterkreis des Delikts nach § 399 Abs. 1 Nr. 1 mit den nach § 36 an der Anmeldung Beteiligten übereinstimmt. Das legitimiert eine restriktive Auslegung des § 399 Abs. 1 Nr. 1 dahin, daß eine **Vollendung** des Delikts erst eintritt, wenn die Angaben im Rahmen der Anmeldung bei dem Registergericht eingegangen sind.[73] Die unrichtigen Angaben müssen in den bei der Anmeldung gemachten Angaben der Gründer, der Mitglieder des Vorstands oder Aufsichtsrats enthalten sein und auf Veranlassung des Täters dem Registergericht zugänglich gemacht worden sein. In der Regel wird es sich um schriftliche Angaben in den relevanten Unterlagen handeln, aber auch ergänzende, mündliche Angaben können den Tatbestand erfüllen (vgl. auch *KK/Geilen* Rdn. 83). Diese müssen dann aber zur **Kenntnis** des zuständigen Beamten gelangen (vgl. auch *Scholz/Tiedemann* GmbHG, § 82 Rdn. 99), während es bei schriftlichen Angaben nicht erforderlich ist, daß der Registerrichter die Angaben zur Kenntnis genommen hat. Der Tatbestand setzt weder eine Täuschung des Richters noch die Eintragung in das Handelsregister voraus.[74] Aus diesem Grunde hindert auch die Kenntnis des zuständigen Beamten von der Unrichtigkeit der Angaben nicht die Vollendung des Tatbestands. Die vom Gesetz nicht gewollte Rechtsgutsgefährdung ist auch dann eingetreten, wenn die unrichtigen Unterlagen – nur – bei Gericht eingereicht werden, um als Beleg für das scheinbar rechtmäßige Verhalten des bei der Deliktsverwirklichung mitwirkenden Beamten zu dienen (vgl. auch *KK/Geilen* Rdn. 86). 103

Bis zum Zugang der Angaben bei dem zuständigen Gericht – nach Absendung der Unterlagen, nach Aufnahme der Unterlagen in ein notarielles Protokoll, nach Eingang der Angaben bei einem unzuständigen Gericht – können die Angaben noch berichtigt werden. Unabhängig davon, ob in den vorangegangenen Handlungen bereits ein Versuch gesehen wird – dieser ist straffrei – oder nicht, erlangt der Täter jedenfalls Straffreiheit, wenn er die unrichtigen Angaben vor Zugang bei dem zuständigen Gericht berichtigt. 104

Eine **Berichtigung** der Angaben **nach Zugang** bei dem zuständigen Registergericht beseitigt die Strafbarkeit der Tat hingegen grundsätzlich nicht, auch wenn die Berichtigung noch vor der Eintragung erfolgt. Die Tat ist zu diesem Zeitpunkt bereits vollendet.[75] Zu erwägen ist aber eine strafmildernde oder strafbefreiende analoge Anwendung des § 158 StGB, wenn der Täter die Angaben freiwillig vor der Eintragung berichtigt hat. 105

---

[73] Vgl. auch *KK/Geilen* Rdn. 83. – Im Ergebnis übereinstimmend *Fuhrmann* AktG, Anm. 12.

[74] Vgl. dazu RGSt. 37, 25, 27; 43, 322, 323; RG GA 51, 361; KG HRR 1938, 1386; BGH GA 1959, 87; *Fuhrmann* AktG, Anm. 12; *Geßler/Fuhrmann* AktG, Rdn. 99; *KK/Geilen* Rdn. 85.

[75] Vgl. auch RGSt. 37, 25, 27; *Fuhrmann* AktG, Anm. 12; *Geßler/Fuhrmann* AktG, Rdn. 99; *KK/Geilen* AktG, Rdn. 83, 84; *Scholz/Tiedemann* GmbHG, § 82 Rdn. 92.

106 **Materiell beendet** ist die Tat mit Vollzug der Eintragung der Gesellschaft in das Handelsregister.[76] Mit diesem Zeitpunkt ist der Tatbestand abgeschlossen, durch den das Vertrauen der Allgemeinheit in die Korrektheit der Handelsregistereintragung und ihre Grundlagen verletzt werden kann. Die vom Täter intendierte gefährliche Situation ist geschaffen worden (vgl. auch *Scholz/Tiedemann* GmbHG, § 82 Rdn. 94). Wenn *Geilen* (*KK/Geilen* Rdn. 180) auf den Eintritt einer Schädigung Dritter oder auf den Wegfall der Gefährdungsmöglichkeit als Beendigungszeitpunkt abstellen will, interpretiert er das Delikt quasi als Dauerdelikt. Das wird der Deliktshandlung nicht gerecht.

107 Erfolgt die Eintragung nicht, weil die Eintragung abgelehnt wird, so ist die Tat mit **Ablehnung der Eintragung** beendet (vgl. auch *Scholz/Tiedemann* GmbHG, § 82 Rdn. 94).

6. Täterschaft und Teilnahme

108 a) **Täterschaft.** – Das Gesetz beschränkt den Kreis tauglicher Täter ausdrücklich auf Gründer, Mitglieder des Vorstands und Mitglieder des Aufsichtsrats. Andere Personen als diese scheiden als Täter aus, und zwar gleichgültig, ob Alleintäterschaft, mittelbare Täterschaft oder Mittäterschaft in Betracht kommt. Als Täter taugliche Personen können nach allgemeinen Grundsätzen den Tatbestand als Alleintäter, Mittäter – im Falle arbeitsteiligen Zusammenwirkens – oder als mittelbare Täter verwirklichen. Möglich ist auch eine Täterschaft durch Unterlassen, da die für die Angaben verantwortlichen Personen bis zur Eintragung eine Garantenpflicht für die Richtigkeit der Angaben innehaben; vgl. dazu auch Rdn. 49 f.

109 b) **Teilnahme.** – Nicht als Täter taugliche Personen können Teilnehmer – Anstifter oder Gehilfen – einer von einem oder mehreren Tätern verwirklichten Haupttat sein. Voraussetzung ist eine tatbestandsmäßige, rechtswidrige und vorsätzliche Tat des oder der Haupttäter.

110 **Anstifter** ist, wer einen anderen vorsätzlich zu dessen vorsätzlich begangener rechtswidriger Tat bestimmt, § 26 StGB.[77] Sie kommt in Betracht, wenn eine der als taugliche Täter im Tatbestand genannten Personen durch Weisung, Überredung, Zahlung o. a. zur Tat bestimmt wurde.

111 **Gehilfe** ist, wer vorsätzlich einem anderen zu dessen vorsätzlich begangener rechtswidriger Tat Hilfe leistet, § 27 StGB.[78] Die Hilfeleistung kann hier in einer Bestärkung des Tatentschlusses des Haupttäters liegen oder im „Frisieren" von Zahlenwerken, Unterlagen u. ä.

112 c) **Die Problematik der Majorisierung des Täters.** – Da der Aufsichtsrat aus mindestens drei Mitgliedern bestehen muß, § 95, der Vorstand aus mehreren Personen bestehen kann, § 76, und als Gründer mehrere Personen beteiligt sein können, sind besondere Schwierigkeiten für die Anwendung des § 399 Abs. 1 Nr. 1 in denjenigen Fällen angelegt, in denen der Täter aufgrund des Beschlusses eines solchen Gremiums tätig geworden ist. Hier sind folgende Sachverhaltskonstellationen möglich:

113 aa) Handelt der Täter aufgrund eines mit seiner Stimme gefaßten **einstimmigen Beschlusses** der betreffenden Mehrheit von Personen, so haftet er als Mittäter. Ob die Stimme des Täters für die erforderliche Mehrheit notwendig war, ist irrelevant (vgl.

---

[76] Vgl. BGH wistra 1987, 212 (GmbH); *Geßler/Fuhrmann* AktG, Rdn. 100; *Scholz/Tiedemann* GmbHG, § 82 Rdn. 94.

[77] Im einzelnen zur Anstiftung: *Otto* Grundkurs Strafrecht, A. T., § 22 Rdn. 25 ff.

[78] Im einzelnen zur Beihilfe: *Otto* Grundkurs Strafrecht, A. T., § 22 Rdn. 50 ff.

auch *Ransiek* Unternehmensstrafrecht, S. 58 ff, 61 ff). – Mitglieder des Gremiums, das den einstimmigen Beschluß gefaßt hat, die den Beschluß aber nicht selbst ausführen, haften aufgrund der Mitwirkung am Beschluß als Anstifter.

bb) Ist der Täter durch **Mehrheitsbeschluß überstimmt** worden oder hat er sich an dem Beschluß überhaupt nicht beteiligt, und **wirkt** er nunmehr **an der Ausführung des Beschlusses mit**, so ändert dieses an der Tatbestandsmäßigkeit seines Verhaltens nichts. Er macht unrichtige bzw. unvollständige Angaben. Auch die Rechtswidrigkeit seines Verhaltens wird durch den Mehrheitsbeschluß nicht ausgeschlossen. Desgleichen kommt ein Schuldausschluß nicht in Betracht. Sollte der Täter meinen, der Mehrheitsbeschluß berechtige ihn zur Mitwirkung an der Ausführung des Beschlusses, so liegt lediglich ein – vermeidbarer – Verbotsirrtum vor, § 17 StGB (vgl. auch *KK/Geilen* Rdn. 45). **114**

cc) Ist der Täter durch **Mehrheitsbeschluß überstimmt** worden oder hat er sich an dem Beschluß überhaupt nicht beteiligt und **überläßt** er die **Ausführung des Majoritätsbeschlusses einem anderen Mitglied** des betreffenden Gremiums, so ändert dies grundsätzlich an der strafrechtlichen Verantwortung selbst dann nichts, wenn auch aufgrund eines Geschäftsverteilungsplans unter den Mitgliedern des Vorstands, des Aufsichtsrats oder des Gründergremiums der Betreffende für die Ausführung nicht zuständig ist. – Als Garant für die Richtigkeit der Registereintragung und ihrer Grundlagen darf er es nicht dabei bewenden lassen, daß er überstimmt wurde. Er hat vielmehr alles ihm Mögliche und Zumutbare zu tun, um die Ausführung des Beschlusses zu verhindern. In erster Linie kommt hier die Benachrichtigung anderer Organe der Gesellschaft in Frage. Handelt es sich etwa um den Beschluß des Vorstands, dann hat der Überstimmte den Aufsichtsrat zu verständigen. Umgekehrt ist z. B. ein Aufsichtsratsmitglied, das gegen die Maßnahme gestimmt hat, gleichwohl strafrechtlich verantwortlich, wenn es dem Vorstand seine Bedenken nicht mitgeteilt hat oder sonstige geeignete und zumutbare Schritte zur Verhinderung der Verwirklichung des Gründungsschwindels versäumte. Bleiben auch derartige Benachrichtigungen anderer ohne Erfolg, so ist es dem Täter zuzumuten, sein Amt niederzulegen oder das Registergericht zu informieren und dadurch dem Täuschungsmanöver den Erfolg zu nehmen.[79] **115**

Streitig ist, ob die bloß **unterlassende**, als Täter taugliche **Person neben einem handelnden Täter** nur als Gehilfe, § 27 StGB, haftet oder gleichfalls als Täter. Die Rechtsprechung beurteilt diese Frage wertend nach allgemeinen Täterkriterien, wobei sie die subjektive Tatseite sehr stark gewichtet. Maßgeblich ist danach, ob der betroffene Beteiligte aufgrund seines Interesses am Erfolg, seiner Kenntnis und seiner Stellung im Geschehen als Verantwortlicher für das Geschehen angesehen werden kann oder ihm nur eine Rolle am Rande als Beteiligter, der die Tat anderer gefördert hat, zukommt.[80] **116**

Hat der Überstimmte das ihm Mögliche und Zumutbare unternommen, um die Tatbestandsverwirklichung zu verhindern, ohne daß ihm dieses gelungen ist, so entfällt die Tatbestandsmäßigkeit seines Verhaltens. Die Haftung wegen Nichtabwendung eines **117**

---

[79] Vgl. dazu auch *KK/Geilen* Rdn. 46; *Neudecker* Verantwortlichkeit, S. 249; *Scholz/Tiedemann* GmbHG, § 82 Rdn. 31.
Enger: *Peter* Verantwortlichkeit, S. 88 ff, 90, 123 f, der bereits eine Verpflichtung der Aufsichtsratsmitglieder zu korrigierenden Erklärungen gegenüber dem Registergericht ablehnt, jedoch den Inhalt der Pflicht allein von den zivilrechtlich geregelten Möglichkeiten des Eingreifens her bestimmt. Das greift zu kurz.

[80] Vgl. BGHSt. 13, 162; BGH StV 1986, 59; BGH NStZ 1992, 31. – Zu den verschiedenen Positionen in der Literatur: *Otto* Grundkurs Strafrecht A. T., § 21 Rdn. 43 ff.

bestimmten Erfolges setzt die Möglichkeit des Täters, den Erfolgseintritt zu verhindern, voraus. – Unternimmt der Überstimmte zu wenig, weil er davon ausgeht, das von ihm Unternommene genüge zur Verhinderung der Tat, so liegt ein vorsatzausschließender Tatbestandsirrtum vor, § 16 StGB.

7. **Konkurrenzen**

118 a) **Das Verhältnis der verschiedenen Tatbestände des § 399 zueinander.** – Werden in **einer Anmeldung** mehrere unrichtige oder unvollständige Angaben gemacht, die verschiedene Alternativen eines der unter Abs. 1 Nr. 1–6, Abs. 2 genannten Tatbestände erfüllen, so liegt gleichwohl nur ein **einheitliches Delikt** vor, so z. B. wenn der Gründer bei der Anmeldung unrichtige Angaben über die Einzahlung auf Aktien und die Verwendung eingezahlter Beträge macht. – Werden hingegen in verschiedenen Anmeldungen mehrere der unter Abs. 1 Nr. 1–6, Abs. 2 genannten Tatbestände erfüllt, so kann – je nach den konkreten Tatgegebenheiten – Tateinheit, § 52 StGB, bei gleichzeitiger Tatbestandsverwirklichung oder Tatmehrheit, § 53 StGB, bei zeitlich aufeinanderfolgender Tatbestandsverwirklichung gegeben sein.

119 Ein Fall **strafloser Vortat** gegenüber der strafbaren Nachtat kann vorliegen, wenn die durch die Vortat verwirklichte Rechtsgutsbeeinträchtigung durch die Nachtat vergrößert und vertieft wird, so z. B. beim Gründungsschwindel durch falsche Berichte, § 399 Abs. 1 Nr. 2, dem ein Gründungsschwindel durch unrichtige Anmeldung, § 399 Abs. 1 Nr. 1, nachfolgt (vgl. auch *KK/Geilen* Rdn. 182). Umgekehrt liegt ein Fall **strafloser Nachtat** gegenüber einer strafbaren Vortat vor, wenn der Täter den Unrechtsgehalt der Vortat in anderer Funktion noch einmal verwirklicht, so z. B. wenn der Täter als Gründer im Gründungsbericht falsche Angaben macht, § 399 Abs. 1 Nr. 2, und diese Angaben wiederholt, wenn er später als bestelltes Vorstandsmitglied den Prüfungsbericht erstattet (vgl. *Fuhrmann* AktG, Anm. 13).

120 b) **Verhältnis zu Delikten anderer Gesetze.** – Tateinheit, § 52 StGB, ist möglich mit Betrug, § 263 StGB, Untreue, § 266 StGB, Urkundenfälschung, § 267 StGB, und strafbarer Werbung, § 4 UWG.

121 Ein tateinheitliches Zusammentreffen mit dem Tatbestand der mittelbaren Falschbeurkundung, § 271 StGB, ist grundsätzlich nicht möglich, da die Eintragung im Handelsregister für die Richtigkeit des zur Anmeldung und Eintragung Gebrachten keine Beweiskraft für und gegen jedermann hat, weil diese Beweiskraft sich nur auf die Tatsache der Erklärung als solche und auf die Identität des Erklärenden erstreckt.[81] Nur in dem Ausnahmefall, daß der Täter unrichtige Angaben macht oder erhebliche Umstände verschweigt und bewirkt, daß im Handelsregister eine falsche Angabe über die Person des Erklärenden beurkundet wird, kann Tateinheit zwischen Gründungsschwindel und mittelbarer Falschbeurkundung vorliegen (vgl. auch *KK/Geilen* Rdn. 184).

III. Gründungsschwindel durch unrichtige Berichte, § 399 Abs. 1 Nr. 2

1. Der objektive Tatbestand

122 a) **Täter** – Der Kreis der als **taugliche Täter** in Betracht kommenden Personen entspricht dem des § 399 Abs. 1 Nr. 1; im einzelnen vgl. zu den **Gründern** Rdn. 8 ff,

---

[81] Vgl. RGSt. 18, 179, 180; RG GA 51, 187; *Fuhrmann* AktG, Anm. 13; *Geßler/Fuhrmann* AktG, Rdn. 102; *KK/Geilen* Rdn. 184. – **A. A.** *Werneburg* ZBH 1977, 217.

den **Mitgliedern des Vorstands** Rdn. 19 ff sowie den **Mitgliedern des Aufsichtsrats** Rdn. 31 ff. – Da nur die genannten Personen als taugliche Täter in Betracht kommen, ist das Delikt ein **echtes Sonderdelikt.**

Der Wortlaut des Gesetzes scheint darauf zu verweisen, daß jeder Angehörige der genannten Tätergruppen bei jedem der im Gesetz genannten Berichte tauglicher Täter sein kann. Das Gesetz ist jedoch insoweit mißverständlich. Nicht jede im Gesetz genannte Tätergruppe ist für die Erstattung eines jeden im Gesetz genannten Berichts verantwortlich, wie sich aus den Vorschriften des Gesetzes ergibt. Im Hinblick auf die einzelnen Berichte ist der Täterkreis vielmehr zu differenzieren: **123**

aa) Für den **Gründungsbericht** sind die Gründer verantwortlich, wie sich aus § 32 Abs. 1 ergibt. – Zwar haben die Mitglieder des Vorstands und des Aufsichtsrats – sowie unter den Voraussetzungen des § 33 Abs. 2 besondere Gründungsprüfer – gemäß § 33 Abs. 1, 34 Abs. 1 den Hergang der Gründung zu prüfen und damit auch die Berichterstattung der Gründer zu überprüfen. Diese Kontrollpflicht begründet aber in ihrer Person keine Tätereigenschaft bei der Erstellung des Gründungsberichts (**a. A.** *Klug* Großkomm., 3. Aufl., Anm. 35). Die Überprüfung als solche kann den von den Gründern erstellten Gründungsbericht nicht inhaltlich verändern, so daß er nach der Überprüfung eigene Angaben der Mitglieder des Vorstands oder des Aufsichtsrats enthielte (vgl. auch *KK/Geilen* Rdn. 97). Aus diesem Grunde ist auch die Weitergabe des nach § 34 geprüften Gründungsberichts nicht geeignet, Täterschaft der Mitglieder des Vorstands oder des Aufsichtsrats zu begründen (**a. A.** *Geßler/Fuhrmann* AktG, Rdn. 40). Auch durch die Weitergabe des Berichts werden die Angaben im Bericht nicht zu Angaben der zur Prüfung verpflichteten Personen. **124**

Möglich wäre es allerdings, eine Unterlassungstäterschaft zu erwägen, soweit die Mitglieder des Vorstands oder des Aufsichtsrats trotz Kenntnis der Unrichtigkeit nicht auf einer Korrektur der unrichtigen Angaben bestehen. Dieser Konstruktion bedarf es jedoch nicht, um das pflichtwidrige Verhalten der Mitglieder des Vorstands oder des Aufsichtsrats sachgerecht strafrechtlich zu erfassen. Gemäß § 34 Abs. 2 haben die Mitglieder des Vorstands und des Aufsichtsrats über die Prüfung schriftlich zu berichten. Haben sie die Unrichtigkeit oder Lückenhaftigkeit im Bericht der Gründer erkannt und monieren sie diese nicht in ihrem Prüfungsbericht, so wird ihr eigener Prüfungsbericht unrichtig bzw. lückenhaft (vgl. auch *Peter* Verantwortlichkeit, S. 87). Damit aber erfüllt ihr Verhalten die 3. Alternative des Tatbestands (unrichtige Angaben im Prüfungsbericht), und es besteht keine Notwendigkeit, sie mit Hilfe der Unterlassungskonstruktion zu Mitverfassern des Gründungsberichts zu machen (vgl. auch *KK/Geilen* Rdn. 97). **125**

bb) Im **Nachgründungsbericht** hat der Aufsichtsrat gemäß § 53 Abs. 3 über die Prüfung bestimmter, für die Gesellschaft riskanter Verträge – dazu im einzelnen § 53 Abs. 1, 2 – schriftlich Bericht zu erstatten. Taugliche Täter dieser Tatbestandsalternative sind daher die amtierenden Mitglieder des Aufsichtsrats. **126**

Zwar hat der Vorstand den Nachgründungsbericht bei der Anmeldung der Nachgründung zur Eintragung in das Handelsregister dem Gericht vorzulegen, § 52 Abs. 6. Die Vorlage des Berichts bei Gericht kann aber nicht als inhaltliche Identifizierung mit dem Bericht interpretiert werden. Eine eigenständige inhaltliche Kontrollpflicht hinsichtlich der Angaben in dem Bericht hat der Vorstand nämlich nicht. Die Kontrollpflicht gemäß § 52 Abs. 4 in Verb. mit § 34 betrifft nur Gründungsprüfer, nicht aber Mitglieder des Vorstands. Dies steht auch einer Garantenstellung der Vorstandsmitglieder für die inhaltliche Richtigkeit der Angaben im Nachgründungsbericht entge- **127** gen.[82] – Der Vorstand hat die Interessen der Gesellschaft bereits bei Abschluß des Vertrages zu wahren.

128 cc) Im **Prüfungsbericht** haben die Mitglieder des Vorstands und des Aufsichtsrats über die nach § 33 Abs. 1 durchzuführende Gründungsprüfung schriftlich zu berichten, § 34 Abs. 2. Nur sie kommen daher als taugliche Täter dieser Alternative des Tatbestands in Betracht.

129 dd) Unrichtige Angaben im **Bericht der Gründungsprüfer** nach §§ 33 Abs. 2, 52 Abs. 4 S. 1 werden vom Tatbestand nicht erfaßt. – Zur täterschaftlichen Haftung von Gründungsprüfern wegen Verletzung der Berichtspflicht vgl. aber § 403.

130 b) **Tathandlung** – Tathandlung ist die Irreführung durch unrichtige Angaben oder das Verschweigen erheblicher Umstände in den Berichten über die Gründung der Gesellschaft – dazu § 32 Abs. 2, 3 –, über die Nachgründung – dazu § 52 Abs. 3 S. 2 – oder über die Prüfung dieser Berichte – dazu § 34 Abs. 1 –. Insoweit besteht eine weitgehende Übereinstimmung mit der Tathandlung gemäß § 399 Abs. 1 Nr. 1; vgl. Rdn. 35 ff. Abweichungen ergeben sich jedoch dadurch, daß die **Angaben nicht zum Zweck der Eintragung der Gesellschaft** gemacht zu werden brauchen. Das Gesetz will die genannten Berichte vor unrichtigen Angaben und vor dem Verschweigen erheblicher Umstände schützen. Deshalb muß den unrichtigen oder unvollständigen Angaben auch keine für die beabsichtigte Eintragung als erheblich ins Gewicht fallende Bedeutung zukommen. Die Angaben brauchen nicht geeignet zu sein, die Eintragung zu bewirken. Grundsätzlich können es daher auch Angaben sein, die für die Eintragung unerheblich sind.[83]

131 Diese **Ausweitung der relevanten Angaben** hat gleichwohl Grenzen. Das Vertrauen in die Korrektheit der Handelsregistereintragungen und ihrer Grundlagen wird nicht um seiner selbst willen geschützt. In der Sache geht es um die Möglichkeit der Überprüfung der Solidität einer Gesellschaftsgründung. Diese Schutzrichtung des Tatbestands erlaubt es, unrichtige und unvollständige Angaben, die sich nicht auf die mit der Gründung oder Nachgründung zusammenhängenden Umstände beziehen und daher nicht die Gefahr begründen, daß das Vertrauen auf die Korrektheit der Berichterstattung bei Gläubigern oder sonst interessierten Personen zu wirtschaftlichen Nachteilen führt, aus dem Tatbestand herauszunehmen. Derartige Angaben sind nicht tatbestandsmäßig.[84]

132 Diese **restriktive Auslegung** des Tatbestands hat weitreichende Konsequenzen, wie sich an einem Beispiel von *Fuhrmann* (AktG, Anm. 5 b) zeigen läßt: Unrichtig ist der Vermerk im Prüfungsbericht, daß die Verfasser des Berichts die Gründung der Gesellschaft geprüft haben, wenn das in Wirklichkeit nicht geschehen ist. An diesen Vermerk knüpft sich mit Recht ein gesteigertes Vertrauen in die Angaben über die Gründung. Erweist sich allerdings, daß der unterzeichnete Gründungsbericht die Gründung zutreffend wiedergibt, so kann aus der unrichtigen Angabe der erfolgten Prüfung kein Nachteil für die an den Umständen der Gründung interessierten Personen erwachsen. Die Tatsache, daß ein „erhöhter Vertrauensschutz“ unberechtigt war, vermag hier nicht das Vertrauen der Interessierten in die Wahrhaftigkeit der Handelsregistereintragungen und ihre Grundlagen zu erschüttern.

---

82 So auch *KK/Geilen* Rdn. 98. – **A. A.** *Fuhrmann* AktG, Anm. 5 a; *Geßler/Fuhrmann* AktG, Rdn. 41.

83 Vgl. auch *Fuhrmann* AktG, Anm. 5 b; *Geßler/Fuhrmann* AktG, Rdn. 44; *KK/Geilen* Rdn. 103.

84 Im Ergebnis übereinstimmend *Fuhrmann* AktG, Anm. 5 b; *Geßler/Fuhrmann* AktG, Rdn. 45; *KK/Geilen* Rdn. 105.

2. Der subjektive Tatbestand

Der subjektive Tatbestand erfordert **Vorsatz**; bedingter Vorsatz genügt, vgl. insoweit die entsprechenden Ausführungen Rdn. 85 ff. 133

3. Rechtswidrigkeit und Schuld

Für diese auch hier am Rande liegende Problematik gelten die Ausführungen Rdn. 90 ff entsprechend. 134

4. Irrtum

Grundsätzlich zur Irrtumsproblematik vgl. die entsprechenden Ausführungen Rdn. 93 ff. 135

Ein **Tatbestandsirrtum** und nicht nur ein Verbotsirrtum kommt in dieser Tatbestandsalternative in Betracht, wenn der Täter unvollständige Angaben macht, weil er darüber irrt, daß er verpflichtet ist, bestimmte weitere Angaben zu machen, durch die sein Bericht erst vollständig würde; so z. B. wenn er es unterläßt im Gründungsbericht oder im Bericht über die Gründungsprüfung einen Hinweis auf eine beabsichtigte Sachübernahme oder Sacheinlage aufzunehmen, weil er davon ausgeht, zukünftige Ereignisse seien in den Berichten nicht zu erwähnen (vgl. auch *Fuhrmann* AktG, Anm. 11). 136

5. Versuch und Vollendung

a) Der **Versuch** des unrichtigen oder unvollständigen Berichtens ist nicht strafbar; vgl. dazu die entsprechenden Ausführungen Rdn. 102. 137

b) **Vollendet** ist die Tat, wenn der festgestellte Bericht Dritten zugeht. Das ist noch nicht der Fall, wenn der Täter unrichtige Angaben bei der Abfassung des Berichts zur Irreführung anderer Mitglieder innerhalb des für die Berichterstattung mitverantwortlichen Gremiums macht (vgl. auch *KK/Geilen* Rdn. 106). Vollendet aber ist das Delikt, wenn der **Gründungsbericht** mindestens einem Vorstands- oder Aufsichtsratsmitglied – vgl. § 33 Abs. 1 in Verb. mit § 32 Abs. 1 – oder einem Gründungsprüfer – vgl. § 33 Abs. 2 –, der **Nachgründungsbericht** einem Vorstandsmitglied, einem Gründungsprüfer oder einem Teilnehmer der Hauptversammlung – vgl. § 52 – und der **Prüfungsbericht** einer der Stellen, denen der Bericht zu übersenden ist – dazu § 34 Abs. 3 –, zugegangen ist. – **Kenntnisnahme** durch den Empfänger des Berichts ist genausowenig erforderlich wie eine etwaige Täuschung des Empfängers. Dieser braucht daher nicht gutgläubig zu sein. 138

6. Täterschaft und Teilnahme

Auch bei § 399 Abs. 1 Nr. 2 handelt es sich um ein **echtes Sonderdelikt**. Die Ausführungen zur Täterschaft und Teilnahme – Rdn. 108 ff – gelten daher insoweit entsprechend. 139

IV. Schwindel bei der öffentlichen Ankündigung von Aktien, § 399 Abs. 1 Nr. 3

1. Der objektive Tatbestand

a) **Täter.** – Im Gegensatz zu den anderen Tatbeständen des § 399 ist der Täterkreis dieses Tatbestands nicht begrenzt. Der Tatbestand beschreibt kein Sonderdelikt, son- 140 dern ein allgemein begehbares Delikt, dessen Verbot sich an jedermann richtet. Die Abgrenzung der Täterschaft von der Teilnahme richtet sich nach den allgemeinen Regeln; dazu im einzelnen *Otto* Grundkurs Strafrecht, A. T., § 21 Rdn. 12 ff m. N.

141 Besonderheiten bei der Bestimmung des Täters ergeben sich allerdings im Rahmen des § 399 Abs. 1 Nr. 3 aus der Tatsache, daß die öffentlichen Ankündigungen bei der Einführung von Aktien üblicherweise durch Banken erfolgen, die in der Regel **juristische Personen** sind. – Die Regelungen der Vertreterhaftung nach § 14 StGB sind auf diesen Fall nicht anwendbar,[85] denn es geht hier nicht um die Frage der Haftung für den Fall, daß besondere persönliche Merkmale in der Person des Normadressaten vorausgesetzt werden, sondern allein um die Frage, welcher natürlichen Person die für die juristische Person gemachten unrichtigen oder unvollständigen Angaben zuzurechnen sind (so auch *KK/Geilen* Rdn. 115). Der hier mögliche Täterkreis ist erheblich weiter als der des § 14 StGB. Er umfaßt sowohl die vertretungsberechtigten Organmitglieder als auch andere Personen in leitender Funktion, die für die entsprechenden Ankündigungen verantwortlich sind.

142 b) **Tathandlung.** – Tathandlung ist – wie auch in den anderen Tatbeständen des § 399 Abs. 1 – die Irreführung durch unrichtige Angaben oder durch das Verschweigen erheblicher Umstände. Grundsätzlich kann insoweit auf die entsprechenden Ausführungen unter Rdn. 35 ff verwiesen werden. – Besonderheiten ergeben sich aber hier daraus, daß die Angaben in einer „öffentlichen Ankündigung nach § 47 Nr. 3" enthalten sein müssen. Das führt nicht nur zu einer zeitlichen Eingrenzung der Tathandlung, sondern auch zu einer inhaltlichen Begrenzung.

143 aa) **Zeitliche Grenzen der Ankündigung.** – Gemäß § 47 Nr. 3 erfüllen nur die öffentlichen Ankündigungen den Tatbestand, die vor der Eintragung der Gesellschaft in das Handelsregister oder in den ersten zwei Jahren nach der Eintragung gemacht werden.

144 Str. ist, ob diese zeitliche Begrenzung der Strafbarkeit ein vom Vorsatz umfaßtes **Tatbestandsmerkmal** ist oder eine sog. **objektive Bedingung der Strafbarkeit,** auf die der Vorsatz sich nicht zu beziehen braucht.[86] – Die Vertreter der Auffassung, der zeitlichen Begrenzung der Tathandlung komme nur die Funktion einer sog. objektiven Bedingung der Strafbarkeit zu, gehen davon aus, daß das strafwürdige Verhalten des Täters darin liegt, daß er unrichtige oder unvollständige Angaben über Aktien in öffentlichen Ankündigungen macht und die zeitliche Begrenzung Qualität oder Quantität des Unrechts nicht berührt, sondern allein eine kriminalpolitisch begründete Begrenzung der Strafbarkeit darstellt.[87] – Diese Interpretation der zeitlichen Begrenzung trifft deren Bedeutung jedoch nur in einem Teilaspekt. Sicher ist, daß Gefahren für den interessierten Anleger von unrichtigen oder unvollständigen Angaben über Aktien in öffentlichen Ankündigungen ausgehen können. Der Unrechtsgehalt derartiger Ankündigungen ist jedoch nicht in jedem Zeitpunkt identisch. § 47 Nr. 3 erfaßt nämlich einen Zeitraum in einer besonders kritischen, weil vor der Konsolidierung der Gesellschaft liegenden Anfangsphase (vgl. *KK/Geilen* Rdn. 124). In dieser Zeit, in der die **erstmalige** Einführung von Aktien einer neugegründeten Gesellschaft üblicherweise erfolgt, ist ein

---

[85] **A. A.** *Fuhrmann* AktG, Anm. 6 a; *Geßler/Fuhrmann* AktG, Rdn. 48.

[86] Im einzelnen zur Konstruktion der sog. objektiven Bedingungen der Strafbarkeit: *Otto* Grundkurs Strafrecht, A. T., § 7 Rdn. 79 ff.

[87] Vgl. *Fuhrmann* AktG, Anm. 6 d; *Geßler/Fuhrmann* AktG, Rdn. 53; *Klug* Großkomm., 3. Aufl., Anm. 46; *Schmid* in: Müller-Gugenberger, § 23 Rdn. 56.

Engagement eventueller Anleger mit besonderen Informations- und Anlaufrisiken verbunden. Dieser erhöhte Gefährdungsgrad begründet das in der Tatzeit erhöhte Unrecht. Die zeitliche Begrenzung kennzeichnet daher Tathandlungen mit besonders strafwürdigem Unrecht. Daher muß sich der Vorsatz auch auf die besondere „Risikofrist" beziehen. Diese ist Merkmal des objektiven Tatbestands.[88]

bb) **Inhaltlicher Bezug der Angaben.** – Aus der gesetzlichen Verweisung auf die öffentliche Ankündigung nach § 47 Nr. 3 und der Präzisierung der relevanten Angaben in dieser Vorschrift durch die Weiterverweisung auf § 46 Abs. 1 sowie durch die Bezeichnung ganz bestimmter Angaben ergibt sich, daß nur solche unrichtigen und unvollständigen Angaben tatbestandsmäßig sind, mit denen entweder in der Ankündigung die Angaben wiederholt werden, die zum Zwecke der Gründung der Gesellschaft gemacht worden sind – vgl. § 46 Abs. 1 – oder die sich auf Einlagen und Sachübernahmen beziehen und zu einer Schädigung der Gesellschaft geführt haben, § 47 Nr. 3, 2. Alt.[89] **145**

cc) Keine Ausdehnung der Strafbarkeit auf Fälle **analoger Anwendung des** § 47 **Nr. 3.** – Aus der Verweisung auf § 47 Nr. 3 folgt zwingend, daß Gegenstand der Ankündigung die Aktien der Gesellschaft sein müssen, die bei ihrer Gründung geschaffen wurden, §§ 23 Abs. 2, 24. Bei einer Aktienemission, die nicht aus einer Neugründung, sondern aus einer Kapitalerhöhung erfolgt, ist § 399 Abs. 1 Nr. 3 nicht anwendbar. Ob in einem derartigen Fall zivilrechtlich eine Haftung gemäß § 47 Nr. 3 analog begründet ist, ist strafrechtlich irrelevant. Auch bei Blankettgesetzen kann das Analogieverbot nicht dadurch umgangen werden, daß eine Analogie der ausfüllenden Norm als ausfüllende Norm selbst akzeptiert wird.[90] Blankett und ausfüllende Norm bilden zusammen gelesen den einheitlichen Tatbestand; dazu vgl. Vor § 399 Rdn. 113. **146**

dd) Zweck der Ankündigung muß die **Einführung der Aktien in den Verkehr** sein. Dieses subjektive Merkmal begrenzt auch den objektiven Tatbestand insoweit, als die Ankündigung **objektiv geeignet** sein muß, diesen Zweck zu erreichen;[91] insoweit gelten die entsprechenden Ausführungen zum Eintragungszweck, Rdn. 47. – Im einzelnen zur inhaltlichen Bestimmung des Zwecks vgl. Rdn. 46. **147**

c) **Tatmittel.** – Tatmittel sind **öffentliche Ankündigungen**, in denen die unrichtigen oder unvollständigen Angaben gemacht werden. Der Schutzzweck der Vorschrift erfordert einen weiten Begriff der öffentlichen Ankündigung. Als öffentliche Ankündigungen sind daher schriftliche oder mündliche Mitteilungen zu verstehen, die sich an einen unbestimmten, individuell nicht festgelegten Adressatenkreis richten. Diese Situation liegt auch vor, wenn die Ankündigung sich an bestimmte Personen – begrenzte Öffentlichkeit – richtet,[92] z. B. den Kundenkreis einer Bank, die Angaben aber auch von weiteren Personen, an die diese weitergegeben werden, genutzt werden können. In Betracht kommen Veröffentlichungen in Zeitungen und Zeitschriften, Prospekte, Postwurfsendungen, Pressemitteilungen, Aushänge in den Schalterräumen oder Schaufenstern von Kreditinstituten, Reklameanzeigen, Rundfunk- und Fernsehspots, aber auch mündliche Mitteilungen in Werbeverträgen, im Rundfunk oder Fernsehen. – Ein **Anpreisen oder Empfehlen** der Aktien in der Ankündigung ist nicht erforderlich. **148**

---

[88] Vgl. auch *Baumbach/Hueck* Rdn. 15; *KK/Geilen* Rdn. 124; *Schröder* Aktienhandel, S. 42.

[89] Vgl. auch *Fuhrmann* AktG, Anm. 6 b; *Geßler/Fuhrmann* AktG, Rdn. 51; *KK/Geilen* Rdn. 120.

[90] Vgl. auch *Fuhrmann* AktG, Anm. 6 b; *Geßler/Fuhrmann* AktG, Rdn. 51; *KK/Geilen* Rdn. 121.

[91] Vgl. auch *Fuhrmann* AktG, Anm. 6 c; *Geßler/Fuhrmann* AktG, Rdn. 52. – **A. A.** *KK/Geilen* Rdn. 123.

[92] Vgl. auch *Fuhrmann* AktG, Anm. 6 b; *Geßler/Fuhrmann* AktG, Rdn. 50.

2. **Der subjektive Tatbestand**

149 a) **Vorsatz.** – Der Tatbestand erfordert Vorsatz, bedingter Vorsatz genügt; vgl. dazu die entsprechenden Ausführungen Rdn. 86 ff. Der Vorsatz muß sich auch auf die noch nicht erfolgte Eintragung oder auf die nach § 47 Nr. 3 an die Eintragung anschließende Zweijahresfrist erstrecken; vgl. dazu Rdn. 144.

150 b) **Einführungszweck.** – Subjektiv muß der Täter weiter zu dem Zweck gehandelt haben, durch die unrichtigen oder unvollständigen Angaben in der öffentlichen Ankündigung die Einführung der Aktien in den Verkehr zu ermöglichen oder zu fördern; zum objektiven Merkmal der Eignung der Ankündigung zu diesem Zweck vgl. Rdn. 147, 47. Dieses Absichtsmerkmal ergibt sich aus § 47 Nr. 3.

151 Den Zweck der Einführung in den Verkehr verwirklicht der Täter, wenn sein Verhalten darauf gerichtet ist, anderen eine Gelegenheit zum Erwerb zu bieten. – **Verkehr** in diesem Sinne ist nicht nur der Börsenhandel, sondern die Eröffnung der Möglichkeit zum Erwerb der Aktien gegenüber dem in der Ankündigung angesprochenen Personenkreis. Irrelevant ist es daher auch, ob die Aktien zum Börsenhandel zugelassen sind oder nicht.[93]

3. **Zur Rechtswidrigkeit und Schuld**

152 Vgl. die entsprechenden Ausführungen Rdn. 90 ff.

4. **Zur Irrtumsproblematik**

153 Vgl. die entsprechenden Ausführungen Rdn. 93 ff.

5. **Versuch und Vollendung**

154 a) **Der Versuch** des Schwindels bei der öffentlichen Ankündigung von Aktien ist nicht strafbar; vgl. dazu die entsprechenden Ausführungen Rdn. 102.

155 b) **Vollendung.** – Vollendet ist der Tatbestand, wenn die Ankündigung der Öffentlichkeit zugänglich gemacht worden ist. Je nach der Art der Ankündigung kann dieses mit dem Erscheinen der Zeitung, in der die Ankündigung enthalten ist, mit dem Anbringen eines Plakats oder dem Zugang des entsprechenden Prospekts beim Empfänger erfolgen (vgl. auch *Fuhrmann* AktG, Anm. 12). Kenntnisnahme durch eine konkrete Person ist nicht erforderlich, es genügt die Möglichkeit zur Kenntnisnahme.

6. **Täterschaft und Teilnahme**

156 a) **Täterschaft.** Täterschaft und Mittäterschaft sind nach den allgemeinen Grundsätzen zu bestimmen, da das Delikt kein Sonderdelikt ist. – Nach höchstrichterlicher Rechtsprechung ist in wertender Betrachtung zu ermitteln, ob ein Tatbeteiligter die Tat als Mittäter begeht. Wesentliche Anhaltspunkte für die Beurteilung sind dabei der Grad des eigenen Interesses am Erfolg der Tat, der Umfang der Tatbeteiligung, die Tatherrschaft, zumindest der Wille zur Tatherrschaft, so daß Durchführung und Ausgang der Tat maßgeblich von seinem Willen abhängen (vgl. BGHSt. 37 289, 291; BGH wistra **1994** 57).

---

[93] Vgl. auch *Fuhrmann* AktG, Anm. 6 c; *Geßler/Fuhrmann* AktG, Rdn. 52; *KK/Geilen* Rdn. 123.

Möglich ist hier auch mittelbare Täterschaft durch Ausnutzung eines gutgläubigen Werkzeugs, indem die Person, die für die Ankündigung verantwortlich ist, über die Richtigkeit und Vollständigkeit der relevanten Angaben getäuscht wird. 157

b) **Teilnahme.** Die Strafbarkeit von Anstiftern und Gehilfen richtet sich nach §§ 26, 27 StGB; vgl. dazu die entsprechenden Ausführungen Rdn. 109 ff. 158

7. Konkurrenzen

Der Schwindel bei der öffentlichen Ankündigung von Aktien kann – je nach den tatsächlichen Gegebenheiten tateinheitlich oder tatmehrheitlich insbes. mit Betrug, § 263 StGB, Untreue, § 266 StGB, Kapitalanlagebetrug, § 264 a StGB, Kursbetrug, § 88 BörsG, und strafbarer Werbung, § 4 UWG, zusammenfallen. 159

8. Straffreiheit gemäß § 264 a Abs. 3 StGB analog

Nach **§ 264 a StGB** wird bestraft, wer im Zusammenhang mit dem Vertrieb von Wertpapieren usw. in Prospekten oder in Darstellungen oder Übersichten über den Vermögensstand hinsichtlich der für die Entscheidung über den Erwerb usw. erheblichen Umstände bestimmte unrichtige vorteilhafte Angaben gegenüber einem größeren Kreis von Personen macht. Gemäß § 264 a Abs. 3 StGB erlangt jedoch derjenige Straffreiheit, der freiwillig verhindert, daß auf Grund der Tat die durch den Erwerb bedingte Leistung erbracht wird. 160

Da der in § 264 a StGB geregelte Sachverhalt dem in § 399 Abs. 1 Nr. 3 erfaßten in wesentlichen Punkten entspricht, wird die Auffassung vertreten, **§ 264 a Abs. 3 StGB analog** auf § 399 Abs. 1 Nr. 3 anzuwenden, wenn die dort genannten Voraussetzungen erfüllt sind, da der Gleichheitsgrundsatz dieses gebiete (vgl. *Schröder* Aktienhandel, S. 46 ff). – Dem steht jedoch entgegen, daß § 399 Abs. 1 Nr. 3 einen bestimmten Täterkreis erfaßt, in den im Regelfall ein besonderes Vertrauen gesetzt wird. Dieser Aspekt wird mit der analogen Anwendung des § 264 a Abs. 3 StGB negiert. Diese Unterschiede kann der Gesetzgeber als irrelevant ansehen. Eine „analoge Rechtsanwendung" wäre jedoch hier eine unzulässige Gesetzeskorrektur. 161

V. Der Kapitalerhöhungsschwindel, § 399 Abs. 1 Nr. 4

Der Tatbestand entspricht in den Tathandlungen dem des Gründungsschwindels nach § 399 Abs. 1 Nr. 1. Die Tathandlungen knüpfen jedoch nicht an die Gründung, sondern an die Erhöhung des Grundkapitals einer Aktiengesellschaft nach §§ 182–206 an. Dabei geht es 162

(1.) um die Kapitalerhöhung gegen Einlagen, §§ 182–191,
(2.) um die bedingte Kapitalerhöhung, §§ 192–201, und
(3.) um die Kapitalerhöhung aus genehmigtem Kapital, §§ 202–206. – Nicht einbezogen ist die Kapitalerhöhung aus Gesellschaftsmitteln, §§ 207–220; insoweit vgl. § 399 Abs. 2, 1. Alt.

1. Der objektive Tatbestand

a) **Täter.** – Als mögliche Täter nennt das Gesetz nur die Mitglieder des Vorstands – dazu vgl. im einzelnen Rdn. 19 ff – oder des Aufsichtsrats – dazu vgl. im einzelnen Rdn. 31 ff –. Das Delikt ist daher **echtes Sonderdelikt.** Da eine Kapitalerhöhung erst in Betracht kommt, wenn eine Gesellschaft mit einem bestimmten Kapital bereits exi- 163 stiert, kommen **Gründer** schon sachlich nicht als Täter in Betracht. Dagegen ist eine Kapitalerhöhung im Stadium der Liquidation theoretisch denkbar, aber praktisch ohne Bedeutung.[94] Der Gesetzgeber hat daher **Abwickler** nicht als taugliche Täter in den Tatbestand einbezogen.

164 Nach dem Wortlaut des Gesetzes kann jedes Mitglied des Vorstands oder des Aufsichtsrats tauglicher Täter sein. Dieser weite Kreis möglicher Täter stimmt jedoch nicht mit den Regelungen der wirtschaftlichen Bezugsnormen überein. Bei der Anmeldung der Kapitalerhöhung durch Einlagen sowie bei der Anmeldung dieser Durchführung kommen nur die Mitglieder des Vorstandes und der Vorsitzende des Aufsichtsrats – sowie dessen Stellvertreter im Vertretungsfall, § 107 Abs. 1 S. 3 – als Täter in Betracht, §§ 184 Abs. 1, 188 Abs. 1. Gleiches gilt für die Anmeldung der bedingten Kapitalerhöhung, § 195 Abs. 1, sowie für die Anmeldung der Kapitalerhöhung mittels genehmigten Kapitals, § 203 Abs. 1. – Hingegen obliegt die Anmeldung der Ausgabe von Bezugsaktien bei einer bedingten Kapitalerhöhung allein dem Vorstand, § 201 Abs. 1.

165 Klargestellt ist durch diese wirtschaftsrechtliche Kompetenzzuweisung, daß nur diese Personen als **taugliche unmittelbare Täter** in Betracht kommen. Konstruktiv möglich wäre aber eine Mittäterschaft oder mittelbare Täterschaft der übrigen in § 399 Abs. 1 Nr. 4 genannten Personen, und zwar dann, wenn das Schwergewicht des tatbestandsmäßigen Verhaltens darin gesehen wird, daß unrichtige oder unvollständige Angaben in die zur Anmeldung vorgesehenen Unterlagen kommen. Wird das Schwergewicht des tatbestandsmäßigen Verhaltens hingegen in der Anmeldung der entsprechenden Angaben gesehen, so ist eine Mittäterschaft oder mittelbare Täterschaft der nicht zur Anmeldung berechtigten Personen nicht möglich, weil andere als die für die Anmeldung zuständigen Personen die Anmeldung nicht tatherrschaftlich kontrollieren. Der Unterschied beider Auffassungen liegt darin, ob auch derjenige vom Tatbestand erfaßt ist, der unrichtige Angaben zur Anmeldung durch andere macht. Würde man dieses Verhalten jedoch genügen lassen, dann wäre nicht einsichtig, warum der Kreis tauglicher Täter insoweit auf die Mitglieder des Aufsichtsrats beschränkt ist. Unter Strafwürdigkeitsaspekten wäre diese Beschränkung nicht akzeptabel. Sachgerecht ist es daher, nicht zur Anmeldung berechtigte Personen grundsätzlich aus dem Kreis tauglicher Täter auszuschließen und nicht nur aus dem Kreis tauglicher unmittelbarer Täter.[95]

166 b) **Tathandlung.** – Erforderlich ist wiederum, daß der Täter **unrichtige oder unvollständige Angaben** zum **Zweck der Eintragung** in das Handelsregister macht; zu den unrichtigen und unvollständigen Angaben vgl. die Ausführungen Rdn. 35 ff; zum objektiven Gehalt des Eintragungszwecks vgl. die Ausführungen Rdn. 47. – Die Angaben müssen sich auf bestimmte Vorgänge beziehen, die nach den einschlägigen wirtschaftsrechtlichen Vorschriften für die entsprechende Kapitalerhöhung bedeutsam sind.

167 aa) Bei der **Kapitalerhöhung gegen Einlagen,** §§ 182–191, und bei der **Kapitalerhöhung mit genehmigtem Kapital** handelt es sich um Angaben über:

168 (1.) **Die Einbringung des bisherigen Kapitals** gemäß § 184 Abs. 3, 203 Abs. 3 S. 4, und zwar um Angaben darüber, ob und wieweit ausstehende Einlagen auf das bisherige Grundkapital noch zu erlangen sind, vgl. §§ 182 Abs. 4, 203 Abs. 3 S. 1–3. Dem Begriff der **Einbringung des bisherigen Kapitals** entspricht der der **Einzahlung auf Aktien**; im einzelnen zu den relevanten Angaben daher die entsprechenden Ausführungen Rdn. 55 ff.

---

[94] Vgl. dazu *Fuhrmann* AktG, Anm. 7 a; *KK/Geilen* Rdn. 132; *Meyer* AG 1966, 110.

[95] Vgl. auch BGHZ 105, 121, 133 f; *KK/Geilen* Rdn. 133. – **A. A.** *Fuhrmann* AktG, Anm. 7 a; *Geßler/Fuhrmann* AktG, Rdn. 57.

(2.) **Die Zeichnung des neuen Kapitals.** – Die erforderlichen Angaben ergeben sich aus §§ 188 Abs. 1, Abs. 3 Nr. 1, 203 Abs. 1. Zu den gemäß § 188 Abs. 3 S. 1 der Anmeldung beizufügenden Zweitschriften und Zeichnungsscheinen vgl. § 185. – Die Angaben über die auf die Aktien geleisteten Einzahlungen müssen auch Erklärungen darüber enthalten, daß die eingezahlten Beträge zur „freien Verfügung" des Vorstands – dazu im einzelnen Rdn. 56 – stehen, und daß im Falle einer Barkapitalerhöhung durch einen Alleinaktionär[96] die Bestellung von Sicherungen für den am Nennwert fehlenden Bareinlagebetrag – dazu vgl. Rdn. 84 – erfolgt ist, wie sich aus der Verweisung des § 188 Abs. 2 auf § 36 Abs. 2 ergibt. **169**

(3.) **Die Einbringung des neuen Kapitals.** – Die erforderlichen Angaben ergeben sich aus §§ 188 Abs. 1, 2, 203 Abs. 1. – Auch hier ist gemäß § 188 Abs. 2 in Verb. mit § 36 Abs. 2 zu erklären, daß die eingezahlten Beträge zur freien Verfügung des Vorstands – dazu im einzelnen Rdn. 56 – stehen. **170**

(4.) **Der Ausgabebetrag der Aktien.** – Nach §§ 188 Abs. 1, 2, 203 Abs. 1 in Verb. mit § 37 Abs. 1 muß die Anmeldung Erklärungen über den Ausgabebetrag der Aktien – dazu vgl. im einzelnen Rdn. 73 ff – enthalten, über bereits geleistete Einzahlungen und daß diese Beträge zur „freien Verfügung" des Vorstands – dazu im einzelnen Rdn. 56 – stehen. **170a**

(5.) **Sacheinlagen**; im einzelnen zur Sacheinlage vgl. Rdn. 81. – Schon bei der Anmeldung des Beschlusses zur Erhöhung des Grundkapitals zur Eintragung in das Handelsregister sind Angaben über Sacheinlagen zu machen. Ihnen ist gemäß § 184 Abs. 1 S. 2 der Bericht über die Prüfung der Sacheinlagen nach § 183 Abs. 3 beizufügen. Bei der Anmeldung der Durchführung der Kapitalerhöhung sind gemäß §§ 188 Abs. 3 Nr. 2, 203 Abs. 1 die entsprechenden Verträge beizufügen. Die Anmeldung muß darüber hinaus die Erklärung enthalten, daß die Sacheinlagen vollständig geleistet worden sind, § 188 Abs. 2 in Verb. mit §§ 36 a Abs. 2, 37 Abs. 1. **171**

bb) Bei der **bedingten Kapitalerhöhung** sind Erklärungen über die Einbringung des bisherigen Kapitals und über die Zeichnung des neuen Kapitals nicht vorgesehen. Erforderlich aber sind **Angaben über Sacheinlagen,** §§ 195 Abs. 1, 194, denen die entsprechenden Verträge und der Prüfungsbericht beizufügen sind, §§ 195 Abs. 2 Nr. 1, 194 Abs. 4. – Bei der hier vorgeschriebenen Anmeldung der erfolgten Ausgabe von Bezugsrechten gemäß § 201 Abs. 1 sind Angaben über die Einbringung des neuen Kapitals, über den Ausgabebetrag der Aktien und über die auf jeden Aktionär entfallenden Aktien zu machen, § 201 Abs. 2 **172**

2. Der subjektive Tatbestand

a) **Vorsatz.** Der Tatbestand erfordert Vorsatz, bedingter Vorsatz genügt (vgl. BGH GA **1977** 340, 342). – Bedingt vorsätzlich handelt der Täter, wenn er es aufgrund konkreter Anhaltspunkte für möglich hält, daß die zum Zweck der Eintragung gemachten Angaben falsch sind, er aber gleichwohl keine Überprüfung durchführt und die Anmeldung im Vertrauen darauf macht, die Angelegenheit werde schon richtig sein (vgl. auch BGH GA **1977** 340, 342). – Grundsätzlich zum bedingten Vorsatz vgl. Rdn. 88. **173**

b) **Zum Zweck der Eintragung**; vgl. die entsprechenden Ausführungen Rdn. 46 f, 89. **174**

---

[96] Dazu *Hoffmann-Becking* ZIP 1995, 2 f; *Lutter* AG 1994, 433.

175 3. **Zur Rechtswidrigkeit und Schuld**; vgl. die entsprechenden Ausführungen Rdn. 90 ff.

176 4. **Irrtum**; im einzelnen zur Bedeutung eines Tatbestands- und Verbotsirrtums vgl. die entsprechenden Ausführungen Rdn. 93 ff.

177 Ein vorsatzausschließender **Tatbestandsirrtum** liegt vor, wenn der Täter darüber irrt, daß das eingezahlte Kapital endgültig zur freien Verfügung des Vorstands steht (vgl. BGH GA 1977 340, 341).

5. Versuch und Vollendung

178 a) Der **Versuch**, unrichtige oder unvollständige Angaben zu machen, ist nicht strafbar; vgl. dazu die entsprechenden Ausführungen Rdn. 102.

179 b) Die **Vollendung** der Tat tritt ein, sobald die Angaben, die zum Zweck der Eintragung gemacht werden, bei dem Registergericht ordnungsgemäß eingegangen sind; im einzelnen dazu vgl. die entsprechenden Ausführungen Rdn. 103 ff.

6. Täterschaft und Teilnahme

180 a) **Täterschaft.** – Das Delikt kann auch in mittelbarer Täterschaft und in Mittäterschaft begangen werden, sofern die tauglichen Täter – dazu Rdn. 163 – eine derartige Position nach den allgemeinen Regeln innehaben.

181 b) **Teilnahme.** – Teilnahme Dritter an einem täterschaftlich begangenem Delikt eines oder mehrerer tauglicher Haupttäter bestimmt sich gemäß §§ 26, 27 StGB nach den allgemeinen Regeln; dazu vgl. im einzelnen Rdn. 109 ff.

7. Konkurrenzen

182 Vgl. die entsprechenden Ausführungen in Rdn. 118 ff.

VI. Der Abwicklungsschwindel, § 399 Abs. 1 Nr. 5

183 Der Tatbestand soll sicherstellen, daß bei Eintragung der Fortsetzung einer aufgelösten Gesellschaft die Verteilung des Gesellschaftsvermögens unter den Aktionären noch nicht begonnen hat.

1. Der objektive Tatbestand

184 a) **Täter.** – Das Delikt ist ein **echtes Sonderdelikt**, denn taugliche Täter können nur Abwickler (Liquidatoren) sein. Ihre Rechtsstellung ist in den §§ 265 ff geregelt.

185 aa) Als Abwickler kommen in Betracht: Sog. **geborene Abwickler.** – Das sind die Vorstandsmitglieder der nach § 262 aufgelösten Gesellschaft, § 265 Abs. 1, sowie ihre Stellvertreter, § 265 Abs. 1 in Verb. mit § 94. – Zur täterschaftlichen Verantwortung stellvertretender Vorstandsmitglieder vgl. die entsprechenden Ausführungen in Rdn. 28 f.

186 Sog. **gekorene Abwickler.** – Das sind andere, dem Vorstand nicht angehörende Personen. Sie können durch die Satzung der Gesellschaft oder durch Beschluß der Gesellschaft oder durch Beschluß der Hauptversammlung bestellt werden, § 265 Abs. 2. Möglich ist es auch, eine juristische Person zum Abwickler zu bestimmen, § 265 Abs. 2 S. 3. – Str. ist, ob in extensiver Auslegung des § 265 Abs. 2 S. 3 auch nicht rechtsfähige Personenvereinigungen wie OHG und KG als Abwickler bestellt werden können (vgl.

dazu *Hüffer* AktG, § 265 Rdn. 13 m. N.). Aus strafrechtlicher Sicht bestehen gegen diesen Einbezug keine Bedenken. Ist eine juristische Person oder eine Personenvereinigung zum Abwickler bestellt worden, so bestimmt sich die Täterschaft nach § 14 StGB, da die Sonderpflicht die juristische Person bzw. Personenvereinigung trifft (vgl. auch *Geßler/Fuhrmann* AktG, Rdn. 71).

Sog. **befohlene Abwickler**. Das sind natürliche oder juristische Personen sowie Personenvereinigungen (str., vgl. Rdn. 186), die bei Vorliegen eines wichtigen Grundes auf Antrag des Aufsichtsrats oder einer bestimmten Minderheit von Aktionären vom Registergericht zum Abwickler bestellt werden können, § 265 Abs. 3. **187**

bb) Vergleichbar der Rechtsstellung von Vorstandsmitgliedern ist es unerheblich, ob der **Bestellungsakt** unter zivilrechtlichen Aspekten von Anfang an **unwirksam** war oder später unwirksam wurde; vgl. die entsprechenden Ausführungen Rdn. 20. **188**

cc) Gleichfalls vergleichbar dem faktischen Vorstandsmitglied sind auch **faktische Abwickler** anerkannt, d. h. Liquidatoren, die nicht förmlich bestellt worden sind, aber im Einverständnis mit den für die Bestellung zuständigen Organen die Tätigkeit ausüben; vgl. dazu die entsprechenden Ausführungen Rdn. 21 ff. **189**

b) **Tathandlung.** – Gegenstand der Tathandlung sind auch in dieser Alternative **unrichtige oder unvollständige Angaben**; insoweit vgl. die entsprechenden Ausführungen Rdn. 35 ff. Diese Angaben müssen sich auf den gemäß § 274 Abs. 3 für die beantragte Eintragung der Fortsetzung der Gesellschaft vorgeschriebenen Nachweis beziehen. – Gemäß § 274 Abs. 1 kann eine nach § 262 aufgelöste Gesellschaft durch Beschluß der Hauptversammlung fortgesetzt werden, solange noch nicht mit der Verteilung des Vermögens unter den Aktionären der Gesellschaft begonnen worden ist. Diesen Vorgang haben die Abwickler zur Eintragung in das Handelsregister anzumelden, § 274 Abs. 3 S. 1, und dabei nachzuweisen, daß noch nicht mit der Verteilung des Vermögens der Gesellschaft unter den Aktionären begonnen worden ist, § 274 Abs. 3 S. 2. **190**

aa) Auch wenn das Gesetz die Tathandlung ausdrücklich auf den **„nach § 274 Abs. 3 zu führenden Nachweis"** bezieht, so geht die Tathandlung dennoch über diesen engen Rahmen hinaus, da der Nachweis zu der eigenen Versicherung der Abwickler über den Sachverhalt hinzukommt. Der Nachweis in diesem Sinne besteht daher sachlich aus der Versicherung der Abwickler und der diese Versicherung stützenden Beweisführung. Diese einleitende Versicherung der Abwickler läßt sich sachlich von der sie stützenden Beweisführung nicht trennen. Das hat zur Folge, daß die einleitend unrichtig abgegebene Versicherung den Nachweis zu einem unrichtigen macht, auch wenn weitere – unrichtige – Angaben zum Nachweis der aufgestellten Behauptung unterbleiben (vgl. *KK/Geilen* Rdn. 147). **191**

bb) Inhaltlich handelt es sich bei dem Nachweis nach § 274 Abs. 3 um die vom Täter gegenüber dem Registergericht abzugebende und zu beweisende Erklärung, daß die Verteilung des Vermögens der Gesellschaft unter den Aktionären noch nicht begonnen hat. – **Begonnen hat die Verteilung** des Vermögens, wenn auch nur ein Aktionär etwas von dem Vermögen der Gesellschaft erhalten hat. Irrelevant ist es, ob das erhaltene Vermögen zurückgegeben werden kann oder nicht und ob die Gesellschaft trotz der Verteilung noch Vermögenswerte hat, die das Grundkapital decken oder sogar darüber hinausgehen.[97] **192**

---

[97] Vgl. auch *Baumbach/Hueck* § 274 Rdn. 4; *Fuhrmann* AktG, Anm. 8 b; *Geßler/Fuhrmann* AktG, Rdn. 74; *KK/Geilen* Rdn. 146.

193 cc) Die **Beweisführung** im Nachweis gemäß § 274 Abs. 3 wird in der Regel durch Auskünfte und Bescheinigungen Dritter, z. B. Buch- und Wirtschaftsprüfer, geführt. – Zutreffend weist *Geilen (KK/Geilen* Rdn. 147) darauf hin, daß diese Erklärungen keine eigenen Angaben der Abwickler sind, dem Tatbestand jedoch seine Bedeutung gerade in besonders gefährlichen Fällen genommen würde, wenn man die Tathandlung streng auf eigene Angaben der Täter beschränken würde. Aus dem Sinnzusammenhang ist das Erfordernis der eigenen Angaben daher dahin auszulegen, daß es sich um Angaben handelt, die sich der Täter bei der Anmeldung zu eigen macht. Es genügt, daß der Täter weiß, daß die von ihm vorgelegten Erklärungen unrichtige oder unvollständige Angaben in der nötigen Beweisführung enthalten.

194 dd) Der **subjektive Zweck der Eintragung der Fortsetzung der Gesellschaft** begrenzt auch hier die relevanten Angaben objektiv. Sie müssen zu dem vorausgesetzten Zweck geeignet sein; vgl. dazu die entsprechenden Ausführungen Rdn. 46 f. Angaben, die für die Eintragung der Fortsetzung der Gesellschaft keine Bedeutung haben oder diesen Zweck gar nicht betreffen, sind daher keine tatbestandsmäßigen Angaben.[98]

2. Der subjektive Tatbestand

195 a) **Vorsatz.** – Der Tatbestand erfordert Vorsatz, bedingter Vorsatz genügt; vgl. dazu die entsprechenden Ausführungen Rdn. 86 ff.

196 b) **Zum Zweck der Eintragung der Fortsetzung der Gesellschaft.** – Neben dem Vorsatz setzt der subjektive Tatbestand voraus, daß der Täter die unrichtigen oder unvollständigen Angaben zu dem Zweck macht, dadurch die Eintragung der Fortsetzung der Gesellschaft zu erreichen. – Im einzelnen zum Eintragungszweck als Absichtsmerkmal vgl. die entsprechenden Ausführungen Rdn. 89, 46 f.

3. Rechtswidrigkeit und Schuld

197 Vgl. die entsprechenden Ausführungen Rdn. 90 ff.

4. Irrtum

198 Im einzelnen zur Bedeutung eines Tatbestands- und Verbotsirrtums vgl. die entsprechenden Ausführungen Rdn. 93 ff.

5. Versuch und Vollendung

199 a) **Der Versuch**, unrichtige oder unvollständige Angaben zu machen, ist nicht strafbar; vgl. dazu die entsprechenden Ausführungen Rdn. 102 ff.

200 b) **Die Vollendung** der Tat tritt ein, sobald die eigene Versicherung der Abwickler und der diese Versicherung stützende Nachweis dem Registergericht ordnungsgemäß zugegangen sind; im einzelnen vgl. dazu die entsprechenden Ausführungen Rdn. 103 ff.

6. Täterschaft und Teilnahme

201 a) **Täterschaft.** – Das Delikt kann auch in mittelbarer Täterschaft und in Mittäterschaft begangen werden, sofern die tauglichen Täter – dazu Rdn. 163 – eine derartige Position nach den allgemeinen Regeln innehaben.

---

[98] So auch *KK/Geilen* Rdn. 146, anders aber Rdn. 148, wo es als unerheblich angesehen wird, ob die Angaben für die Eintragung objektiv tauglich sind.

b) **Teilnahme.** – Die Teilnahme Dritter an einem täterschaftlich begangenen Delikt eines oder mehrerer tauglicher Haupttäter bestimmt sich gemäß §§ 26, 27 StGB nach den allgemeinen Regeln; vgl. dazu die entsprechenden Ausführungen Rdn. 109 ff. **202**

7. Konkurrenzen

Wird als Nachweis eine von den Abwicklern abzugebende eidesstattliche Versicherung verlangt (§ 15 FGG), so kann der Abwicklungsschwindel tateinheitlich mit einer Falschen Versicherung an Eides Statt, § 156 StGB, zusammentreffen (vgl. auch *KK/Geilen* Rdn. 147). – Im übrigen vgl. zu den Konkurrenzen die entsprechenden Ausführungen unter Rdn. 118 ff. **203**

VII. Die Abgabe unrichtiger Versicherungen, § 399 Abs. 1 Nr. 6

Der durch das Gesetz zur Änderung des GmbHG v. 4. 7. 1980 (BGBl. I, 836) in das Aktiengesetz eingefügte Tatbestand soll gewährleisten, daß die verschärften Bestimmungen über die Eignung als Vorstandsmitglied oder als Abwickler eingehalten und daß entsprechende wahrheitsgemäße Versicherungen gegenüber dem Registergericht abgegeben werden. **204**

1. Der objektive Tatbestand

a) **Täter.** – Als taugliche Täter kommen nur Mitglieder des Vorstands – dazu im einzelnen Rdn. 19 ff – oder Abwickler – dazu im einzelnen Rdn. 185 ff – in Betracht. Das Delikt ist daher ein **echtes Sonderdelikt.** **205**

b) **Tathandlung** sind unrichtige oder unvollständige Angaben – dazu im einzelnen Rdn. 35 ff – in den nach §§ 37 Abs. 2 S. 1, 81 Abs. 3 S. 1, 266 Abs. 3 S. 1 vorgeschriebenen Erklärungen, in denen Vorstandsmitglieder und Abwickler gegenüber dem Registergericht zu versichern haben, daß keine Umstände vorliegen, die ihrer Bestellung nach § 76 Abs. 3 S. 3 u. 4 entgegenstehen und daß sie über ihre unbeschränkte Auskunftspflicht belehrt worden sind. Die Belehrung kann durch das Gericht oder den Notar erfolgen (vgl. *Geßler/Fuhrmann* AktG, Rdn. 81). Sie muß aber inhaltlich richtig und lückenlos in der Versicherung aufgenommen worden sein. **206**

Die falschen oder unvollständigen Angaben müssen **in der Versicherung enthalten** sein. Das ist auch der Fall, wenn der Täter auf Aufforderung des Registergerichts klarstellende oder ergänzende falsche Angaben macht (BayObLG GmbHR 1982 211). – Relevant sind nur die in § 76 Abs. 3 S. 2, 3 gesetzlich vorgeschriebenen Angaben. Andere falsche oder unvollständige Angaben in der Versicherung sind nicht tatbestandsmäßig. Gleiches gilt, wenn ein Vorstandsmitglied oder ein Abwickler entgegen der gesetzlichen Verpflichtung überhaupt keine Versicherung abgibt.[99] **207**

aa) Gemäß § 76 Abs. 3 S. 3, 4 kann derjenige, der wegen einer **Straftat nach den §§ 283–283 d StGB** (Konkursdelikte) verurteilt worden ist, auf die Dauer von fünf Jahren seit der Rechtskraft des Urteils nicht Mitglied des Vorstands sein. In die Frist wird die Zeit nicht eingerechnet, in welcher der Täter auf behördliche Anordnung in einer Anstalt verwahrt worden ist, § 76 Abs. 3 S. 3. – Derjenige, dem durch gerichtli- **208**

[99] Vgl. *Geßler/Fuhrmann* AktG, Rdn. 81; *KK/Geilen* Rdn. 156; *Scholz/Tiedemann* GmbHG, § 82 Rdn. 127.

ches Urteil oder durch vollziehbare Entscheidung einer Verwaltungsbehörde die **Ausübung eines Berufs, Berufszweiges, Gewerbes oder Gewerbezweiges** untersagt worden ist, kann für die Zeit, für welche das Verbot wirksam ist, bei einer Gesellschaft, deren Unternehmensgegenstand ganz oder teilweise mit dem Gegenstand des Verbots übereinstimmt, nicht Mitglied des Vorstands sein, § 76 Abs. 3 S. 4. – Die gleiche Regelung gilt für Abwickler, § 266 Abs. 3 S. 1 in Verb. mit § 265 Abs. 2 S. 2.

209 Ein strafrechtliches **Berufsverbot** kann gemäß § 70 StGB für die Dauer von einem bis zu fünf Jahren oder auf Lebenszeit verhängt werden. Der Beruf oder der Berufszweig und das Gewerbe oder der Gewerbezweig, auf den sich das Verbot bezieht, muß in dem Urteil genau bezeichnet sein (BGH wistra **1986** 257). – Als gerichtliches Berufsverbot sind auch die ehrengerichtliche Ausschließung aus der Rechtsanwaltskammer, § 114 Abs. 1 Nr. 5 BRAO, oder andere ehrengerichtliche Anordnungen anzusehen, die die Berufsausübung untersagen. – Neben strafgerichtlichen Urteilen können auch verwaltungsgerichtliche Urteile Berufsverbote enthalten (vgl. *KK/Geilen* Rdn. 158). Die Untersagung eines Gewerbes durch Verwaltungsbehörden kommt gemäß § 35 GewO, § 16 Abs. 3 HandwerksO, § 3 EinzelhandelsG in Betracht (vgl. dazu *Eyermann* JuS **1964** 269).

210 **Nicht tatbestandsmäßig** ist das Verschweigen einer einschlägigen Vorstrafe, wenn die Fünfjahresfrist seit der Rechtskraft des Urteils verstrichen ist, oder eines Berufsverbots, wenn dieses zwar verhängt war, aber im Zeitpunkt der Anmeldung nicht mehr wirksam ist. Aus diesem Grunde genügt ein nach § 70 a StGB nachträglich zur Bewährung ausgesetztes Berufsverbot den Anforderungen des § 76 Abs. 3 S. 4 nicht, da es im Zeitpunkt der Anmeldung nicht „wirksam ist" und deshalb in der Erklärung nicht erwähnt werden muß.[100] Auch Vorstrafen, die nicht wegen eines Konkursdelikts verhängt worden sind, sondern wegen Betrugs, § 263 StGB, oder Untreue, § 266 StGB, fallen nicht unter die Angabepflicht, wenn keine ausdrückliche Verhängung eines strafgerichtlichen Berufsverbotes erfolgt ist. Das begründet Lücken in dem vom Gesetzgeber hier intendierten Schutz gegen die Tätigkeit von Personen, die nach einer Verurteilung wegen eines Konkursdelikts oder nach einem Berufsverbot unter dem Schutz der Anonymität der Kapitalgesellschaft ihre Tätigkeit wieder aufnehmen und Dritte gefährden oder schädigen können. Da die höchstrichterliche Rechtsprechung nämlich bei eigennützigem Beiseiteschaffen von Vermögensobjekten der Gesellschaft durch Vorstandsmitglieder kein Konkursdelikt erkennt, sondern nur eine Untreue, § 266 StGB, oder andere Vermögensdelikte in Betracht zieht – dazu im einzelnen Vor § 399 Rdn. 67 –, wird der hier vom Gesetzgeber beabsichtigte Schutz unterlaufen.[101]

211 bb) Mit dem Einbezug der Angaben über die erfolgte **Belehrung** des Täters wird dem Täter die Berufung auf einen Irrtum abgeschnitten oder doch erschwert (vgl. auch *KK/Geilen* Rdn. 157). Voraussetzung ist allerdings, daß die Belehrung genau und zutreffend erfolgt ist. – Die Belehrung hat zur Folge, daß der Anmeldende keine Rechte aus § 51 Abs. 1 Nr. 1, 2 BZRG (beschränkte Auskunft oder Tilgung) geltend machen kann.[102]

212 cc) Die Versicherung haben Vorstandsmitglieder und Abwickler bei ihrer **persönlich erstmaligen Bestellung** abzugeben. Ob die Anmeldung im Zusammenhang mit einer

---

[100] So auch *Scholz/Tiedemann* GmbHG § 82 Rdn. 123 (zum GmbH-Strafrecht). – A. A. *Fuhrmann* AktG, Anm. 9 b; *Geßler/Fuhrmann* AktG, Rdn. 83; *KK/Geilen* Rdn. 158.

[101] Vgl. auch *Fuhrmann* AktG, Anm. 9 b; *Geßler/Fuhrmann* AktG, Rdn. 82; *Tiedemann* FS Dünnebier, S. 522 f.

[102] Vgl. dazu *Baumbach/Hueck/Schulze-Osterloh* GmbHG, § 82 Rdn. 55; *Geßler/Fuhrmann* AktG, Rdn. 81; *Hachenburg/Kohlmann* GmbHG, § 82 Rdn. 95.

Neugründung der Gesellschaft oder mit einer Änderung des Vorstands erfolgt, §§ 37 Abs. 2 S. 1, 81 Abs. 3 S. 1, ist irrelevant. Entsprechendes gilt für die Abwickler, unabhängig davon, ob es sich um erste oder nachrückende Abwickler handelt, § 266 Abs. 3 S. 1.

2. Der subjektive Tatbestand

a) **Vorsatz.** – Der Tatbestand erfordert Vorsatz, bedingter Vorsatz genügt; vgl. dazu die entsprechenden Ausführungen Rdn. 86 ff. **213**

b) Ein Handeln des Täters **zum Zweck der Eintragung setzt der Tatbestand nicht** voraus. Das hat zur Folge, daß der Täter auch dann tatbestandsmäßig handelt, wenn er die Unrichtigkeit oder Unvollständigkeit der Angaben in seiner Versicherung kennt oder sich ihrer möglichen Unrichtigkeit oder Unvollständigkeit bewußt ist, aber nicht weiß, daß die Versicherung Vorbedingung seiner Eintragung in das Handelsregister ist (vgl. auch *KK/Geilen* Rdn. 161). **214**

3. Rechtswidrigkeit und Schuld

Vgl. die entsprechenden Ausführungen Rdn. 90 ff. **215**

4. Irrtum

Im einzelnen zum Tatbestands- und Verbotsirrtum vgl. die entsprechenden Ausführungen Rdn. 93 ff. – Ein vorsatzausschließender **Tatbestandsirrtum** liegt vor, wenn der Täter bei der Berechnung der relevanten Fristen irrt und daher davon ausgeht, daß diese bereits abgelaufen sind (vgl. auch *KK/Geilen* Rdn. 159). Ein **Verbotsirrtum** hingegen liegt vor, wenn der Täter meint, zu wahrheitsgemäßen Angaben nicht verpflichtet zu sein, weil nur noch eine kurze Restzeit relevant ist oder weil er davon ausgeht, er sei nicht verpflichtet, sich selbst zu bezichtigen. **216**

5. Versuch und Vollendung

a) **Der Versuch** der Tat ist nicht strafbar; vgl. dazu die entsprechenden Ausführungen Rdn. 102. **217**

b) **Die Vollendung** der Tat tritt ein, sobald die Versicherung bei dem Registergericht ordnungsgemäß eingegangen ist; im einzelnen vgl. dazu die entsprechenden Ausführungen Rdn. 103 ff. **218**

6. Täterschaft und Teilnahme

a) **Täterschaft.** – Da das Mitglied des Vorstands oder der Abwickler bei der Abgabe der Erklärung versichert, daß in **seiner Person** keine der im Gesetz genannten Umstände vorliegen, die einer Bestellung entgegenstehen, kann nur derjenige das Delikt täterschaftlich erfüllen, der in eigener Sache die entsprechenden unrichtigen oder unvollständigen Angaben macht. § 399 Abs. 1 Nr. 6 ist demnach ein eigenhändiges Delikt. Andere Vorstandsmitglieder oder Abwickler können nicht Täter, sondern nur Teilnehmer sein (vgl. auch *KK/Geilen* Rdn. 155). **219**

b) **Teilnahme.** – Die Strafbarkeit nicht selbst betroffener Vorstandsmitglieder, Abwickler oder Dritter als Teilnehmer bestimmt sich gemäß §§ 26, 27 StGB nach den allgemeinen Regeln; vgl. dazu die entsprechenden Ausführungen Rdn. 109 ff. **220**

7. Konkurrenzen

221 Vgl. die entsprechenden Ausführungen Rdn. 118 ff.

VIII. Die Abgabe wahrheitswidriger Erklärungen, § 399 Abs. 2

222 Nach der Überführung der Umwandlungsregeln in das Umwandlungsgesetz durch das Gesetz zur Bereinigung des Umwandlungsrechts (UmwBerG) vom 28. 10. 1994 (BGBl. I, 3210) erfaßt der Tatbestand nur noch die unrichtigen oder unvollständigen Angaben zum Zweck der Eintragung einer **Erhöhung des Grundkapitals** aus Gesellschaftsmitteln.

223 Im Gegensatz zu § 399 Abs. 1 ist das **Verschweigen erheblicher Umstände** in § 399 Abs. 2 nicht ausdrücklich angeführt. Gleichwohl wird dadurch kein Unterschied zur Tathandlung des Abs. 1 begründet. Da die wirtschaftsrechtlichen Bezugstatbestände ganz bestimmte Angaben fordern, führt das Verschweigen erheblicher Umstände dazu, daß die Angaben unvollständig erfolgen. Unvollständige Angaben sind aber – als umfassend ausgegeben – unrichtige Angaben; vgl. dazu im einzelnen Rdn. 41 ff. Daher ist das Verschweigen erheblicher Umstände auch hier tatbestandsmäßig.[103]

1. Der objektive Tatbestand

224 a) **Täter.** – Als taugliche Täter nennt das Gesetz Mitglieder des Vorstands – dazu vgl. im einzelnen Rdn. 19 ff – oder des Aufsichtsrats – dazu vgl. im einzelnen Rdn. 31 ff –. Dieser weite Kreis möglicher Täter stimmt jedoch nicht mit den Regelungen der wirtschaftsrechtlichen Bezugsnormen überein, denn die hier gemäß § 210 Abs. 1 S. 2 relevante Erklärung ist bei der Anmeldung abzugeben, die gemäß § 207 Abs. 2 in Verb. mit § 184 Abs. 1 vom Vorstand und vom Vorsitzenden des Aufsichtsrats vorzunehmen ist. Als taugliche Täter kommen daher nur die **Mitglieder des Vorstands** und der **Vorsitzende des Aufsichtsrats** – sowie dessen Stellvertreter im Stellvertretungsfall, § 107 Abs. 1 S. 3 – in Betracht.[104] Insoweit ist das Delikt ein **echtes Sonderdelikt.** – Auch eine mittelbare Täterschaft anderer Aufsichtratsmitglieder scheidet aus, da die unrichtigen oder unvollständigen Angaben in der vom Täter selbst abgegebenen Erklärung enthalten sein müssen.[105]

225 b) **Tathandlung** sind unrichtige oder unvollständige Angaben – dazu im einzelnen Rdn. 35 ff – zum Zweck der Eintragung einer Erhöhung des Grundkapitals aus Gesellschaftsmitteln – zum objektiven Gehalt des Eintragungszwecks vgl. die Ausführungen Rdn. 47 – in der Erklärung, die der Täter nach § 210 Abs. 1 S. 2 abzugeben hat. Danach haben die Anmeldenden zu versichern, daß nach ihrer Kenntnis seit dem Stichtag der beigefügten Bilanz bis zum Tag der Anmeldung keine Vermögensminderung eingetreten ist, die der Kapitalerhöhung entgegenstünde, wenn sie am Tage der Anmeldung beschlossen worden wäre. Maßstab dafür, ob die Angaben unrichtig oder unvollständig sind, ist das subjektive Vorstellungsbild der Täter: „nach ihrer Kenntnis". – Im einzelnen zur hier erforderlichen Anmeldung vgl. § 210 Abs. 1 in Verb. mit §§ 207 ff.

---

[103] Vgl. auch *Fuhrmann* AktG, Anm. 10; *Geßler/Fuhrmann* AktG, Rdn. 89; *KK/Geilen* Rdn. 166. – **A. A.** *Baumbach/Hueck* Rdn. 19.

[104] Vgl. auch *KK/Geilen* Rdn. 167. – **A. A.** *Geßler/Fuhrmann* AktG, Rdn. 87.

[105] Vgl. auch *KK/Geilen* Rdn. 167. – Zur entsprechenden Problematik des § 399 Abs. 1 Nr. 4 vgl. unter Rdn. 165.

Mit der **Erklärungspflicht** soll auch strafrechtlich gewährleistet werden, daß das durch die Kapitalerhöhung geschaffene Grundkapital zum Zeitpunkt des Wirksamwerdens des Beschlusses wirtschaftlich zur Verfügung steht. Das ist gemäß § 208 Abs. 2 nicht der Fall, wenn in der Zwischenzeit eine Vermögensminderung eingetreten ist, die bei Anrechnung der entstandenen Verluste auf die umwandlungsfähigen Rücklagen deren Verwendung unmöglich machen würde (vgl. *Geßler/Fuhrmann* AktG, Rdn. 21). **226**

2. Der subjektive Tatbestand

a) Der Tatbestand erfordert **Vorsatz**, bedingter Vorsatz genügt; vgl. dazu die entsprechenden Ausführungen Rdn. 86 ff. **227**

b) Neben dem Vorsatz erfordert der Tatbestand ein Handeln des Täters **zum Zweck der Eintragung**; vgl. dazu die entsprechenden Ausführungen Rdn. 46 f. **228**

3. Rechtswidrigkeit und Schuld

Vgl. die entsprechenden Ausführungen Rdn. 90 ff. **229**

4. Irrtum

Im einzelnen zum Tatbestands- und Verbotsirrtum vgl. die entsprechenden Ausführungen Rdn. 93 ff. **230**

5. Versuch und Vollendung

a) **Der Versuch** des § 399 Abs. 2 ist nicht strafbar; vgl. dazu die entsprechenden Ausführungen Rdn. 102. **231**

b) Die **Vollendung** der Tat tritt ein, sobald die Erklärung bei dem Registergericht ordnungsgemäß eingegangen ist; im einzelnen vgl. dazu die entsprechenden Ausführungen Rdn. 103 ff. **232**

6. Täterschaft und Teilnahme

a) **Täterschaft.** — Zur täterschaftlichen Begehung vgl. Rdn. 108. Mittäterschaft von Personen, die taugliche Täter sein können, ist nach den allgemeinen Regeln möglich. **233**

b) **Teilnahme.** — Die Teilnahme Dritter bestimmt sich gemäß §§ 26, 27 StGB nach den allgemeinen Regeln; vgl. dazu die entsprechenden Ausführungen Rdn. 109 ff. **234**

7. Konkurrenzen

Vgl. die entsprechenden Ausführungen Rdn. 118 ff. **235**

IX. Strafverfolgung und Rechtsfolgen

1. Offizialdelikte

Die Tatbestände des § 399 sind Offizialdelikte. Sie werden von Amts wegen verfolgt. **236**

2. Zuständigkeit der Wirtschaftsstrafkammer

Gemäß § 74 c Abs. 1 Nr. 1 GVG ist für Straftaten nach dem AktG eine Strafkammer als Wirtschaftskammer zuständig, soweit nach § 74 Abs. 1 GVG als Gericht des ersten **237**

Rechtszuges und nach § 74 Abs. 3 GVG für die Verhandlung und Entscheidung über das Rechtsmittel der Berufung gegen die Urteile des Schöffengerichts das Landgericht zuständig ist.

3. Verjährung

238 a) Die **Strafverfolgung** einer Straftat nach § 399 verjährt grundsätzlich nach fünf Jahren, § 78 Abs. 3 Nr. 4 StGB. Die allgemeinen Vorschriften über die Strafverfolgungsverjährung, §§ 78 a–78 c StGB finden Anwendung. – Die Verjährung beginnt danach mit der **Beendigung** der Ausführungshandlung. Da es sich bei den verschiedenen Taten nach § 399 um **abstrakte Gefährdungsdelikte** handelt, ist der Erfolg im Sinne des § 78 a StGB die Gefährdung als solche und nicht erst eine daraus erwachsene Verletzung.[106] Beim Gründungsschwindel z. B. beginnt die Verjährung daher mit Abgabe der Erklärung, nicht aber erst mit dem Eintritt einer Täuschung oder sogar erst mit dem Eintritt des Vermögensschadens eines Dritten (**a. A.** *KK/Geilen* Rdn. 180).

239 b) Zur **Vollstreckungsverjährung** vgl. §§ 79–79 b StGB. – Die Vollstreckungsverjährung beginnt frühestens mit der rechtskräftigen Verhängung einer Strafe oder Maßnahme, § 11 Abs. 1 Nr. 8 StGB.

4. Urteilstenor

240 Da § 399 eine Vielzahl verschiedener Tatbestände umfaßt, muß der Urteilstenor hinreichend klar erkennen lassen, welchen Tatbestand der Täter verwirklicht hat. Im Urteilstenor, nicht erst in den Urteilsgründen, ist daher zum Ausdruck zu bringen, aufgrund welchen Tatbestands der Täter verurteilt wird (vgl. auch *Geßler/Fuhrmann* AktG, Rdn. 104).

5. Strafe

241 Die Straftaten nach § 399 sind Vergehen, § 12 Abs. 2 StGB. Sie können wahlweise mit Freiheitsstrafe bis zu drei Jahren oder mit Geldstrafe geahndet werden. Hat der Täter sich bereichert oder zu bereichern versucht, so kann neben einer Freiheitsstrafe zusätzlich auf eine Geldstrafe erkannt werden, § 41 StGB. – Die Vorschriften über Verfall und Einziehung, §§ 73 ff StGB und über die Verhängung eines Berufsverbots, § 70 StGB, finden Anwendung. – Zur Bemessung der Freiheitsstrafe vgl. §§ 38, 39 StGB, zur Geldstrafe § 40.

242 Fehlen bei einem Teilnehmer – Anstifter oder Gehilfen – die besonderen, die Sonderpflichtenposition begründenden persönlichen Merkmale – dazu vgl. Rdn. 7 –, so kann die Strafe gemäß § 28 Abs. 1 StGB gemildert werden.

§ 400
Unrichtige Darstellung

(1) Mit Freiheitsstrafe bis zu drei Jahren oder mit Geldstrafe wird bestraft, wer als Mitglied des Vorstands oder des Aufsichtsrats oder als Abwickler

1. die Verhältnisse der Gesellschaft einschließlich ihrer Beziehungen zu verbundenen Unternehmen in Darstellungen oder Übersichten über den Vermögensstand, in Vor-

[106] Vgl. dazu BGHSt. 36, 255, 257 (für § 326 StGB) mit Anm. *Laubenthal* JR 1990, 514 f; *Dreher/Tröndle* StGB, § 78 Rdn. 3.

trägen oder Auskünften in der Hauptversammlung unrichtig wiedergibt oder verschleiert, wenn die Tat nicht in § 331 Nr. 1 des Handelsgesetzbuchs mit Strafe bedroht ist, oder

2. in Aufklärungen oder Nachweisen, die nach den Vorschriften dieses Gesetzes einem Prüfer der Gesellschaft oder eines verbundenen Unternehmens zu geben sind, falsche Angaben macht oder die Verhältnisse der Gesellschaft unrichtig wiedergibt oder verschleiert, wenn die Tat nicht in § 331 Nr. 4 des Handelsgesetzbuchs mit Strafe bedroht ist.

(2) Ebenso wird bestraft, wer als Gründer oder Aktionär in Aufklärungen oder Nachweisen, die nach den Vorschriften dieses Gesetzes einem Gründungsprüfer oder sonstigen Prüfer zu geben sind, falsche Angaben macht oder erhebliche Umstände verschweigt.

Hinweis zur Unrichtigen Darstellung im Rahmen der Umwandlung einer Gesellschaft:

§ 313 UmwG
Unrichtige Darstellung

(1) Mit Freiheitsstrafe bis zu drei Jahren oder mit Geldstrafe wird bestraft, wer als Mitglied eines Vertretungsorgans, als vertretungsberechtigter Gesellschafter, als Mitglied eines Aufsichtsrats oder als Abwickler eines an einer Umwandlung beteiligten Rechtsträgers bei dieser Umwandlung

1. die Verhältnisse des Rechtsträgers einschließlich seiner Beziehungen zu verbundenen Unternehmen in einem in diesem Gesetz vorgesehenen Bericht (Verschmelzungsbericht, Spaltungsbericht, Übertragungsbericht, Umwandlungsbericht), in Darstellungen oder Übersichten über den Vermögensstand, in Vorträgen oder Auskünften in der Versammlung der Anteilsinhaber unrichtig wiedergibt oder verschleiert, wenn die Tat nicht in § 331 Nr. 1 des Handelsgesetzbuchs mit Strafe bedroht ist, oder
2. in Aufklärungen und Nachweisen, die nach den Vorschriften dieses Gesetzes einem Verschmelzungs-, Spaltungs- oder Übertragungsprüfer zu geben sind, unrichtige Angaben macht oder die Verhältnisse des Rechtsträgers einschließlich seiner Beziehungen zu verbundenen Unternehmen unrichtig wiedergibt oder verschleiert.

(2) Ebenso wird bestraft, wer als Geschäftsführer einer Gesellschaft mit beschränkter Haftung, als Mitglied des Vorstands einer Aktiengesellschaft, als zur Vertretung ermächtigter persönlich haftender Gesellschafter einer Kommanditgesellschaft auf Aktien oder als Abwickler einer solchen Gesellschaft in einer Erklärung nach § 52 Abs. 1 über die Zustimmung der Anteilsinhaber dieses Rechtsträgers oder in einer Erklärung nach § 140 oder § 146 Abs. 1 über die Deckung des Stammkapitals oder Grundkapitals der übertragenden Gesellschaft unrichtige Angaben macht oder seiner Erklärung zugrunde legt.

Übersicht

Schrifttum

Altgelt Verschleierung von Aktienbilanzen, Diss. Breslau 1921; *Arnhold* Auslegungshilfen zur Bestimmung einer Geschäftslagetäuschung im Rahmen der §§ 331 Nr. 1 HGB, 400 Abs. 1 Nr. 1 AktG, 82 Abs. 2 Nr. 2 GmbHG, 1993; *Bertsch* Rechnungslegung von Konzernunternehmen, 1995; *Biener/Bernecke* Bilanzrichtlinien-Gesetz, 1986; *Blumers* Bilanzierungstatbestände und Bilanzierungsfristen im Handelsrecht und Strafrecht, 1983; *Brandes* Die Rechtsprechung des Bundesgerichtshofs auf dem Gebiet des Aktienrechts, WM 1992, 465; *Cobet* Fehlerhafte Rechnungslegung, 1991; *Dannecker* Bilanzstrafrecht, in: Blumers/Frick/Müller (Hrsg.), Betriebsprüfungshandbuch, Loseblatt, Stand: Jan. 1996, Rdn. 600 ff; *Deuss* Das Auskunftsrecht des Aktionärs in der Hauptversammlung der Aktiengesellschaft nach § 112 AktG und das Problem der Aktienrechtsreform, 1962; *Ebenroth* Das Auskunftsrecht des Aktionärs und seine Durchsetzung im Prozeß, 1970; *Hauck* Rechnungslegung und Strafrecht, Diss. Tübingen 1987; *Joecks* Der Kapitalanlagebetrug, 1987; *Klussmann* Geschäftslagetäuschungen nach § 400 AktG, 1975; *Kohl* Wirtschaftskriminalität. – Wirtschaftsdelikte im Rechnungswesen der Unternehmung und ihre Bekämpfung, Diss. Mannheim 1991; *Krekeler/Tiedemann/Ulsenheimer/Weinmann* (Hrsg.) Handbuch des Wirtschafts- und Steuerstrafrechts – HWiStR –, Stand: Mai 1990; *Kruse* Grundsätze ordnungsgemäßer Buchführung, 3. Aufl. 1978; *Lang* Grundsätze ordnungsgemäßer Buchführung, in: Leffson/Rückle/Großfeld, S. 221; *Leffson* Die Grundsätze ordnungsgemäßer Buchführung, 6. Aufl. 1982; *Leffson/Rückle/Großfeld* (Hrsg.) Handwörterbuch unbestimmter Rechtsbegriffe im Bilanzrecht des HGB – HdWbURB –, 1986; *Marker* Bilanzfälschung und Bilanzverschleierung, Diss. Mainz 1968; *Maul* Geschäfts- und Konzernlagentäuschungen als Bilanzdelikte, DB 1989, 185; *Meyer* Die Strafvorschriften des neuen Aktiengesetzes, AG 1966, 109; *Möhrenschlager* Der Regierungsentwurf eines Zweiten Gesetzes zur Bekämpfung der Wirtschaftskriminalität, wistra 1982, 201 ff; *Nelles* Aktienrechtliche Bilanzdelikte, Diss. Münster 1974; *Neuhäuser* Bilanzkriminalität, 1974; *Rehm* Die Bilanzen der Aktiengesellschaften^2, 1914; *Schmedding* Unrichtige Konzernrechnungslegung, 1991; *Schnellenbach* Die vorgesehenen Änderungen des Aktienstrafrechts im Regierungsentwurf zum Aktiengesetz 1960, 1963; *Schüppen* Systematik und Auslegung des Bilanzstrafrechts, 1993; *Sieben* Bilanzdelikte, 1974; *Sünner* Folgen der Verletzung von Rechnungslegungs- und Berichtspflichten durch eine Aktiengesellschaft, AG 1984, 16; *Tiedemann* Handelsgesellschaften und Strafrecht: Eine vergleichende Bestandsaufnahme, FS Würtenberger, 1977, S. 241; *ders.* Bilanzstrafrecht, in: Krekeler/Tiedemann/Ulsenheimer/Weinmann (Hrsg.), Handbuch des Wirtschafts- und Steuerstrafrechts – HWiStR –; *Thieß* Die Bilanzdelikte und ihre Bekämpfung, 1932; *H. Weber* „Unrichtige Wiedergabe und Verschleierung", in: Leffson/Rückle/Großfeld (Hrsg.); *Wohlgemuth* Überblick über das System der verbundenen Unternehmen nach dem AktG und nach dem HGB, DStR 1991, 1495, 1529; *Zielinski* Zur Verletzteneigenschaft des einzelnen Aktionärs im Klageerzwingungsverfahren bei Straftaten zum Nachteil der Aktiengesellschaft, wistra 1993, 6.

I. Allgemeines

1. Entstehungsgeschichte

§ 400 beruht im wesentlichen auf einer Modifizierung des § 296 Abs. 1 Nr. 1, 2 AktG 1937[1], der seinerseits auf § 314 HGB a. F.[2] zurückging.[3] Durch das Gesetz zur Änderung des GmbHG v. 4. 7. 1980 (BGBl. I, 836) ist jedoch Abs. 2 angefügt worden und durch das BilanzrichtlinienG v. 19. 12. 1985 (BGBl. I, 2355) wurden die Tatbestände des früheren Abs. 1 Nr. 2 und 4 aufgehoben. Da sich Inhalt und Form der Eröffnungsbilanz, des Jahresabschlusses und des Lageberichts einer Kapitalgesellschaft sowie des Konzernabschlusses und des Konzernlageberichts nunmehr aus dem HGB 1

[1] § 296 AktG v. 30. 1. 1937:
Unrichtige Darstellung. Verbotene Aktienausgabe
(1) Mitglieder des Vorstandes oder des Aufsichtsrats oder Abwickler werden mit Gefängnis bestraft, wenn sie
1. in ihren Darstellungen, in ihren Übersichten über den Vermögensstand der Gesellschaft, in den den Abschlußprüfern oder sonstigen Prüfern gegebenen Auskünften oder in Vorträgen und Auskünften in der Hauptversammlung die Verhältnisse der Gesellschaft unwahr darstellen oder verschleiern;
2. im Geschäftsbericht über die Tatsachen des § 128 Abs. 2 Nr. 1 bis 9 falsche Angaben machen oder erhebliche Umstände verschweigen;
3. Namensaktien ausgeben, in denen der Betrag der Teilleistung nicht angegeben ist, oder Inhaberaktien ausgeben, bevor auf sie der Nennbetrag oder der höhere Ausgabebetrag voll geleistet ist (§ 10 Abs. 2);
4. Aktien oder Zwischenscheine ausgeben, bevor die Gesellschaft oder im Fall einer Kapitalerhöhung (§§ 149 ff., 169 ff.) die Durchführung der Erhöhung des Grundkapitals oder im Falle einer bedingten Kapitalerhöhung der Beschluß über die bedingte Kapitalerhöhung eingetragen ist;
5. Aktien oder Zwischenscheine ausgeben, die auf einen geringeren als den nach § 8 zulässigen Mindestnennbetrag lauten;
6. Wandelschuldverschreibungen ohne Genehmigung ausgeben (§ 174).
(2) In den Fällen der Nr. 1 und 2 kann zugleich auf Verlust der bürgerlichen Ehrenrechte, in besonders schweren Fällen kann auf Zuchthaus bis zu zehn Jahren erkannt werden.

[2] § 314 HGB v. 10. 5. 1897:
Mitglieder des Vorstandes oder des Aufsichtsrats oder Liquidatoren werden mit Gefängniß bis zu einem Jahre und zugleich mit Geldstrafe bis zu zwanzigtausend Mark bestraft, wenn sie wissentlich
1. in ihren Darstellungen, in ihren Uebersichten über den Vermögensstand der Gesellschaft oder in den in der Generalversammlung gehaltenen Vorträgen den Stand der Verhältnisse der Gesellschaft unwahr darstellen oder verschleiern;
2. auf Namen lautende Aktien, in denen die im § 179 Abs. 4 vorgeschriebene Angabe nicht enthalten ist, oder auf den Inhaber lautende Aktien ausgeben, bevor darauf der Nennbetrag oder, falls der Ausgabepreis höher ist, dieser Betrag voll geleistet ist;
3. Aktien oder Interimscheine ausgeben, bevor die Gesellschaft oder im Falle einer Erhöhung des Grundkapitals die erfolgte Erhöhung in das Handelsregister eingetragen ist;
4. außer den Fällen des § 180 Abs. 2, 3 Aktien oder Interimscheine ausgeben, die auf einen geringeren Betrag als eintausend Mark gestellt sind;
5. in den Fällen des § 180 Abs. 2, 3 Aktien oder Interimscheine ausgeben, in denen die im § 180 Abs. 4 vorgeschriebenen Angaben nicht enthalten sind.
Im Falle der Nr. 1 kann zugleich auf Verlust der bürgerlichen Ehrenrechte erkannt werden.
Sind mildernde Umstände vorhanden, so tritt ausschließlich die Geldstrafe ein.

[3] Im einzelnen zur Entwicklung des Tatbestandes: *Arnhold* Auslegungshilfen, S. 2 ff; *Marker* Bilanzfälschung, S. 2 ff. – Zur historischen Entwicklung des Bilanzstrafrechts: *Schüppen* Systematik, S. 60 ff.

ergeben, erschien es dem Gesetzgeber sachgerecht, die Straf-, Bußgeld- und Zwangsgeldvorschriften, die im Zusammenhang mit der Aufstellung, Prüfung und Offenbarung dieser Unterlagen stehen, in das HGB aufzunehmen (vgl. BT-Drucks. 10/317, S. 100; BT-Drucks. 10/3440, S. 46). Die zuvor in Abs. 1 Nr. 2, 4 erfaßten Verhaltensweisen sind nunmehr – ergänzt (dazu *Sünner* AG **1989** 16 ff) – in § 331 Nr. 2, 3 HGB (zuvor Abs. 1 Nr. 2) als Straftat und in § 334 Abs. 1 Nr. 1 d, 2 f HGB (zuvor Abs. 1 Nr. 4) als Ordnungswidrigkeit geregelt. Die übrigen Tatbestände des früheren § 296 Abs. 1 AktG 1937 sind entweder in Bußgeldtatbestände umgewandelt (§ 405 Abs. 1 Nr. 1–3) oder gestrichen worden. Da in § 331 HGB unrichtige Darstellungen von Gesellschafts- und Konzernverhältnissen oder von Aufklärungen und Nachweisen für Prüfer für alle Kapitalgesellschaften unter Strafe gestellt worden sind, gelten die Strafvorschriften des § 400 Abs. 1 nur **subsidiär**, wenn die Tat nicht in § 331 Nr. 1 oder Nr. 4 HGB mit Strafe bedroht ist (dazu eingehender unter Rdn. 94). – Leider hat der Gesetzgeber die Gelegenheit der Umgestaltung der Vorschriften durch das BilanzrichtlinienG nicht genutzt, um die verbleibenden Bestimmungen grundsätzlich unter Strafwürdigkeits- und Strafbedürftigkeitsaspekten zu überprüfen und – wo möglich – enger zu fassen oder zu streichen.

2. Das geschützte Rechtsgut

2 § 400 dient zunächst dem Schutz der Gesellschaft, sodann aber dem Schutz derer, die mit der Gesellschaft in rechtlicher oder wirtschaftlicher Beziehung stehen oder in eine solche Beziehung treten wollen. Damit unterfallen dem **Schutzbereich** der Vorschrift neben der Gesellschaft die Gläubiger und sonstigen Vertragspartner, die Aktionäre und auch die Arbeitnehmer.[4] Dieser Personenkreis hat ein besonderes Interesse am Vermögensstand, den Gesellschaftsverhältnissen und der Vertrauenswürdigkeit der Gesellschaft, und zwar unabhängig davon, ob die jeweilige Beziehung zur Gesellschaft schon besteht oder erst begründet werden soll.

3 **Geschütztes Rechtsgut** ist das Vertrauen dieser Personen in die Richtigkeit und Vollständigkeit bestimmter Angaben über die Geschäftsverhältnisse, die von bestimmten, zuständigen Personen abgegeben werden.[5] – Die hier relevanten Angaben sind für die Beurteilung der wirtschaftlichen Situation der Gesellschaft nötig. Erst ihre Kenntnis ermöglicht eine wirksame interne Kontrolle durch Aufsichtsrat und Prüfer und letztlich

[4] Vgl. RGSt. 41, 293, 298; 43, 407, 415; 64, 422, 424; *Dannecker* Bilanzstrafrecht, Rdn. 637; *KK/Geilen* Rdn. 3; *Fuhrmann* AktG, Anm. 1b; *Geßler/Fuhrmann* AktG, Rdn. 2; *Heymann/Otto* HGB, § 331 Rdn. 2; *Klussmann* Geschäftslagetäuschungen, S. 17 f; *Meyer-Landrut* in: Meyer-Landrut/Miller/Niehus, GmbHG, §§ 238–335 HGB, Rdn. 1566; *H. Weber* in: Leffson/Rückle/Großfeld, S. 320 f. – Enger (Ausschluß der Gesellschaft): *Baumbach/Hueck/Schulze-Osterloh* GmbHG, Anh. § 82 Rdn. 3; *Cobet Rechnungslegung*, S. 21 ff; *Gramich* wistra 1987, 158; *Scholz/Tiedemann* GmbHG, Vor §§ 82 ff Rdn. 66; *Schüppen* Systematik, S. 114. – Beschränkt allein auf den Schutz der Gesellschaft: *Schnellenbach* Änderungen, S. 10 ff.
Zu den Aktionären insbes.: OLG Braunschweig wistra 1993, 31, 33, dazu *Zielinski* wistra 1993, 8; OLG Düsseldorf ZIP 1986, 1357; OLG Koblenz BB 1967, 1265.

[5] Vgl. dazu *Baumbach/Hueck* Rdn. 2; *Fuhrmann* AktG, Anm. 1b; *Geßler/Fuhrmann* AktG, Rdn. 2; *Gramich* wistra 1987, 158; *Heymann/Otto* HGB, § 331 Rdn. 1; *KK/Geilen* Rdn. 2; *Tiedemann* JZ 1986, 867; *Schüppen* Systematik, S. 105, 113; *H. Weber* HdwbURB, S. 320.

sind sie von grundlegender Bedeutung für die Personen, die zu der Gesellschaft in rechtliche oder wirtschaftliche Beziehungen treten oder vorhandene Beziehungen auflösen wollen (vgl. auch *KK/Geilen* Rdn. 2).

3. Schutzgesetz

Zu Gunsten des genannten Personenkreises – Gesellschaft, aktuelle und potentielle Gläubiger und sonstige Vertragspartner, Aktionäre, Arbeitnehmer – ist § 400 Schutzgesetz i. S. des § 823 Abs. 2 BGB.[6] Der zivilrechtliche Schutz setzt allerdings voraus, daß der Geschädigte durch ein Verhalten im Vertrauen auf die Richtigkeit der relevanten Angaben einen Schaden erlitten hat (vgl. dazu *Brandes* WM **1992** 477). **4**

4. Die Rechtsnatur des Delikts

§ 400 soll den Gefahren begegnen, die sich aus der Verletzung der Pflicht zur Wahrheit und Klarheit bei der Abgabe der im Tatbestand genannten Erklärungen ergeben (RGSt. **67** 349, 351). Der Eintritt eines Vermögensschadens, einer Vermögensgefährdung oder auch nur einer Täuschung ist jedoch nicht Tatbestandsmerkmal des § 400. Das Delikt ist daher **abstraktes Gefährdungsdelikt.**[7] Auch wenn der unmittelbare Empfänger des Berichts oder der Auskunft über die Unrichtigkeit informiert ist, berührt das die Tatbestandsmäßigkeit des Verhaltens nicht, soweit der Bericht Grundlage weiterer Erklärungen wird oder die Auskunft auch Dritten zugänglich gemacht wird (vgl. *KK/Geilen* Rdn. 5). **5**

Die Tatbestandsbeschreibungen sind im einzelnen ausfüllungsbedürftig durch andere Vorschriften des AktG, z. T. verweisen sie direkt auf diese Vorschriften. Es handelt sich daher um einen sog. **unechten Blankettatbestand** (dazu im einzelnen Vor § 399 Rdn. 113). **6**

5. Praktische Bedeutung des Tatbestandes

Wie gerade auch die öffentliche Erörterung spektakulärer Fälle in der Öffentlichkeit gezeigt hat, kommt den Tatbeständen der unrichtigen Wiedergabe der Verhältnisse einer Gesellschaft in Bilanzen und anderen Darstellungen erhebliche Relevanz zu.[8] Zu Verurteilungen wegen Bilanzfälschung oder unrichtiger Darstellung kommt es gleichwohl in der Regel nicht, da die Verfahren – gerade wenn eine Verurteilung nach §§ 263, 266, 283 StGB erfolgt – insoweit eingestellt werden.[9] **7**

II. Unrichtige Wiedergabe von Gesellschaftsverhältnissen, § 400 Abs. 1 Nr. 1

1. Der objektive Tatbestand

a) Täter. – Als **taugliche** Täter dieses Tatbestandes kommen nur Vorstandsmitglieder – dazu im einzelnen § 399 Rdn. 19 –, auch stellvertretende – dazu im einzelnen **8**

---

[6] Der Schutz des § 823 Abs. 2 BGB entspricht insoweit dem Schutzbereich des § 400; vgl. dazu Fn. 4.

[7] Vgl. *Geßler/Fuhrmann* AktG, Rdn. 4; *Gramich* wistra 1987, 158; *Heymann/Otto* HGB, § 331 Rdn. 3; *KK/Geilen* Rdn. 5; *Maul* DB 1989, 185.

[8] Vgl. dazu im einzelnen Vor § 399 Rdn. 13 ff.

[9] Zu Erscheinungsformen von Wirtschaftsdelikten im Rechnungswesen vgl. *Kohl* Wirtschaftskriminalität, S. 85 ff; *Tiedemann* FS Würtenberger, S. 253 f. – Zu den die Rechnungslegung betreffenden

§ 399 Rdn. 28 –, Aufsichtsratsmitglieder – dazu im einzelnen § 399 Rdn. 31 ff – und Abwickler[10] (Liquidatoren) sowie stellvertretende Abwickler – dazu im einzelnen § 399 Rdn. 185 ff – in Betracht, und zwar auch dann, wenn sie nicht rechtswirksam bestellt sind, sondern die mit dem Amt verbundenen Funktionen nur faktisch wahrnehmen – dazu im einzelnen § 399 Rdn. 20 ff –. Bei der **KGaA** entsprechen den Vorstandsmitgliedern die persönlich haftenden Gesellschafter, § 408 S. 2.

9 Das Delikt ist daher ein **echtes Sonderdelikt.** Andere Personen als die genannten scheiden als Täter aus, und zwar gleichgültig, ob Allein-, Mittäterschaft oder mittelbare Täterschaft ins Auge gefaßt wird. Dritte können allerdings nach den allgemeinen Regeln Anstifter, § 26 StGB, oder Gehilfen, § 27 StGB, sein, doch setzt ihre Strafbarkeit dann eine tatbestandsmäßige, rechtswidrige Haupttat eines oder mehrerer tauglicher Täter voraus.

10 Die **Begrenzung des Kreises tauglicher Täter** wird z. T. als Mangel des Tatbestandes angesehen, weil leitende Angestellte der Gesellschaft – soweit sie nicht als faktische Vorstandsmitglieder anzusehen sind – damit als Täter ausscheiden, obwohl sie u. U. aufgrund ihrer Stellung und ihrer Tätigkeit, insbes. im Finanzresort maßgeblichen Einfluß auf die Rechnungslegung haben.[11] Auch eine Strafbarkeit als Anstifter oder Gehilfe entfällt, wenn die Unrichtigkeit der entsprechenden Darstellung z. B. auf einer Täuschung eines Vorstandsmitglieds durch einen Angestellten beruht, so daß der taugliche Täter gutgläubig gehandelt hat, oder wenn aus anderen Gründen eine vorsätzliche, tatbestandsmäßige, rechtswidrige Haupttat eines tauglichen Täters nicht vorliegt oder nicht nachgewiesen werden kann. Als Sanktionsmöglichkeit bietet sich in diesen Fällen nur § 130 OWiG.[12]

11 Auch eine **Erweiterung des Täterkreises nach § 14 Abs. 2 StGB** kommt nicht in Betracht. Zu denken ist zwar daran, daß z. B. der Leiter der Finanzabteilung einer Gesellschaft als eine Person anzusehen ist, die vom Vorstand ausdrücklich beauftragt ist, „den Betrieb zum Teil zu leiten". Dennoch ist mit dieser Interpretation der Position leitender Angestellter keine Erweiterung des Täterkreises möglich. Wie sich aus den in Bezug genommenen wirtschaftsrechtlichen Vorschriften ergibt, knüpft der Gesetzgeber an ganz bestimmte Verhaltensweisen von Organen der Gesellschaft an. Der Täterkreis ist durch die Wahrnehmung dieser Organfunktionen sachlich bestimmt und kann daher nicht auf weitere Personen ausgedehnt werden.[13]

12 **b) Tathandlung.** – Die **Tathandlung** besteht in der **unrichtigen Wiedergabe** oder **Verschleierung** der Verhältnisse der Gesellschaft in bestimmten Erklärungen.

13 aa) **Unrichtig** ist die Wiedergabe wenn die Darstellung der Verhältnisse und die dadurch geschilderte wirtschaftliche Situation der Gesellschaft der in Wirklichkeit bestehenden Sachlage nicht entsprechen. Maßgeblich für die Unrichtigkeit sind die gege-

---

Konkursdelikten: *Blumers* Bilanzierungstatbestände, S. 128 ff; *Hauck* Rechnungslegung, S. 73 ff.

[10] Soweit als Abwickler eine juristische Person oder eine Personengesellschaft eingesetzt ist, verlagert sich die Täterschaft gemäß § 14 Abs. 1 Nr. 1 StGB auf die für diese als Organ oder Organmitglied tätigen Personen – dazu im einzelnen § 399 Rdn. 186 –; vgl. auch *Geßler/Fuhrmann* AktG, Rdn. 7; *KK/Geilen* Rdn. 15.

[11] Vgl. auch *Fuhrmann* AktG, Anm. 2; *Geßler/Fuhrmann* AktG, Rdn. 9; *KK/Geilen* Rdn. 12; *Klussmann* Geschäftslagetäuschung, S. 65.

[12] Vgl. auch *Fuhrmann* AktG, Anm. 2; *KK/Geilen* Rdn. 12, 76.

[13] Vgl. auch *Fuhrmann* AktG, § 399 Anm. 1d; *Geßler/Fuhrmann* AktG, Rdn. 9; *KK/Geilen* Rdn. 14; *Tiedemann* Bilanzstrafrecht, S. 3.

benen objektiven Faktoren[14], wobei der Inhalt der Erklärung vom Empfängerhorizont auszulegen ist.[15] Bei ihnen kann es sich um Tatsachen, aber auch um Werturteile, d. h. Bewertungen, Schätzungen und Prognosen handeln, soweit diese wiederum auf eine Tatsachengrundlage verweisen oder – zumindest in ihrem Kern – eine dem Beweis zugängliche Tatsachenbehauptung enthalten. Die Erklärungen in diesem Sinne entsprechen den Angaben im Sinne des § 399 Abs. 1; vgl. dazu im einzelnen § 399 Rdn. 36 f.

Tatsachen werden danach unrichtig wiedergegeben, wenn der Inhalt der Erklärung **14** zum einen nicht mit der Wirklichkeit übereinstimmt, zum anderen aber auch dann, wenn die Angabe objektiv wahr ist, ihr aber aus der Sicht des Empfängerhorizonts eine andere Bedeutung zugemessen wird; vgl. dazu auch § 399 Rdn. 38. Der Empfängerhorizont ist hier aus der Sicht eines „bilanzkundigen Lesers" zu erschließen.[16] Bewertungen, Schätzungen, Prognosen und Beurteilungen sind **unrichtig**, wenn sie entweder auf tatsächlichen Grundlagen beruhen, die objektiv unrichtig sind, oder wenn die tatsächlichen oder rechtlichen Schlußfolgerungen objektiv falsch sind. Allerdings ist bei **unrichtigen Schlußfolgerungen** oder **Beurteilungen** der Tatbestand nur dann erfüllt, wenn die Angaben evident unrichtig sind derart, daß nach einheitlichem Konsens der einschlägigen Fachleute die vorgelegte Schlußfolgerung oder Beurteilung unverwertbar ist; im einzelnen dazu § 399 Rdn. 39.

Unvollständige Angaben sind dann unrichtige Angaben, wenn bei ihrer Wiedergabe **15** der Eindruck einer umfassenden, vollständigen Darstellung erweckt wird; vgl. dazu im einzelnen § 399 Rdn. 41.

Von einer unvollständigen, aber den Eindruck vollständiger Wiedergabe erwecken- **16** den Erklärung ist die **Verweigerung von Angaben** zu unterscheiden. Schweigt der Täter sich zu Angaben aus, die zu machen er verpflichtet ist, so verletzt er u. U. gesetzliche Auskunftspflichten. Tatbestandsmäßig im Sinne des § 400 ist ein derartiges Verhalten aber nicht, denn da die Unvollständigkeit der Erklärung erkennbar ist, kann das offene Verschweigen nicht die Gefahr von Täuschungen begründen, die der Tatbestand gerade verhindern will (vgl. auch *KK/Geilen* Rdn. 33).

Eine unrichtige Wiedergabe durch **Unterlassen** liegt hingegen vor, wenn ein Sonder- **17** pflichtiger, in dessen Gegenwart eine unrichtige Erklärung abgegeben wird, dieser nicht pflichtgemäß widerspricht, so z. B. wenn ein Vorstandsmitglied einer im Namen des Vorstands in seiner Gegenwart von einem anderen Vorstandsmitglied abgegebenen unrichtigen Erklärung nicht widerspricht.[17] Relevant kann diese Situation vor allem bei Vorträgen und Auskünften in der Hauptversammlung werden. Die unrichtige Äußerung eines Mitglieds des Vorstands oder des Aufsichtsrats verpflichtet die übrigen Mitglieder des Vorstands oder des Aufsichtsrats zu einer korrigierenden Stellungnahme, weil sie sonst durch ihr Schweigen schlüssig zu erkennen geben, daß die Äußerung auch ihrem Wissensstand entspricht. Voraussetzung dafür ist natürlich die Kenntnis der Unrichtigkeit der Äußerung (vgl. auch *Geßler/Fuhrmann* AktG, Rdn. 10). – Zur Problematik von Erklärungen aufgrund von Beschlüssen des Vorstands oder Aufsichtsrats vgl. Rdn. 44.

---

[14] BayObLG wistra 1987, 191; *Dannecker* Bilanzstrafrecht, Rdn. 645; *Fuhrmann* AktG, Anm. 3; *Geßler/Fuhrmann* AktG, Rdn. 20; *Gramich* wistra 1987, 159; *Heymann/Otto* HGB, § 331 Rdn. 25; *KK/Geilen* Rdn. 26.

[15] Vgl. auch *Scholz/Tiedemann* GmbHG, § 82 Rdn. 60.

[16] Vgl. auch *KK/Geilen* Rdn. 30, 40; *Klussmann* Geschäftslagetäuschungen, S. 52; *Scholz/Tiedemann* GmbHG § 82 Rdn. 60.

[17] Vgl. auch *KK/Geilen* Rdn. 34, 55; *Klussmann* Geschäftslagetäuschungen, S. 70 ff.

18 bb) Eine **Verschleierung** liegt vor, wenn die Verhältnisse der Gesellschaft zwar objektiv richtig dargestellt werden, ihre Erkennbarkeit aber so erschwert ist, daß die Gefahr einer unzutreffenden Beurteilung der wirtschaftlichen Situation begründet ist. „Verschleiern ist wissentliches Erschweren des Erkennens für andere".[18]

19 cc) Die **Abgrenzung** zwischen unrichtiger Wiedergabe und Verschleierung ist nicht in jedem Fall eindeutig zu treffen, da Überschneidungen möglich sind. Grundsätzlich ist zwar festzustellen, daß das Kriterium der unrichtigen Wiedergabe die Divergenz zur Wirklichkeit ist, während das der Verschleierung in der erschwerten Erkennbarkeit liegt, d. h. in der Unklarheit oder Unübersichtlichkeit der Darstellung. Zu beachten ist aber, daß dann, wenn die Unklarheit und Unübersichtlichkeit der Darstellung dazu führt, daß die wirklichen Verhältnisse der Gesellschaft nicht mehr erkannt werden können, bereits eine unrichtige Darstellung vorliegt.[19]

20 Die **praktische Bedeutung** der Differenzierung zwischen Verschleierung und unrichtiger Wiedergabe in Grenzfällen ist letztlich gering, da beide Alternativen in gleicher Weise strafbar sind. Immerhin kann der Alternative der Verschleierung im Einzelfall eine **verfahrenserleichternde Bedeutung** zukommen, denn die Berufung des Täters auf eine geschickt manipulierte, aber nicht unrichtige Darstellung führt nicht zur Straffreiheit, sondern zur Bestrafung wegen Verschleierung.[20]

21 dd) **Maßstäbe** für die Feststellung, ob eine unrichtige Wiedergabe oder eine Verschleierung vorliegt, sind in Bezug auf die nicht in § 331 Nr. 1 HGB erfaßten Bilanzen die Grundsätze ordnungsmäßiger Bilanzierung.[21] Im übrigen aber hat der Gesetzgeber in zahlreichen Bestimmungen des Gesetzes die „Pflicht zur Wahrheit und Klarheit" (RGSt. **67** 349, 351) normiert, die den „Grundsatz der gewissenhaften und getreuen Rechenschaft" konkretisieren[22]: Gemäß § 90 Abs. 4 haben die Berichte des Vorstands an den Aufsichtsrat „den Grundsätzen einer gewissenhaften und getreuen Rechenschaft zu entsprechen." Gleiches gilt für Auskünfte des Vorstands gegenüber dem Aktionär in der Hauptversammlung, § 131 Abs. 2.

22 ee) **Schweigerechte und Schweigepflichten** sollen den Tatbestand begrenzen und nicht als Rechtfertigungsgründe zu verstehen sein.[23] Diese Problemsicht ist schief. Schweigerechte und Schweigepflichten begrenzen die Auskunftspflicht und begründen damit Rechte bzw. Pflichten des Betroffenen, bestimmte Angaben nicht zu machen. Sie

---

[18] *Rehm* Bilanzen, § 116 II; im übrigen vgl. *Altgelt* Verschleierung, S. 45 ff; *Arnhold* Auslegungshilfen, S. 24 f; *Baumbach/Hueck/Schulze-Osterloh* GmbHG, Anh. § 82 Rdn. 7; *Fuhrmann* AktG, Anm. 3; *Geßler/Fuhrmann* AktG, Rdn. 10; *KK/Geilen* Rdn. 35; *Scholz/Tiedemann* GmbHG, Vor §§ 82 ff Rdn. 75; *H. Weber* in: Leffson/Rückle/Großfeld, S. 323.

[19] Im einzelnen vgl. dazu *Arnhold* Auslegungshilfen, S. 24 f; *Dannecker* Bilanzstrafrecht, Rdn. 649; *Geßler/Fuhrmann* AktG, Rdn. 22; *Hachenburg/Kohlmann* GmbHG, § 82 Rdn. 144; *Heymann/Otto* HGB, § 331 Rdn. 29; *Klussmann* Geschäftslagetäuschungen, S. 23 ff; *KK/Geilen* Rdn. 37; *Marker* Bilanzfälschung, S. 35 ff; *Schmedding* Konzernrechnungslegung, S. 116 ff, 120; *Scholz/Tiedemann* GmbHG, Vor §§ 82 ff Rdn. 75; *H. Weber* in: Leffson/Rückle/Großfeld, S. 324.

[20] Vgl. auch *Arnhold* Auslegungshilfen, S. 25; *Dannecker* Bilanzstrafrecht, Rdn. 650; *Heymann/Otto* HGB, § 331 Rdn. 30; *KK/Geilen* Rdn. 35; *Klussmann* Geschäftslagetäuschungen, S. 25 f; *Scholz/Tiedemann* GmbHG, Vor §§ 82 ff, Rdn. 75, § 82 Rdn. 150.

[21] Eingehend dazu *Arnhold* Auslegungshilfen, S. 55 ff; *Dannecker* Bilanzstrafrecht, Rdn. 616 ff.

[22] Im einzelnen dazu *Arnhold* Auslegungshilfen, S. 130 ff; *Schmedding* Konzernrechnungslegung, S. 95 ff.

[23] Vgl. *Fuhrmann* AktG, Anm. 1c; *Klug* Großkomm. 3. Aufl., Anm. 6.

legitimieren insoweit eine unvollständige Darstellung, eröffnen aber nicht die Möglichkeit, positiv unrichtige Erklärungen abzugeben.[24]

ff) Irrelevant ist es, ob die unrichtige Wiedergabe ein **zu günstiges oder zu ungünstiges Bild** der wirklichen Verhältnisse vermittelt. Beide Sachverhalte können für den geschützten Personenkreis Gefahren begründen.[25] 23

gg) Form der Erklärungen. – Gleichgültig ist es, ob die entsprechenden Erklärungen mündlich oder schriftlich erfolgen. Eine besondere Form der unrichtigen Wiedergabe oder Verschleierung fordert das Gesetz nicht, sondern nennt vielmehr Beispiele, für die überhaupt nur Mündlichkeit – so bei den Vorträgen in der Hauptversammlung –, oder doch regelmäßig – so bei den Auskünften in der Hauptversammlung – in Frage kommt. Denkbar sind aber auch Erklärungen, die teils mündlich, teils schriftlich abgegeben werden, so z. B. mündliche Ergänzungen zu schriftlichen Äußerungen (vgl. auch *Geßler/Fuhrmann* AktG, Rdn. 23). 24

Auch nicht unterschriebene schriftliche Äußerungen sind tatbestandsmäßig, wenn erkennbar ist, von welchem Funktionsträger sie abgegeben worden sind, und daß es sich nicht lediglich um private Äußerungen des Funktionsträgers handelt. 25

hh) Zusammenhang zwischen der Erklärung und der Funktion des Täters. – Erforderlich ist stets, daß der Täter in Wahrnehmung seiner ihm in seiner **Eigenschaft als Mitglied des Vorstands oder des Aufsichtsrats oder als Abwickler obliegenden Funktion** gehandelt hat. Äußerungen innerhalb der Tätigkeit in einem anderen Bereich – das Aufsichtsratsmitglied der Gesellschaft ist zugleich Vorstandsmitglied einer anderen Gesellschaft und äußert sich in dieser Eigenschaft über die Verhältnisse der Gesellschaft, deren Aufsichtsratsmitglied es ist – oder private Äußerungen sind nicht tatbestandsmäßig.[26] 26

c) Tatgegenstand. – Gegenstand der unrichtigen Wiedergabe und der Wiedergabe sind die Verhältnisse der Gesellschaft einschließlich ihrer Beziehungen zu vorhandenen Unternehmen. 27

Der Begriff der **Verhältnisse der Gesellschaft** erfaßt nicht nur die wirtschaftlichen Beziehungen der Gesellschaft, denn da das Gesetz neben die Darstellungen oder Übersichten „über den Vermögensstand" die Vorträge oder Auskünfte in der Hauptverhandlung stellt, ist erkennbar, daß eine grundsätzliche Beschränkung auf wirtschaftliche Verhältnisse nicht mit dem Gesetz in Einklang zu bringen ist. Verhältnisse der Gesellschaft sind daher alle wirtschaftlichen, sozialen und politischen Umstände, die als Beurteilungsfaktor für die Einschätzung der Lage, der Funktion, des Erscheinungsbildes oder der Entwicklung der Gesellschaft erheblich sein können.[27] 28

Diese Weite des Begriffs läßt zwar durchaus noch erkennen, welche Umstände als Verhältnisse der Gesellschaft in Betracht kommen können, gleichwohl sind *Geilens* 29

---

[24] Vgl. dazu auch RGSt. 68, 245, 246; *KK/Geilen* Rdn. 64; *Schmedding* Konzernrechnungslegung, S. 93 f.

[25] Vgl. dazu auch *Baumbach/Hueck/Schulze-Osterloh* GmbHG, Anh. § 82 Rdn. 6; *Dannecker* Bilanzstrafrecht, Rdn. 652; *Heymann/Otto* HGB, § 331 Rdn. 31; *KK/Geilen* Rdn. 28; *Scholz/Tiedemann* GmbHG, Vor §§ 82 ff Rdn. 74 ff.

[26] Vgl. dazu RGSt. 5, 146, 149; 45, 210, 211 f; *Fuhrmann* AktG, Anm. 3; *Geßler/Fuhrmann* AktG, Rdn. 8; *KK/Geilen* Rdn. 16.

[27] Vgl. RGSt. 21, 172; 38, 195, 196 ff; 41, 293, 297 f; 66, 425, 426; *Dannecker* Bilanzstrafrecht, Rdn. 640; *Fuhrmann* AktG, Anm. 3; *Geßler/Fuhrmann* AktG, Rdn. 13; *Gramich* wistra 1987, 159; *Heymann/Otto* HGB, § 331 Rdn. 21; *KK/Geilen* Rdn. 20 m. e. N. zur älteren Literatur; *Marker* Bilanzfälschung, S. 25 ff; *Maul* DB 1989, 185.

verfassungsrechtliche Bedenken gegen die Unbestimmtheit und Weite des Begriffs nicht von der Hand zu weisen.[28] Allerdings sind diese Bedenken nicht dagegen zu richten, daß nicht hinreichend bestimmt ist, was alles unter den Begriff fallen kann, sondern daß **Strafwürdigkeit und Strafbedürftigkeit** nicht mehr hinreichend im Sinne des Art. 103 Abs. 2 GG bestimmt sind, wenn in einem Tatbestand die Vergleichbarkeit der verpönten Verhaltensweisen unter Unrechtsaspekten nicht mehr gewahrt ist. Der Gesetzgeber hat in § 400 Abs. 1 Nr. 1 in gleicher Weise schwer sozialgefährliche Verhaltensweisen, z. B. unrichtige Angaben über die Vermögenslage der Gesellschaft in Übersichten oder Darstellungen, und banale – nicht einmal schriftliche – Lügen, z. B. über das Ansehen der Gesellschaft bei der Belegschaft, mit der gleichen Strafdrohung bedacht. Damit aber ist die Frage begründet, ob der Straftatbestand hinsichtlich der Rechtsfolge noch hinreichend bestimmt ist im Sinne des § 103 Abs. 2 GG. – Diese Frage aber ist nur dann zu bejahen, wenn im Wege der verfassungsgerechten Interpretation des Tatbestandes Verhaltensweisen, die aufgrund fehlender Sozialschädlichkeit oder Sozialgefährlichkeit nicht als strafwürdig erscheinen, nicht als tatbestandsmäßig angesehen werden. Erklärungen, die bereits bei abstrakter Betrachtungsweise irrelevant sind für eine Entscheidung Dritter, mit der Gesellschaft in rechtliche oder wirtschaftliche Beziehungen zu treten, sind daher aus dem Tatbestand auszuschließen.[29]

30 Zu den Verhältnissen einer Gesellschaft gehören auch ihre **Beziehungen zu verbundenen Unternehmen**. Auch ohne die gesetzliche Klarstellung ergäbe sich der begriffliche Zusammenhang aus der Vielfalt der wirtschaftlichen Bezüge zwischen verbundenen Unternehmen. – Im einzelnen zum Begriff des verbundenen Unternehmens und den wirtschaftlichen Verhältnissen innerhalb verbundener Unternehmen vgl. §§ 15, 291 f.[30]

31 d) **Tatmittel** sind Darstellungen oder Übersichten über den Vermögensstand sowie Vorträge oder Auskünfte in der Hauptversammlung.

32 aa) **Darstellungen** und **Übersichten** über den Vermögensstand sind inhaltlich dadurch gekennzeichnet, daß sie den Eindruck der Vollständigkeit erwecken.[31]

33 Als **Übersichten**, d. h. als Zusammenstellungen von Daten, die einen Gesamtüberblick über die wirtschaftliche Situation der Gesellschaft ermöglichen, sind Bilanzen anzusehen, d. h. neben Jahres- und Zwischenbilanzen jeder andere Status, der eine Vermögensübersicht enthält. Allerdings kommen aufgrund der Subsidiaritätsklausel des § 400 Abs. 1 Nr. 1 hier nur nicht publizitätspflichtige Jahresabschlüsse, Abschluß-, Liquiditäts-, Zwischen- und Übersichtsbilanzen in Betracht, die im Laufe des Geschäftsjahres im Rahmen bestimmter Zielsetzungen (Bonitätsnachweis o. ä.) aufgestellt werden. Unter den Begriff der Übersicht fällt aber auch jeder andere Status, der Aufschluß über den Vermögensstand gibt, z. B. der Entwurf des Jahresabschlusses, den der Vorstand dem Aufsichtsrat vorweg zur Kenntnis zuleitet oder Vermögensübersichten in Anlageprospekten (vgl. auch *Geßler/Fuhrmann* AktG, Rdn. 15). – Tathandlungen in Bezug auf die gemäß § 264 HGB zu erstellenden Eröffnungs- oder Jahresbilanzen, Gewinn- und Verlustrechnungen oder Geschäftsberichte werden ausschließlich von

---

[28] Dazu *KK/Geilen* Rdn. 18 f. – Dagegen aber *Fuhrmann* AktG, Anm. 3; *Geßler/Fuhrmann* AktG, Rdn. 13.

[29] Vgl. auch *Baumbach/Hueck/Schulze-Osterloh* GmbHG, Anh. § 82 Rdn. 5; *Biener/Bernecke* S. 470.

[30] Vgl. dazu auch *Bertsch*, S. 33 ff; *Wohlgemuth* DStR 1991, 1495 ff.

[31] Vgl. zu den gleichlautenden Begriffen in § 264 a Abs. 1 StGB: BT-Drucks. 10/318, S. 23; *Joecks* Kapitalanlagebetrug, 42 f; *Lackner* StGB, § 264 a Rdn. 10; *Möhrenschlager* wistra 1982, 206; *Otto* Grundkurs Strafrecht, B. T., § 61 IV 4 b.

§ 331 Nr. 1 HGB erfaßt. – Auch wenn das Gesetz keine Schriftform bestimmt, so werden die hier relevanten Übersichten im Regelfall in Schriftform gegeben werden (vgl. auch *KK/Geilen* Rdn. 43).

Der Begriff der **Darstellung** erweitert die Tatmittel über die Übersichten hinaus. Auch Darstellungen über den Vermögensstand sind Berichte, die den Eindruck der Vollständigkeit erwecken. – Die Auffassung *Geilens (KK/Geilen* Rdn. 45), als Darstellung sei nach Ausklammerung der Übersichten „jede ... offiziöse, auf die Gesellschaftsverhältnisse bezogene und (zumindest gleichzeitig auch!) den „Vermögensstand" berührende Mitteilung" anzusehen, wird der Tatsache nicht gerecht, daß der Gesetzgeber eine „Darstellung über den Vermögensstand" voraussetzt, nicht aber lediglich eine Fragen des Vermögensstandes berührende Darstellung. **34**

Als Darstellungen kommen – im wesentlichen formlose – Berichte zwischen Organen der Gesellschaft in Betracht, wie z. B. der Bericht des Vorstands an den Aufsichtsrat, § 90, der Prüfungsbericht des Aufsichtsrats, § 171 Abs. 1, S. 1, Zwischenberichte für die Aktionäre sowie für die Öffentlichkeit, aber auch Berichte gegenüber einzelnen Personen können hier relevant sein.[32] – **Nicht** hingegen der Lagebericht nach § 289 HGB und der Konzernlagebericht nach § 315 HGB, die von §§ 331 Nr. 1, 2 HGB erfaßt werden sowie Berichte im Anhang des Jahresabschlusses, die gleichfalls unter § 331 Nr. 1 HGB fallen, da sie mit dem Jahresabschluß eine Einheit bilden.[33] Die Darstellungen können mündlich, schriftlich, durch Ton- oder Bildträger erfolgen. **35**

Die Darstellungen oder Übersichten müssen sich auf den Vermögensstand beziehen. Mit dem Wortlaut des Gesetzes in Einklang steht damit auch eine Interpretation dahin, daß – **zusätzlich in derartigen Berichten enthaltene – unrichtige Wiedergaben** kulturell, sozial oder politisch bedeutsamer Gesellschaftsverhältnisse den Tatbestand erfüllen (vgl. *KK/Geilen* Rdn. 47). Eine solche Auslegung ist jedoch nicht zwingend, denn mit dem Bezug auf den Vermögensstand hat der Gesetzgeber hier zum Ausdruck gebracht, daß er in dieser Alternative das Vertrauen in die wirtschaftlichen Verhältnisse in besonderer Weise schützen will. Das legitimiert eine restriktive Auslegung dahin, daß die Tathandlung – unrichtige Wiedergabe oder Verschleierung – sich auf wirtschaftliche Faktoren, wenn auch im weitesten Sinne, beziehen muß, d. h. auf alle Umstände, die für die Beurteilung der Situation der Gesellschaft und ihre künftige Entwicklung von Bedeutung sein können. **36**

bb) Vorträge oder Auskünfte in der Hauptversammlung sind alle Äußerungen, die von Mitgliedern des Vorstands, des Aufsichtsrats oder von Abwicklern in ihrer Funktion als Organmitglieder oder Abwickler gemacht werden. Bemerkungen im privaten Gespräch gelegentlich der Hauptversammlung sind nicht tatbestandsmäßig (vgl. auch *Geßler/Fuhrmann* AktG, Rdn. 17). **37**

Vorträge sind nicht nur vorbereitete und/oder gegliederte Referate, sondern jede Stellungnahme zu den Verhältnissen der Gesellschaft (vgl. auch RGSt. **45** 210, 212), sei es in Form einer Information, einer Klarstellung oder eines Widerspruchs durch den in seiner Funktion tätigen Täter. **38**

Auskünfte sind die dem Fragerecht des Aktionärs in der Hauptversammlung genügenden Antworten. – Gemäß § 131 Abs. 1 ist jedem Aktionär auf Verlangen in der Hauptversammlung vom Vorstand Auskunft über Angelegenheiten der Gesellschaft zu **39**

---

[32] Vgl. *Fuhrmann* AktG, Anm. 5; *Geßler/Fuhrmann* AktG, Rdn. 14; *KK/Geilen* Rdn. 45.

[33] Vgl. *Cobet* Rechnungslegung, S. 19; *Geßler/Fuhrmann* AktG, Rdn. 14; *Heymann/Otto* HGB § 331 Rdn. 20.

geben, soweit sie zur sachgemäßen Beurteilung des Gegenstandes der Tagesordnung erforderlich ist; im übrigen vgl. auch §§ 293 Abs. 4, 295 Abs. 2 S. 3, 319 Abs. 2 S. 5, 320 Abs. 3, 326, 337 Abs. 4, 340 d Abs. 4.

40 Ob die unrichtige, Verhältnisse der Gesellschaft betreffende Auskunft inhaltlich **über die Frage hinausgeht** oder hätte verweigert werden dürfen, ist irrelevant.[34] Unzulässig verlangte Auskünfte dürfen verweigert, nicht aber unrichtig gegeben werden.

41 Wird die Auskunft unter Berufung auf ein **Auskunftsverweigerungsrecht** verweigert, das in Wirklichkeit nicht besteht, so ist diese – unrichtige – Begründung nicht als inhaltlicher Bestandteil der Auskunft anzusehen. Gleichwohl kann dieses Verhalten den Tatbestand erfüllen, wenn das geltend gemachte Verweigerungsrecht mit Bezug auf die Gesellschaftsverhältnisse begründet wird, denn diese Erklärung kann als „Vortrag" relevant sein (vgl. auch *KK/Geilen* Rdn. 56).

42 **Unrichtige Auskünfte außerhalb der Hauptversammlung**, soweit sie nicht als Darstellungen oder Übersichten über den Vermögensstand erfaßt werden können, sind nicht tatbestandsmäßig.

43 cc) **Aufsichtsratsmitglieder und Vorstandsmitglieder als Täter.** – Auch wenn gemäß § 131 Abs. 1 S. 1 der Vorstand die verlangten Auskünfte zu erteilen hat, so schließt das die **Täterschaft von Mitgliedern des Aufsichtsrats** nicht aus. Leitet z. B. der Aufsichtsratsvorsitzende die Hauptversammlung und beantwortet er Fragen selbst, anstatt diese an den zuständigen Vorstand weiterzugeben, so kann er selbst als Täter den Tatbestand erfüllen. Gleiches gilt, wenn ein Aufsichtsratsmitglied, z. B. als angeblich am besten informiertes Organmitglied, eine Auskunft erteilt. Auch hier ist es irrelevant, ob eine Auskunft von Aufsichtsratsmitgliedern in der Hauptversammlung als zulässig angesehen wird. Ein eventuelles Auskunftsverweigerungsrecht oder sogar eine Auskunftsverweigerungspflicht eröffnet die Möglichkeit, die Auskunft zu verweigern, legitimiert aber nicht unrichtige Auskünfte.

44 **Vorstandsmitglieder**, die an der Hauptversammlung teilnehmen – dazu § 118 Abs. 2 – haften als Mittäter für unrichtige Auskünfte, die aufgrund eines vorher gefaßten Beschlusses erfolgen, auch wenn sie persönlich nicht die entsprechende Auskunft gegeben haben. Vorstandsmitglieder, die bei dem entsprechenden Beschluß überstimmt worden sind oder die in der Hauptversammlung durch die unrichtige Auskunft eines anderen Mitglieds überrascht werden, haben dieser zu widersprechen. Der Vorstand, und das heißt jedes Vorstandsmitglied, ist Garant für die Richtigkeit der Aussagen, die im Namen des Vorstands erfolgen. Widerspricht ein Vorstandsmitglied daher nicht unrichtigen Auskünften, so haftet es als Unterlassungstäter für diese Auskünfte, auch wenn diese nicht aufgrund eines gemeinsamen Tatplans erfolgten[35]; vgl. dazu auch die entsprechenden Ausführungen zu § 399 Rdn. 112 ff.

45 e) **Beispiele** für unrichtige Wiedergaben.[36] – Die Verhältnisse der Gesellschaft werden **unrichtig dargestellt**, wenn in der Bilanz die Außenstände falsch bewertet sind (RGSt. **14** 80, 81), wenn

[34] Vgl. auch *Geßler/Fuhrmann* AktG, Rdn. 18; *KK/Geilen* Rdn. 52.

[35] Vgl. dazu auch RGSt. 49, 239, 241; *Fuhrmann* AktG, Anm. 5 b; *Geßler/Fuhrmann* AktG, Rdn. 10; *KK/Geilen* Rdn. 53; *Klussmann* Geschäftslagetäuschungen, S. 70 ff. Das RG, das in RGSt. 45, 210, 214 eine „Erfolgsabwendungspflicht" des gutgläubigen Vorstandsmitglieds verneint, weil es sich bei ihrer unrichtigen Wiedergabe um ein schlichtes Tätigkeitsdelikt, nicht aber um ein Erfolgsdelikt handelt, verkennt, daß die „Erfolgsabwendungspflicht" sich hier in einer „Widerspruchspflicht" konkretisiert, um den durch die „Tätigkeit" begründeten unrichtigen Vertrauenstatbestand zu beseitigen.

[36] Vgl. dazu auch *Fuhrmann* AktG, Anm. 5 b; *Geßler/Fuhrmann* AktG, Rdn. 24 ff; *KK/Geilen* Rdn. 59 ff; *Tiedemann* FS Würtenberger, S. 252 ff.

Grundstücke, Gegenstände des Anlagevermögens oder Warenvorräte falsch bewertet (vgl. BGHSt. **13** 382, 383), wenn zu hohe oder zu geringe Abschreibungen vorgenommen werden, wenn Gegenstände, die der Gesellschaft nicht gehören, in die Bilanz aufgenommen (RGSt. **43** 407, 416) oder Vermögensobjekte der Gesellschaft in der Bilanz weggelassen werden (RGSt. **62** 357, 359), wenn aufgelöste stille Reserven als Einnahmen aus dem laufenden Geschäftsbetrieb gebucht werden (RGSt. **62** 357; 360) oder wenn Voraktivierungen von erwarteten Gewinnen nicht in der Bilanz erkennbar gemacht werden (RGSt. **67** 349, 350).

Eine **unvollständige** und damit **unrichtige Darstellung** liegt vor, wenn Veruntreuungen eines Vorstandsmitgliedes verschwiegen werden, da derartige Veruntreuungen „in den Augen der Aktionäre nicht ohne Einfluß auf die Frage der Vertrauenswürdigkeit der Gesellschaftsorgane bleiben können" (RGSt. **38** 195, 197), wenn Passiva verschwiegen, während die damit zusammenhängenden Aktiva mitgeteilt werden (RG JW **1930** 2709), wenn Tatsachen, aus denen sich die Unrichtigkeit der Bilanz ergibt, nach Erstellung der Darstellung aber vor ihrer Veröffentlichung bekannt werden (RG Recht **1928** Nr. 2481). **46**

f) Tatgerichtliche Feststellungen der unrichtigen Wiedergabe. – Da der einzelne unrichtige Posten in der Bilanz nur einen Hinweis auf eine eventuell unrichtige Wiedergabe der Verhältnisse der Gesellschaft gibt, dem Täter aber die unrichtige Wiedergabe der Verhältnisse der Gesellschaft nachgewiesen werden muß, fordert der BGH bei Verurteilung eines Täters nach § 400 Abs. 1 Nr. 1, daß das Urteil alle für die Verhältnisse der Gesellschaft wesentlichen Fakten enthält: „Für das Revisionsgericht ist es jedoch unerläßlich, bei der Prüfung der Frage, ob eine unrichtige Darstellung über den Vermögensstand im Sinne von § 400 Abs. 1 Nr. 1 AktG vorliegt, zumindest alle für die Verhältnisse der Aktiengesellschaft *wesentlichen* Fakten zu kennen. Dazu gehört bei einem Jahresabschluß grundsätzlich die Kenntnis der Jahresbilanz sowie der Gewinn- und Verlustrechnung" (BGH wistra **1982** 32, 33). – Nach der Neuregelung des Gesellschaftsrechts durch das BilanzrichtlinienG ist an die Stelle des Geschäftsberichts der Anhang zum Jahresabschluß getreten, §§ 284 HGB, 160 AktG. **47**

2. Der subjektive Tatbestand

Der Tatbestand des § 400 Abs. 1 Nr. 1 erfordert Vorsatz; bedingter Vorsatz genügt. – Der Täter handelt daher nicht nur vorsätzlich, wenn er positiv weiß, daß er unrichtige oder verschleierte Erklärungen in Darstellungen oder Übersichten über die Verhältnisse der Gesellschaft abgibt oder unrichtige oder unvollständige Angaben in Vorträgen oder Auskünften in der Hauptversammlung macht (direkter Vorsatz). Vorsätzlich handelt der Täter bereits, wenn er **aufgrund konkreter Anhaltspunkte** die **Gefahr erkennt,** daß die entsprechenden Erklärungen unrichtig oder undurchsichtig sind und die Erklärungen dennoch abgibt; im einzelnen zu den Voraussetzungen des bedingten Vorsatzes § 399 Rdn. 88. – Das Bewußtsein der konkreten Gefahr der unrichtigen Wiedergabe fehlt allerdings, wenn z. B. Aufsichtsratsmitglieder Berichte des Vorstands „nur" ungeprüft weitergeben, weil sie auf die Richtigkeit vertrauen. Zweifel an der Richtigkeit des Berichts aufgrund konkreter Anhaltspunkte sind Mindestvoraussetzung auch des bedingten Vorsatzes.[37] – Eine Täuschungsabsicht setzt der Tatbestand nicht voraus.[38] **48**

3. Rechtswidrigkeit

Auf Unvollständigkeit beruhende unrichtige Erklärungen können durch ein **Schweigerecht,** z. B. § 160 Abs. 2, gerechtfertigt sein, vgl. dazu auch unter Rdn. 22. **49**

[37] Vgl. dazu auch RG JW 1935, 2427; *Fuhrmann* AktG, Anm. 8; *Geßler/Fuhrmann* AktG, Rdn. 27; *KK/Geilen* Rdn. 62; *Scholz/Tiedemann* GmbHG, § 82 Rdn. 169.

[38] Vgl. RGSt. 64, 422, 424; RG JW 1935, 2427; *Fuhrmann* AktG, Anm. 8; *Geßler/Fuhrmann* AktG, Rdn. 27; *KK/Geilen* Rdn. 63.

50 Während bei einer bloßen Unterlassung, zu der der Täter berechtigt ist, keine Pflicht zur Offenbarung besteht, und damit schon die Tatbestandsmäßigkeit eines entsprechenden Verhaltens entfällt, haben Auslassungen in den die Verhältnisse der Gesellschaft betreffenden Darstellungen und Übersichten, die den Eindruck vollständiger Information machen, eine über das bloße Unterlassen hinausgehende Bedeutung. Als „Gesamtdarstellung" oder „Gesamtübersicht" ist die lückenhafte Darstellung oder Übersicht unrichtig, das Verhalten des Täters kann aber durch sein Recht zum Verschweigen gerechtfertigt sein.

51 Darüber hinaus dürfte eine Rechtfertigung nur in absoluten Ausnahmesituationen in Betracht kommen. Einer **Einwilligung** z. B. des Aufsichtsrats in unrichtige Darstellungen, Übersichten, Vorträge oder Auskünfte des Vorstands kommt keine rechtfertigende Wirkung zu, weil dieser über das – überindividuelle – Rechtsgut nicht verfügen kann. In Betracht zu ziehen könnte im Einzelfall zwar der **rechtfertigende Notstand**, § 34 StGB, sein, wenn die unrichtigen Erklärungen erfolgen, um den Ausfall der Produktion, den Verlust von Arbeitsplätzen oder einen Imgageverlust der Gesellschaft zu verhindern.[39] Zu beachten ist aber, daß § 400 auf der Entscheidung des Gesetzgebers beruht, wahrheitsgemäße Informationen zu gewährleisten. Diese eindeutige Entscheidung kann nicht im Einzelfall durch eine jeweils situationsbedingte Interessenabwägung außer Kraft gesetzt werden.[40] Daher kann nur in atypischen Ausnahmesituationen, in denen die folgenschweren negativen Schlüsse aus der wahrheitsgemäßen Erklärung nicht berechtigt wären, eine Rechtfertigung gemäß § 34 StGB in Frage kommen.[41]

4. Irrtum

52 Im Falle eines Irrtums finden die allgemeinen Grundsätze des Strafrechts gemäß § 16 StGB (Tatbestandsirrtum) und § 17 StGB (Verbotsirrtum) Anwendung.

53 a) **Tatbestandsirrtum.** – Ein **den Vorsatz ausschließender Tatbestandsirrtum,** § 16 StGB, liegt vor, wenn der Täter in Unkenntnis eines zum gesetzlichen Tatbestand gehörenden Umstandes handelt; im einzelnen dazu § 399 Rdn. 94 ff. Das ist nicht nur bei einem Irrtum über Tatsachen der Fall, die in der Meinung wiedergegeben werden, sie seien richtig, wenn sie unrichtig sind, oder wenn der Täter verkennt, daß seine Erklärung zu unrichtigen Schlußfolgerungen führt, sondern auch dann, wenn der Täter die wiedergegebenen Verhältnisse für richtig hält, sei es auch nur, weil er über den Inhalt und Umfang jener wirtschaftsrechtlichen Normen irrt, die den Maßstab umreißen, an denen die Richtigkeit der Angaben ausgerichtet ist, so z. B. wenn der Täter über Bewertungsmaßstäbe bei der Bilanzierung bestimmter Posten irrt.[42]

54 b) **Verbotsirrtum.** – Ein Verbotsirrtum, § 17 StGB, ist gegeben, wenn der Täter über die Rechtswidrigkeit seines Verhaltens irrt; im einzelnen dazu § 399 Rdn. 99 ff. Er

---

[39] Vgl. dazu auch *KK/Geilen* Rdn. 65; *Scholz/Tiedemann* GmbHG, § 82 Rdn. 165.

[40] Vgl. dazu bereits RGSt. 38, 195, 200; 41, 293, 298; 49, 358, 363; RG JW 1906, 255; 1909, 113; *Cobet* Rechnungslegung, S. 78 f; *Simon* Festgabe Koch, S. 407.

[41] Vgl. auch *Hachenburg/Kohlmann* GmbHG, § 82 Rdn. 149; *KK/Geilen* Rdn. 66; *Schmedding* Konzernrechnungslegung, S. 135 f. – **A. A.** *Klug* Großkomm. 3. Aufl., Anm. 13 in Verb. mit § 399 Anm. 20; *Scholz/Tiedemann* § 82 Rdn. 165.

[42] Vgl. dazu auch *Dannecker* Bilanzstrafrecht, Rdn. 656; *Heymann/Otto* HGB, § 331 Rdn. 35; *Scholz/Tiedemann* GmbHG, § 82 Rdn. 170, 173 ff; *Tiedemann* FS Schaffstein, 209 f. – Enger: *Fuhrmann* AktG, Anm. 8; *Geßler/Fuhrmann* AktG, Rdn. 28; *KK/Geilen* Rdn. 68 f.

liegt z. B. vor, wenn der Täter meint, sein Schweigerecht berechtige ihn auch zu unrichtigen Erklärungen, der Versuch, den Zusammenbruch der Gesellschaft zu vermeiden, rechtfertige unrichtige Erklärungen oder ein Mehrheitsbeschluß im Vorstand binde auch ihn, entsprechende Erklärungen abzugeben. – Nur der **unvermeidbare** Verbotsirrtum begründet Straffreiheit. Unvermeidbar ist der Verbotsirrtum jedoch nur, wenn der Täter die ihm erkennbaren und erreichbaren Auskunftsquellen genutzt hat; eingehender dazu § 399 Rdn. 100.

5. Versuch und Vollendung

a) Der **Versuch** der unrichtigen Darstellung ist nicht strafbar, denn die Tat ist Vergehen, § 12 Abs. 2 StGB; vgl. dazu im einzelnen § 399 Rdn. 102. **55**

b) **Vollendung.** – Der Tatbestand erfaßt ein Äußerungsdelikt, d. h. für die Tatvollendung genügt das Zustandekommen der vom Tatbestand vorausgesetzten unrichtigen Wiedergabe oder Verschleierung. Ein darüber hinausgehender Erfolgseintritt, z. B. eine Täuschung oder eine Schädigung ist nicht erforderlich. Vollendet ist die Tat daher, wenn die entsprechende Erklärung zumindest einem der in Frage kommenden Adressaten zugegangen ist, d. h. einer Person, für die sie bestimmt ist oder die ein Recht auf Kenntnisnahme hat. Dieses können andere Mitglieder des Vorstands oder des Aufsichtsrats, Aktionäre oder außenstehende Personen sein. **56**

Bei **mündlichen Äußerungen** in der Hauptversammlung genügt es, daß sie wenigstens ein Teilnehmer der Hauptversammlung gehört hat. Nicht erforderlich ist, daß er den Inhalt in seiner Tragweite verstanden hat. Bei schriftlichen Erklärungen in der Hauptversammlung ist erforderlich, daß diese zumindest ein Teilnehmer der Hauptversammlung erhalten hat. Nicht notwendig ist, daß er sie auch zur Kenntnis genommen hat.[43] **57**

c) **Tätige Reue.** – Wie bei vielen abstrakten Gefährdungsdelikten ist auch bei § 400 Abs. 1 Nr. 1 die Frage zu stellen, ob dem Täter die Möglichkeit eines strafaufhebenden Rücktritts einzuräumen ist, wenn ein über die Aufnahme der Äußerung hinausgehender Erfolg noch nicht eingetreten ist und der Täter freiwillig seine Aussage korrigiert. In Betracht kommt hier eine analoge Anwendung des § 158 StGB.[44] – Zu beachten ist aber, daß z. B. eine Berichtigung einer Aussage in der Hauptversammlung nur solange möglich sein kann, wie der Zuhörerkreis noch anwesend ist, der bei der ursprünglichen Äußerung anwesend war. **58**

6. Täterschaft und Teilnahme

a) **Täter.** – Alleintäter, Mittäter, Nebentäter, mittelbarer Täter – kann nur ein Träger der Sonderpflicht sein. – Zur Problematik der Majorisierung des Täters vgl. § 399 Rdn. 112 ff. **59**

b) **Teilnehmer.** – An der Tat eines Sonderpflichtigen können sich als Täter nicht taugliche Dritte als Teilnehmer – Anstifter, § 26 StGB, Gehilfen, § 27 StGB – beteiligen; im einzelnen dazu § 399 Rdn. 109 ff. Insoweit gelten die allgemeinen Grundsätze, § 28 Abs. 1 StGB findet Anwendung. **60**

---

[43] Vgl. auch *Fuhrmann* AktG, Anm. 9; *Geßler/Fuhrmann* AktG, Rdn. 42; *KK/Geilen* Rdn. 71.

[44] Vgl. auch *Klussmann* Geschäftslagetäuschungen, S. 69, und *KK/Geilen* Rdn. 74, die sogar eine analoge Anwendung des § 310 StGB befürworten, der kein freiwilliges Verhalten voraussetzt.

III. Falsche Angaben gegenüber Prüfern, § 400 Abs. 1 Nr. 2

1. Das strafbare Verhalten

61 Der Tatbestand poenalisiert unrichtige Angaben gegenüber Prüfern der Gesellschaft oder eines verbundenen Unternehmens, und zwar hat der Gesetzgeber falsche Angaben oder die unrichtige Wiedergabe oder Verschleierung der Verhältnisse der Gesellschaft in Aufklärungen oder Nachweisen, die den entsprechenden Prüfern zu geben sind, unter Strafe gestellt.

62 Diese Aneinanderreihung verschiedener Tatalternativen muß verwirren. Zunächst erweckt der Gesetzeswortlaut nämlich den Anschein, als unterschieden sich die falschen Angaben und die unrichtige Wiedergabe im Äußerungsgegenstand, da sich die falschen Angaben nicht auf die Verhältnisse der Gesellschaft beziehen müssen. Dieser Unterschied erweist sich aber als bedeutungslos, denn da die unrichtigen Erklärungen im Rahmen bestehender Auskunftspflichten erfolgen müssen, handelt es sich auch bei der unrichtigen Wiedergabe und Verschleierung der Verhältnisse um unrichtige Angaben gegenüber den Auskunftsberechtigten. Die 1. Alternative des Tatbestandes deckt daher die weiteren ab. Umgekehrt sind die Angaben, auf die die entsprechenden Prüfer einen Anspruch haben, in der Regel Erklärungen zu den Verhältnissen der Gesellschaft. Auch von den beiden letzten Tatalternativen her erscheint die Erweiterung der Tathandlungen deshalb nicht unbedingt als Gewinn. Zutreffend faßt *Geilen* (*KK/Geilen* Rdn. 99) den Gesetzeswortlaut sachlich dahin zusammen: „... in Aufklärungen oder Nachweisen ... unrichtige oder sonst irreführend wirkende Angaben macht".

2. Der objektive Tatbestand

63 a) **Täter.** – Der Kreis tauglicher Täter – Vorstandsmitglieder, Aufsichtsratsmitglieder, Abwickler – ist mit dem des § 400 Abs. 1 Nr. 1 identisch; vgl. im einzelnen dazu unter Rdn. 8. Auch § 400 Abs. 1 Nr. 2 ist daher ein **echtes Sonderdelikt.**

64 Dennoch sind **Besonderheiten** in der Bestimmung der Täterschaft gegenüber § 400 Abs. 1 Nr. 1 zu beachten. Bei den hier relevanten Auskünften oder Nachweisen handelt es sich nur um solche, die den entsprechenden Prüfern nach den Vorschriften des AktG zu geben sind. Der Auskunftspflicht entspricht daher das gesetzliche Auskunftsrecht. Das bedeutet aber, daß nicht jede unrichtige, von einem tauglichen Täter dem entsprechenden Prüfer gegebene Auskunft tatbestandsmäßig ist, sondern nur eine solche Auskunft, auf die der Prüfer dem entsprechenden Organmitglied gegenüber ein Auskunftsrecht hat. Ist daher z. B. nach dem Gesetz der Vorstand dem Prüfer gegenüber in einem bestimmten Punkt auskunftspflichtig – vgl. z. B. §§ 165 Abs. 2, 336 Abs. 4 – so sind Auskünfte, die der Prüfer bei Mitgliedern des Aufsichtsrats einholt, nicht tatbestandsmäßig, auch wenn diese Auskünfte unrichtig sind (vgl. auch *KK/Geilen* Rdn. 102).

65 b) **Tathandlung.** – Tathandlungen sind falsche Angaben und unrichtige Wiedergaben oder Verschleierungen in bestimmten Aufklärungen und Nachweisen.

66 aa) Der Begriff der **falschen Angaben** entspricht dem identischen Begriff des § 399 Abs. 1. Danach sind Angaben nachprüfbare Aussagen über **Tatsachen,** d. h. über konkrete äußere oder innere Geschehnisse oder Zustände der Vergangenheit oder Gegenwart. Auch in **Werturteilen,** z. B. Schätzungen, Bewertungen und Prognosen können derartige Aussagen enthalten sein, soweit diese wiederum auf eine Tatsachengrundlage verweisen oder – zumindest in ihrem Kern – eine dem Beweis zugängliche Tatsachenbehauptung enthalten; im einzelnen dazu § 399 Rdn. 36.

67 Im Gegensatz zu § 399 Abs. 1 ist in § 400 Abs. 1 Nr. 2 das **„Verschweigen erheblicher Umstände"** nicht aufgeführt. Strafbarkeitslücken werden jedoch durch diesen Mangel kaum begründet, da eine unvollständige Auskunft, die den Eindruck erweckt, eine vollständige Aufklärung oder einen vollständigen Nachweis zu geben, nach ihrem Sinngehalt bereits eine unrichtige Äußerung darstellt; im einzelnen dazu § 399 Rdn. 41. Der Fall, daß eine lückenhafte Auskunft nicht zugleich eine wegen Unvollständigkeit unrichtige Auskunft ist, hat insbesondere hier nur theoretische Bedeutung, da der Umfang der Auskunft durch Auskunftsrecht und Auskunftspflicht präzisiert ist. Denkbar wäre höchstens der Fall, daß der Täter, der dem Prüfer gegenüber zu bestimmten Angaben zu verschiedenen Prüfungspunkten verpflichtet ist, die Angaben zu einem Punkte wegläßt und der Prüfer daher davon ausgeht, zu diesen Punkten gäbe es keine relevanten Angaben. In dieser Situation käme aber eine Täterschaft durch Unterlassen in Betracht, da der Täter zu den entsprechenden Angaben gesetzlich verpflichtet ist. Aber auch dann ist noch zu erwägen, ob nicht ein Fall positiven Tuns vorliegt, weil der Täter durch die „Gesamtangaben" konkludent den Eindruck vollständiger Unterrichtung hervorgerufen hat. – **Verweigert** der Täter hingegen **offen bestimmte Angaben**, so verletzt dieses Verhalten zwar seine Auskunftspflicht, erfüllt aber nicht den Tatbestand des § 400 Abs. 1 Nr. 2, denn die offene, pflichtwidrige Verweigerung von Auskünften begründet nicht die Gefahr, daß Prüfungsergebnisse auf unrichtigen Tatsachengrundlagen aufbauen (vgl. auch *KK/Geilen* Rdn. 107).

68 **bb)** Zur **unrichtigen Wiedergabe** der Verhältnisse der Gesellschaft vgl. die entsprechenden Ausführungen unter Rdn. 13 ff; zur **Verschleierung** der Verhältnisse der Gesellschaft vgl. die entsprechenden Ausführungen unter Rdn. 18 ff.

69 c) **Tatgegenstand.** – Gegenstand der Tathandlung sind Aufklärungen und Nachweise, die nach den Vorschriften des AktG einem Prüfer der Gesellschaft oder eines verbundenen Unternehmens zu geben sind. Die Strafbarkeit ist daher bedingt und begrenzt durch das Auskunftsrecht des Prüfers.

70 aa) **Aufklärungen und Nachweise.** – In enger Anlehnung an den Wortlaut ließen sich als Aufklärungen Erklärungen verstehen, die zur Ausräumung bereits aufgetretener Zweifel, Unklarheiten und Widersprüche bestimmt sind, und als Nachweise die für die Prüfung benötigten Belege. – Diese enge Auslegung der Begriffe würde jedoch den Gesetzeszweck – Sicherstellung der Richtigkeit, Vollständigkeit und Klarheit aller für die Ermittlung eines sachgerechten Prüfungsergebnisses erforderlichen Angaben – entgegenstehen. Die Begriffe sind daher weiter auszulegen.

71 Als **Aufklärungen** sind Erklärungen jeder Art, die für die Prüfung relevante Informationen enthalten und zur Klärung oder Vermeidung von Zweifelsfragen oder Widersprüchen erforderlich sind. – **Nachweise** sind Unterlagen – Bücher, Schriften, Urkunden u. ä. –, welche den von den Prüfern erfaßten Bereich belegen, z. B. Inventurlisten (BGHSt. **13** 382, 383).[45]

72 **bb) Der Adressat** der Aufklärungen und Nachweise. – Das Gesetz beschränkt das Auskunftsrecht – den wirtschaftsrechtlichen Vorschriften entsprechend; vgl. §§ 145 Abs. 2, 3, 258 Abs. 5 – auf Aufklärungen und Nachweise, die einem **Prüfer** zu geben sind. Im Gegensatz dazu nennt § 403 auch den Gehilfen eines Prüfers. Dennoch ist daraus nicht der Schluß zu ziehen, daß unrichtige Angaben gegenüber einem Gehilfen des Prüfers straflos sind oder die Tat erst dann vollendet ist, wenn der Prüfer wiederum

[45] Vgl. auch *Fuhrmann* AktG, Rdn. 6; *Geßler/Fuhrmann* AktG, Rdn. 31; *KK/Geilen* Rdn. 103.

von seinem Gehilfen unterrichtet wird. Das würde letztlich bedeuten, daß der Prüfer die gesamte Prüfung eigenhändig durchführen oder nachvollziehen müßte. – Das ist nicht der Sinn der gesetzlichen Regelung. Die ausdrückliche Erwähnung des Prüfers umreißt lediglich „den thematischen Zusammenhang mit der ihm obliegenden Prüfungsaufgabe" (*KK/Geilen* Rdn. 104). Die Angaben sind daher dem Prüfer gegenüber gemacht, wenn sie an einen seiner Sphäre zuzurechnenden, mit der Prüfungsaufgabe betrauten Adressaten gerichtet sind. Ein persönlicher Kontakt zum Prüfer ist dafür nicht erforderlich.[46]

73 cc) **Einschlägige Prüfungsfälle.** – Nachdem die Abschlußprüfung in §§ 316 ff HGB geregelt ist, verbleiben als einschlägige Prüfungsfälle nach den Vorschriften des AktG die **Sonderprüfungen**, vgl. dazu §§ 145 Abs. 2, 3, 258 Abs. 5. Gemäß § 145 Abs. 3 erstreckt sich die Auskunftspflicht auch auf die entsprechenden Organe eines Konzernunternehmens sowie eines abhängigen oder herrschenden Unternehmens. – Gründungsprüfungen – dazu unter Rdn. 90 – werden hier nicht relevant, da die dort auskunftspflichtigen Personen nicht zum Kreis der hier tauglichen Täter gehören. – Unrichtige Angaben gegenüber Abschlußprüfern und Konzernabschlußprüfern fallen nicht unter § 400 Abs. 1 Nr. 2, sondern unter § 331 Nr. 4 HGB.

3. Der subjektive Tatbestand

74 Der Tatbestand des § 400 Abs. 1 Nr. 2 erfordert Vorsatz, bedingter Vorsatz genügt; im einzelnen vgl. dazu die entsprechenden Ausführungen unter Rdn. 48.

4. Rechtswidrigkeit

75 Zur Rechtswidrigkeit und zu den möglichen Rechtfertigungsgründen in Ausnahmesituationen vgl. die entsprechenden Ausführungen unter Rdn. 49 ff.

5. Irrtum

76 Zu den verschiedenen **Irrtumsmöglichkeiten** vgl. die entsprechenden Ausführungen unter Rdn. 53 f. – Wesentlich im Rahmen des § 400 Abs. 1 Nr. 2 kann die irrtümliche Annahme des Täters sein, eine von ihm gegebene Auskunft unterfalle nicht der gesetzlichen **Auskunftspflicht.** Hier handelt es sich – vergleichbar dem Irrtum des Täters eines Steuerdelikts über die Steuerpflicht[47] – um einen den Vorsatz ausschließenden **Tatbestandsirrtum**; dazu im einzelnen unter Rdn. 53. – Ein **Verbotsirrtum** liegt vor, wenn der Täter meint, seiner Auskunftspflicht stehe ein Schweigerecht gegenüber, das in Wirklichkeit nicht besteht; dazu im einzelnen unter Rdn. 54.

6. Versuch und Vollendung

77 a) Der **Versuch** der falschen Angaben gegenüber Prüfern ist nicht strafbar, denn die Tat ist Vergehen, § 12 Abs. 2 StGB; vgl. dazu im einzelnen § 399 Rdn. 102.

78 b) **Vollendung.** – Vollendet ist die Tat, wenn der Prüfer oder eine der für ihn tätigen Personen die für die Prüfung bestimmten Aufklärungen oder Nachweise erhal-

---

[46] So auch *Dannecker* Bilanzstrafrecht, Rdn. 677; *Heymann/Otto* HGB, § 331 Rdn. 70; *KK/Geilen* Rdn. 104. – **A. A.** *Fuhrmann* AktG, Anm. 6: *Geßler/Fuhrmann* AktG, Rdn. 32.

[47] Dazu vgl. BGH wistra 1987, 139; BFH wistra 1987, 151; BayObLG MDR 1990, 655; OLG Bremen StV 1985, 282.

ten hat. Der Zugang genügt. Kenntnisnahme ist bei schriftlichen Erklärungen nicht nötig, bei mündlichen Erklärungen genügt es, daß der Adressat die Erklärung aufgenommen hat. Nicht erforderlich ist, daß er sie in ihrer vollen Bedeutung erfaßt hat. Eine erfolgreiche Irreführung des Prüfers ist nicht erforderlich.[48]

7. Täterschaft und Teilnahme

a) **Täter.** – Alleintäter, Nebentäter, Mittäter, mittelbarer Täter – kann nur ein **79**
Träger der Sonderpflicht sein, mag auch ein Dritter noch so bedeutsame unrichtige Angaben gemacht haben. Eine Täterposition kann er aufgrund seiner Tathandlung nicht erlangen.

b) **Teilnehmer.** – Dritte können an der Tat eines tauglichen Täters nach den allge- **80**
meinen Regeln, §§ 26, 27 StGB, als Anstifter oder Gehilfen beteiligt sein; im einzelnen dazu § 399 Rdn. 109 ff. – Voraussetzung ist aber stets die tatbestandsmäßige, rechtswidrige Haupttat eines tauglichen Täters. Hat an einer falschen Unterrichtung des Prüfers daher ein tauglicher Täter nicht mitgewirkt, so bleiben auch gravierende Täuschungshandlungen Dritter straffrei, weil es an der Haupttat fehlt, an der sie sich beteiligt haben müßten (vgl. auch *KK/Geilen* Rdn. 110).

IV. Falsche Angaben gegenüber Prüfern durch Gründer oder Aktionäre, § 400 Abs. 2

Der durch das GmbH-ÄnderungsG 1980 in das Gesetz eingefügte Tatbestand – **81**
vgl. dazu auch Rdn. 1 – dehnt die Strafbarkeit falscher Angaben gegenüber Prüfern, § 400 Abs. 1 Nr. 2, auf Gründer und Aktionäre aus. Die Erweiterung des Täterkreises auf Aktionäre einerseits und sonstige Prüfer andererseits war erforderlich, weil gefährlichen Falschinformationen durch gesetzlich auskunftspflichtige Personen bei Nachgründungen und Kapitalerhöhungen mit Sachgründungen auch durch strafrechtliche Maßnahmen begegnet werden sollte.[49]

1. Der objektive Tatbestand

a) **Täter.** – Taugliche Täter können nur Gründer oder Aktionäre sein. Das Delikt **82**
ist ein **echtes Sonderdelikt.**

Gründer der Aktiengesellschaft sind die Aktionäre, die die Satzung festgestellt ha- **83**
ben, § 28; im einzelnen dazu § 399 Rdn. 8 ff. – Zur juristischen Person und anderen Personengemeinschaften als Gründer vgl. § 399 Rdn. 15. – **Gründer einer KGaA** sind die Gesellschafter, die die Satzung festgestellt haben, § 280 Abs. 3. – **Aktionär** ist jeder an der Gesellschaft Beteiligte, der mindestens eine Aktie besitzt; vgl. auch § 118.

Wie in der Situation des § 400 Abs. 1 Nr. 2 muß der Täter in seiner **Funktion „als** **84**
Gründer oder Aktionär" gehandelt haben. Das bedeutet auch hier, daß nicht jede unrichtige, von einem tauglichen Täter dem Prüfer gegebene Auskunft tatbestandsmäßig ist, sondern nur eine solche Auskunft, auf die der Prüfer dem Täter gegenüber ein Auskunftsrecht hat. Dem Auskunftsrecht des Prüfers entspricht die Auskunftspflicht des Täters; im einzelnen dazu vgl. Rdn. 64.

---

[48] Vgl. auch *Fuhrmann* AktG, Anm. 9; *Geßler/Fuhrmann* AktG, Rdn. 42; *KK/Geilen* Rdn. 109.

[49] Vgl. auch *Fuhrmann* AktG, Anm. 7; *Geßler/Fuhrmann* AktG, Rdn. 37, 33.

85 b) **Tathandlung.** – Tathandlung sind falsche Angaben oder das Verschweigen erheblicher Umstände in bestimmten Aufklärungen oder Nachweisen, die nach dem AktG einem Gründungsprüfer oder sonstigem Prüfer zu geben sind.

86 Die Begriffe der **falschen Angaben** und des **Verschweigens erheblicher Umstände** entsprechen den identischen Begriffen des § 399 Abs. 1; vgl. im einzelnen dazu § 399 Rdn. 36 ff. – **Gründungsprüfer** sind die gemäß § 33 Abs. 2, 3 eingesetzten Prüfer, nicht aber die Mitglieder des Vorstands oder Aufsichtsrats, die gemäß § 33 Abs. 1 den Hergang der Gründung zu prüfen haben. Als **sonstige Prüfer** kommen die Prüfer bei der Nachgründung und bei der Kapitalerhöhung mit Sacheinlagen, §§ 52 Abs. 4, 183 Abs. 3, in Betracht.

87 c) **Tatgegenstand.** – Gegenstand der Tathandlung sind Aufklärungen und Nachweise, die nach den Vorschriften des AktG einem Gründungsprüfer oder sonstigem Prüfer zu geben sind. Auch hier ist die Strafbarkeit daher bedingt und begrenzt durch das **Auskunftsrecht** des Prüfers.

88 aa) Zum Begriff der **Aufklärungen** und **Nachweise** vgl. die entsprechenden Ausführungen Rdn. 70 f.

89 bb) Zum **Prüfer als Adressaten** der Aufklärungen und Nachweise und zur Problematik der dem Gehilfen des Prüfers gegebenen Aufklärungen und Nachweise vgl. die entsprechenden Ausführungen Rdn. 72.

90 cc) **Einschlägige Prüfungsfälle.** – Wie bereits die Hervorhebung der Gründungsprüfer im Gesetz zeigt, steht die **Gründungsprüfung** im Vordergrund der gesetzlichen Regeln. – Gemäß § 35 Abs. 1 können die Gründungsprüfer von den Gründern alle Aufklärungen und Nachweise verlangen, die für eine sorgfältige Prüfung des Gründungsvorganges – dazu § 34 Abs. 1 – notwendig sind.

91 Neben der Gründungsprüfung kommen sodann die **Nachprüfung, § 52, und die Kapitalerhöhung mit Sacheinlagen** als Tatsituationen in Betracht. In beiden Fällen ist die Problematik der der Gründungsprüfung – Umgehung der besonderen Schutzvorschriften bei der Sachgründung – vergleichbar. Auskunftspflichtig sind hier Aktionäre gemäß § 52 Abs. 4 bzw. § 183 Abs. 3. Beide Vorschriften erwähnen allerdings die Aktionäre nicht ausdrücklich, sondern erklären nur § 35 für „sinngemäß" anwendbar, obwohl § 35 Abs. 1 nur die Auskunftspflicht der Gründer gegenüber den Gründungsprüfern zum Gegenstand hat. Da § 400 Abs. 2 jedoch ausdrücklich die Aktionäre in den Kreis tauglicher Täter einbezieht und die §§ 52 Abs. 4, 183 Abs. 3 nur eine „sinngemäße Geltung" des § 35 Abs. 1 konstituieren, erstreckt sich die Informationspflicht hier auch auf die Aktionäre, wie sich aus ihrer Funktion bei der Nachgründung und der Kapitalerhöhung mit Sacheinlagen ergibt (vgl. auch *KK/Geilen* Rdn. 121 f).

2. Weitere Deliktsvoraussetzungen

92 Die weiteren Deliktsvoraussetzungen entsprechen denen des Abs. 1 Nr. 2; vgl. daher zum **subjektiven Tatbestand** Rdn. 74; zur **Rechtswidrigkeit** Rdn. 75; zu den **Irrtumsmöglichkeiten** Rdn. 76; zum **Versuch** Rdn. 77 und zur **Vollendung** Rdn. 78; zur **Täterschaft** Rdn. 79 und zur **Teilnahme** Rdn. 80.

V. Konkurrenzen

1. Konkurrenzprobleme innerhalb des § 400

93 Werden ursprünglich unrichtig gemachte Angaben später ergänzt, so liegt nur eine einheitliche Tat vor (BGH wistra **1996** 348). – Soweit sich die einzelnen Tathandlungen des § 400 überschneiden, ist davon auszugehen, daß die speziellere Regelung die allge-

meinere verdrängt. Wenn daher die Voraussetzungen des § 400 Abs. 1 Nr. 2 vorliegen, schließt § 400 Abs. 1 Nr. 2 den allgemeineren Tatbestand des § 400 Abs. 1 Nr. 1 aus. – Tatmehrheit, § 53 StGB, kann in Ausnahmefällen zwischen § 400 Abs. 1 Nr. 2 und § 400 Abs. 2 gegeben sein. Da beide Tatbestände aber verschiedene Täterqualifikationen voraussetzen, wird eine Konkurrenz dieses Tatbestands nur relevant, wenn ein nach § 400 Abs. 2 tauglicher Täter später tauglicher Täter des § 400 Abs. 1 Nr. 2 wird, so z. B. wenn ein Gründer später Vorstandsmitglied wird (vgl. auch *Fuhrmann* AktG, Anm. 10).

2. Das Verhältnis des § 400 zu anderen Delikten

§ 400 Abs. 1 Nr. 1 und Nr. 2 treten als subsidiär hinter § 331 Nr. 1 und Nr. 4 HGB zurück, soweit deren Voraussetzungen vorliegen. § 331 Nr. 1 HGB erfaßt die unrichtige Wiedergabe oder Verschleierung der Verhältnisse der Kapitalgesellschaft in der Eröffnungsbilanz, im Jahresabschluß oder im Lagebericht. Demgegenüber ist § 400 Abs. 1 Nr. 1 weiter, da er jede Bilanz und auch bestimmte mündliche Äußerungen in den Strafrechtsschutz einbezieht. – Vergleichbar ist das Verhältnis des § 331 Nr. 4 HGB zu § 400 Abs. 1 Nr. 2. § 331 Nr. 4 HGB erfaßt nur Aufklärungen und Nachweise, die gegenüber einem Abschlußprüfer abzugeben sind, während § 400 Abs. 1 Nr. 6 auch unrichtige Erklärungen in Aufklärungen und Nachweisen gegenüber einem Sonderprüfer pönalisiert. – Soweit daher die Voraussetzungen des § 331 Nr. 1 und Nr. 4 HGB einerseits und des § 400 Abs. 1 oder Nr. 2 andererseits erfüllt sind, tritt § 400 Abs. 1 Nr. 1 oder Nr. 2 als subsidiär zurück. Soweit hingegen ein Fall vorliegt, der in § 331 Nr. 1 oder Nr. 4 HGB nicht erfaßt ist, wohl aber in § 400 Abs. 1 Nr. 1 oder Nr. 2, behält § 400 Abs. 1 Nr. 1 oder Nr. 2 seine Selbständigkeit. Möglich ist es auch, daß der Täter durch eine Handlung – Bericht, der den verschiedenen Adressaten zugänglich gemacht wird – beide Tatbestände erfüllt. Ob hier Tateinheit, § 52 StGB, oder Tatmehrheit, § 53 StGB vorliegt, entscheidet sich danach, ob der Täter die Tatbestände durch dieselbe Tathandlung oder mehrere verschiedene Tathandlungen verwirklicht hat. 94

Möglich ist, je nach den Tatumständen ein tateinheitliches Zusammentreffen, § 52 StGB, der Tatbestände des § 400 mit Betrug, § 263 StGB, Kapitalanlagebetrug, § 264 a StGB, Kreditbetrug, § 265 b StGB, Untreue, § 266 StGB, Urkundenfälschung, § 267 StGB, und strafbarer Werbung, § 4 UWG. 95

VI. Strafverfolgung und Rechtsfolgen

1. Offizialdelikte

Die Tatbestände des § 400 sind Offizialdelikte. Sie werden von Amts wegen verfolgt. 96

2. Zuständigkeit der Wirtschaftsstrafkammern

Gemäß § 74 c Abs. 1 Nr. 1 GVG ist für Straftaten nach dem AktG eine Strafkammer als Wirtschaftsstrafkammer zuständig, soweit nach § 74 Abs. 1 GVG als Gericht des ersten Rechtszuges und nach § 74 Abs. 3 GVG für die Verhandlung und Entscheidung über das Rechtsmittel der Berufung gegen Urteile des Schöffengerichts das Landgericht zuständig ist. 97

3. Verjährung

Die **Strafverfolgung** einer Straftat nach § 400 verjährt grundsätzlich in fünf Jahren, § 78 Abs. 3 Nr. 4 StGB; im einzelnen dazu § 399 Rdn. 238. – Zur **Vollstreckungsverjährung** vgl. §§ 79–79 b StGB. Die Vollstreckungsverjährung beginnt frühestens mit der rechtskräftigen Verhängung einer Strafe oder Maßnahme, § 11 Abs. 1 Nr. 8 StGB. 98

4. Urteilstenor

99 Da § 400 mehrere unterschiedliche Tatbestände enthält, muß der Urteilstenor hinreichend klar erkennen lassen, welchen Tatbestand der Täter verwirklicht hat. Im Urteilstenor, nicht erst in den Urteilsgründen ist daher zum Ausdruck zu bringen, aufgrund welchen Tatbestandes der Täter verurteilt wird.

5. Strafe

100 Die Straftaten nach § 400 sind Vergehen, § 12 Abs. 2 StGB. Sie können wahlweise mit Freiheitsstrafe bis zu drei Jahren oder mit Geldstrafe geahndet werden. Hat der Täter sich durch die Tat bereichert oder zu bereichern versucht, so kann neben einer Freiheitsstrafe zusätzlich auf eine Geldstrafe erkannt werden, § 41 StGB. – Die Vorschriften über Verfall und Einziehung, §§ 73 ff StGB, und über die Verhängung eines Berufsverbots, § 70 StGB, finden Anwendung. Zur Bemessung der Freiheitsstrafe vgl. §§ 38, 39 StGB, zur Geldstrafe vgl. § 40 StGB. – Fehlen bei einem Teilnehmer – Anstifter oder Gehilfen – die besonderen Tätereigenschaften – dazu vgl. § 399 Rdn. 7 –, so ist die Strafe gemäß § 28 Abs. 1 StGB zu mildern.

§ 401
Pflichtverletzung bei Verlust, Überschuldung oder Zahlungsunfähigkeit

(1) Mit Freiheitsstrafe bis zu 3 Jahren oder mit Geldstrafe wird bestraft, wer es

1. als Mitglied des Vorstands entgegen § 92 Abs. 1 unterläßt, bei einem Verlust in Höhe der Hälfte des Grundkapitals die Hauptversammlung einzuberufen und ihr dies anzuzeigen, oder

2. als Mitglied des Vorstands entgegen § 92 Abs. 2 oder als Abwickler entgegen § 268 Abs. 2 Satz 1 unterläßt, bei Zahlungsunfähigkeit oder Überschuldung die Eröffnung des Konkursverfahrens oder des gerichtlichen Vergleichsverfahrens zu beantragen.

(2) Handelt der Täter fahrlässig, so ist die Strafe Freiheitsstrafe bis zu einem Jahr oder Geldstrafe.

Hinweis: § 401 Abs. 1 Nr. 2 in der Fassung des EinführungsG zur Insolvenzordnung v. 5. 10. 1994 (BGBl. I, 2911, 2931):

„2. als ... die Eröffnung des Insolvenvenzverfahrens zu beantragen."

Übersicht

Schrifttum

Baumgarte Die Strafbarkeit von Rechtsanwälten und anderen Beratern wegen unterlassener Konkursanmeldung, wistra 1992, 41; *Bieneck* Die Zahlungseinstellung in strafrechtlicher Sicht, wistra 1992, 89; *ders.* Unternehmenskrise, in: Müller-Gugenberger, Wirtschaftsstrafrecht, § 63; *ders.* Konkursverschleppung, in: Müller-Gugenberger, Wirtschaftsstrafrecht, § 71; *Bilo* Zum Problemkreis der Überschuldung im strafrechtlichen Bereich, GmbHR 1981, 73, 104; *Drebes* Die Überschuldung als Konkursantragstatbestand, in: Poerting (Hrsg.), Wirtschaftskriminalität, Teil I, 1983, S. 249; *Drukarczyk* Bilanzielle Überschuldungsmessung – Zur Interpretation der Vorschriften von § 92 Abs. 2 AktG und § 64 Abs. 1 GmbHG, ZGR 1979, 553; *Franzheim* Das Tatbestandsmerkmal der Krise im Bankrottstrafrecht, NJW 1980, 2500; *ders.* Der strafrechtliche Überschuldungsbegriff, wistra 1984, 212; *Gurke* Verhaltensweisen und Sorgfaltspflichten von Vorstandsmitgliedern und Geschäftsführern bei drohender Überschuldung, 1982; *Haack* Überschuldung – ein deskriptives Tatbestandsmerkmal?, NJW 1981, 1353; *Harneit* Überschuldung und erlaubtes Risiko, 1984; *Hartung* Probleme bei der Feststellung der Zahlungsunfähigkeit, wistra 1997, 1; *Hirtz* Die Vorstandspflichten bei Verlust, Zahlungsunfähigkeit und Überschuldung einer AG, 1966; *Höfner* Die Überschuldung als Krisenmerkmal des Konkursstrafrechts, 1981; *Hoffmann* Zahlungsunfähigkeit und Zahlungseinstellung, MDR 1979, 713; *Klar* Überschuldung und Überschuldungsbilanz, 1987; *Kühn* Gläubigerschutz nach § 823 Abs. 2 BGB bei Überschuldung der GmbH, NJW 1972, 589; *Labsch* Die Strafbarkeit des GmbH-Geschäftsführers im Konkurs der GmbH, wistra 1985, 1, 59; *Lambsdorff-Gilles* Zur Haftung des GmbH-Geschäftsführers bei unterlassenem oder verzögertem Konkursantrag, NJW 1966, 1551; *Lindacher* Direkte Haftung der AG-Vorstandsmitglieder und GmbH-Geschäftsführers gegenüber Gesellschaftsgläubigern bei unterlassenem oder verzögertem Konkursantrag, DB 1972, 1424; *Lüderssen* Der Begriff der Überschuldung in § 84 GmbHG, in: GedS Armin Kaufmann, 1989, S. 675; *Martens* Die Anzeigepflicht des Verlustes des Garantiekapitals nach dem AktG und dem GmbHG, ZGR 1972, 254; *Menger* Die Überschuldung des Unternehmens, GmbHR 1982, 221; *Meyer-Cording* Konkursverzögerung durch erfolglose Sanierungsversuche, NJW 1981, 1242; *Meyer-Landrut* Überschuldung als Konkursgrund, in: FS Quack, 1991, S. 335; *Möhrenschlager* Der Regierungsentwurf eines Zweiten Gesetzes zur Bekämpfung der Wirtschaftskriminalität, wistra 1983, 17; *Müller* Der Verlust der Hälfte des Grund- oder Stammkapitals, ZGR 1985, 191; *Müller-Gugenberger* Wirtschaftsstrafrecht[2], 1992; *Müller/Wabnitz* Wirtschaftskriminalität[3], 1993; *Muser* Die aktienrechtliche Meldepflicht nach § 83 AktG 1937, WPg 1961, 29; *Otto* Der Zusammenhang zwischen Krise, Bankrotthandlung und Bankrott im Konkursstrafrecht, in: GedS R. Bruns, 1980, S. 265; *Papke* Zum Begriff der Zahlungsunfähigkeit, DB 1969, 735; *Pfeiffer* Unterlassen der Verlustanzeige und des Konkurs- oder Vergleichsantrages nach § 84 GmbHG, in: FS Rowedder, 1994, S. 347; *Plate* Die Konkursbilanz, 1979; *Ransiek* Unternehmensstrafrecht, 1996; *Reulecke* Die Feststellung der Zahlungsunfähigkeit in der wirtschaftsstrafrechtlichen Praxis, Krim 1984, 80; *Richter* Der Konkurs der GmbH aus der Sicht der Strafrechtspraxis, GmbHR 1984, 113, 137; *Schäfer* Zur strafrechtlichen Verantwortlichkeit des GmbH-Geschäftsführers, GmbHR 1993, 780; *Schlüchter* Die Krise im Sinne des Bankrottstrafrechts, MDR 1978, 265; *dies.* Zur Bewertung der Aktiva für die Frage der Überschuldung, wistra 1984, 41; *K. Schmidt* Vom Konkursrecht der Gesellschaften zum Insolvenzrecht der Unternehmen, ZIP 1980, 233; *ders.* Sinnwandel und Funktion des Überschuldungstatbestandes, JZ 1982, 165; *ders.* Die Strafbarkeit „faktischer Geschäftsführer" wegen Konkursverschleppung als Methodenproblem, in: FS Rebmann, 1989, 419; *Schmidt-Sommerfeld* Können Summen- und Saldenlisten Bilanzen i. S. von § 64 GmbH sein?, NStZ 1983, 214; *Spannowsky* Konkursverschleppung bei Gesellschaften ohne Geschäftsführer, wistra 1990, 48; *Tiedemann* Die Überschuldung als Tatbestandsmerkmal des Bankrotts, in: GedS Schröder, 1978, S. 289; *Uhlenbruck* Gesetzliche Konkursantragspflicht und Sanierungsbemühungen, ZIP 1980, 73; *Ulmer* Konkursantragspflichten bei Überschuldung der GmbH und Haftungsrisiken bei Konkursverschleppung, KTS 1981, 469; *Weyand* Konkursdelikte, Unternehmenszusammenbruch und Strafrecht[2], 1993; *Winkler* Zum Schutzumfang des § 64 Abs. 1 GmbH-Gesetz, MDR 1960, 185.

I. Allgemeines

1. Entstehungsgeschichte

1 § 401 entspricht im wesentlichen dem früheren § 297 AktG 1937[1], der seinerseits z. T. auf § 315 HGB a. F.[2] zurückging. Der zuvor strafbare Verstoß gegen die Pflicht, für einen funktionsfähigen Aufsichtsrat zu sorgen, § 315 Nr. 1 HGB a. F., § 297 Nr. 1 AktG 1937 wurde nicht in den neuen Tatbestand übernommen. Der Gesetzgeber sah es als hinreichend an, die Funktionsfähigkeit des Aufsichtsrats durch die Möglichkeit der Verhängung eines Zwangsgeldes sicherzustellen, § 407 in Verb. mit § 104 Abs. 1.

---

[1] **Fehlen von Aufsichtsratsmitgliedern. Unterlassen des Konkurs- oder Vergleichsantrags**
Mit Gefängnis bis zu drei Monaten wird bestraft:
1. wer als Mitglied des Vorstandes oder des Aufsichtsrats oder als Abwickler vorsätzlich oder fahrlässig nicht hindert, daß länger als drei Monate im Aufsichtsrat die zur Beschlußfähigkeit nötige Zahl von Mitgliedern fehlt;
2. wer als Vorstandsmitglied vorsätzlich oder fahrlässig unterläßt, bei Verlust die Hauptversammlung zu berufen und dieser von dem Eintritt des Verlustes Anzeige zu machen (§ 38 Abs. 1) oder bei Zahlungsunfähigkeit oder Überschuldung die Eröffnung des Konkursverfahrens oder des gerichtlichen Vergleichsverfahrens zu beantragen (§ 38 Abs. 2);
3. wer als Abwickler vorsätzlich oder fahrlässig unterläßt, bei Zahlungsunfähigkeit oder Überschuldung die Eröffnung des Konkursverfahrens oder des gerichtlichen Vergleichsverfahrens zu beantragen (§ 209 Abs. 2).

[2] § 315 HGB v. 10. 5. 1897:
Mit Gefängniß bis zu drei Monaten und zugleich mit Geldstrafe bis zu fünftausend Mark werden bestraft:
1. die Mitglieder des Vorstandes oder die Liquidatoren sowie die Mitglieder des Aufsichtsraths, wenn länger als drei Monate die Gesellschaft ohne Aufsichtsrath geblieben ist oder in dem letzteren die zur Beschlußfähigkeit erforderliche Zahl von Mitgliedern gefehlt hat;
2. die Mitglieder des Vorstands oder die Liquidatoren, wenn entgegen den Vorschriften des § 240 Abs. 2 und des § 298 Abs. 2 der Antrag auf Eröffnung des Konkursverfahrens unterblieben ist.
Sind mildernde Umstände vorhanden, so tritt ausschließlich die Geldstrafe ein.
Straflos bleibt derjenige, bezüglich dessen festgestellt wird, daß die Bestellung oder Ergänzung des Aufsichtssraths oder der Eröffnungsantrag ohne sein Verschulden unterblieben ist.

Wesentlich erhöht wurde die Strafdrohung, die zugleich differenziert wurde, danach, ob der Täter vorsätzlich oder fahrlässig gehandelt hatte. Die Strafdrohung entspricht nunmehr der Strafdrohung eines Konkursdelikts. Damit ist die wirtschaftliche Dimension der hier möglichen Konkursfälle angemessen berücksichtigt. – Die geltende Fassung des § 401 beruht auf dem EGStGB v. 2. 3. 1974 (BGBl. I, 469, 570). – Mit Wirkung vom 1. 1. 1999 ist der Wortlaut des Abs. 1 Nr. 2 an den Sprachgebrauch der Insolvenzordnung angepaßt worden; EinfG zur Insolvenzordnung v. 5. 10. 1994, Art. 47 Nr. 22 (BGBl. I, 2911, 2931).

2. Das geschützte Rechtsgut

§ 401 Abs. 1 knüpft in Nr. 1 und Nr. 2 an zwei unterschiedlich gefährliche Situationen (Krisensituationen) an. Die Krisensituation nach Nr. 1 bedeutet bereits eine erhebliche Gefährdung für die Existenz der Gesellschaft und für das Vermögen ihrer Aktionäre. Wesentlich aber ist, daß in dieser Situation den Aktionären rechtzeitig Möglichkeiten zur Sanierung der Gesellschaft eröffnet werden. In der Krisensituation nach Nr. 2 sind hingegen die Interessen der Gesellschaft und aller Personen, die rechtliche oder wirtschaftliche Beziehungen zu der Gesellschaft unterhalten oder aufnehmen, konkret gefährdet. – Diesen unterschiedlichen Interessen entsprechend ist im Rechtsgüterschutz des § 401 Abs. 1 Nr. 1, Abs. 2 und dem des § 401 Abs. 1 Nr. 2, Abs. 2 zu differenzieren: 2

Geschütztes Rechtsgut im Rahmen der **Nr. 1** sind die Vermögensinteressen der Gesellschaft und der Aktionäre.[3] – **Geschütztes Rechtsgut** im Rahmen der **Nr. 2** sind die Vermögensinteressen der Gesellschaft, der Aktionäre, der Gesellschaftsgläubiger und aller sonstigen Dritten, die rechtliche oder wirtschaftliche Beziehungen zur Gesellschaft unterhalten oder aufnehmen wollen.[4] 3

3. Schutzgesetz

§ 401 dient der **Abwehr von Gefahren**, die sich **aus bestimmten Krisensituationen** der Gesellschaft ergeben und die sich für betroffene Dritte besonders drastisch auswirken können, weil die Gesellschaft nur beschränkt haftet. Er ist daher Schutzgesetz im Sinne des § 823 Abs. 2 BGB, jedoch ist wiederum nach dem Grad der Betroffenheit aufgrund der jeweiligen Krise zu differenzieren: 4

§ 401 Abs. 1 Nr. 1, Abs. 2 ist Schutzgesetz im Sinne des § 823 Abs. 2 BGB zu Gunsten der Gesellschaft und der Aktionäre, soweit ihnen durch die Verzögerung der Einberufung der Hauptversammlung ein Schaden erwachsen ist. – Der **Schutzbereich** des § 401 Abs. 1 Nr. 2, Abs. 2 ist streitig. Einigkeit besteht insoweit, daß § 401 Abs. 1 Nr. 2, Abs. 2 Schutzgesetz im Sinne des § 823 Abs. 2 BGB zugunsten der Gesellschaft, der Aktionäre und der Gläubiger ist, die im Zeitpunkt ordnungsgemäßen Antrags auf Konkurs- oder Vergleichseröffnung Gläubiger der Gesellschaft waren. – Weitgehend anerkannt ist, daß die Antragspflicht die Altgläubiger vor weiterem Verfall des Gesellschaftsvermögens schützen soll. Soweit es um dieses Erhaltungsinteresse geht, stehen Neugläubiger, d. h. die Gläubiger, die in dem Zeitpunkt, in dem der Antrag pflichtge- 5

[3] Vgl. auch *Baumbach/Hueck* Anm. 2; *Geßler/Fuhrmann* AktG, Rdn. 2; *Hachenburg/Kohlmann* GmbHG, § 84 Rdn. 4; *KK/Geilen* Rdn. 3; *Scholz/Tiedemann* GmbHG, § 84 Rdn. 11.

[4] Vgl. auch BGH wistra 1982, 189, 191 (zu § 84 GmbHG); *Geßler/Fuhrmann* AktG, Rdn. 2; *Fuhrmann* AktG, Anm. 1. – Enger (Ausschluß dritter Personen): *Hachenburg/Kohlmann* GmbHG, § 84 Rdn. 33; *Scholz/Tiedemann* GmbHG, § 84 Rdn. 9.

mäß hätte gestellt werden müssen, noch nicht Gläubiger der Gesellschaft waren, den Altgläubigern gleich. Streitig hingegen ist der Schutz der Neugläubiger, bei denen die Verletzung der Pflicht, den Konkurs oder Vergleichsantrag zu stellen, nicht zu einer geringeren Beteiligung an der Konkursquote führt, so z. B. wenn die Gesellschaft im Zeitpunkt des Vertragsschlusses bereits vermögenslos ist. Im Hinblick auf den Schutzumfang des § 401 Abs. 1 Nr. 2, Abs. 2 ist die Problematik daher auf die Frage zu beschränken, ob die Antragspflicht nur der Erhaltung eines in einem bestimmten Zeitpunkt vorhandenen Gesellschaftsvermögens dient oder Dritte im rechtsgeschäftlichen Verkehr mit einer zahlungsunfähigen oder überschuldeten Gesellschaft schützen soll. – Aus strafrechtlicher Sicht ist die Frage eindeutig zu beantworten: Weil § 401 Abs. 1 Nr. 2, Abs. 2 den Gefahren in einer bestimmten Krisensituation der Gesellschaft *und* denen, die sich aus der beschränkten Haftung der Gesellschaft ergeben, begegnen will, schützt er nicht nur vor weiterem Verfall des Gesellschaftsvermögens in einer bestimmten Krisensituation, sondern auch das Vertrauen in die Zahlungsfähigkeit und Kreditwürdigkeit der Gesellschaft. – § 401 Abs. 1 Nr. 2, Abs. 2 ist daher Schutzgesetz im Sinne des § 823 Abs. 2 BGB zugunsten der Gesellschaft, der Gesellschaftsgläubiger, der Aktionäre und sonstiger Dritter, die zu der Gesellschaft rechtliche oder wirtschaftliche Beziehungen unterhalten, und zwar auch dann, wenn diese erst nach dem Zeitpunkt, in dem der Konkurs- oder Vergleichsantrag hätte gestellt werden müssen, in Beziehungen zu der Gesellschaft getreten sind und bei rechtzeitigem Konkurs- oder Vergleichsantrag gewarnt und dadurch vor Schaden bewahrt worden wären.[5]

4. Die Rechtsnatur des Delikts

6 Da § 401 den Gefahren begegnen soll, die aus der Unternehmenskrise erwachsen und durch die beschränkte Haftung der Gesellschaft eine besondere Dimension erhalten können (RGSt. 47 154, 156 – zur GmbH –), ist der Eintritt eines Vermögensschadens oder einer weiteren Vermögensgefährdung durch Unterlassung der Einberufung der Hauptversammlung (Abs. 1 Nr. 1) oder des Antrags auf Eröffnung des Konkurs- oder Vergleichsverfahrens (Abs. 1 Nr. 2) nicht Tatbestandsvoraussetzung des § 401. Das Delikt ist daher ein **abstraktes Gefährdungsdelikt.**[6]

7 Strafbar ist ein in den Tatbeständen des § 401 genau bezeichnetes Unterlassen. § 401 beschreibt daher ein **echtes Unterlassungsdelikt,** d. h. das strafbare Verhalten erschöpft sich im bloßen Unterlassen einer bestimmten Tätigkeit.[7] – Da der Kreis tauglicher Täter gesetzlich begrenzt ist, handelt es sich darüber hinaus um ein **echtes Sonderdelikt.**[8]

---

[5] So auch *Fuhrmann* AktG, Anm. 1; *KK/Geilen* Rdn. 4; *Kühn* NJW 1970, 592f; *Lambsdorff-Gilles* NJW 1966, 1552; *Lindacher* DB 1972, 1425; *Winkler* MDR 1960, 186. – Enger BGHZ 29, 100, 104ff; 96, 231, 237; *Geßler/Fuhrmann* AktG, Rdn. 3 a. F.: Das Vertrauen in die Kreditwürdigkeit und Zahlungsfähigkeit der Gesellschaft wird aus dem Schutzbereich des § 823 Abs. 2 BGB ausgeschlossen. – Zu der je differierenden Anspruchshöhe von Alt -und Neugläubigern in der höchstrichterlichen Rechtsprechung: *Hopt* FS Mestmäcker, 1996, S. 923 f.

[6] Vgl. auch *Geßler/Fuhrmann* AktG, Rdn. 4; *Hachenburg/Kohlmann* GmbHG, § 84 Rdn. 7; *KK/Geilen* Rdn. 9; *Scholz/Tiedemann* GmbHG, § 84 Rdn. 15 ff.

[7] Vgl. BGHSt. 14, 280, 281; 28, 371, 380 zu § 84 GmbHG; *Bieneck* in: Müller-Gugenberger, § 71 Rdn. 4; *Fuhrmann* AktG, Anm. 1; *Geßler/Fuhrmann* AktG, Rdn. 4; *Scholz/Tiedemann* GmbHG, § 84 Rdn. 13.

[8] Vgl. *Bieneck* in: Müller-Gugenberger, § 71 Rdn. 5; *Geßler/Fuhrmann* AktG, Rdn. 5; *Scholz/Tiedemann* GmbHG, § 84 Rdn. 18.

Die Tatbestandsbeschreibungen sind im einzelnen ausfüllungsbedürftig durch §§ 92 Abs. 1, 2; 268 Abs. 2 S. 1. Es handelt sich daher bei § 401 um einen sog. **unechten Blankettatbestand**; dazu im einzelnen Vor § 399 Rdn. 113. 8

II. Unterlassene Einberufung der Hauptversammlung und Verlustanzeige, § 401 Abs. 1 Nr. 1, Abs. 2

1. Täter

a) Als **taugliche Täter** dieses Tatbestandes kommen nur Vorstandsmitglieder — 9 dazu im einzelnen § 399 Rdn. 19 —, auch stellvertretende — dazu im einzelnen § 399 Rdn. 28 f — in Betracht, und zwar auch dann, wenn sie nicht rechtswirksam bestellt sind, sondern die mit dem Amt verbundenen Funktionen nur faktisch wahrnehmen — dazu im einzelnen § 399 Rdn. 20 ff.

Bei der **KGaA** entsprechen den Vorstandsmitgliedern die persönlich haftenden Ge- 10 sellschafter, § 408 S. 2. — Andere Personen als die genannten scheiden als Täter aus, und zwar gleichgültig, ob Allein-, Mittäterschaft oder mittelbare Täterschaft ins Auge gefaßt wird. — Dritte Personen können allerdings nach den allgemeinen Regeln Anstifter, § 26 StGB, oder Gehilfen, § 27 StGB, sein, doch setzt ihre Strafbarkeit dann eine tatbestandsmäßige, rechtswidrige Haupttat eines oder mehrerer tauglicher Täter voraus; vgl. dazu auch § 400 Rdn. 8 ff. — Möglich ist in diesem Bereich auch eine Beihilfe durch Unterlassen, wenn der Unterlassende eine Garantenstellung dahin innehat, den Vorstand zu pflichtgemäßem Verhalten anzuhalten, wie es z. B. gemäß § 111 Abs. 1 bei einem Aufsichtsratsmitglied der Fall ist.[9]

b) Die einzelnen **Adressaten der Handlungspflicht**. — Die Einberufungs- und Anzei- 11 gepflicht trifft gemäß § 92 Abs. 1 den gesamten Vorstand. Das einzelne Vorstandsmitglied hat nicht die Rechtsmöglichkeit, die Hauptversammlung einzuberufen, soweit nicht Ausnahmen im Gesetz oder in der Satzung vorgesehen sind, § 121 Abs. 2. Das bedeutet für das einzelne Vorstandsmitglied jedoch nicht, daß es wegen Unmöglichkeit der Pflichterfüllung strafrechtlich nicht haftet, wenn es sich mit seiner Auffassung, daß die Hauptversammlung einzuberufen und der Verlust anzuzeigen ist, im Vorstand nicht durchsetzt. Das einzelne Vorstandsmitglied hat sich vielmehr auch dann noch um die Einberufung der Hauptversammlung zu bemühen. Das heißt, es hat den Aufsichtsrat zu verständigen und ihn zum Eingreifen aufzufordern. Dieser kann gemäß § 111 Abs. 3 die Hauptversammlung einberufen.[10] — Gleiches gilt, wenn die in der Hauptversammlung vorgeschriebene Erstattung der Verlustanzeige unterbleibt oder fehlerhaft erfolgt. — Kommen die Mitglieder des Aufsichtsrats dieser Aufforderung nicht nach, so können sie als Gehilfen, § 27 StGB, haften (vgl. auch *Geßler/Fuhrmann* AktG, Rdn. 9).

Problematisch ist es, ob ein Vorstandsmitglied sich der **Verpflichtung** zur Einberu- 12 fung der Hauptversammlung und Verlustanzeige dadurch **entziehen kann**, daß es sein **Amt vor Beginn der Frist** zur Einberufung ohne wichtigen Grund **niederlegt**. — Das BayObLG geht — beim Geschäftsführer einer GmbH — von dem Grundsatz aus, daß

[9] Vgl. auch BGHSt. 14, 280, 282; BGHZ 75, 96, 107; *Fuhrmann* AktG, Anm. 2; *Geßler/Fuhrmann* AktG, Rdn. 14; *Richter* GmbHR 1984, 118; *Scholz/Tiedemann* GmbHG, § 84 Rdn. 21.

[10] Vgl. dazu *Geßler/Fuhrmann* AktG, Rdn. 9; *KK/Geilen* Rdn. 19, sowie auch die — allerdings § 401 Abs. 1 Nr. 2 betreffenden — entsprechenden Ausführungen von *Spannowsky* wistra 1990, 51.

eine Amtsniederlegung, gleichgültig, wann sie erklärt wird, nur dann wirksam sein kann, wenn sie aus wichtigem Grund erfolgt (BayObLG DB **1981** 2219, 2220). Die Konsequenz daraus ist, daß ein Geschäftsführer auch dann wegen Verletzung der Anzeigepflicht zur Verantwortung gezogen werden kann, wenn er sein Amt vor Eintritt des Anzeigegrundes ohne wichtigen Grund niedergelegt und nicht Sorge getragen hat, daß bei Eintritt der Anzeigepflicht seitens eines Geschäftsführers die entsprechende Anzeige erfolgt.[11]

13 Dieser Auffassung kann jedoch nicht gefolgt werden, denn das Ausscheiden eines Vorstandsmitglieds ohne wichtigen Grund kann nicht die gleichen weitreichenden Folgen haben wie der **Eintritt der Krisensituation**. Beide Sachverhalte können nicht miteinander identifiziert werden (vgl. auch *Spannowsky* wistra **1990** 51). Scheidet das Vorstandsmitglied daher vor Beginn der Frist zur Einberufung der Hauptversammlung freiwillig oder unfreiwillig als Organ der Gesellschaft aus dem Amte aus, so ist es zur Einberufung und zur Verlustanzeige weder berechtigt noch verpflichtet, mögen die Verluste ihm auch vorhersehbar gewesen oder sogar von ihm verschuldet worden sein. – Scheidet das Vorstandsmitglied hingegen nach Feststellung des Verlustes aus, so ist zunächst festzuhalten, ob das Unterlassen der Einberufung der Hauptversammlung und die Verlustanzeige bis zu diesem Zeitpunkt ein schuldhaftes Zögern darstellten. War dies der Fall, so ändert das Ausscheiden nichts an der Strafbarkeit. War dies jedoch nicht der Fall, so ist das Delikt noch nicht vollendet und das bisherige Unterlassen nicht strafbar (vgl. auch *Scholz/Tiedemann* GmbHG, § 84 Rdn. 38). – Allein in dem theoretisch denkbaren Fall, daß das Vorstandsmitglied nach Feststellung des Verlustes und bevor es schuldhaft die Einberufung der Hauptversammlung verzögert hat, ohne wichtigen Grund ausscheidet, **um die Einberufung der Hauptversammlung zu verhindern**, kann in dem Ausscheiden ein rechtsmißbräuchliches Verhalten gesehen werden. In diesem Fall wäre die Möglichkeit eröffnet, das Vorstandsmitglied strafrechtlich zur Verantwortung zu ziehen. Gleiches gilt, wenn das ausscheidende Vorstandsmitglied durch pflichtwidriges Vorenthalten von Informationen dafür verantwortlich ist, daß sein Nachfolger der Einberufungspflicht nicht genügen kann.

2. Die tatbestandsmäßige Unterlassung

14 Gemäß § 92 Abs. 1 ist der Vorstand verpflichtet, unverzüglich die Hauptversammlung einzuberufen, wenn sich bei der Aufstellung der Jahresbilanz oder einer Zwischenbilanz ergibt, daß ein Verlust in Höhe der Hälfte des Grundkapitals besteht. Gleiches gilt, wenn bei pflichtgemäßem Ermessen – also ohne daß sich der Verlust aus einer Jahres- oder Zwischenbilanz ergibt – anzunehmen ist, daß ein Verlust in der genannten Höhe besteht. In dieser Hauptversammlung hat der Vorstand von dem entstandenen Verlust Anzeige zu machen.

15 a) Der **relevante Verlust**. – Nach dem Wortlaut des Gesetzes ist die Pflicht zur Einberufung der Hauptversammlung und zur Anzeige des Verlustes mit Eintritt eines Verlustes in Höhe des halben Grundkapitals begründet, ohne daß es auf verbliebene Kapitalreserven und eine die Risiken des Verlustes ausschließende Deckung ankäme. – Diese eng am Wortlaut des Gesetzes orientierte Begründung der Einberufungs- und Anzeigepflicht geht jedoch an der relevanten Problematik vorbei. Die Einberufung der Hauptversammlung und die Verlustanzeige gegenüber den Aktionären soll es den Aktionären in der Krisensituation der Gesellschaft ermöglichen, noch rechtzeitig Ret-

[11] Vgl. auch BGH BB 1958, 1181; *Fuhrmann* AktG, Anm. 2; *Geßler/Fuhrmann* AktG, Rdn. 6; *KK/Geilen* Rdn. 11. – **A. A.** *Hirtz* Vorstandspflichten, S. 31ff.

tungsmaßnahmen ins Werk zu setzen. Derartige Maßnahmen sind aber weder sinnvoll noch nötig, wenn feststeht, daß die Gesellschaft trotz der entstandenen Verluste über hinreichende Kapitalreserven verfügt, um diese Verluste aufzufangen. Die Verlustanzeige in dieser Situation könnte nur für eine nicht berechtigte Beunruhigung der Aktionäre und Gläubiger und für negative Publizität sorgen, ohne daß hierfür ein legitimer Anlaß besteht.[12] – Maßgeblich ist daher, daß der Verlust Ausdruck einer Krisensituation ist, d. h. es kommt nicht auf die schlicht rechnerische Größe eines eingetretenen Verlustes an, sondern darauf, ob ein Verlust der Gesellschaft dazu geführt hat, daß das vorhandene Eigenkapital der Gesellschaft unter der Hälfte des Grundkapitals liegt.[13]

b) Die **relevanten Erkenntnismittel**. – Die Einberufungs- und Verlustanzeigepflicht ist begründet, wenn sich der Verlust aus der Jahresbilanz, §§ 148 ff, oder einer Zwischenbilanz ergibt, aber auch dann, wenn der Vorstand bei Ausübung seines pflichtgemäßen Ermessens sonst annehmen muß, daß die Hälfte des Grundkapitals verloren ist. – Pflichtgemäß ist das Ermessen einer in Vermögensfragen sachverständigen Person, die das Vermögen der Gesellschaft nach betriebswirtschaftlichen Grundsätzen bewertet. Der Vorstand ist verpflichtet, die Lage der Gesellschaft aufmerksam zu verfolgen und sich Gewißheit über die Vermögenslage zu verschaffen, wenn diese ihm in Hinblick auf die Pflichten gemäß § 92 Abs. 1 bedenklich erscheint. – Bei der Bewertung der Vermögenslage sind die für die Aufstellung und Berechnung des Verlustes der Jahresbilanz maßgeblichen Grundsätze, §§ 279 ff HGB, heranzuziehen. Da die Verlustfeststellung nach einheitlichen Maßstäben erfolgen muß, können nicht für die einzelnen Erkenntnismittel unterschiedliche Maßstäbe gelten.[14] **16**

Die Einberufungs- und Verlustanzeigepflicht ist nach dem Wortlaut des § 92 Abs. 1 bereits dann begründet, wenn der Vorstand den Vermögensverlust bei Ausübung seines pflichtgemäßen Ermessens aus den Geschäftsunterlagen oder aufgrund sonstiger Anzeichen festgestellt hat oder **hätte feststellen können**. – Diese Alternative des Tatbestandes hat ihre Bedeutung im Rahmen der Fahrlässigkeitshaftung nach § 401 Abs. 2, denn einerseits ist das Ermessen obsolet, wenn der Vorstand positive Kenntnis von dem Verlust hat, andererseits kann selbst grob fehlerhafte Ermessensausübung den fehlenden Vorsatz nicht ersetzen (vgl. auch *KK/Geilen* Rdn. 15; eingehender dazu Rdn. 54). **17**

c) Die **Einberufung der Hauptversammlung**. – Die Hauptversammlung ist unverzüglich, d. h. ohne schuldhaftes Verzögern einzuberufen; im einzelnen dazu §§ 121, 124. Die Verlustanzeige muß Tagungssordnungspunkt der zu diesem Zweck einberufenen Hauptversammlung und bekanntgemachten Tagesordnung sein, da über Gegenstände der Tagesordnung, die nicht ordnungsgemäß bekanntgemacht worden sind, keine Beschlüsse gefaßt werden können, § 124 Abs. 4. Andernfalls würde die mit der Verlustanzeige verbundene Intention des Gesetzgebers unterlaufen werden. Sinn und Zweck der Einberufung der Hauptversammlung und der Verlustanzeige ist es, der Hauptversammlung in der Krisensituation die Möglichkeit zu eröffnen, u. U. dringend nötige Beschlüsse zur Bewältigung der Krise zu fassen. Sind derartige Beschlüsse in der einberufenen Hauptversammlung aber nicht möglich, so befreit die Verlustanzeige in dieser **18**

[12] Vgl. auch *Fuhrmann* AktG, Anm. 3; *KK/Geilen* Rdn. 13.

[13] Vgl. auch BGH BB 1958, 1181; *Geßler/Fuhrmann* AktG, Rdn. 7; *KK/Geilen* Rdn. 13; *Scholz/Tiedemann* GmbHG, § 84 Rdn. 42. – **A. A.** *Hirtz* Vorstandspflichten, S. 31 ff; *Muser* WPg 1961, 29 ff.

[14] Vgl. auch *Baumbach/Hueck* § 92 Anm. 4; *Fuhrmann* AktG, Anm. 3; *Geßler/Fuhrmann* AktG, Rdn. 7; *KK/Geilen* Rdn. 15; *Scholz/Tiedemann* GmbHG, § 84 Rdn. 57.

Hauptversammlung die Vorstandsmitglieder nicht von ihrer strafrechtlichen Verpflichtung.[15]

19 Ist die Hauptversammlung ordnungsgemäß einberufen worden, aber **erscheint** kein Aktionär, so ist die Verlustanzeige gegenstandslos geworden. Auch eine erneute oder wiederholte Einberufung der Hauptversammlung fordert das Gesetz nicht (vgl. auch *KK/Geilen* Rdn. 17, 18).

20 d) **Grenzen der Handlungspflicht.** – Da es sich bei § 401 Abs. 1 Nr. 1, Abs. 2 um ein echtes Unterlassungsdelikt handelt, entfällt die Handlungspflicht nicht schon dann, wenn nicht mit an Sicherheit grenzender Wahrscheinlichkeit festzustellen ist, daß pflichtgemäßes Handeln eines Vorstandsmitgliedes zur Einberufung der Hauptversammlung und zur Verlustanzeige geführt hätte. Die Pflicht entfällt erst, wenn mit Sicherheit – ex ante – feststeht, daß pflichtgemäßes Handeln des Nichthandelnden erfolglos geblieben wäre, z. B. weil die anderen Vorstandsmitglieder und der Aufsichtsrat auf seine Intervention hin erklärt haben, sie lehnen die Einberufung der Hauptversammlung und die Verlustanzeige ab (vgl. auch *KK/Geilen* Rdn. 20).

3. Tatvollendung und Tatbeendigung

21 a) **Tatvollendung.** – § 92 Abs. 1 bestimmt, daß der Vorstand die Hauptversammlung unverzüglich, d. h. ohne schuldhaftes Zögern, § 121 BGB, einzuberufen und ihr den Verlust anzuzeigen hat. Die Einberufungsfrist ist zu wahren, daher wird ein schuldhaftes Zögern nicht anzunehmen sein, wenn nach der Geschäftslage sicher ist, daß bis zum Zeitpunkt der Hauptversammlung oder bevor negative Folgen eintreten können, der Verlust mit Sicherheit ausgeglichen ist. Mit dem – nach den konkreten Umständen des Einzelfalles zu beurteilenden – Einsetzen schuldhaften Zögerns der Einberufung ist das Delikt vollendet, da bis zu diesem Moment die pflichtgemäße Handlung hätte vorgenommen werden müssen.

22 b) **Tatbeendigung.** – Beendet ist die Tat, wenn die Pflicht zum Handeln entfallen ist. Das ist der Fall, wenn die Hauptverhandlung einberufen und ihr der Verlust mitgeteilt worden ist oder wenn die Vermögenslage der Gesellschaft sich so verbessert hat, daß der Verlust nicht mehr die Hälfte des Grundkapitals erreicht (vgl. auch *Geßler/Fuhrmann* AktG, Rdn. 26).

III. Unterlassener Antrag auf Eröffnung des Konkurs- oder Vergleichsverfahrens, § 401 Abs. 1 Nr. 2, Abs. 2

1. Täter

23 a) Als **tauglicher Täter** dieser Alternative des Tatbestandes kommen neben den Mitgliedern des Vorstands – dazu vgl. Rdn. 9 f – auch Abwickler (Liquidatoren), und zwar auch stellvertretende Abwickler – im einzelnen dazu § 399 Rdn. 185 ff – in Betracht.

24 b) Zu den einzelnen **Adressaten der Handlungspflicht** vgl. die entsprechenden Ausführungen Rdn. 11 ff. – Auch in dieser Alternative des Tatbestandes stellt sich die Frage, ob das einzelne Vorstandsmitglied oder der einzelne Abwickler sich der **Ver-**

[15] Vgl. auch *Fuhrmann* AktG, Anm. 3; *Geßler/Fuhrmann* AktG, Rdn. 9; *KK/Geilen* Rdn. 16.

pflichtung zur Stellung des Antrags dadurch **entziehen kann**, daß das **Amt** vor Beginn der Frist zur Stellung des Antrages ohne wichtigen Grund **niedergelegt wird.**

Die wohl überwiegende Ansicht verneint diese Möglichkeit, auch wenn der Rücktritt noch innerhalb der Wartefrist von drei Wochen erfolgt.[16] – Dem kann nicht gefolgt werden, vielmehr gilt – entsprechend den Ausführungen zu § 401 Abs. 1; vgl. Rdn. 13 – auch hier: Scheidet das entsprechende Organmitglied **vor** Beginn der Frist zur Antragstellung freiwillig oder unfreiwillig wirksam aus dem Amte aus, so ist es zur Antragstellung weder berechtigt noch verpflichtet, mögen Zahlungsfähigkeit oder Überschuldung ihm auch vorhersehbar oder sogar ihm zuzurechnen sein. Scheidet das Organmitglied hingegen **nach** Ablauf der Frist zur Erfüllung der Antragsverpflichtung aus, ohne daß der Antrag gestellt worden ist, so bleibt es strafbar. Scheidet das Organmitglied schließlich nach Fristbeginn, aber vor Fristablauf aus, so ist zunächst festzustellen, ob das Unterlassen der Antragstellung bis zu diesem Zeitpunkt ein schuldhaftes Zögern darstellt. War dies der Fall, so ändert das Ausscheiden nichts an der Strafbarkeit. War dieses jedoch nicht der Fall, so ist das Delikt noch nicht vollendet und das bisherige Unterlassen nicht strafbar. – Auch in dieser Alternative kann allerdings ein rechtsmißbräuchliches und damit nicht rechtswirksames Ausscheiden vorliegen, wenn dieses nach Beginn der Frist zur Antragstellung und vor einem schuldhaften Zögern ohne wichtigen Grund erfolgt, um die Antragstellung zu verhindern. – Eine grundsätzliche Rechtspflicht zur Einwirkung auf den Nachfolger, den Antrag zu stellen, ist jedenfalls dann nicht begründet, wenn der Ausscheidende selbst bisher die Antragstellung nicht schuldhaft verzögert hat (vgl. dazu *Scholz/Tiedemann* GmbHG, § 84 Rdn. 39) oder durch Vorenthaltung von Informationen seinem Nachfolger gegenüber durch eigenes fortwirkendes Verhalten schuldhaft verzögert. 25

2. Die tatbestandsmäßige Unterlassung

Tatbestandsmäßig verhält sich ein Vorstandsmitglied oder ein Abwickler, wenn er es – als Vorstandsmitglied entgegen § 92 Abs. 2, als Abwickler entgegen § 268 Abs. 2 S. 1 – unterläßt, den Antrag auf Eröffnung des Konkursverfahrens oder des gerichtlichen Vergleichsverfahrens zu stellen, obwohl die Zahlungsunfähigkeit oder die Überschuldung der Gesellschaft eingetreten ist. Gemäß § 92 Abs. 2, der nach § 268 Abs. 1 S. 1 auch für Abwickler gilt, hat der Vorstand nach Eintritt der Zahlungsunfähigkeit oder der Überschuldung ohne schuldhaftes Zögern, spätestens aber drei Wochen nach Eintritt der Zahlungsunfähigkeit oder der Überschuldung, den entsprechenden Antrag zu stellen. 26

a) **Zahlungsunfähigkeit** ist das nach außen in Erscheinung tretende, auf dem Mangel an Zahlungsmitteln beruhende, voraussichtlich dauernde Unvermögen des Täters, seine fälligen Geldschulden im wesentlichen zu erfüllen.[17] Sie ist in der Regel durch eine stichtagbezogene Gegenüberstellung der fälligen und eingeforderten Verbindlichkeiten und der zu ihrer Tilgung vorhandenen oder herbeizuschaffenden Mittel oder 27

[16] Vgl. BGHSt. 2, 53, 54; *Fuhrmann* AktG, Anm. 2; *KK/Geilen* Rdn. 11, 26.

[17] Vgl. BGH WPI 1957, 67, 68; BGH NJW 1982, 1954; BGH StV 1987, 343; BGH wistra 1991, 26; BayObLG wistra 1988, 363; OLG Düsseldorf NJW 1988, 3161, 3167; OLG Frankfurt GmbHR 1977, 279; OLG Stuttgart NStZ 1987, 460; *Bieneck* wistra 1992, 90; *Dreher/Tröndle* StGB, Vor § 283 Rdn. 10; *Franzheim* NJW 1980, 2503; *Fuhrmann* AktG, Anm. 4 a; *Geßler/Fuhrmann* AktG, Rdn. 16; *KK/Geilen* Rdn. 28; *Lackner* StGB, § 283 Rdn. 7; LK[11]/*Tiedemann* Vor § 283 Rdn. 126; *Otto* Grundkurs Strafrecht, B. T., § 61 VI 1a, bb; *ders.* GedS Bruns, S. 276 f; *Schlüchter* MDR 1978, 267.

aufgrund wirtschaftskriminalistischer Beweiszeichen, wie Häufigkeit der Wechsel- und Scheckproteste, fruchtlose Pfändungen, Ableistung der eidesstattlichen Versicherung u. ä., festzustellen.[18]

28 Daß die Gesellschaft noch in der Lage ist, einzelne Gläubiger zu befriedigen, stellt die Zahlungsunfähigkeit nicht in Frage, wenn sie ihre allgemein fälligen Verbindlichkeiten nicht mehr erfüllen kann (BGH wistra **1982** 189, 191).

29 Eine bloß vorübergehende **Zahlungsstockung** oder bloße **Zahlungsunwilligkeit** genügt den Erfordernissen der Zahlungsunfähigkeit nicht. Es muß sich um die voraussichtlich **dauernde** Unfähigkeit handeln, die wesentlichen Geldschulden zu erfüllen.[19] Es genügt aber, daß die Gesellschaft einen **wesentlichen Teil** ihrer Verbindlichkeiten nicht mehr erfüllen kann. Daher kann es u. U. ausreichen, daß trotz Befriedigung mehrerer Gläubiger einer nicht mehr befriedigt werden kann (vgl. auch *Geßler/Fuhrmann* AktG, Rdn. 16).

30 **aa)** Streitig ist, welcher Zeitraum für die Bestimmung des **„voraussichtlich dauernden Unvermögens"** zugrunde zu legen ist. In der Literatur werden Zeiträume von 10 Tagen bis zu 3 Monaten genannt.[20] Sachgerecht erscheint in der Tat ein Zeitraum von 3 Monaten mit dem Vorbehalt, daß ganz außergewöhnliche, sichere, positive Liquiditätsentwicklungen innerhalb weiterer 3 Monate bei der Beurteilung mitberücksichtigt werden können. Weist die unter Berücksichtigung langfristiger Erfolgsberechnungen aufgestellte Liquiditätsbilanz über diesen Zeitraum hin keine Überwindung der Zahlungsunfähigkeit aus, so kann daraus geschlossen werden, daß die Zahlungsunfähigkeit voraussichtlich von Dauer ist. Die Gläubigerinteressen und die berechtigten Interessen der Kreditwirtschaft sind damit im Zeitpunkt der Feststellung der Zahlungsunfähigkeit bereits typischerweise konkret gefährdet.[21]

31 **bb)** Relevant ist die **Zahlungsunfähigkeit** der Gesellschaft nur dann, wenn sie **wesentliche Teile** der Verbindlichkeiten betrifft. Die h. M. geht inzwischen davon aus, daß eine Unterdeckung von 25% wesentlich ist.[22] – Dem ist zuzustimmen, denn ergibt die Liquiditätsbilanz für den Prüfungszeitraum kein Anzeichen für eine Besserung der Liquiditätslage, so ist eine Unterdeckung von 25% bereits als wesentlich anzusehen. Bis zu einer Unterdeckung von 25% mögen dem Schuldner unvorhergesehene positive

---

[18] Vgl. BGH WM 1957, 67, 69; BGH StV 1987, 343; BGH wistra 1993, 184; OLG Düsseldorf NJW 1988, 3166, 3167; LG Köln wistra 1992, 269; *Franzheim* NJW 1980, 2504; *Fuhrmann* AktG, Anm. 4a; *Geßler/Fuhrmann* AktG, Rdn. 16; *Schlüchter* MDR 1978, 268. – Im einzelnen zur Feststellung der Zahlungsunfähigkeit: *Hartung* wistra 1997, 1ff; LK[11]/*Tiedemann* Vor § 283 Rdn. 127ff; *Reulecke* Krim 1984, 80ff.

[19] Vgl. dazu auch *Geßler/Fuhrmann* AktG, Rdn. 16; *Schäfer* GmbHR 1993, 783f; *Uhlenbruck* ZIP 1980, 77, 80.

[20] Vgl. mit weit. Nachw. *Hoffmann* MDR 1979, 715; *Otto* GedS Bruns, S. 277; *Plate* Konkursbilanz, S. 219f. – 3–6 Monate: *Scholz/Tiedemann* GmbHG, § 84 Rdn. 44.

[21] Vgl. auch BGH WM 1975, 6; BGH 3 StR 408/78 v. 20. 12. 1978; BayObLG wistra 1988, 362, 363; OLG Düsseldorf DB 1983, 168; *Bieneck* in: Müller-Gugenberger, § 63 Rdn. 38; *Franzheim* NJW 1980, 2504; LK[11]/*Tiedemann* Vor § 283 Rdn. 134; *Otto* GedS Bruns, S. 277f; *Schlüchter* MDR 1978, 268; *Schönke/Schröder/Stree* § 283 Rdn. 52; *Weyand* Konkursdelikte, S. 46.

[22] Vgl. BayObLG wistra 1988, 363; LK[11]/*Tiedemann* Vor § 283 Rdn. 132; *Otto* GedS Bruns, S. 278; *Papke* DB 1969, 735; *Schönke/Schröder/Stree* § 283 Rdn. 52. – Enger (15%): *Bieneck* in: Müller-Gugenberger, § 63 Rdn. 38; *Hoffmann* MDR 1979, 714; *Richter* GmbHR 1984, 139. Weiter (50%): *Schlüchter* MDR 1978, 268.

Liquiditätsentwicklungen zugute gehalten werden, wenn noch keine Überschuldung vorliegt. Weitergehende Vermutungen zugunsten des Schuldners wären hingegen unangemessen in einer Situation, in der auch durch Kredite offenbar die Liquidität nicht wiederzuerlangen ist. Sie könnten die konkrete Gefährdung der geschützten Rechtsgüter nur kaschieren.

Hinweis: Gemäß § 17 Abs. 2 InsO, die zum 1. 1. 1999 in Kraft tritt, soll Zahlungsunfähigkeit bereits vorliegen, wenn der Schuldner „nicht in der Lage ist, die fälligen Zahlungspflichten zu erfüllen". – Das muß nicht zwingend zu einer Änderung der inhaltlichen Bestimmung der Zahlungsunfähigkeit dahin führen, daß diese bereits vorliegt, wenn der Schuldner nicht in der Lage ist, seine Verbindlichkeiten zu 100% zu erfüllen (**a. A.** aber *Wimmer* NJW **1996** 2547). Der Gesetzestext steht einer Begrenzung auf die Erfüllung der *wesentlichen* Zahlungspflichten nicht ohne weiteres entgegen, da unwesentliche Modalitäten der Zahlungsunfähigkeit von seiner Aussage nicht erfaßt sein müssen. 32

b) **Überschuldung** liegt gemäß § 92 Abs. 2 S. 2 vor, „wenn das Vermögen der Gesellschaft nicht mehr die Schulden deckt". Dieses ist nach der Rechtsprechung der Fall, wenn die Passiva die Aktiva überwiegen (vgl. BGH wistra **1987** 28; NJW **1987** 2433). – Die Feststellung der Überschuldung setzt grundsätzlich eine Überschuldungsbilanz als Sonderbilanz voraus, in der die Aktiva und Passiva der Gesellschaft nach ihrem wirklichen Wert zeitnah, vollständig und richtig dargestellt werden müssen, um den Wert des Unternehmens auszuweisen.[23] 33

aa) **Wertermittlung.** – Konsens besteht darüber, daß eine den Grundsätzen der Jahres- oder einer Zwischenbilanz entsprechende Bilanz über die wirklichen Werte der Gesellschaft keine hinreichende Auskunft gäbe. Wie der wirkliche Wert allerdings ermittelt werden muß, ist nach wie vor streitig. 34

Die strafrechtliche Literatur geht weitgehend von einer statischen Ermittlung der Überschuldung aus, wobei streitig ist, ob der Bewertung die sog. Liquidationswerte zugrunde zu legen sind[24] oder die sog. Betriebsfortführungswerte, d. h. die anhand einer Fortbestehungsprognose unter Berücksichtigung der Ertrags- und Lebensfähigkeit der Gesellschaft korrigierten Liquidationswerte, so daß erst dann eine Überschuldung vorliegt, wenn auch mit Ansatz dieser going-concern-Werte die Überschuldung nicht beseitigt ist, wobei grundsätzlich auf die konkrete Situation abgestellt wird, d. h. auf die Frage, ob die Gesellschaft im konkreten Fall fortgeführt werden kann oder nicht.[25] 35

Der BGH in Zivilsachen hat sich inzwischen zu dem im wirtschaftsrechtlichen Schrifttum herrschenden zweistufigen Überschuldungsbegriff bekannt: „Nach zutreffend neuerer Erkenntnis kann von einer Überschuldung ... nur dann gesprochen werden, wenn das Vermögen der Gesellschaft bei Ansatz von Liquidationswerten unter Einbeziehung der stillen Reserven die bestehenden Verbindlichkeiten nicht deckt (rechnerische Überschuldung) und die Finanzkraft der Gesellschaft nach überwiegender 36

---

[23] Vgl. dazu im einzelnen BGHSt. 15, 306, 309 f; BGH wistra 1987, 28; *Bieneck* in: Müller-Gugenberger, § 63 Rdn. 6 ff; *Bilo* GmbHR 1981, 74; *Franzheim* NJW 1980, 2501; *Fuhrmann* AktG, Anm. 4 b; *Geßler/Fuhrmann* AktG, Rdn. 17; *Meyer-Landrut* FS Quack, S. 338; *Otto* GedS Bruns, S. 269; *Richter* GmbHR 1984, 139; *Schmidt-Sommerfeld* NStZ 1983, 216; *Tiedemann* GedS Schröder, S. 296; *ders.* LK[11] Vor § 283 Rdn. 151; *Weyand* Konkursdelikte, S. 37.

[24] So z. B. *Franzheim* NJW 1980, 2501; *ders.* wistra 1984, 212; *Müller/Wabnitz* S. 141; *Weyand* Konkursdelikte, S. 37. – Kritisch dazu *Höfner* Überschuldung, S. 143 ff.

[25] Im einzelnen dazu BGH NJW 1987, 2433; *Fuhrmann* AktG, Anm. 4 b; *Geßler/Fuhrmann* AktG, Rdn. 18; *Richter* GmbHR 1984, 140; *Schlüchter* MDR 1978, 265; *dies.* wistra 1984, 43; *Tiedemann* GedS Schröder, S. 301; *ders.* LK[11] Vor § 283 Rdn. 157. – Kritisch dazu *Ransiek* Unternehmensstrafrecht, S. 157 ff.

Wahrscheinlichkeit mittelfristig nicht zur Fortführung des Unternehmens ausreicht (Überlebens- oder Fortbestehungsprognose)".[26] – Dieser Auffassung ist auch im Strafrecht zu folgen, denn sie verhindert einerseits, daß leistungsfähige Unternehmen sinnlos zerschlagen werden, und gewährleistet andererseits eine gemeinsame Grundlage für das Straf- und Zivilrecht. Entgegen der Meinung *Franzheims* (wistra **1984** 212) kann es nicht als vorteilhaft angesehen werden, im Rahmen des Bankrotts mit einem anderen Überschuldungsbegriff zu arbeiten als z. B. im Rahmen des § 64 GmbHG. Dem Täter kann nicht vorgeworfen werden, sich in der durch die Überschuldung begründeten Krise sozialschädlich verhalten zu haben, obwohl die zuständigen Zivilgerichte in dieser Situation einen Konkursantrag wegen Überschuldung als unbegründet zurückweisen würden.

37 **Hinweis:** Auch mit Inkrafttreten der Insolvenzordnung zum 1. 1. 1999 ist durch § 19 Abs. 2 InsO keine Neudefinition des Verschuldensbegriffs dahin angezeigt, daß die Überschuldung im Falle der Nichtfortführung des Unternehmens nach Liquidation und im Falle der Fortführung nach Fortführungswerten festzustellen ist (**a. A.** LK[11]/*Tiedemann* Vor § 283 Rdn. 155). Unabhängig von der Unmöglichkeit, Fortführungswerte zu ermitteln, soweit nicht ein Verkauf des gesamten Unternehmens möglich ist, ist die Strafwürdigkeit entsprechender Verhaltensweisen zu bestreiten, wenn feststeht, daß die rechnerische Überschuldung gerade kein Indiz für eine zu erwartende Zahlungsunfähigkeit ist.

38 bb) Auch wenn sich die Überschuldung im Regelfall aus einer Überschuldungsbilanz ergeben wird, ist die **Überschuldungsbilanz kein ungeschriebenes Tatbestandsmerkmal**. Die Pflichtensituation des Täters wird durch den objektiven Eintritt der auf Zahlungsunfähigkeit oder Überschuldung beruhenden Krise begründet. Es reicht aus, daß das Vorstandsmitglied oder der Abwickler aufgrund anderer Umstände die Vermögenslage erkennt oder – im Fahrlässigkeitsbereich – dazu Rdn. 54 – erkennen kann.[27]

39 c) Der **Antrag nach § 92 Abs. 2**. – Seine Handlungspflicht verletzt der Täter, wenn er den nach § 92 Abs. 2 erforderlichen Antrag nicht oder im Sinne des § 92 Abs. 2 S. 1 verspätet stellt.

40 aa) **Berechtigung und Verpflichtung** zur Stellung des Antrags. – Gemäß § 208 Abs. 1 ist jedes Mitglied des Vorstands und jeder Liquidator zur Stellung des Antrags auf Eröffnung des Konkursverfahrens berechtigt. Gleiches gilt für den Antrag auf Eröffnung des Vergleichsverfahrens, § 2 Abs. 1 S. 3 VerglO in Verb. mit § 208 Abs. 1 KO. – In diesem Falle ist die Überschuldung oder die Zahlungsunfähigkeit aber glaubhaft zu machen, § 208 Abs. 2 S. 1 KO, § 2 Abs. 1 S. 3 VerglO.

41 Der Berechtigung zur Stellung des Antrags gemäß § 208 Abs. 1 KO, § 2 Abs. 1 S. 3 VerglO, entspricht gemäß §§ 92 Abs. 2, 268 Abs. 2 S. 1 die Pflicht der Vorstandsmitglieder und Abwickler zur Stellung des Antrags.

42 Da sich aus § 92 Abs. 2 die Verantwortung des Gesamtgremiums für die Stellung des notwendigen Antrags ergibt, § 208 Abs. 1 KO und § 2 Abs. 1 S. 3 VerglO aber jedem einzelnen Vorstandsmitglied und Abwickler Recht und Pflicht zur Stellung des Antrags überantworten, sind irgendwelche Mehrheitsbeschlüsse des Vorstands oder der

---

[26] BGHZ 119, 201, 213 f m. e. N. zum wirtschaftsrechtlichen Schrifttum; BGH ZIP 1995, 819; *Gurke* Verhaltensweisen, S. 46 ff; *Meyer-Landrut* FS Quack, S. 339 m. w. N.; *Uhlenbruck* ZIP 1980, 81 f; *ders.* BB 1985, 1281. – Grundlegend: *K. Schmidt* ZIP 1980, 233 ff, 235; *ders.* JZ 1982, 165 ff. – Zum Strafrecht: OLG München NJW 1994, 3112, 3114; *Bieneck* in: Müller-Gugenberger, § 63 Rdn. 19 ff; *Otto* Grundkurs Strafrecht, B. T., § 61 VI 1 a, aa; *Ransiek* Unternehmensstrafrecht, S. 159 f; *Schäfer* GmbHR 1993, 785.

[27] Vgl. auch BGH wistra 1992, 145; *Fuhrmann* AktG, Anm. 4 b; *KK/Geilen* Rdn. 31.

Abwickler für die Strafbarkeit des einzelnen Vorstandsmitglieds oder des einzelnen Abwicklers irrelevant.

bb) Ein **zurückgenommener Antrag** gilt als nicht gestellt (RGSt. 44 48, 52). Er muß, soweit dieses noch möglich ist, wiederholt werden. Diese Wiederholung ist dann als pflichtgemäße Handlung anzusehen, wenn die Beurteilung der Gesamtsituation zu dem Ergebnis führt, daß in der Wiederholung des Antrags die pflichtgemäße unverzügliche Antragstellung lag und auch die Rücknahme des ursprünglichen Antrags nicht als schuldhaftes Verzögern des pflichtgemäßen Antrags angesehen werden kann. – Ist eine Wiederholung des Antrags fristgerecht nicht mehr möglich, so haftet der Täter strafrechtlich in gleicher Weise als hätte er den Antrag nicht gestellt, da die Handlungspflicht nicht mit Ablauf der Dreiwochenfrist endet. **43**

cc) Der **Konkursantrag eines Gläubigers** entbindet die Vorstandsmitglieder und Abwickler nicht von ihrer Handlungspflicht, denn Dritte können den Antrag – je nach ihren eigenen Interessen – zurücknehmen. Dadurch ist dann aber nicht mehr sichergestellt, daß die vom Gesetzgeber in der Krisensituation gewollten Maßnahmen ergriffen werden.[28] **44**

Eine **Ausnahme** von dieser Regelung erscheint aber angemessen, wenn sichergestellt ist, daß auch die abstrakte Gefahr der Verschlechterung der wirtschaftlichen Situation durch Nichtstellen des Antrags ausgeschlossen ist, weil das Konkurs- oder Vergleichsverfahren auf Antrag des Gläubigers bereits eröffnet ist, bevor die nach § 401 Abs. 1 Nr. 2 dem Vorstand und den Abwicklern eingeräumte Wartefrist verstrichen ist.[29] – Gleichfalls sachgerecht erscheint eine weitergehende Ausnahme, nämlich dem zur Eröffnung des Verfahrens führenden Antrag Dritter grundsätzlich strafausschließende oder das Strafbedürfnis mindernde Bedeutung zuzuerkennen, wenn sich die Vermögenslage der Gläubiger durch den pflichtwidrig unterlassenen Antrag nicht verschlechtert hat und der Täter den Sachverhalt kannte. – Innerhalb der Dogmatik der abstrakten Gefährdungsdelikte wird zunehmend anerkannt, daß dem Täter ein persönlicher Strafausschließungsgrund zugebilligt werden kann, wenn die Realisierung der abstrakten Gefahr im konkreten Fall ausgeschlossen ist und der Täter diesen Sachverhalt kannte.[30] **45**

dd) Hat einer der **Sonderpflichtigen** den Antrag gestellt, so wirkt dieser Antrag auch für die anderen Vorstandsmitglieder und Abwickler, wenn der Antrag den notwendigen Erfordernissen entspricht, d. h. wenn auch dem Erfordernis der Glaubhaftmachung nach § 208 Abs. 2 Genüge getan ist.[31] Die anderen Sonderpflichtigen erlangen in diesem Falle auch dann Straffreiheit, wenn sie gegen den Antrag gestimmt oder versucht haben, ihn zu verhindern. Allein maßgeblich ist, daß in der Krise der rechtswirksame Antrag aus dem Kreis der Sonderpflichtigen gestellt wurde, und die weitere Gefährdung der Interessen der Gläubiger damit ausgeschlossen wurde. **46**

Scheitert der im Alleingang eines Sonderpflichtigen gestellte Antrag an der Glaubhaftmachung oder aus sonstigen Erfordernissen, so berührt dieser Antrag die Verpflichtung der anderen Sonderpflichtigen nicht. Soweit sie sich darauf verlassen konnten, **47**

---

[28] Vgl. auch BGH GmbHR 1957, 131; BGH wistra 1988, 69; *Fuhrmann* AktG, Anm. 4 c; *Geßler/Fuhrmann* AktG, Rdn. 22; *KK/Geilen* Rdn. 36; *Lutter/Hommelhoff* GmbHG, § 84 Rdn. 5.

[29] Vgl. BGHSt. 28, 371, 380; *Fuhrmann* AktG, Anm. 4 c; *Geßler/Fuhrmann* AktG, Rdn. 22; *KK/Geilen* Rdn. 36.

[30] Im einzelnen dazu *Otto* Grundkurs Strafrecht, B. T., § 78 I 2 m. w. N. – Vgl. auch *Hachenburg/Kohlmann* GmbHG, § 84 Rdn. 46; *Scholz/Tiedemann* GmbHG, § 84 Rdn. 90. – **A. A.** *KK/Geilen* Rdn. 36.

[31] Vgl. auch *Geßler/Fuhrmann* AktG, Rdn. 22; *KK/Geilen* Rdn. 37.

daß der Antrag zum Erfolg führen wird, fehlt es zwar an einem schuldhaften Verzögern des eigenen Antrags, darüber hinaus aber sind sie nach wie vor antragspflichtig.

48 d) Die **Antragsfrist.** – Der Antrag ist gemäß § 92 Abs. 2 S. 1 ohne schuldhaftes Zögern, spätestens aber drei Wochen nach Eintritt der Krise zu stellen. Das bedeutet nicht etwa, daß dem Verpflichteten zur Stellung des Antrags eine Frist von drei Wochen eingeräumt ist. Der Antrag ist unverzüglich zu stellen! Innerhalb der Frist von drei Wochen braucht der Antrag aber dann nicht gestellt zu werden, wenn er in dieser Frist nicht schuldhaft verzögert wird. Durch Einräumung der Dreiwochenfrist ermöglicht es der Gesetzgeber daher dem Vorstand und den Abwicklern, mit der „Sorgfalt eines ordentlichen und gewissenhaften Geschäftsleiters", § 93 Abs. 1 S. 1, zu prüfen und zu entscheiden, ob andere, weniger einschneidende Maßnahmen besser als das Konkursverfahren geeignet sind, Schaden von der Gesellschaft, ihren Gläubigern und der Allgemeinheit abzuwenden (vgl. *Fuhrmann* AktG, Anm. 4c). – Ausdrücklich geregelt hat der Gesetzgeber den Fall, daß der Vorstand die Eröffnung des gerichtlichen Vergleichsverfahrens mit der Sorgfalt eines ordentlichen und gewissenhaften Geschäftsleiters betreibt, § 92 Abs. 2 S. 3. – Die Ausübung des pflichtgemäßen Ermessens ist jedoch auf die Frist von drei Wochen beschränkt. Nur innerhalb dieser Frist gesteht der Gesetzgeber der Unternehmensleitung die Möglichkeit zu, Sanierungsversuche und andere Maßnahmen zu ergreifen.[32] – Gelingt es, während dieser Frist die Krise zu beseitigen, so entfällt die Antragspflicht (BGHSt. **15** 306, 310).

49 Problematisch ist der **Beginn der Antragsfrist.** Z. T. wird davon ausgegangen, daß die Frist in dem Zeitpunkt beginnt, in dem der zum Handeln verpflichtete Täter **positive Kenntnis** von der Krisensituation erlangt hat, und zwar gleichgültig, ob die vorsätzliche oder fahrlässige Verwirklichung des Tatbestandes in Frage kommt.[33] – Diese Auffassung vertritt auch die Rechtsprechung in Bezug auf die durch Überschuldung begründete Krise (vgl. BGHSt. **15** 306, 310; BGHZ **75** 96, 110f), während bei der Zahlungsunfähigkeit auch das fahrlässige Nichterkennen genügen soll (BGH bei Herlan, GA **1958** 46). Dem entsprechen in der Literatur die Stellungnahmen zu §§ 64, 84 GmbHG: Bei der Überschuldung wird positive Kenntnis verlangt, bei der Zahlungsunfähigkeit soll es genügen, daß diese objektiv eingetreten und erkennbar ist.[34] – Diese Differenzierung zwischen den beiden Krisensituationen ist weder mit dem Gesetz in Einklang zu bringen, noch besteht ein sachlicher Anlaß, zwischen Überschuldung und Zahlungsunfähigkeit hier zu unterscheiden.[35] Jedoch auch die Auffassung, daß die Frist grundsätzlich mit der Kenntnis der Krise durch den Täter beginnt, überzeugt nicht. Richtig ist zwar, daß sich der objektive Eintritt der Krise häufig nur schwer feststellen läßt (vgl. auch BGHZ **75** 96, 110), so daß es in der Tat im Einzelfall schwierig sein mag, dem Täter nachzuweisen, daß er mit der Möglichkeit des Eintritts gerechnet hat oder ihn bei Anwendung der erforderlichen Sorgfalt hätte erkennen können (so *Geßler/Fuhrmann* AktG, Rdn. 21). Jedoch dürfte es kaum weniger schwierig sein, dem Täter nachzuweisen, wann er von dem Eintritt der Krise positive Kenntnis erlangt hat. Ein Gewinn an Rechtssicherheit ist daher vom Abstellen auf die positive Kenntnis nicht zu

---

[32] Vgl. BGHZ 75, 96, 107f; *Bieneck* in: Müller-Gugenberger, § 63 Rdn. 11; *Fuhrmann* AktG, Anm. 4c; *Geßler/Fuhrmann* AktG, Rdn. 20.

[33] Vgl. *Baumbach/Hueck* § 92 Rdn. 7; *Fuhrmann* AktG, Anm. 4c; *Geßler/Fuhrmann* AktG, Rdn. 20; *Möhrenschlager* wistra 1983, 21f.

[34] Vgl. *Gurke* Verhaltensweisen, S. 109ff; *Hachenburg/Kohlmann* GmbHG, § 84 Rdn. 50; *Richter* GmbHR 1984, 113.

[35] So auch *Bieneck* in: Müller-Gugenberger, § 71 Rdn. 19; *Geßler/Fuhrmann* AktG, Rdn. 21; *Scholz/Tiedemann* GmbHG, § 84 Rdn. 80.

erwarten. Dann aber erscheint es nicht angemessen, den Beginn der Frist – gegen den Wortlaut des Gesetzes – von subjektiven Gegebenheiten abhängig zu machen, anstatt auf das objektive Vorliegen der Krise abzustellen und das fahrlässige Nichterkennen genügen zu lassen.[36]

3. Tatvollendung und Tatbeendigung

a) **Tatvollendung.** – Entsprechend der Regelung des § 401 Abs. 1 Nr. 1 in Verb. 50
mit § 92 Abs. 1 hat der Täter den Antrag ohne schuldhaftes Zögern zu stellen, § 92 Abs. 2 S. 1. Spätestens jedoch ist der Antrag drei Wochen nach Eintritt der Krise zu stellen, § 92 Abs. 2 S. 1. Das bedeutet, daß der Täter die Dreiwochenfrist nur dann ausschöpfen darf, wenn er nach pflichtgemäßem Ermessen mit erfolgreichen und rechtzeitigen Sanierungserfolgen und der Abwendung des Konkurses rechnen kann. Ist das nicht der Fall, so ist der Antrag auch vor Ablauf der Frist unverzüglich zu stellen. Mit dem – nach den konkreten Umständen des Einzelfalles zu beurteilenden Eintritt schuldhaften Zögerns, in jedem Fall aber mit Ablauf der Dreiwochenfrist ist das Delikt vollendet[37], da bis zu diesem Zeitpunkt die pflichtgemäße Handlung hätte vorgenommen werden müssen.

b) **Tatbeendigung.** – Beendet ist die Tat, wenn die Pflicht zum Handeln entfallen 51
ist. Das ist der Fall, wenn der Konkurs- oder Vergleichsantrag durch eine der handlungspflichtigen Personen rechtswirksam gestellt (BGHSt. **28** 371, 379), wenn das Konkurs- oder Vergleichsverfahren aufgrund des Antrags eines Gläubigers eröffnet oder wenn die Krise vorher überwunden worden ist.[38] – Mit dem Ablauf der Dreiwochenfrist entfällt die Handlungspflicht nicht (BGHSt. **14** 280, 281; BGH wistra 1988, 69). Sie besteht solange, wie die Krisensituation gegeben ist, selbst wenn der Täter wegen dieser Tat bereits verurteilt worden ist (vgl. RGSt. **47** 154, 155; BGHSt. **14** 280, 281).

IV. Der subjektive Tatbestand

Die Tatbestände des § 401 können vorsätzlich, § 401 Abs. 1, und fahrlässig, § 401 52
Abs. 2, verwirklicht werden.

1. Vorsatz

Der Tatbestand des § 401 Abs. 1 erfordert Vorsatz; bedingter Vorsatz genügt; im 53
einzelnen zu den Vorsatzerfordernissen § 399 Rdn. 86 ff. Der Täter verwirklicht den Tatbestand daher nicht nur vorsätzlich, wenn er die Tatumstände, die ihn zum Handeln verpflichten, positiv kennt, und dennoch davon absieht, der Handlungspflicht nachzukommen. Vorsätzlich verwirklicht der Täter den Tatbestand bereits dann, wenn er aufgrund **konkreter Anhaltspunkte** die Gefahr erkennt, daß die entsprechende Handlungspflicht – Einberufung der Hauptversammlung, Antrag auf Eröffnung des Konkurs- oder Vergleichsverfahrens – zu erfüllen ist, es aber gleichwohl unterläßt, diesen Anhaltspunkten nachzugehen und die pflichtgemäße Handlung vorzunehmen. – Posi-

---

[36] Vgl. auch *Bieneck* in: Müller-Gugenberger, § 71 Rdn. 19; *KK/Geilen* Rdn. 39; *Schäfer* GmbHR 1993, 782; *Scholz/Tiedemann* GmbHG, § 84 Rdn. 80.

[37] Vgl. auch BGHSt. 14, 280, 281; 28, 371, 379; *Fuhrmann* AktG, Anm. 6; *Geßler/Fuhrmann* AktG, Rdn. 25; *Scholz/Tiedemann* GmbHG, § 84 Rdn. 84.

[38] Vgl. BGHSt. 14, 280, 281 (zur Überschuldung); *Fuhrmann* AktG, Anm. 6; *Geßler/Fuhrmann* AktG, Rdn. 26.

tive Kenntnis des Eintritts der Überschuldung oder Zahlungsunfähigkeit ist nicht erforderlich, auch insoweit genügt die Erkenntnis der konkreten Gefahr der Krise und ein Nichthandeln trotz der Kenntnis der Gefahrensituation. Das ergibt sich aus der Voraussetzung, daß die Handlungspflicht durch die Krise, nicht erst durch die positive Kenntnis von der Krise begründet wird; dazu vgl. Rdn. 49.

2. Fahrlässigkeit

54 Gemäß § 401 Abs. 2 können die Tatbestände des § 401 Abs. 1 auch fahrlässig verwirklicht werden. – Fahrlässig verwirklicht den Tatbestand, wer unter Verletzung der ihm möglichen Sorgfalt verkennt, daß er der Handlungspflicht genügen muß. Das fahrlässige Verhalten kann sich darauf beziehen, daß der Täter sorgfaltspflichtwidrig die Krisensituation nicht erkennt oder daß er es trotz Kenntnis der Krisensituation sorgfaltspflichtwidrig versäumt hat, die pflichtgemäßen Handlungen rechtzeitig vorzunehmen. Sorgfaltspflichtwidrig handelt der Täter daher, wenn er Anhaltspunkten für das Vorliegen einer Krise nicht nachgeht, auch wenn er aufgrund dieser Anhaltspunkte noch keine konkrete Gefahr erkennt, daß die Krise bereits eingetreten ist, sondern nur sehen müßte, daß die Anhaltspunkte auf eine Krise hindeuten. – Die Verletzung der Sorgfaltspflicht kann auch darin liegen, daß der Täter verkennt, daß in der Dreiwochenfrist nach § 401 Abs. 1 Nr. 2 Sanierungsbemühungen überhaupt nicht mehr erfolgreich in Betracht kommen können. Auch wenn der Täter nach Kenntnis der Krisensituation davon ausgeht, diese zu überwinden, so kann darin ein sorgfaltspflichtwidriges Verhalten liegen, wenn er die Sachlage nicht gewissenhaft geprüft hat, insbesondere wenn er es unterläßt, eine schriftliche Vermögensbilanz aufzustellen (BGHSt. 15 306, 311).

V. Rechtswidrigkeit und Schuld

1. Einwilligung

55 a) **§ 401 Abs. 1 Nr. 1.** – Geschütztes Rechtsgut des § 401 Abs. 1 Nr. 1 sind die Vermögensinteressen der Gesellschaft und der Aktionäre; vgl. dazu Rdn. 3. In der Krisensituation soll durch hinreichende Information der Aktionäre sichergestellt werden, daß diese Möglichkeiten, die Gesellschaft zu sanieren, ergreifen können. Sind sämtliche Aktionäre von der Krise unterrichtet und verzichten sie auf die Einberufung der Hauptversammlung, so wird das geschützte Rechtsgut durch die unterlassene Einberufung nicht tangiert, da die entsprechenden Maßnahmen auch ohne die spektakuläre Veranstaltung einer Hauptversammlung getroffen werden können. – Willigen aber sämtliche Aktionäre in den Verzicht auf die Einberufung der Hauptversammlung ein, so liegt in dieser Erklärung die rechtswirksame Erklärung, daß auf den Strafrechtsschutz zur Einleitung der nötigen Maßnahmen verzichtet wird. Diese **Einwilligung hat rechtfertigenden Charakter.** – Gleichwohl wird eine Einwilligung nur ausnahmsweise in Betracht kommen, denn es muß sichergestellt sein, daß sämtliche Aktionäre eingewilligt haben. Das kommt überhaupt nur bei Gesellschaften mit einem überschaubaren, fest umrissenen Kreis von Aktionären in Betracht.[39]

---

[39] Vgl. auch KK/*Geilen* Rdn. 47. – Bereits für Ausschluß des Tatbestandes: *Scholz/Tiedemann* GmbHG, § 84 Rdn. 65.

56 b) **§ 401 Abs. 1 Nr. 2.** – Im Rahmen des § 401 Abs. 1 Nr. 2 wird eine Einwilligung auch in Ausnahmefällen nicht in Betracht kommen. Das verbietet der weitgehende Bereich der hier geschützten Interessen. Eine Einwilligung aller hier möglichen Interessenträger ist nicht zu garantieren. Das verbietet es aber, einer Einwilligung hier rechtfertigende Kraft beizumessen. Eine Einwilligung eines Teiles der Betroffenen kann nicht die Einwilligung des restlichen Teils ersetzen (vgl. auch *KK/Geilen* Rdn. 48).

2. Rechtfertigender Notstand, § 34 StGB

57 In § 401 hat der Gesetzgeber in voller Kenntnis der mit einer Veröffentlichung der Krisensituation begründeten Gefahren die Rechtspflicht zur Anzeige bzw. zum Antrag begründet. Er hat damit zum Ausdruck gebracht, daß er das Publizitätsinteresse höher bewertet als das Interesse der Gesellschaft und anderer Beteiligter, ohne Aufsehen zu erregen, Sanierungsbemühungen durchzuführen. Damit ist eine Bewertung, die in diesen Interessen das höhere Interesse gegenüber der Anzeige- oder Antragspflicht erkennt, ausgeschlossen. Eine Verletzung der Handlungspflicht, um eine Gelegenheit zur diskreten Überwindung der Krise zu eröffnen, ist durch § 34 StGB nicht zu rechtfertigen (vgl. auch *KK/Geilen* Rdn. 45).

3. Unzumutbarkeit

58 Hinter dem Schlagwort der Unzumutbarkeit kann sich die Problematik der Begrenzung der Rechtspflicht zum Handeln oder die Frage nach dem Vorrang konkurrierender Rechtspflichten verbergen. Dann geht es um Probleme des Tatbestandes oder der Rechtfertigung[40], so z. B. wenn die Anzeige oder der Antrag verzögert wird, um die **konkrete Gefahr** von Ausschreitungen oder Gewalttaten zu verhindern.

59 Ausnahmsweise kann die Unzumutbarkeit des Verhaltens aber auch die Schuld des Täters betreffen, und zwar dann, wenn trotz Bestehens der Rechtspflicht der Handlungsspielraum des Täters in der konkreten Situation so gering ist, daß seine Situation der in § 35 StGB beschriebenen *sachlich* vergleichbar ist. Auch hier ist aber die klare Entscheidung des Gesetzgebers angemessen zu berücksichtigen, so daß eine entsprechende Situation nur in extremen Ausnahmesituationen in Betracht kommen kann.[41] Zu denken wäre an eine Verzögerung der Anzeige oder des Antrags in einer Situation, in der zunächst versucht wird, schwerwiegende Folgehandlungen Dritter, die den gleichen Kreis der Betroffenen treffen würden, zu mindern oder zu verhindern.

VI. Irrtum

60 Im Falle eines Irrtums finden die allgemeinen Grundsätze des Strafrechts gemäß § 16 StGB (Tatbestandsirrtum) und § 17 StGB (Verbotsirrtum) Anwendung.

1. Tatbestandsirrtum

61 Ein den Vorsatz ausschließender Tatbestandsirrtum, § 16 StGB, liegt vor, wenn der Täter in Unkenntnis eines zum gesetzlichen Tatbestandes gehörenden Umstandes handelt; im einzelnen dazu § 399 Rdn. 94. Das ist z. B. der Fall, wenn der Täter nicht

---

40 Vgl. dazu m. N. *Otto* Grundkurs Strafrecht, A. T., § 9 Rdn. 102 f in Verb. mit § 14 Rdn. 32 f.

41 Vgl. auch *Scholz/Tiedemann* GmbHG, § 84 Rdn. 96. – Weiter aber *KK/Geilen* Rdn. 50.

erkennt, daß eine Krisensituation eingetreten ist. – Eine Pflichtunkenntnis trotz Kenntnis der Krisensituation wird bei dem hier tauglichen Täterkreis kaum einmal in Betracht zu ziehen sein; im übrigen vgl. zu einem derartigen Irrtum über die Existenz der Handlungspflicht § 399 Rdn. 95 ff.

2. Verbotsirrtum

62 Ein Verbotsirrtum, § 17 StGB, liegt vor, wenn der Täter über die Rechtswidrigkeit seines Verhaltens irrt; im einzelnen dazu § 399 Rdn. 99 ff. Er könnte hier in Betracht kommen, wenn der Täter meint, der Anzeige- oder Antragspflicht nicht nachkommen zu müssen, um eingeleitete Sanierungsbemühungen nicht zu stören, oder weil z. B. bereits ein Gläubiger einen Antrag auf Eröffnung des Konkursverfahrens gestellt hat.

3. Irrtum und Fahrlässigkeitshaftung

63 Auch beim Vorliegen eines vorsatzausschließenden Irrtums ist jedoch stets zu prüfen, ob dieser Irrtum dem Täter nach seinen Möglichkeiten und Qualifikationen vermeidbar war. War dem Täter der Irrtum bei Ausschöpfung der ihm zugänglichen Auskunftsquellen vermeidbar, so haftet er nach § 401 Abs. 2.

VII. Versuch

64 Der Versuch der Pflichtverletzung bei Verlust, Überschuldung oder Zahlungsunfähigkeit ist nicht strafbar, denn die Taten sind Vergehen, § 12 Abs. 2 StGB; vgl. dazu im einzelnen § 399 Rdn. 102.

VIII. Täterschaft und Teilnahme

1. Täterschaft

65 Täter, sei es Alleintäter, Mittäter, Nebentäter oder mittelbarer Täter – kann nur ein Träger der Sonderpflicht sein. – Zur Verpflichtung des einzelnen Täters vgl. im übrigen Rdn. 11.

2. Teilnahme

66 An der Tat eines Sonderpflichtigen können sich als Täter nicht taugliche Dritte als Teilnehmer – Anstifter, § 26 StGB, Gehilfen, § 27 StGB – beteiligen; im einzelnen dazu § 399 Rdn. 109 ff. Insoweit gelten die allgemeinen Grundsätze, § 28 Abs. 1 StGB findet Anwendung. – Zu beachten ist aber, daß der Teilnehmer sich an der Tat des Sonderpflichtigen beteiligen muß. Daher ist z. B. nur Gehilfe, „wer das Unterlassen des zum Handeln Verpflichteten vorsätzlich unterstützt, dagegen nicht, wer in anderer Weise den Erfolg zu verhindern trachtet, den die Gebotsnorm, ohne tatbestandlich auf ihn abzustellen, erreichen will“ (BGHSt. **14** 280, 282). – Beihilfe ist bis zur Beendigung der Tat möglich (BGHSt. **14** 280, 281).

IX. Konkurrenzen

67 Tateinheit bei einem Unterlassungsdelikt setzt voraus, daß mehrere Handlungspflichten durch „ein und dieselbe Handlung“ zu erfüllen sind. Sind hingegen mehrere

Handlungen erforderlich, um mehreren – selbst gleichartigen – Pflichten nachzukommen, so sind in ihrer Nichtvornahme in der Regel mehrere Unterlassungen zu sehen (BGHSt. **18** 376, 379). Aus diesem Grunde wird Tateinheit zwischen § 401 Abs. 1 Nr. 1 und § 401 Abs. 1 Nr. 2 nicht in Betracht kommen. Die Anzeigepflicht nach § 92 Abs. 1 hat einen anderen Inhalt und wendet sich an einen anderen Adressatenkreis als die Antragspflicht nach § 92 Abs. 2.[42]

Aus dem gleichen Grunde dürfte auch eine Idealkonkurrenz mit Konkursstraftaten, §§ 283 ff StGB, Betrug, § 263 StGB, Unterschlagung, § 246 StGB, oder Steuerhinterziehung, § 370 AO, nur ausnahmsweise in Betracht kommen. Möglich ist hingegen Idealkonkurrenz mit Untreue, § 266 StGB, wenn das Unterlassen der Anzeige oder des Antrags zur Verhinderung einer erfolgreichen Sanierung der Gesellschaft führt (vgl. auch *Geßler/Fuhrmann* AktG, Rdn. 28). **68**

Handelt es sich bei der Gesellschaft, bei der der Verlust der Hälfte des Grundkapitals oder die Konkurssituation eingetreten ist um ein Kreditinstitut nach § 1 KWG oder um ein Versicherungsunternehmen nach § 1 VAG, so gehen die Spezialregelungen der §§ 55 KWG, 141 VAG dem § 401 Abs. 1 Nr. 2, Abs. 2 vor. **69**

Macht der Vorstand auf einer nach § 92 Abs. 1 einberufenen Hauptversammlung eine falsche Verlustanzeige, so erfüllt dieses Verhalten den Tatbestand der unrichtigen Wiedergabe der Verhältnisse der Gesellschaft in einer Darstellung über den Vermögensstand der Gesellschaft, § 400 Abs. 1 Nr. 1, nicht aber den des § 401 Abs. 1 Nr. 1 (vgl. auch *Geßler/Fuhrmann* AktG, Rdn. 28). **70**

X. Strafverfolgung und Rechtsfolgen

1. Offizialdelikte

Die Tatbestände des § 401 sind Offizialdelikte. Sie werden von Amts wegen verfolgt. **71**

2. Zuständigkeit der Wirtschaftsstrafkammern

Gemäß § 74 c Abs. 1 Nr. 1 GVG ist für Straftaten nach dem AktG eine Strafkammer als Wirtschaftsstrafkammer zuständig, soweit nach § 74 Abs. 1 GVG als Gericht des ersten Rechtszuges und nach § 74 Abs. 3 GVG für die Verhandlung und Entscheidung über das Rechtsmittel der Berufung gegen Urteile des Schöffengerichts das Landgericht zuständig ist. **72**

3. Verjährung

Die **Strafverfolgung** einer vorsätzlichen Straftat nach § 401 Abs. 1 verjährt grundsätzlich in fünf Jahren, § 78 Abs. 3 Nr. 4 StGB, die einer fahrlässigen Straftat nach § 401 Abs. 2 in drei Jahren, § 78 Abs. 3 Nr. 5 StGB; im einzelnen zur Verjährung vgl. § 399 Rdn. 238. – Zur **Vollstreckungsverjährung** vgl. §§ 79–79 b StGB. **73**

Die **Frist der Verfolgungsverjährung** beginnt mit der tatsächlichen Beendigung des Delikts, d. h. mit Wegfall der Handlungspflicht.[43] – Die **Frist der Vollstreckungsverjährung** beginnt frühestens mit der rechtskräftigen Verhängung einer Strafe oder Maßnahme, § 11 Abs. 1 Nr. 8 StGB. **74**

---

[42] So auch *Fuhrmann* AktG, Anm. 8; *Geßler/Fuhrmann* AktG, Rdn. 28. – **A. A.** *KK/Geilen* Rdn. 56.

[43] Vgl. BGHSt. 28, 371, 379 f; BGH wistra 1992, 23; OLG Stuttgart VRS 33, 273.

4. Urteilstenor

75 Da § 401 zwei unterschiedliche Tatbestände enthält, muß der Urteilstenor hinreichend klar erkennen lassen, welchen Tatbestand der Täter verwirklicht hat. Im Urteilstenor, nicht erst in den Urteilsgründen ist daher zum Ausdruck zu bringen, aufgrund welchen Tatbestandes der Täter verurteilt wird.

5. Strafe

76 Die Straftaten nach § 401 sind Vergehen, § 12 Abs. 2 StGB. Für die vorsätzliche und für die fahrlässige Deliktsverwirklichung sieht das Gesetz unterschiedliche Strafrahmen vor. Die vorsätzliche Deliktsverwirklichung kann wahlweise mit Freiheitsstrafe bis zu drei Jahren oder mit Geldstrafe geahndet werden. Bei der fahrlässigen Deliktsverwirklichung ist auf Freiheitsstrafe bis zu einem Jahr oder auf Geldstrafe zu erkennen. — Hat der Täter sich durch die Tat bereichert oder zu bereichern versucht, so kann neben einer Freiheitsstrafe zusätzlich auf eine Geldstrafe erkannt werden, § 41 StGB. — Die Vorschriften über Verfall und Einziehung, §§ 73 ff StGB, und über die Verhängung eines Berufsverbots, § 70 StGB, finden Anwendung. — Zur Bemessung der Freiheitsstrafe vgl. §§ 38, 39 StGB, zur Geldstrafe § 40 StGB.

77 Fehlen bei einem Teilnehmer — Anstifter oder Gehilfen — die besonderen Tätereigenschaften — dazu vgl. § 399 Rdn. 242 —, so ist die Strafe gemäß § 28 Abs. 1 StGB zu mildern.

§ 402
Falsche Ausstellung oder Verfälschung von Hinterlegungsbescheinigungen

(1) Wer über die Hinterlegung von Aktien oder Zwischenscheinen Bescheinigungen, die zum Nachweis des Stimmrechts in einer Hauptversammlung oder in einer gesonderten Versammlung dienen sollen, falsch ausstellt oder verfälscht, wird mit Freiheitsstrafe bis zu drei Jahren oder mit Geldstrafe bestraft, wenn die Tat nicht in anderen Vorschriften über Urkundenstraftaten mit schwererer Strafe bedroht ist.

(2) Ebenso wird bestraft, wer von einer falschen oder verfälschten Bescheinigung der in Absatz 1 bezeichneten Art zur Ausübung des Stimmrechts Gebrauch macht.

(3) Der Versuch ist strafbar.

Übersicht

I. Allgemeines

1. Entstehungsgeschichte

Seine derzeitige Fassung erhielt § 402 durch das EGStGB v. 2. 3. 1974.[1] Er entspricht im wesentlichen § 298 AktG 1937, der wiederum auf § 316 HGB a. F. beruhte[2]. Ergänzt wurde der Tatbestand allerdings durch die als neues Institut in das Aktienrecht durch § 138 eingeführte „gesonderte Versammlung“, während das Erfordernis der „wissentlichen“ Handlungsweise entfallen ist. Damit hat der Gesetzgeber klargestellt, daß Vorsatz inklusive des bedingten Vorsatzes den Erfordernissen des subjektiven Tatbestandes genügt. Der Tatbestand ist daher hinsichtlich der subjektiven Erfordernisse den allgemeinen Urkundendelikten angeglichen worden (dazu *Meyer* AG **1966** 109, 112). – Der zuvor sehr weite Strafrahmen wurde dem der anderen Straftatbestände des Aktienrechts angepaßt. Der Versuch wurde für strafbar erklärt. – Klargestellt hat der Gesetzgeber das Verhältnis zu den Urkundenstraftaten durch Einführung einer Subsidiaritätsklausel. Die selbständige Bedeutung des § 402 für eine Bestrafung ist dadurch weitgehend verlorengegangen, da die allgemeinen Urkundendelikte durchweg einen höheren Strafrahmen aufweisen. 1

[1] BGBl. I, 469, 570.

[2] § 316 HGB v. 10. 5. 1897:
Wer über die Hinterlegung von Aktien oder Interimsscheinen Bescheinigungen, die zum Nachweise des Stimmrechts in einer Generalversammlung dienen sollen, wissentlich falsch ausstellt oder verfälscht oder von einer solchen Bescheinigung, wissend, daß sie falsch oder verfälscht ist, zur Ausübung des Stimmrechts Gebrauch macht, wird mit Gefängniß bis zu einem Jahre und zugleich mit Geldstrafe bis zu zehntausend Mark bestraft. Daneben kann auf Verlust der bürgerlichen Ehrenrechte erkannt werden. Sind mildernde Umstände vorhanden, so tritt ausschließlich die Geldstrafe ein.

§ 298 AktG v. 30. 1. 1937:
Fälschung oder Verfälschung von Hinterlegungsbescheinigungen
(1) Mit Gefängnis wird bestraft, wer über die Hinterlegung von Aktien oder Zwischenscheinen Bescheinigungen, die zum Nachweis des Stimmrechts in einer Hauptversammlung dienen sollen, wissentlich falsch ausstellt oder verfälscht oder von einer solchen Bescheinigung wissend, daß sie falsch oder verfälscht ist, zur Ausübung des Stimmrechts Gebrauch macht.
(2) Zugleich kann auf Verlust der bürgerlichen Ehrenrechte, in besonders schweren Fällen kann auf Zuchthaus bis zu zehn Jahren erkannt werden.

2. Das geschützte Rechtsgut

2 § 402 dient dem Schutz der Unverfälschtheit des Mehrheitswillens sowie bei Sonderbeschlüssen auch des Minderheitswillens. Das Abstimmungsergebnis ist jedoch nicht unmittelbar geschützt, sondern mittelbar durch eine Legitimationskontrolle. **Geschütztes Rechtsgut** ist daher die Sicherheit und Zuverlässigkeit des Beweisverkehrs mit einer bestimmten Urkunde, dem Hinterlegungsschein.[3]

3. Schutzgesetz

3 § 402 ist **Schutzgesetz i. S. des § 823 Abs. 2 BGB** zugunsten der Gesellschaft und der Aktionäre, aber auch zugunsten potentieller Drittgefährdeter, da sich der unmittelbare Schutz der Gesellschaft und der Aktionäre mittelbar auch zu ihren Gunsten auswirkt. Der Beeinträchtigung ihrer Interessen soll durch den Schutz vor der Verfälschung der Willensbildung in den genannten Abstimmungen gewehrt werden.[4]

4. Die Rechtsnatur des Delikts

4 Die Vorschrift soll sicherstellen, daß das Abstimmungsergebnis bei den betreffenden Beschlüssen nicht verfälscht wird. Der Eintritt dieses Erfolgs ist nicht Voraussetzung des Tatbestandes. Das Delikt ist daher ein **abstraktes Gefährdungsdelikt.**[5]

5. Die Systematik des Gesetzes

5 § 402 enthält **drei verschiedene Tatbestände**:
- Das falsche Ausstellen von Hinterlegungsbescheinigungen, die dem Nachweis des Stimmrechts in der Hauptversammlung oder einer gesonderten Versammlung dienen sollen, Abs. 1, 1. Alt.
- Das Verfälschen derartiger Hinterlegungsbescheinigungen, Abs. 1, 2. Alt.
- Das Gebrauchmachen von derartigen falsch ausgestellten oder verfälschten Hinterlegungsbescheinigungen zur Ausübung des Stimmrechts, Abs. 2.

II. Der objektive Tatbestand

1. Taugliche Täter

6 Der Gesetzgeber hat die Tathandlung nicht an eine besondere Täterposition geknüpft. § 402 ist daher ein **Allgemeindelikt** und kein Sonderdelikt. **Täter** kann jedermann sein.[6]

2. Der Tatgegenstand: Die Hinterlegungsbescheinigung

7 a) **Hinterlegungsbescheinigungen** sind schriftliche Erklärungen, in denen bescheinigt wird, daß die Aktien, das sind Urkunden, die Rechte und Pflichten aus der Über-

---

[3] Mehr materiell definiert das geschützte Rechtsgut *Fuhrmann* AktG, Anm. 1: „... das Interesse der Gesellschaft und der Aktionäre an einem ordnungsgemäßen Ablauf der Hauptversammlung"; vgl. auch *Geßler/Fuhrmann* AktG, Rdn. 3.

[4] Vgl. auch *Baumbach/Hueck* Rdn. 2; *Fuhrmann* AktG, Anm. 1; *Geßler/Fuhrmann* AktG, Rdn. 3; *KK/Geilen* Rdn. 2.

[5] Vgl. auch *Fuhrmann* AktG, Anm. 1; *Geßler/Fuhrmann* AktG, Rdn. 3; *KK/Geilen* Rdn. 2.

[6] Vgl. auch *Fuhrmann* AktG, Anm. 1; *Geßler/Fuhrmann* AktG, Rdn. 5; *KK/Geilen* Rdn. 2.

nahme eines Anteils am Grundkapital der AG verbriefen (dazu *Brändel* § 1 Rdn. 79), oder Zwischenscheine, das sind Anteilsscheine, die den Aktionären vor der Ausgabe der Aktien erteilt werden (dazu *Brändel* § 8 Rdn. 66), von einem bestimmten Zeitpunkt vor und für die Zeit bis zum Schluß der Hauptversammlung oder der gesonderten Versammlung hinterlegt worden sind.

b) Die Bescheinigung muß **zum Nachweis des Stimmrechts** in einer Hauptversammlung oder in einer gesonderten Versammlung dienen. Diese Zweckbestimmung ist nach dem Wortlaut des Gesetzes nicht als subjektives Absichtsmerkmal zu verstehen, so daß es allein darauf ankäme, daß der Täter mit der Bescheinigung die Zulassung zur Abstimmung bezweckt. Das Gesetz fordert vielmehr objektiv „Bescheinigungen, die zum Nachweis des Stimmrechts ... dienen sollen", und begnügt sich damit nicht mit der bloß subjektiven Zweckbestimmung durch den Täter.[7] Die Hinterlegungsbescheinigung muß daher als solche geeignet sein, den genannten Zweck zu erfüllen (vgl. *Geßler/Fuhrmann* AktG, Rdn. 7). **8**

Aufgrund dieser **objektiven Zwecksetzung** liegt ein Hinterlegungsschein i. S. des § 402 nur vor, wenn in der Satzung der AG gemäß §§ 123 Abs. 2, 138 S. 2 ausdrücklich bestimmt ist, daß die Ausübung des Stimmrechts in der Hauptversammlung oder in einer gesonderten Versammlung von der Hinterlegung der Aktien oder Zwischenscheine abhängig ist. **9**

Nicht relevant ist die **Bezeichnung der Bescheinigung** als Hinterlegungsbescheinigung. Wird die zur Kontrolle der Hinterlegung der Aktien oder Zwischenscheine ausgegebene Bescheinigung als **Eintritts-** oder **Stimmkarte** bezeichnet, so ändert das an ihrem Charakter und an ihrer Bedeutung als Hinterlegungsbescheinigung nichts. Maßgeblich ist die Überprüfungsfunktion im Hinblick auf die Abstimmung, die in der Bescheinigung Ausdruck findet (vgl. auch *KK/Geilen* Rdn. 4). **10**

Aus diesem Grunde liegt auch eine Hinterlegungsbescheinigung i. S. des § 402 vor, wenn die Hinterlegung der Aktien und dementsprechend die Bescheinigung über die Hinterlegung bereits Voraussetzung der **Teilnahme an einer Hauptversammlung** und damit zugleich Voraussetzung der Ausübung des Stimmrechts sind. In diesem Fall enthält die Hinterlegungsbescheinigung in mittelbarer Form auch die Zulassung zur Abstimmung, so daß sie *auch* als Kontrollschein hinsichtlich der Abstimmung i. S. des § 402 anzusehen ist.[8] **Keine Hinterlegungsbescheinigung** i. S. des § 402 ist hingegen die Hinterlegungsbescheinigung über die Hinterlegung stimmrechtsloser Aktien, soweit mit dieser Bescheinigung im konkreten Fall nur die Teilnahme an der Versammlung erschlichen werden soll.[9] — Keine Hinterlegungsscheine i. S. des § 402 sind darüber hinaus Hinterlegungsbescheinigungen, die nicht zum Nachweis des Stimmrechts in einer Hauptversammlung oder in einer anderen Versammlung bestimmt sind, sondern z. B. als Bonitätsnachweis im Rahmen eines Kreditantrags dienen sollen und zu diesem Zwecke erteilt werden. **11**

c) **Form** und **Inhalt** der Bescheinigung und **Art der Hinterlegung** sind im Gesetz nicht ausdrücklich geregelt. — In der Regel enthalten die Satzungen hierzu nähere Bestimmungen. Aus § 123 Abs. 3 S. 2 ergibt sich allerdings, daß die Hinterlegung bei **12**

[7] Vgl. auch *Fuhrmann* AktG, Anm. 1, 2; *Godin/Wilhelmi* Anm. 1. — **A. A.** *KK/Geilen* Rdn. 7.

[8] So auch *Baumbach/Hueck* Rdn. 4; *KK/Geilen* Rdn. 6. — **A. A.** *Fuhrmann* AktG, Anm. 1; *Geßler/Fuhrmann* AktG, Rdn. 2.

[9] Vgl. *Baumbach/Hueck* Rdn. 4; *Fuhrmann* AktG, Anm. 1; *Geßler/Fuhrmann* AktG, Rdn. 2; *Godin/Wilhelmi* Anm. 2; *KK/Geilen* Rdn. 6.

einem Notar oder einer Wertpapiersammelbank – dazu § 1 Abs. 3 DepotG – ausreichend ist.

13 **Inhaltliche Mängel der Bescheinigung,** die die Kontrollfunktion nicht berühren, sind nur dann relevant, wenn sie zur Nichtigkeit der Bescheinigung führen. Ohne Bedeutung für den Tatbestand ist es daher, wenn die Nummern der Aktien oder der Zwischenscheine nicht aufgeführt sind, auch wenn die Satzung diese Angaben verlangt[10], während das Fehlen der Angaben über Stückzahl und Nennbetrag der Aktien die Bescheinigung unter Kontrollaspekten wertlos macht, so daß die Bescheinigung nicht mehr als Hinterlegungsbescheinigung im Sinne des Tatbestandes angesehen werden kann.

14 **Hinterlegung** bedeutet Verwahrung der Aktie durch einen Dritten. Die Aktie oder der Zwischenschein muß der tatsächlichen Verfügungsmacht des Aktionärs entzogen und der Hinterlegungsstelle übertragen worden sein. Mittelbarer Besitz genügt hier nur, wenn die Satzung ihn ausdrücklich zuläßt.[11]

15 d) Die **Zweckbestimmung** der Bescheinigung ist **Tatbestandsvoraussetzung** des Tatgegenstandes. Bescheinigungen, die einen anderen Inhalt haben oder die anderen Zwekken zu dienen bestimmt sind, sind keine Hinterlegungsbescheinigungen i. S. des Tatbestandes. Die Zweckbestimmung ist unrechtskonstituierendes Merkmal des Tatbestandes, da die Fälschung und Verfälschung anderer Bescheinigungen als Urkundendelikte, nicht aber als Verwirklichung des § 402 relevant sein können. Keineswegs handelt es sich bei der Zweckbestimmung daher nur um eine objektive Bedingung der Strafbarkeit.[12]

3. Die Tathandlung

16 Der Tatbestand unterscheidet **drei Alternativen:** Das *falsche Ausstellen* einer Hinterlegungsbescheinigung, Abs. 1, 1. Alt., das *Verfälschen* einer Hinterlegungsbescheinigung, Abs. 1, 2. Alt., und das *Gebrauchmachen* von einer falschen oder verfälschten Hinterlegungsbescheinigung, Abs. 2.

17 a) **Falsches Ausstellen** einer Hinterlegungsbescheinigung. – Mit dem Begriff des *falschen Ausstellens* einer Hinterlegungsbescheinigung verbindet der Gesetzgeber des AktG zwei verschiedene Arten des Angriffs auf die Sicherheit und Zuverlässigkeit des Beweisverkehrs mit Urkunden, die er in den Urkundendelikten des StGB, §§ 267 ff, streng voneinander getrennt hat: Den Angriff gegen die *Echtheit* der Urkunde und den Angriff gegen die *inhaltliche Wahrheit* der Urkunde (im einzelnen dazu *Otto* Grundkurs Strafrecht, B. T., § 69, 2). Damit umfaßt der Begriff drei Fallgruppen:

18 (1.) Das **Herstellen einer unechten Urkunde,** d. h. den Fall, daß der Aussteller der Bescheinigung den Anschein erweckt, daß die Bescheinigung von einer anderen Person als dem wirklichen Aussteller herrührt.

19 (2.) Die **Herstellung einer inhaltlich unwahren Bescheinigung,** d. h. einer sog. schriftlichen Lüge.

20 (3.) Das **Zusammentreffen beider Alternativen** durch Ausstellen einer unechten Bescheinigung mit unrichtigem Inhalt.

---

[10] So auch *KK/Geilen* Rdn. 5. – **A. A.** KG Recht 1927, Nr. 627; *Fuhrmann* AktG, Anm. 2; *Geßler/Fuhrmann* AktG, Rdn. 6.

[11] Vgl. auch RGZ 112, 109, 113 f; *Fuhrmann* AktG, Anm. 2; *Geßler/Fuhrmann* AktG, Rdn. 6.

[12] Vgl. auch *KK/Geilen* Rdn. 7, 16. – **A. A.** *Fuhrmann* AktG, Anm. 1; *Geßler/Fuhrmann* AktG, Rdn. 2.

Die Hinterlegungsbescheinigung ist **falsch ausgestellt**, wenn der aus der Bescheinigung hervorgehende Aussteller nicht der wirkliche Aussteller ist (Fall des Herstellens einer unechten Urkunde i. S. des § 267 StGB), wenn ihr Inhalt unrichtig ist, weil Zahl und/oder Art der hinterlegten Aktien unrichtig angegeben sind oder die Hinterlegung nicht stattgefunden hat (Fall der schriftlichen Lüge) sowie dann, wenn über die Person des Ausstellers getäuscht wird und die Bescheinigung inhaltlich unrichtig ist, so daß die Täuschung über den Aussteller der Bescheinigung mit einer schriftlichen Lüge verbunden wird.[13] – **Vollendet** ist die Tat mit dem Ausstellen der Bescheinigung, ein Gebrauchmachen ist zur Vollendung des Delikts nicht notwendig. **21**

b) **Verfälscht** ist eine Hinterlegungsbescheinigung, wenn sie durch eine unbefugte nachträgliche Änderung etwas anderes aussagt als der Aussteller erklärt hat, so daß der Eindruck entsteht, daß der Aussteller die inhaltlich veränderte Erklärung abgegeben hat. Auch offensichtliche Änderungen des Inhalts der Bescheinigung sind tatbestandsmäßig, wenn der Eindruck erweckt werden soll, die Bescheinigung sei „mit Wissen und Willen des Ausstellers zu einem Zeitpunkt geändert worden, als sie seiner Verfügungs- und Änderungsgewalt noch nicht entzogen war“ (BGH GA **1963** 16, 17). **22**

Auch im Begriff des **Verfälschens** sind im Gegensatz zu dem entsprechenden Begriff des § 267 StGB der *Angriff gegen die Echtheit* und der *Angriff gegen die Wahrheit der Urkunde* erfaßt. Daher ist auch die nachträgliche inhaltliche Änderung der Urkunde durch den ursprünglichen Aussteller hier tatbestandsmäßig (vgl. *KK/Geilen* Rdn. 11). Allerdings mit einer Ausnahme: Wird eine ursprünglich inhaltlich unrichtige Urkunde durch den ursprünglichen Aussteller dahin korrigiert, daß sie nunmehr eine inhaltlich richtige Aussage enthält, so fällt dieses Verhalten nicht mehr unter den Tatbestand, denn es liegt weder ein Angriff gegen die Echtheit, noch ein Angriff gegen die inhaltliche Wahrheit der Urkunde vor. Das ist im Hinblick auf die Wahrheit der Urkunde evident. Aber – entgegen der h. M. zu § 267 StGB – liegt in diesem Verhalten auch kein Angriff gegen die Echtheit der Urkunde. Höchstrichterliche Rechtsprechung und Teile der Literatur sehen in der nachträglichen Änderung einer Urkunde durch den ursprünglichen Aussteller, nachdem ein Dritter bereits ein Beweisführungsrecht an der Urkunde erlangt hat, zwar grundsätzlich eine Verfälschung der Urkunde. Sie interpretieren das Merkmal „echt“ in § 267 StGB nicht (nur) „ausstellerbezogen“, sondern zugleich „erklärungsbezogen“ und sehen damit den Aussteller A im Zeitpunkt der ursprünglichen Herstellung der Urkunde nicht mehr als identisch an mit dem Aussteller A im Zeitpunkt der inhaltlichen Änderung der Urkunde.[14] Damit aber wird der Schutzbereich des § 267 StGB erweitert. Dem Angriff auf die Echtheit der Urkunde wird der Angriff auf einen speziellen Fall inhaltlicher Wahrheit der Urkunde gleichgestellt, nämlich der Angriff auf die ursprüngliche inhaltliche Aussage der Urkunde. Der vom Gesetzgeber in § 267 StGB gewollte Strafrechtsschutz wird über die gesetzlichen Grenzen hinausgestreckt.[15] – Für diese, schon im Strafrecht in ihrer Sachgerechtigkeit und An- **23**

[13] Vgl. auch *Fuhrmann* AktG, Anm. 3; *Geßler/Fuhrmann* AktG, Rdn. 8; *KK/Geilen* Rdn. 9, 10.

[14] Vgl. BGHSt. 13, 382, 387; BGH wistra 1989, 100 mit krit. Anm. *Puppe* JZ 1991, 550 f; OLG Stuttgart NJW 1978, 715 mit zust. Anm. *Kühl* JA 1978, 527, und krit. Anm. *Puppe* JR 1978, 206 ff; *Lackner* StGB, § 267 Rdn. 21; LK[10]/*Tröndle* § 267 Rdn. 142, 153 ff; *Paeffgen* Jura 1980, 487.

[15] Vgl. auch *Armin Kaufmann* ZStW 71 (1959), 411; *Kienapfel* JR 1975, 515; *Lampe* GA 1964, 327 ff; *Maiwald* ZStW 91 (1979), 958; *Otto* Grundkurs Strafrecht, B. T., § 70 I 4 b; *Puppe* JR 1978, 207; *dies.* JZ 1986, 944 f; *Schönke/Schröder/Cramer* StGB, § 267 Rdn. 68.

gemessenheit strittige Auslegung des Begriffs des Verfälschens ist im Aktienstrafrecht trotz des Einbezugs des Angriffs gegen die inhaltliche Wahrheit in den Schutzbereich jedenfalls kein Raum, wenn die ursprüngliche unrichtige Bescheinigung durch den ursprünglichen Aussteller später einen richtigen Inhalt erhält. Anderes gilt hingegen, wenn eine inhaltlich unrichtige Bescheinigung durch einen Dritten so verändert wird, daß sie nunmehr eine inhaltlich richtige Aussage enthält. Hier liegt ein Angriff gegen die Echtheit der Bescheinigung vor. – **Vollendet** ist die Tat mit dem Abschluß der Veränderung der Bescheinigung.

24 c) **Gebrauchmachen von einer falschen oder verfälschten Hinterlegungsbescheinigung** bedeutet der Wahrnehmung des zu Täuschenden zugänglich machen, so daß dieser die Möglichkeit der Kenntnisnahme hat. Damit ist die Tat **vollendet.** – Daß der zu Täuschende die Bescheinigung tatsächlich zur Kenntnis genommen hat, ist nicht erforderlich.[16] – Insoweit entspricht der Begriff des Gebrauchmachens dem des Gebrauchens in § 267 StGB. Unterschiede ergeben sich jedoch durch die verschiedenen Zwecksetzungen der jeweiligen Tathandlung. In § 267 StGB muß das Gebrauchen der falschen oder verfälschten Urkunde zur Täuschung im Rechtsverkehr erfolgen. § 402 Abs. 2 setzt hingegen eine sehr viel engere Zielrichtung der Tat voraus. Hier ist allein relevant ein Gebrauchmachen von der falschen oder verfälschten Hinterlegungsbescheinigung zur Ausübung des Stimmrechts in der Hauptversammlung oder in der gesonderten Versammlung. Der durch das Gebrauchmachen von der Bescheinigung zu Täuschende ist daher die Person, die die Legitimation des Täters zur Stimmrechtsausübung zu prüfen hat (vgl. *Geßler/Fuhrmann* AktG, Rdn. 11). – Die Überlassung der Bescheinigung an eine gutgläubige Mittelsperson, die sich als Vertreter oder Strohmann mit Hilfe der Bescheinigung legitimieren soll, ist dementsprechend erst Vorbereitung des Gebrauchmachens, nicht aber schon Gebrauchmachen im Sinne des Abs. 2.[17]

25 **Kein Gebrauchmachen** von einer falschen oder verfälschten Hinterlegungsbescheinigung zum Zweck der Stimmrechtsausübung liegt vor, wenn der berechtigte Inhaber einer wahren und echten Hinterlegungsbescheinigung diese einem Dritten übergibt, damit der Dritte das Stimmrecht ausüben kann. Das ist selbstverständlich, wenn die Voraussetzungen des § 129 Abs. 3 erfüllt werden. Danach müssen in diesem Fall der Betrag und die Gattung der hinterlegten Aktien zur gesonderten Aufnahme in das Teilnehmerverzeichnis angegeben werden. Geschieht das nicht, so kann eine Ordnungswidrigkeit nach § 405 Abs. 2 vorliegen oder auch eine Straftat nach § 271 StGB in Betracht kommen, denn das Protokoll über die Hauptversammlung, dem gemäß § 130 Abs. 3 das Teilnehmerverzeichnis beigefügt wird, ist eine öffentliche Urkunde i. S. des § 271 StGB. Täter ist in diesem Falle jedoch der bösgläubige Mittelsmann, der die Falschbeurkundung bewirkt, während derjenige, der den Tatentschluß hervorgerufen hat, d. h. der rechtmäßige Inhaber der Bescheinigung, als Anstifter anzusehen ist. Im Einzelfall kann aber auch Mittäterschaft in Betracht kommen (vgl. LK[10]/*Tröndle* § 271 Rdn. 65). – Entsprechendes gilt für die Wahrnehmung des sog. **Bankenstimmrechts** durch Legitimationsübertragung nach § 129 Abs. 2.

26 Das **Tatobjekt des Gebrauchmachens.** – Der Wortlaut des Abs. 2: „falschen oder verfälschten Bescheinigung der in Abs. 1 bezeichneten Art", ist mißverständlich. Möglich ist eine Interpretation dahin, daß die Bescheinigung durch eine Straftat nach Abs. 1

---

[16] Vgl. *Fuhrmann* AktG, Anm. 5; *Geßler/Fuhrmann* AktG, Rdn. 11; *KK/Geilen* Rdn. 12. – Zu Einzelheiten können insoweit Rechtsprechung und Literatur zum Gebrauchen der Urkunde i. S. des § 267 StGB herangezogen werden.

[17] Vgl. auch *Godin/Wilhelmi* Anm. 4. – A. A. *KK/Geilen* Rdn. 12.

entstanden sein muß. Er läßt sich aber auch dahin auslegen, daß hier nicht auf den Entstehungsakt, sondern auf das Ergebnis einer bestimmten Tätigkeit abgestellt wird, so daß bereits der Gebrauch einer falschen, aber irrtümlich oder fahrlässig zustandegekommenen Hinterlegungsbescheinigung durch Abs. 2 erfaßt wird.

Unter dem Aspekt des **Rechtsgüterschutzes** ist die hier sachgerechte Entscheidung allerdings eindeutig. Das Abstimmungsergebnis kann nicht nur durch falsche oder verfälschte Hinterlegungsbescheinigungen verfälscht werden, die durch eine strafbare Handlung nach Abs. 1 entstanden sind, sondern bereits durch den Gebrauch falscher oder verfälschter Bescheinigungen, unabhängig davon, ob sie durch eine strafbare Handlung entstanden sind oder nicht. Das spricht dafür, den Gebrauch einer objektiv unrichtigen Bescheinigung i. S. des Abs. 1 als Tatgegenstand des Abs. 2 genügen zu lassen. Der Wortlaut des Gesetzes läßt diese Interpretation — entsprechend der Interpretation des § 273 StGB — durchaus zu (vgl. auch *KK/Geilen* Rdn. 13). **27**

III. Der subjektive Tatbestand

1. Falsche Ausstellung und Verfälschen von Hinterlegungsbescheinigungen, Abs. 1

Beide Tatbestände erfordern **Vorsatz**, bedingter Vorsatz genügt. Das bedeutet, daß der Täter wissen oder sich zumindest der konkreten Gefahr bewußt sein muß, daß er eine für den Nachweis des Stimmrechts in einer Hauptversammlung oder in einer gesonderten Versammlung bestimmte Hinterlegungsbescheinigung falsch ausstellt oder verfälscht. — **Zielsetzung** und **Eignung der Bescheinigung** zur Realisierung des Zieles müssen vom Vorsatz umfaßt sein (vgl. auch *Geßler/Fuhrmann* AktG, Rdn. 13). **28**

Fehlt der Hinterlegungsbescheinigung die Eignung, den genannten Zweck zu erfüllen, weil die Satzung der AG keine dem § 123 Abs. 2 entsprechende Bestimmung enthält, so erfüllt ihre falsche Ausstellung oder Verfälschung nicht den objektiven Tatbestand. Geht der Täter dennoch von diesen Voraussetzungen aus, so kann ein Versuch vorliegen. Die Regelungsvoraussetzung des § 123 Abs. 2 ist daher nicht eine sog. objektive Bedingung der Strafbarkeit (a. A. aber *Geßler/Fuhrmann* AktG, Rdn. 2, 14), sondern konstituierende Voraussetzung jener Merkmale, auf die sich der Vorsatz des Täters beziehen muß. **29**

2. Gebrauchmachen von einer falschen oder verfälschten Hinterlegungsbescheinigung, Abs. 2

Auch Abs. 2 erfordert **Vorsatz**, bedingter Vorsatz genügt. Weiter aber ist hier erforderlich, daß der Täter in der **Absicht** handelt, durch den Gebrauch der Bescheinigung das **Stimmrecht auszuüben** — Absicht ist hier zielgerichteter Wille im Sinne des dolus directus 1. Grades. Dem Täter muß es darauf ankommen, das Ziel zu realisieren, ob er die Realisierung für sicher oder nur für möglich hält, ist demgegenüber irrelevant. **30**

IV. Rechtswidrigkeit

Die Feststellung der Rechtswidrigkeit des Verhaltens enthält keine besonderen Problemstellungen. Zu beachten ist aber, daß es im Rahmen des Strafrechtsschutzes des § 402 nicht um den Schutz eines individuellen Rechtsguts geht, sondern um die Sicherheit und Zuverlässigkeit des Beweisverkehrs mit einer bestimmten Urkunde. Daher ist keine Rechtfertigung möglich, wenn der Täter zwar im Zeitpunkt der Abstimmung **31** die entsprechenden Aktien besitzt, sie jedoch nicht im Zeitpunkt der Ausstellung der Hinterlegungsbescheinigung besaß, oder wenn er nach Versäumung der Hinterlegungsfrist seine Zulassung zur Abstimmung mit einer unrichtig datierten Hinterlegungsbescheinigung erreicht (vgl. auch *KK/Geilen* Rdn. 17).

V. Irrtum

32 Im Falle eines Irrtums finden die allgemeinen Grundsätze des Strafrechts gemäß § 16 StGB (Tatbestandsirrtum) und § 17 StGB (Verbotsirrtum) Anwendung.

1. Tatbestandsirrtum, § 16 StGB

33 Ein den Vorsatz ausschließender Tatbestandsirrtum liegt vor, wenn der Täter in Unkenntnis eines zum gesetzlichen Tatbestand gehörenden Umstandes handelt; im einzelnen dazu § 399 Rdn. 95 ff. – Das ist insbes. der Fall, wenn der Täter nicht weiß, daß die Hinterlegungsbescheinigung zum Nachweis des Stimmrechts in einer Hauptversammlung oder einer gesonderten Versammlung dienen soll.

2. Verbotsirrtum, § 17 StGB

34 Ein Verbotsirrtum liegt vor, wenn der Täter über die Rechtswidrigkeit seines Verhaltens irrt, im einzelnen dazu § 399 Rdn. 99 ff. Das ist z. B. der Fall, wenn der Täter meint, er handle bei Ausstellung oder Gebrauch einer unrichtig datierten Hinterlegungsbescheinigung deshalb nicht rechtswidrig, weil er im Zeitpunkt der Abstimmung im Besitz der angegebenen Aktien ist.

VI. Der Versuch

35 Der Versuch ist bei allen drei Tatalternativen strafbar, Abs. 3.

1. Die Abgrenzung der Vorbereitungshandlung von der Versuchshandlung

36 Nach § 22 StGB liegt der **Versuchsbeginn** in dem Verhalten, mit dem der Täter „nach seiner Vorstellung von der Tat zur Verwirklichung des Tatbestandes unmittelbar ansetzt". Das ist der Fall, wenn das geschützte Rechtsgut unmittelbar gefährdet ist. Das Versuchsstadium beginnt dementsprechend mit Handlungen, die im ungestörten Fortgang unmittelbar zur Tatbestandsverwirklichung führen sollen oder die im unmittelbaren räumlichen und zeitlichen Zusammenhang derart mit ihr stehen, daß sie das geschützte Rechtsgut unmittelbar (konkret) gefährden.[18]

2. Der Versuchsbeginn in den einzelnen Alternativen des Tatbestandes

37 Beim **falschen Ausstellen** und **Verfälschen** setzt der Täter danach unmittelbar zur Verwirklichung des Tatbestandes an, wenn er mit der Herstellung oder inhaltlichen Änderung der Hinterlegungsbescheinigung beginnt. – Beim **Gebrauchmachen** beginnt

---

[18] Vgl. BGHSt. 30, 363, 364; BGH MDR 1983, 685; BGH StV 1984, 420; BGH NStZ 1987, 20; BGH NJW 1993, 2125; BGH NJW 1993, 2254; OLG Bremen NJW 1981, 2711; OLG Celle NJW 1986, 79; *Dreher/Tröndle* StGB, § 22 Rdn. 11; LK[10]/*Vogler* § 22 Rdn. 42; *Otto* Grundkurs Strafrecht, A. T., § 18 Rdn. 30 ff; *Schönke/Schröder/Eser* StGB, § 22 Rdn. 42.

der Versuch, wenn der Täter sich anschickt, die falsch ausgestellte oder verfälschte Bescheinigung der Wahrnehmung des zuständigen Prüfers zugänglich zu machen.

Ein strafbarer **untauglicher Versuch** liegt vor, wenn der Täter irrtümlich davon ausgeht, die manipulierte Bescheinigung sei zur Stimmrechtsausübung geeignet oder die Person, der er die Bescheinigung zugänglich macht, sei der zuständige Prüfer. **38**

VII. Täterschaft und Teilnahme

1. Täterschaft

Die **Täterschaft** und die **Mittäterschaft** sind nach den allgemeinen Grundsätzen zu bestimmen, da das Delikt kein Sonderdelikt ist; vgl. dazu § 399 Rdn. 108. – Die Erschleichung einer falschen oder verfälschten Bescheinigung durch Ausnutzung eines gutgläubigen Ausstellers begründet daher **mittelbare Täterschaft** des Hintermannes (vgl. auch *KK/Geilen* Rdn. 25). **39**

2. Teilnahme

Die Strafbarkeit von Anstiftern und Gehilfen richtet sich nach §§ 26, 27 StGB; vgl. dazu die entsprechenden Ausführungen § 399 Rdn. 109 ff. **40**

VIII. Konkurrenzen

1. Das Verhältnis des § 402 zu den Urkundendelikten

Aufgrund der **Subsidiaritätsklausel** tritt § 402 in allen drei Tatbeständen zurück, wenn der Täter gleichzeitig mit der Verwirklichung des Tatbestandes eine Urkundenstraftat nach dem allgemeinen Strafrecht begangen hat, da die Strafrahmen dieser Delikte – in Betracht kommen Urkundenfälschung, § 267 StGB, mittelbare Falschbeurkundung, § 271 StGB, schwere mittelbare Falschbeurkundung, § 272 StGB, Falschbeurkundung im Amt, § 348 StGB – höher sind als der des § 402. Praktisch bedeutet das, daß § 402 eigenständige Bedeutung nur noch im Falle der falschen Ausstellung oder des Verfälschens einer Hinterlegungsbescheinigung durch eine schriftliche Lüge und beim Gebrauchmachen einer derartigen Bescheinigung hat.[19] **41**

2. Das Verhältnis der einzelnen Tatbestände des § 402 zueinander

Hat der Täter von Anfang an die Absicht, die falsch ausgestellte oder verfälschte Bescheinigung zur Ausübung des Stimmrechts zu gebrauchen, so bilden Falschausstellen oder Verfälschen und Gebrauch eine natürliche Handlungseinheit. Mit dem Gebrauchmachen wird das Delikt materiell beendet. Es liegt nur **eine Tat** vor.[20] – Entspricht der spätere Gebrauch hingegen nicht dem früheren Plan, so liegen zwei selbständige Handlungen vor. – Das Verhältnis der einzelnen Alternativen des § 402 zueinander entspricht demgemäß dem der drei Alternativen des § 267 StGB zueinander.[21] **42**

---

[19] Vgl. auch *Baumbach/Hueck* Anm. 5; *Fuhrmann* AktG, Anm. 8; *Geßler/Fuhrmann* AktG, Rdn. 16; *KK/Geilen* Rdn. 27; *Meyer* AG 1966, 112.

[20] Vgl. auch *KK/Geilen* Rdn. 30. – **A. A.** *Fuhrmann* AktG, Anm. 8; *Geßler/Fuhrmann* AktG, Rdn. 16 (Tatmehrheit).

[21] Vgl. dazu BGHSt. 5, 291, 293 f; LK[10]/*Tröndle* § 267 Rdn. 212; *Miehe* GA 1967, 275; *Otto* Grundkurs Strafrecht, B. T., § 70 I 6; *Schönke/Schröder/Cramer* StGB, § 267 Rdn. 79.

3. Das Verhältnis des § 402 zu anderen Straftaten außerhalb der Urkundendelikte

43 Aufgrund der unterschiedlichen, jeweils geschützten Rechtsgüter ist mit anderen Delikten, z. B. Vermögensdelikten, je nach den tatsächlichen Gegebenheiten Tateinheit oder Tatmehrheit möglich.

IX. Strafverfolgung und Rechtsfolgen

1. Offizialdelikte

44 Die Tatbestände des § 402 sind Offizialdelikte. Sie werden von Amts wegen verfolgt.

2. Zuständigkeit der Wirtschaftsstrafkammer

45 Gemäß § 74 c Abs. 1 Nr. 1 GVG ist für Straftaten nach dem AktG eine Strafkammer als Wirtschaftsstrafkammer zuständig, soweit nach § 74 Abs. 1 GVG als Gericht des ersten Rechtszuges und nach § 74 Abs. 3 GVG für die Verhandlung und Entscheidung über das Rechtsmittel der Berufung gegen Urteile des Schöffengerichts das Landgericht zuständig ist.

3. Verjährung

46 Die **Strafverfolgung** einer Straftat nach § 402 verjährt grundsätzlich in fünf Jahren, § 78 Abs. 3 Nr. 4 StGB; im einzelnen dazu § 399 Rdn. 238. – Zur **Vollstreckungsverjährung** vgl. §§ 79–79 b StGB. Die Vollstreckungsverjährung beginnt frühestens mit der rechtskräftigen Verhängung einer Strafe oder Maßnahme, § 11 Abs. 1 Nr. 8 StGB.

4. Urteilstenor

47 Da § 402 drei verschiedene Tatbestände umfaßt, muß der Urteilstenor hinreichend klar erkennen lassen, welchen Tatbestand der Täter verwirklicht hat. Im Urteilstenor, nicht erst in den Urteilsgründen ist daher zum Ausdruck zu bringen, aufgrund welchen Tatbestandes der Täter verurteilt wird.

5. Strafe

48 Die Straftaten nach § 402 sind Vergehen, § 12 Abs. 2 StGB. Sie können wahlweise mit Freiheitsstrafe bis zu drei Jahren oder mit Geldstrafe geahndet werden. Hat der Täter sich bereichert oder zu bereichern versucht, so kann neben einer Freiheitsstrafe zusätzlich auf eine Geldstrafe erkannt werden, § 41 StGB. – Zur Bemessung der Freiheitsstrafe vgl. §§ 38, 39 StGB, zur Geldstrafe § 40.

§ 403
Verletzung der Berichtspflicht

(1) Mit Freiheitsstrafe bis zu drei Jahren oder mit Geldstrafe wird bestraft, wer als Prüfer oder als Gehilfe eines Prüfers über das Ergebnis der Prüfung falsch berichtet oder erhebliche Umstände im Bericht verschweigt.

(2) Handelt der Täter gegen Entgelt oder in der Absicht, sich oder einen anderen zu bereichern oder einen anderen zu schädigen, so ist die Strafe Freiheitsstrafe bis zu fünf Jahren oder Geldstrafe.

Hinweis: Zur Verletzung der Berichtspflicht im Rahmen der Umwandlung einer Gesellschaft:

§ 314 UmwG
Verletzung der Berichtspflicht

(1) Mit Freiheitsstrafe bis zu drei Jahren oder mit Geldstrafe wird bestraft, wer als Verschmelzungs-, Spaltungs- oder Übertragunsprüfer oder als Gehilfe eines solchen Prüfers über das Ergebnis einer aus Anlaß einer Umwandlung erforderlichen Prüfung falsch berichtet oder erhebliche Umstände in dem Prüfungsbericht verschweigt.

(2) Handelt der Täter gegen Entgelt oder in der Absicht, sich oder einen anderen zu bereichern oder einen anderen zu schädigen, so ist die Strafe Freiheitsstrafe bis zu fünf Jahren oder Geldstrafe.

Übersicht

Schrifttum

Brandes Die Rechtsprechung des Bundesgerichtshofs auf dem Gebiet des Aktienrechts, WM 1992, 465; *Dannecker* Bilanzstrafrecht, in: Blumers/Frick/Müller (Hrsg.), Betriebsprüferhandbuch, Loseblattausgabe, Stand: Jan. 1996, Rdn. 600 ff; *Häcker* Strafbestimmungen zum Schutz von Mandanten, in: Müller-Gugenberger (Hrsg.), Wirtschaftsstrafrecht², 1992; *Klussmann* Strafbarkeit sog. Geschäftslagetäuschungen nach § 400 AktG 65, AG 1973, 221; *Meyer* Die Strafvorschriften des neuen Aktiengesetzes, AG 1966, 109; *Tiedemann* Straftatbestand und Normambivalenz am Beispiel der Geschäftsberichtsfälschung, in: FS Schaffstein, 1975, S. 195; *ders.* Bilanzstrafrecht, in: Handwörterbuch des Wirtschafts- und Steuerstrafrechts (HWiStR), Stand: Mai 1990.

I. Allgemeines

1. Entstehungsgeschichte

Die geltende Fassung erhielt § 403 durch das EGStGB vom 2. 3. 1974.[1] Er entspricht **1**
im wesentlichen dem § 302 Nr. 1 AktG 1937, der wiederum dem durch die Verordnung

[1] BGBl. I, 469, 570.

des Reichspräsidenten über Aktienrecht, Bankenaufsicht und über eine Steueramnestie vom 19. 9. 1931[2] in das HGB eingefügten § 318 HGB a. F. entsprach.[3] – Die in § 302 AktG 1937 auch geregelte Verletzung von Betriebs- und Geschäftsgeheimnissen durch Prüfer und ihre Gehilfen ist unter Erweiterung des Täterkreises nunmehr in § 404 erfaßt. – Der Strafrahmen des § 403 wurde gegenüber § 302 AktG 1937 begrenzt, der Tatbestand jedoch um den Qualifikationstatbestand des Abs. 2 erweitert (vgl. dazu *Meyer* AG **1966** 114 f).

2. Das geschützte Rechtsgut

2 Schutzzweck des § 403 ist es, vor Vermögensschäden aufgrund unrichtiger Berichterstattung des Prüfers oder Prüfergehilfen zu bewahren. **Geschütztes Rechtsgut** ist daher das Vertrauen der Gesellschaft, ihrer Aktionäre, der im Unternehmen tätigen Arbeitnehmer, der Gläubiger und dritter Personen, die rechtliche Beziehungen zu der AG unterhalten oder aufnehmen wollen, in den Prüfungsbericht und damit in Richtigkeit und Vollständigkeit der gewissenhaft und unparteiisch durch ein unabhängiges Kontrollorgan geprüften Abschlüsse und Berichte.[4]

3. Schutzgesetz

3 Der Schutzzweck des § 403, vor Vermögensschäden aus unrichtiger Berichterstattung zu bewahren, wird in den einzelnen Prüfungsaufgaben konkretisiert. Da eine unrichtige oder lückenhafte Berichterstattung die Kreditwürdigkeit der Gesellschaft und den Kurswert der Aktien beeinflussen kann, ist § 403 **Schutzgesetz im Sinne des § 823 Abs. 2 BGB** nicht nur zugunsten der Gesellschaft und ihrer Aktionäre, sondern auch zugunsten der Gesellschaftsgläubiger und sonstiger Dritter, die Vermögensschäden durch Vertrauen in die Berichterstattung erleiden können.[5] Der zivilrechtliche Schutz setzt aber voraus, daß der Geschädigte durch sein Verhalten im Vertrauen auf die Richtigkeit der Angaben einen Schaden erlitten hat (vgl. dazu entsprechend *Brandes* WM **1992** 477). – Die Schadenshaftung nach § 168 schließt bei Schädigung Dritter eine weitergehende Haftung nicht aus, soweit die Voraussetzungen des § 823 Abs. 2 BGB vorliegen.[6]

4. Die Rechtsnatur des Delikts

4 **Taugliche Täter** – Allein-, Mit-, Nebentäter, mittelbarer Täter – können nur Prüfer und ihre Gehilfen sein. – § 403 ist deshalb ein **echtes Sonderdelikt**.

---

[2] RGBl. I, 493, 501.

[3] § 318 a Nr. 1 HGB i. d. Fass. der VO v. 19. 9. 1931:
Mit Gefängnis oder mit Geldstrafe wird bestraft:
1. wer als Prüfer oder als Gehilfe eines Prüfers über das Ergebnis der Prüfung falsch berichtet oder erhebliche Umstände im Berichte verschweigt.
§ 302 Nr. 1 AktG v. 30. 1. 1937:
Verletzung der Berichts- und Verschwiegenheitspflicht
Mit Gefängnis oder Geldstrafe wird bestraft:
1. wer als Prüfer oder als Gehilfe eines Prüfers über das Ergebnis der Prüfung falsch berichtet oder erhebliche Umstände im Bericht verschweigt.

[4] Vgl. *Geßler/Fuhrmann* AktG, Rdn. 2; *Heymann/Otto* HGB, § 332 Rdn. 2, *KK/Geilen* Rdn. 2.

[5] Vgl. dazu OLG Karlsruhe WM 1985, 940, 944 mit Anm. *Medicus* EWiR § 826 BGB 8/85, 291, *Stützle* WuB II A § 168 AktG 1.85; *Baumbach/Hueck* Rdn. 2; *Fuhrmann* AktG, Anm. 1; *Geßler/Fuhrmann* AktG, Rdn. 2; *Häcker* § 80 Rdn. 10; *Heymann/Otto* HGB, § 332 Rdn. 3; *KK/Geilen* Rdn. 5.

[6] Vgl. OLG Karlsruhe WM 1985, 940, 944; *Baumbach/Hueck* § 168 Rdn. 7, § 403 Rdn. 2; *KK/Geilen* Rdn. 5 m. w. N.

Tathandlungen sind das falsche Berichten über das Ergebnis der Prüfung und das Verschweigen erheblicher Umstände in dem Bericht. In beiden Tatalternativen geht es demgemäß darum, ob der Bericht falsch ist, sei es, weil er unrichtige Angaben enthält oder durch die Auslassung erheblicher Umstände ein unrichtiges Bild gibt. Auch in der **zweiten Alternative** liegt entgegen eines durch den Wortlaut des Gesetzes begründeten Anscheins das strafwürdige und strafbare Verhalten daher nicht in einem Unterlassen, sondern in einem konkludenten Tun.[7] **5**

Daß die Tathandlung zu einem Täuschungseffekt oder gar zu einem Vermögensschaden geführt hat, ist nicht erforderlich. Das Delikt ist daher ein **abstraktes Gefährdungsdelikt.** **6**

II. Der objektive Tatbestand

1. Taugliche Täter

a) Als **taugliche** Täter kommen nur **Prüfer** und **ihre Gehilfen** in Betracht, und zwar **Gründungsprüfer,** §§ 33, 52 Abs. 4, und **Sonderprüfer,** §§ 143, 258, sowie die Prüfer und Gehilfen, die bei einer entsprechenden Prüfung einer Kommanditgesellschaft auf Aktien tätig geworden sind, § 408. – Zum **Abschlußprüfer und Konzernabschlußprüfer** vgl. §§ 316, 332 HGB. – Die Prüfer werden durch das Registergericht, §§ 33 Abs. 3, 142 Abs. 2, 258 Abs. 1, oder durch die Hauptversammlung, § 142 Abs. 1, bestellt. – Zu den Voraussetzungen der Bestellung als Prüfer vgl. §§ 33 Abs. 4, 5, 143, 258 Abs. 4. Sonderprüfer nach § 258 können nur Wirtschaftsprüfer oder Wirtschaftsprüfergesellschaften sein. **7**

b) **Prüfergehilfen** sind die Personen, die den Prüfer bei seiner **Prüfungstätigkeit** unterstützen. Die Ausdehnung des Täterkreises auf bloße Schreibkräfte oder sonstige, nicht mit Prüfungsaufgaben betraute Bürokräfte erscheint hier genausowenig angemessen wie im Rahmen des § 332 HGB, denn der durch § 403 gewährte Vertrauensschutz knüpft unmittelbar an die Prüfungstätigkeit eines gewissenhaften und unparteiischen Prüfers – dazu § 323 Abs. 1 HGB – an.[8] **8**

c) Nach dem Wortlaut des Gesetzes liegt das **strafbare Verhalten** auch **des Prüfergehilfen** darin, daß er „über das Ergebnis der Prüfung falsch berichtet oder erhebliche Umstände im Bericht verschweigt“: Da der Prüfergehilfe jedoch überhaupt nicht selbst berichtet und deshalb auch keinen eigenen Bericht vorlegt, in dem er erhebliche Umstände verschwiegen haben kann, wird die im Gesetz beschriebene Tathandlung in seiner Person überhaupt nicht relevant. Die auf den Prüfer zugeschnittene Beschreibung der Tathandlung ist daher für den Prüfergehilfen zu modifizieren. Aufgrund der dem Prüfergehilfen zukommenden Funktion, beim Zustandekommen des Berichts in untergeordneter Funktion mitzuwirken, verwirklicht er den Tatbestand, wenn er gleichsam in einer einem mittelbaren Täter oder einem Mittäter entsprechenden Rolle eine falsche oder unvollständige Berichterstattung bewirkt. Er kann den Tatbestand demnach da- **9**

---

[7] Vgl. auch *Fuhrmann* AktG, Anm. 1; *Geßler/Fuhrmann* AktG, Rdn. 3; *Heymann/Otto* HGB, § 331 Rdn. 4. – Unentschieden *KK/Geilen* vgl. einerseits Rdn. 23, andererseits Rdn. 40.

[8] Vgl. auch *HK/Ruß* HGB, § 332, Rdn. 2; *Heymann/Otto* HGB, § 332 Rdn. 7; *KK/Geilen* Rdn. 18; *Meyer-Landrut* in: Meyer-Landrut/Miller/Niehus, HGB §§ 238–335, Rdn. 1573; *Scholz/Tiedemann* GmbH, Vor §§ 82 ff Rdn. 67; *Tiedemann* Bilanzstrafrecht, S. 3. – Weiter: *Fuhrmann* AktG, Anm. 2; *Geßler/Fuhrmann* AktG, Rdn. 4; *Godin/Wilhelmi* Anm. 2.

durch verwirklichen, daß er entweder bei der Vorbereitung des vom Prüfer zu verantwortenden Berichts durch unrichtige Angaben den Prüfer irreführt oder daß er nicht verhindert, daß ein von ihm falsch oder unvollständig erstellter Prüfungsteil vom Prüfer in seinen Bericht übernommen wird.[9]

10 d) **Rechtsmängel** bei der **Bestellung zum Prüfer** sind für die strafrechtliche Haftung irrelevant. Auch wenn die Bestellung zum Prüfer, z. B. nach § 143 Abs. 2, rechtsunwirksam war, so haftet der „Prüfer", wenn die Aufnahme der Tätigkeit **im Einklang mit dem zuständigen Organ** vorgenommen worden ist und der Täter tatsächlich die entsprechende Prüfung vorgenommen hat. Es gelten demnach auch hier die Grundsätze für die Haftung als faktisches Organ.[10] Auch hier genügt aber nicht die bloße Anmaßung einer Prüfertätigkeit; insoweit gelten die Ausführungen zu § 399 Rdn. 20 ff entsprechend.

11 e) Tätigkeit einer **Prüfungsgesellschaft.** – Das Gesellschaftsrecht kennt nicht nur Individualpersonen als Prüfer, sondern auch Wirtschaftsprüfungsgesellschaften, wie sich z. B. aus § 319 Abs. 1 HGB ergibt. In diesem Falle bestimmt sich die Tätereigenschaft natürlicher Personen nach § 14 Abs. 1 StGB. Strafrechtlich haften die gesetzlichen Vertreter (Organe oder vertretungsberechtigte Gesellschafter) dieser Gesellschaft als Prüfer im Sinne des § 403, soweit sie entweder selbst bei der Prüfung tätig geworden sind und das Ergebnis des Berichts verfälscht haben oder soweit sie erkennen, daß aufgrund der Tätigkeit der für ihre Gesellschaft tätigen Personen ein unrichtiger Bericht erstellt wird. Interne Zuständigkeitszuweisungen sind dabei irrelevant.[11] Daneben kann aber gemäß § 14 Abs. 2 StGB auch ein Beauftragter Täter sein, z. B. ein bei der Prüfungsgesellschaft angestellter Wirtschaftsprüfer, der mit der Prüfung der Aktiengesellschaft beauftragt worden ist (vgl. *Geßler/Fuhrmann* AktG, Rdn. 5). – Personen der Prüfungsgesellschaft, die nicht gesetzliche Vertreter sind, aber bei der Prüfung mitwirken, sind Prüfergehilfen, auch wenn sie in der Prüfungsgesellschaft eine leitende Funktion innehaben.

12 Verletzen gesetzliche Vertreter der Prüfungsgesellschaft Pflichten, die primär der Prüfungsgesellschaft obliegen, so kann auch eine **Geldbuße gegen die Prüfungsgesellschaft** gemäß § 30 OWiG in Betracht kommen.

2. Der Gegenstand der Tathandlung: Der Prüfungsbericht

13 **Prüfungen** im Sinne des § 403 sind nur diejenigen Untersuchungen, die das AktG als Prüfungen bezeichnet und im einzelnen näher regelt.

14 Den Umfang der **Gründungsprüfung** bestimmt § 34 Abs. 1, 2. Danach hat sich die Prüfung durch die Gründungsprüfer insbes. darauf zu erstrecken, ob die Angaben der Gründer über die Übernahme der Aktien, über die Einlagen auf das Grundkapital und über die in den §§ 26, 27 vorgesehenen Festsetzungen richtig und vollständig sind, § 34 Abs. 1 Nr. 1. Weiter ist zu prüfen, ob die für eingelegte oder übernommene Sachen gewährten Leistungen angemessen sind, § 34 Abs. 1 Nr. 2. Über jede Prüfung ist unter Darlegung dieser Umstände zu berichten, § 34 Abs. 2 S. 1. – Je ein Stück des Berichts ist dem Registergericht und dem Vorstand einzureichen, § 34 Abs. 3 S. 1.

---

[9] Vgl. auch *Heymann/Otto* HGB, § 332 Rdn. 8; *KK/Geilen* Rdn. 16 f.

[10] Vgl. auch *Baumbach/Hueck* Rdn. 5; *Godin/Wilhelmi* Anm. 2; *KK/Geilen* Rdn. 15.

[11] Vgl. auch *KK/Geilen* Rdn. 21; *Scholz/Tiedemann* GmbHG, Vor §§ 82 ff Rdn. 68.

Die **Sonderprüfung** ist in §§ 142 ff geregelt. Der Inhalt der Sonderprüfungsberichte bestimmt sich im wesentlichen nach dem bei der Bestellung der Prüfer bestimmten Prüfungsgegenstand. Als Gegenstände derartiger Sonderprüfungen kommen vor allem Vorgänge bei der Gründung oder der Geschäftsführung sowie bei Maßnahmen der Kapitalbeschaffung und Kapitalherabsetzung in Betracht, § 142 Abs. 1. Tatsachen, deren Bekanntwerden geeignet sind, der Gesellschaft oder einem verbundenen Unternehmen einen nicht unerheblichen Nachteil zuzufügen, sind in den Bericht aufzunehmen, wenn ihre Kenntnis zur Beurteilung des zu prüfenden Vorganges durch die Hauptversammlung erforderlich ist, § 145 Abs. 4 S. 2. – Über das Ergebnis der Prüfung ist schriftlich zu berichten, § 148 Abs. 4 S. 1. Der Prüfungsbericht ist dem Vorstand und dem Registergericht einzureichen, § 145 Abs. 4 S. 3. – Zum **Abschlußbericht** und zur Strafbarkeit der Abschlußprüfer vgl. § 332 HGB. 15

3. Die Tathandlung

Der Tatbestand unterscheidet **zwei Tatalternativen**: Der Täter kann über das Ergebnis einer Prüfung unrichtig berichten oder durch Verschweigen prüfungserheblicher Umstände einen unvollständigen und damit in bezug auf das Gesamtergebnis unrichtigen Bericht liefern. 16

a) **Der unrichtige Bericht**. – Der falsche Bericht ist nicht auf den Gegenstand der Prüfung bezogen, sondern auf das Ergebnis der Prüfung. 17

Unrichtig ist der Bericht über das Ergebnis der Prüfung, wenn er von den Prüfungsfeststellungen abweicht. Ob das mitgeteilte Prüfungsergebnis objektiv richtig oder falsch ist, d. h. mit der Wirklichkeit übereinstimmt oder nicht, ist irrelevant, wenn das Ergebnis der Prüfung mit dem Inhalt des Berichts über die Prüfung nicht übereinstimmt. Maßgeblich für die Feststellung der Unrichtigkeit ist daher die **Divergenz** zu den **Prüfungsfeststellungen**, nicht aber die Abweichung von der Wirklichkeit. Strafrechtlich geschützt ist hier nicht unmittelbar das Vertrauen in die Richtigkeit der Prüfungsergebnisse, sondern das Vertrauen in die Richtigkeit des Berichts über das Ergebnis der Prüfung.[12] – **Unrichtig** ist der Bericht daher, wenn der Prüfer nicht pflichtgemäß über seine Feststellungen berichtet hat, d. h. z. B. einen Mangel, den er festgestellt zu haben glaubt, verschweigt, unabhängig davon, ob dieser Mangel in Wirklichkeit besteht. Hat er andererseits einen vorhandenen Mangel nicht erkannt, so berichtet er richtig, wenn er – nur – das Ergebnis seiner Feststellungen mitteilt.[13] 18

Unrichtig in diesem Sinn können nicht nur tatsächliche Feststellungen wiedergegeben werden. In gleicher Weise unrichtig ist über das Ergebnis der Prüfung berichtet, wenn vom Prüfer gefällte **Werturteile** keinen hinreichenden Grund in den tatsächlichen Feststellungen haben. Auch dann handelt der Prüfer seiner Prüfungspflicht zuwider. Schließlich ist der Prüfungsbericht unrichtig, wenn der Prüfer **überhaupt nicht geprüft hat**, jedoch einen Prüfungsbericht erstellt, in dem er allein die ihm mitgeteilten Tatsachen wiedergibt. Auch hier ist es unerheblich, ob die im Bericht enthaltenen Tatsachen zutreffen oder nicht (vgl. auch *Geßler/Fuhrmann* AktG, Rdn. 10). 19

---

[12] *Fuhrmann* AktG, Anm. 4; *Geßler/Fuhrmann* AktG, Rdn. 9; *Godin/Wilhelmi* Anm. 3; *Heymann/Otto* HGB, § 332 Rdn. 15; *KK/Geilen* Rdn. 24; *Scholz/Tiedemann* GmbHG, Vor §§ 82 ff Rdn. 81.

[13] Vgl. auch *Fuhrmann* AktG, Anm. 4; *Geßler/Fuhrmann* AktG, Rdn. 9; *Godin/Wilhelmi* Anm. 3; *Heymann/Otto* HGB, § 332 Rdn. 15.

20 aa) Gegenstand des unrichtigen Berichts können nur **Prüfungsfeststellungen** sein. Nicht jede unrichtige Angabe im Prüfungsbericht ist daher tatbestandsmäßig. Es muß sich vielmehr um Angaben handeln, die die zutreffende Wiedergabe des **Prüfungsergebnisses** derart berühren, daß dieses durch die Angaben unrichtig wird. Insofern muß es sich auch in der 1. Alternative des Tatverhaltens um für das Prüfungsergebnis „erhebliche Umstände" handeln (vgl. auch *KK/Geilen* Rdn. 25). Das sind alle Umstände, auf die sich die Prüfungs- und Berichtspflicht erstreckt, nicht aber Randbemerkungen, die z. B. die Qualität des Prüfers hervorheben sollen o. ä.

21 bb) **Äußerungen außerhalb** der dem Prüfer obliegenden Prüfungspflichten sind nicht tatbestandsmäßig. Gleiches gilt für Äußerungen und Erklärungen, die nicht in den Prüfungsbericht aufgenommen worden sind. Wenn demgegenüber davon ausgegangen wird, ausnahmslos jede Verlautbarung des Prüfers, sofern sie seinen Aufgabenbereich als Prüfer betrifft, sei in den Tatbestand einzubeziehen, z. B. eine falsche mündliche Erläuterung des Prüfungsberichts gegenüber einem Aufsichtsratsmitglied oder eine falsche Auskunft zum Prüfungsergebnis in der Hauptversammlung[14], so kann dem nicht gefolgt werden. Diese Auslegung geht über den Wortlaut des Gesetzes hinaus, der als Tatgegenstand auf den Prüfungsbericht verweist, und ist daher mit Art. 103 Abs. 2 GG nicht mehr in Einklang zu bringen.

22 cc) Kein Fall eines unrichtigen Berichts ist hingegen die **Nichterstattung des Berichts**, denn hier fehlt es an dem Objekt, auf das sich das Vertrauen richtet. Die pflichtwidrige Nichterstattung des Prüfungsberichts ist in § 403 nicht als strafbares Verhalten erfaßt.[15]

23 b) Das **Verschweigen erheblicher Umstände**. Auch beim **Verschweigen** erheblicher Umstände ist der Bezugsgegenstand des Tatverhaltens wiederum das Prüfungsergebnis.

24 aa) Durch das Verschweigen erheblicher Umstände, d. h. von Umständen, auf die sich der Bericht pflichtgemäß beziehen muß, wird der Bericht unvollständig, lückenhaft und damit der Gesamtbericht unrichtig. **Unrichtiges Berichten** und **Verschweigen** erheblicher Umstände im Prüfungsbericht sind daher sachlich **nicht verschiedene Tatmodalitäten**. Derselbe Vorgang wird nur mit unterschiedlichen Worten beschrieben. Das unrichtige Berichten erfaßt lediglich die ausdrückliche Täuschung, während beim Verschweigen erheblicher Umstände eine Täuschung durch konkludentes Tun vorliegt.

25 bb) **Erhebliche Umstände** sind Angaben, die für den Empfänger des Berichts oder für sonstige interessierte Leser im Hinblick auf das Prüfungsergebnis bedeutsam sein können. Das sind alle Umstände, auf die sich die Prüfungs- und Berichtspflicht erstreckt. — Fehlen derartige Angaben, so ist ein erheblicher Umstand verschwiegen worden.[16]

III. Der subjektive Tatbestand, Vorsatz

26 Die Verwirklichung des Tatbestandes setzt **Vorsatz** voraus, bedingter Vorsatz genügt. Der Täter muß wissen oder sich zumindest der konkreten Gefahr bewußt sein, daß der Bericht unrichtig oder unvollständig ist, weil über prüfungserhebliche Um-

[14] Vgl. *Geßler/Fuhrmann* AktG, Rdn. 10; *KK/Geilen* Rdn. 28.

[15] Vgl. auch *Fuhrmann* AktG, Anm. 4; *Geßler/Fuhrmann* AktG, Rdn. 10.

[16] Vgl. auch *Fuhrmann* AktG, Anm. 4; *Geßler/Fuhrmann* AktG, Rdn. 11; *Heymann/Otto* HGB, § 332 Rdn. 22; *KK/Geilen* Rdn. 32f.

stände unrichtig oder unvollständig berichtet wird. Auch die Erheblichkeit der entsprechenden Umstände muß vom Vorsatz umfaßt sein.

Bedingter Vorsatz ist insbes. dann anzunehmen, wenn der Prüfer Anhaltspunkte dafür hat, daß der Bericht lückenhaft ist, er ihn aber gleichwohl erstattet, ohne eine weitere Prüfung vorzunehmen (dazu auch *KK/Geilen* Rdn. 42). – Eine über das Bewußtsein der Unrichtigkeit oder Unvollständigkeit des Berichts hinausgehende Täuschungs- oder Schädigungsabsicht setzt der Tatbestand nicht voraus. 27

IV. Tatvollendung und Versuch

1. Tatvollendung

Beim **unrichtigen Berichten und beim Verschweigen erheblicher Umstände** im Prüfungsbericht ist die Tat vollendet mit dem Eingang des Berichts bei einem der zuständigen Empfänger, d. h. beim Vorstand oder beim Registergericht; vgl. dazu Rdn. 14. – Kenntnisnahme durch den Empfänger ist nicht erforderlich. 28

2. Der Versuch

Der **Versuch** ist nicht strafbar, §§ 12 Abs. 2, 23 Abs. 1 StGB. 29

V. Der Qualifikationstatbestand

Der gemäß Abs. 1 vorgesehene Strafrahmen von Freiheitsstrafe bis zu 3 Jahren wird auf maximal fünf Jahre erweitert, wenn die **Handlung gegen Entgelt** vorgenommen wurde oder der Täter **beabsichtigte, sich oder einen anderen zu bereichern** oder **einen anderen zu schädigen.** 30

1. Handeln gegen Entgelt

Entgelt ist gemäß § 11 Abs. 1 Nr. 9 StGB jede in einem Vermögensvorteil bestehende Gegenleistung. Immaterielle Vorteile genügen nicht, doch braucht die Gegenleistung nicht Geld zu sein. Jede vermögenswerte Leistung, z. B. die Hingabe von Wechseln oder Schecks, eine Forderungsabtretung oder der Erlaß von Schulden, der der Charakter eines „Kaufpreises" zukommt, genügt. – Es reicht aus, daß die entgeltliche Gegenleistung vorher vereinbart worden ist. Ob das Entgelt tatsächlich gewährt wird, ist irrelevant. Das Entgelt braucht lediglich das Ziel zu sein, das der Täter mit seinem Handeln anstrebt. – Eine erst nach dem Handeln getroffene Zahlungsvereinbarung erfüllt den Tatbestand nicht, wenn der Täter nicht schon bei seiner Tat das Entgelt erwarten konnte. 31

2. Bereicherungsabsicht

Bereicherungsabsicht liegt vor, wenn das Verhalten des Täters auf Erlangung eines rechtswidrigen Vermögensvorteils abzielt. – Auch wenn der Gesetzeswortlaut es nicht ausdrücklich fordert, muß die Absicht, sich oder einen Dritten zu bereichern, auf die Erlangung eines **rechtswidrigen** Vermögensvorteils gerichtet sein. Das Handeln des Täters um eines Vorteils willen, auf den er keinen Anspruch hat, rechtfertigt erst die erhöhte Strafe.[17] 32

---

[17] Vgl. auch *Fuhrmann* AktG, Anm. 6; *Geßler/Fuhrmann* AktG, Rdn. 16; *Heymann/Otto* HGB, § 332 Rdn. 34; *Schönke/Schröder/Lenckner* StGB, § 203 Rdn. 74;

33 **Absicht** bedeutet hier dolus directus 1. Grades. Es muß dem Täter auf die Erzielung des Vermögensvorteils ankommen. Daß er weitere Beweggründe für sein Verhalten neben dieser Absicht hat, schadet nicht, wenn ihn die Absicht wesentlich motiviert.

34 Streng von der Absicht, dem Beweggrund des Täters, ist seine Vorstellung vom Erfolg seines Verhaltens zu trennen. Die Frage, **auf welchen Erfolg es dem Täter ankommt**, ist **nicht identisch** mit der Frage, ob er davon ausgeht, **daß der Erfolg sicher eintritt** oder nicht. Die Feststellung, welchen Erfolg der Täter mit seinem Verhalten anstrebt, ist daher unabhängig davon, „ob er die Verwirklichung für sicher oder nur für möglich hält, ob er sie wünscht oder ob er sie bedauert" (BGHSt. 21, 283, 284f; 18, 246, 248. – Mißverständlich BGHSt. 16, 1, 5). – Daß der Erfolg tatsächlich eintritt, fordert der Tatbestand nicht.

3. Schädigungsabsicht

35 **Schädigungsabsicht** ist gegeben, wenn das Verhalten des Täters darauf abzielt, einem anderen einen Vermögensnachteil zuzufügen. Der durch den Wortlaut des Gesetzes nicht gebotene Ausschluß immaterieller Nachteile erscheint hier sachlich angemessen.[18] Die Schädigungsabsicht korrespondiert mit der Bereicherungsabsicht. Entgegen der Auffassung von *Fuhrmann* – AktG, Anm. 6 – ist aber im Falle rechtswidriger Bereicherungsabsicht keineswegs **immer** eine Schädigungsabsicht gegeben, weil der Bereicherung des Täters **stets** die Schädigung eines Dritten gegenüberstehe, so daß erst der Einbezug immaterieller Nachteile der Schädigungsabsicht einen eigenen Anwendungsbereich eröffnen würde, so z. B. bei Nichtangabe von Insidertatsachen, um diese auszunutzen.

VI. Rechtswidrigkeit

36 Eine Rechtfertigung unrichtigen Berichtens kann – wenn überhaupt – nur im Falle völlig aus dem Rahmen fallender Ausnahmesituationen in Betracht kommen. Auch im **Konflikt zwischen Gesellschaftsinteresse und der Berichtspflicht** kommt die Rechtfertigung eines unrichtigen Berichts oder Bestätigungsvermerks gemäß § 34 StGB nicht in Frage. In Kenntnis möglicher Konfliktsituationen hat der Gesetzgeber die Berichtspflicht festgesetzt und ihren Umfang bestimmt. Damit hat er ihr auch in Konfliktfällen Vorrang eingeräumt, insbes. auch dann, wenn der Gesellschaft aus der Bekanntgabe der Tatsachen, über die berichtet wird, ein erheblicher Schaden erwachsen kann, die Tatsachen aber gemäß § 145 Abs. 4 S. 2 in den Bericht aufzunehmen sind.

VII. Irrtum

37 Im Falle eines Irrtums finden die allgemeinen Grundsätze des Strafrechts gemäß § 16 StGB (Tatbestandsirrtum) und § 17 StGB (Verbotsirrtum) Anwendung.

Scholz/Tiedemann GmbHG, § 85 Rdn. 34. – **A. A.** *KK/Geilen* Rdn. 51.

[18] Vgl. auch *Heymann/Otto* HGB, § 332 Rdn. 37; *Klug* Großkomm. 3. Aufl., Anm. 17; *Samson* SK, § 203 Rdn. 53. – **A. A.** *Fuhrmann* AktG, Anm. 6; *Geßler/Fuhrmann* AktG, Rdn. 17; *KK/Geilen* Rdn. 52; *Schönke/Schröder/Lenckner* StGB, § 203 Rdn. 74; *Scholz/Tiedemann* GmbHG, § 85 Rdn. 35.

1. Tatbestandsirrtum, § 16 StGB

Ein den Vorsatz ausschließender **Tatbestandsirrtum** liegt vor, wenn der Täter in Unkenntnis eines zum gesetzlichen Tatbestand gehörenden Umstandes handelt; im einzelnen dazu § 399 Rdn. 94 ff. – Das ist insbes. der Fall, wenn der Täter über die Erheblichkeit eines Umstandes (normatives Tatbestandsmerkmal) oder darüber irrt, daß ein unrichtig dargestellter Umstand der Prüfungs- und Berichtspflicht unterfällt. Hier irrt der Täter über den sozialen Bedeutungsgehalt des Umstandes. Er unterliegt einem Tatbestandsirrtum gemäß § 16 StGB, ohne daß es darauf ankommt, ob dieser Irrtum in einer irrtümlichen Sicht des Sachverhalts oder einer irrtümlichen Wertung begründet ist, da diese Differenzierung auf der Tatbestandsebene irrelevant ist.[19] **38**

2. Verbotsirrtum, § 17 StGB

Ein **Verbotsirrtum** liegt vor, wenn der Täter über die Rechtswidrigkeit seines Verhaltens irrt; im einzelnen dazu § 399 Rdn. 99 f. – Das ist z. B. der Fall, wenn der Täter, der überzeugt ist, daß ein bestimmtes Ergebnis einer Prüfung das richtige ist, über dieses Ergebnis berichtet, ohne selbst geprüft zu haben. **39**

VIII. Täterschaft und Teilnahme

Da der Tatbestand ein **echtes Sonderdelikt** erfaßt, können Personen, die nicht zum gesetzlich bestimmten Täterkreis gehören, weder Täter noch Mittäter oder mittelbare Täter sein. Dagegen können Außenstehende unter den Voraussetzungen der §§ 26, 27 StGB als Anstifter oder Gehilfen an der Tat des Sonderpflichtträgers teilnehmen. **40**

Handeln gegen Entgelt, in **Bereicherungs- und Schädigungsabsicht** sind **keine persönlichen Merkmale** im Sinne des § 28 StGB, da sie nicht die Pflichtenposition des Täters betreffen. § 28 Abs. 2 StGB findet daher auf das Handeln der Teilnehmer keine Anwendung.[20] **41**

IX. Konkurrenzen

1. Die verschiedenen Tatalternativen

Bei § 403 handelt es sich um **kein sog. kumulatives Mischgesetz**. Die verschiedenen Tatalternativen bilden eine einheitliche Verletzung der Berichtspflichten. Durch eine sowohl unrichtige als auch lückenhafte Berichterstattung wird der Tatbestand nur einmal verwirklicht.[21] **42**

2. Das Verhältnis zu § 332 HGB

§ 332 HGB ist gegenüber § 403 **lex specialis** bezüglich der dort erfaßten Berichte. **43**

---

19 Vgl. auch *Baumbach/Hueck* Rdn. 7; *Fuhrmann* AktG, Anm. 5; *Geßler/Fuhrmann* AktG, Rdn. 12; *Godin/Wilhelmi* Anm. 4. – **A. A.** *KK/Geilen* Rdn. 39 ff.

20 Vgl. auch *Schönke/Schröder/Lenckner* StGB, § 203 Rdn. 75. – **A. A.** *KK/Geilen* Rdn. 53.

21 So auch *Fuhrmann* AktG, Anm. 8; *Geßler/Fuhrmann* AktG, Rdn. 21; *KK/Geilen* Rdn. 48. – **A. A.** *Baumbach/Hueck* Rdn. 7.

3. Das Verhältnis zu anderen Delikten

44 Führt die unrichtige oder lückenhafte Berichterstattung zu Vermögensschäden der Gesellschaft oder Dritter, so kann Tateinheit, § 52 StGB, mit Betrug, § 263 StGB, oder Untreue, § 266 StGB, gegeben sein. – Arbeitet der Prüfer oder der Prüfergehilfe deliktisch mit Vorstandsmitgliedern zusammen, so ist – je nach den tatsächlichen Gegebenheiten – Tateinheit möglich mit Beihilfe zum Gründungsschwindel durch unrichtige Berichte nach § 399 Abs. 1 Nr. 2 oder mit Beihilfe zum Betrug, § 263 StGB, zur Untreue, § 266 StGB, oder zu Konkursdelikten, §§ 283 ff StGB.

X. Strafverfolgung und Rechtsfolgen

1. Offizialdelikte

45 Die Tatbestände des § 403 sind Offizialdelikte. Sie werden von Amts wegen verfolgt.

2. Zuständigkeit der Wirtschaftsstrafkammer

46 Gemäß § 74 c Abs. 1 Nr. 1 GVG ist für Straftaten nach dem AktG eine Strafkammer als Wirtschaftskammer zuständig, soweit nach § 74 Abs. 1 GVG als Gericht des ersten Rechtszuges und nach § 74 Abs. 3 GVG für die Verhandlung und Entscheidung über das Rechtsmittel der Berufung gegen die Urteile des Schöffengerichts das Landgericht zuständig ist.

3. Verjährung

47 Die **Strafverfolgung** einer Straftat nach § 403 verjährt nach fünf Jahren, § 78 Abs. 3 Nr. 4 StGB. Das gilt auch für den Qualifikationstatbestand des § 403 Abs. 2. Die allgemeinen Vorschriften über die Strafverfolgungsverjährung, §§ 78 a–78 c StGB, finden Anwendung.

48 Zur **Vollstreckungsverjährung** vgl. §§ 79–79 b StGB. – Die Vollstreckungsverjährung beginnt frühestens mit der rechtskräftigen Verhängung einer Strafe oder Maßnahme, § 11 Abs. 1 Nr. 8 StGB.

4. Urteilstenor

49 Da § 403 zwei verschiedene Tatalternativen erfaßt, muß der Urteilstenor hinreichend klar erkennen lassen, welchen Tatbestand der Täter verwirklicht hat. Im Urteilstenor, nicht erst in den Urteilsgründen ist daher zum Ausdruck zu bringen, aufgrund welchen Tatbestandes der Täter verurteilt wird.

5. Strafe

50 Die Straftaten nach § 403 sind Vergehen, § 12 Abs. 2 StGB. Sie können wahlweise mit Freiheitsstrafe bis zu drei Jahren oder mit Geldstrafe geahndet werden. Ist der Qualifikationstatbestand gemäß § 403 Abs. 2 erfüllt, so erhöht sich das Höchstmaß des Strafrahmens auf fünf Jahre Freiheitsstrafe. – Hat der Täter sich bereichert oder zu bereichern versucht, so kann neben einer Freiheitsstrafe zusätzlich auf eine Geldstrafe erkannt werden, § 41 StGB. – Die Vorschriften über Verfall und Einziehung, §§ 73 ff

StGB, und über die Verhängung eines Berufsverbots, § 70 StGB, finden Anwendung. – Zur Bemessung der Freiheitsstrafe vgl. §§ 38, 39 StGB, zur Geldstrafe § 40.

Fehlen bei einem Teilnehmer – Anstifter oder Gehilfen – die besonderen persönlichen Merkmale – dazu vgl. Rdn. 7 ff –, so ist die Strafe gemäß § 28 Abs. 1 StGB zu mildern. 51

§ 404
Verletzung der Geheimhaltungspflicht

(1) Mit Freiheitsstrafe bis zu einem Jahr oder mit Geldstrafe wird bestraft, wer ein Geheimnis der Gesellschaft, namentlich ein Betriebs- oder Geschäftsgeheimnis, das ihm in seiner Eigenschaft als

1. Mitglied des Vorstands oder des Aufsichtsrats oder Abwickler,
2. Prüfer oder Gehilfe eines Prüfers

bekanntgeworden ist, unbefugt offenbart; im Falle der Nummer 2 jedoch nur, wenn die Tat nicht in § 333 des Handelsgesetzbuchs mit Strafe bedroht ist.

(2) Handelt der Täter gegen Entgelt oder in der Absicht, sich oder einen anderen zu bereichern oder einen anderen zu schädigen, so ist die Strafe Freiheitsstrafe bis zu zwei Jahren oder Geldstrafe. Ebenso wird bestraft, wer ein Geheimnis der in Absatz 1 bezeichneten Art, namentlich ein Betriebs- oder Geschäftsgeheimnis, das ihm unter den Voraussetzungen des Absatzes 1 bekanntgeworden ist, unbefugt verwertet.

(3) Die Tat wird nur auf Antrag der Gesellschaft verfolgt. Hat ein Mitglied des Vorstands oder ein Abwickler die Tat begangen, so ist der Aufsichtsrat, hat ein Mitglied des Aufsichtsrats die Tat begangen, so sind der Vorstand oder die Abwickler antragsberechtigt.

Hinweis: Zur Verletzung der Geheimhaltungspflicht im Rahmen der Umwandlung einer Gesellschaft:

§ 315 UmwG
Verletzung der Geheimhaltungspflicht

(1) Mit Freiheitsstrafe bis zu einem Jahr oder mit Geldstrafe wird bestraft, wer ein Geheimnis eines an einer Umwandlung beteiligten Rechtsträgers, namentlich ein Betriebs- oder Geschäftsgeheimnis, das ihm in seiner Eigenschaft als

1. Mitglied des Vertretungsorgans, vertretungsberechtigter Gesellschafter, Mitglied eines Aufsichtsrats oder Abwickler dieses oder eines anderen an der Umwandlung beteiligten Rechtsträgers,
2. Verschmelzungs-, Spaltungs- oder Übertragunsprüfer oder Gehilfe eines solchen Prüfers

bekannt geworden ist, unbefugt offenbart, wenn die Tat im Falle der Nummer 1 nicht in § 85 des Gesetzes betreffend die Gesellschaften mit beschränkter Haftung, § 404 des Aktiengesetzes, § 151 des Gesetzes betreffend die Erwerbs- und Wirtschaftsgenossenschaften oder § 138 des Versicherungsaufsichtsgesetzes, im Falle der Nummer 2 nicht in § 333 des Handelsgesetzbuchs mit Strafe bedroht ist.

(2) Handelt der Täter gegen Entgelt oder in der Absicht, sich oder einen anderen zu bereichern oder einen anderen zu schädigen, so ist die Strafe Freiheitsstrafe bis zu zwei Jahren oder Geldstrafe. Ebenso wird bestraft, wer ein Geheimnis der in Absatz 1 bezeichneten Art, namentlich ein Betriebs- oder Geschäftsgeheimnis, das ihm unter den Voraussetzungen des Absatzes 1 bekannt geworden ist, unbefugt verwertet.

(3) Die Tat wird nur auf Antrag eines der an der Umwandlung beteiligten Rechtsträger verfolgt. Hat ein Mitglied eines Vertretungsorgans, ein vertretungsberechtigter Gesellschafter oder ein

Abwickler die Tat begangen, so sind auch ein Aufsichtsrat oder ein nicht vertretungsberechtigter Gesellschafter antragsberechtigt. Hat ein Mitglied eines Aufsichtsrats die Tat begangen, sind auch die Mitglieder des Vorstands, die vertretungsberechtigten Gesellschafter oder die Abwickler antragsberechtigt.

Übersicht

Schrifttum

Arians Der strafrechtliche Schutz des Geschäfts- und Betriebsgeheimnisses in der Bundesrepublik Deutschland, in: Oehler (Hrsg.), Der strafrechtliche Schutz des Geschäfts- und Betriebsgeheimnisses in den Ländern der Europäischen Gemeinschaft sowie in Österreich und der Schweiz, Bd. 1, 1978, S. 307; *Brammsen* Die Anzeige von Kartellverstößen im Widerstreit mit dem Schutz von Unternehmensgeheimnissen, in: Forschungsinstitut für Wirtschaftsverfassung und Wettbewerb (Hrsg.), Schwerpunkte des Kartellrechts 1992/93, 1994, S. 77; *Dannecker* Der Schutz von Geschäfts- und Betriebsgeheimnissen, BB 1987, 1614; *Degen* Fabrikspionage und Geheimnisverrat, MuW 1927/28, 431; *Elster* Zum Begriff des Geschäfts- und Betriebsgeheimnisses, GRUR 1932, 32; *Eutebach* Die Verschwiegenheit der Aufsichtsratsmitglieder einer Aktiengesellschaft, Diss. Köln 1969; *Gaul* Die Durchsetzung des Schutzes eines betriebsgeheimen Know-how, WRP 1993, 133; *Kittner* Unternehmensverfassung und Information – Die Schweigepflicht von Aufsichtsratsmitgliedern, ZHR 136 (1972), 208; *Kragler* Wirtschaftsspionage, Schutz des Wirtschaftsgeheimnisses, Bd. 2, 1982; *Lampe* Geheimnisverrat, in: Handwörterbuch des Wirtschafts- und Steuerstrafrechts (HWiStR), Stand: Mai 1990; *Liebl* (Hrsg.) Betriebsspionage: Begehungsformen – Schutzmaßnahmen – Rechtsfragen, 1987; *Lutter* Information und Vertraulichkeit im Aufsichtsrat², 1984; *Maier* Der Schutz des „kritischen" Know-how vor Industriespionage, 1992; *Metzler* Konsequenzen neuartiger Erscheinungsformen des wirtschaftlichen Wettbewerbes für den strafrechtlichen Schutz von Geschäfts- und Betriebsgeheimnissen im Rahmen der §§ 17 ff UWG, 1990; *Meyer*

Die Strafvorschriften des neuen Aktiengesetzes, AG 1966, 109; *Meyer-Landrut* Die Verschwiegenheitspflicht amtierender und ausgeschiedener Vorstands- und Aufsichtsratsmitglieder der Aktiengesellschaft, AG 1964, 325; *Müller-Gugenberger* (Hrsg.) Wirtschaftsstrafrecht[2], 1992; *Nastelski* Der Schutz des Betriebsgeheimnisses, GRUR 1957, 1; *Niemeyer* Geheimnisverletzungen, in: Müller-Gugenberger (Hrsg.), Wirtschaftsstrafrecht, § 27; *Otto* Verrat von Betriebs- und Geschäftsgeheimnissen, § 17 UWG, wistra 1988, 125; *Pfeiffer* Der strafrechtliche Verrat von Betriebs- und Geschäftsgeheimnissen nach § 17 UWG, in: FS Nirk 1992, S. 861; *ders.* Verletzungen von Geheimhaltungspflichten nach § 85 GmbHG, in: FS Raisch, 1995, S. 255; *Roschmann/Frey* Geheimhaltungsverpflichtungen der Vorstandsmitglieder von Aktiengesellschaften bei Unternehmenskäufen, AG 1996, 449; *Rützel* Illegale Unternehmensgeheimnisse?, GRUR 1995, 557; *Säcker* Informationsrechte der Betriebs- und Aufsichtsratsmitglieder und Geheimsphäre des Unternehmens, 1979; *ders.* Aktuelle Probleme der Verschwiegenheitspflicht der Aufsichtsratsmitglieder, NJW 1986, 803; *Schafheutle* Wirtschaftsspionage und Wirtschaftsverrat im deutschen und schweizerischen Strafrecht, Diss. Freiburg 1972; *Schneider* Schutz des Unternehmensgeheimnisses vor unbefugter Verwertung, 1989; *Schramm* Betriebsrat, Aufsichtsrat, Geheimnisverrat, MuW 1930, 339; *Schwintowski* Verschwiegenheitspflicht für politisch legitimierte Mitglieder des Aufsichtsrats, NJW 1990, 1009; *Spieker* Die Verschwiegenheitspflicht der Aufsichtsratsmitglieder, NJW 1965, 1937; *Stadler* Der Schutz des Unternehmensgeheimnisses im deutschen und U.S.-amerikanischen Zivilprozeß und im Rechtshilfeverfahren, 1989; *v. Stebut* Geheimnisschutz und Verschwiegenheitspflicht im Aktienrecht, 1972; *ders.* Gesetzliche Vorschriften gegen den Mißbrauch von Insiderinformationen, DB 1974, 613; *Taeger* Die Offenbarung von Betriebs- und Geschäftsgeheimnissen, 1988; *Tuffner* Der strafrechtliche Schutz von Wirtschaftsgeheimnissen im Staatsschutzrecht und Wettbewerbsrecht, Diss. Erlangen 1978; *Ulsenheimer* Zur Strafbarkeit des Mißbrauchs von Insider-Informationen, NJW 1975, 1999; *Veith* Zur Verschwiegenheitspflicht der Aufsichtsratsmitglieder, NJW 1966, 526; *v. Venrooy* Das strafrechtliche Risiko des Geschäftsführers bei Verletzung von Geheimhaltungsvorschriften, GmbHR 1993, 609; *Wenninger* Die aktienrechtliche Schweigepflicht, 1983.

Ergänzend vgl. die Erläuterungen zu § 17 in den Kommentaren zum UWG.

I. Allgemeines

1. Entstehungsgeschichte

Bereits § 302 AktG 1937 enthielt in Nr. 2 eine Regelung zum Schutz von Geheimnissen der Gesellschaft. Als Täter waren jedoch nur Prüfer und Prüfergehilfen erfaßt, als Tathandlung die Verletzung der Verschwiegenheitspflicht und die unbefugte Verwertung von Geschäfts- und Betriebsgeheimnissen.[1] Durch die Neufassung des Tatbestandes wurde der Täterkreis um die Mitglieder des Vorstands und des Aufsichtsrats sowie um die Abwickler erweitert. Die „Verletzung der Verschwiegenheitspflicht“ wird nunmehr im „Offenbaren des Geheimnisses“ erfaßt. Das Delikt selbst wurde zu einem Antragsdelikt umgestaltet.[2] – Die derzeitige Fassung des Tatbestandes beruht auf dem BilanzrichtlinienG, das den Tatbestand des Abs. 1 Nr. 2 als subsidiär gegenüber § 333 HGB (Unbefugte Offenbarung von Geheimnissen durch Abschlußprüfer und deren Gehilfen, die ihnen in dieser Eigenschaft bei der Prüfung des Jahresabschlusses oder des Konzernabschlusses bekannt geworden sind) ausweist, soweit die Tat unter den Tatbestand des § 333 HGB fällt. 1

[1] § 302 Nr. 2 AktG v. 30. 1. 1937
Verletzung der Berichts- und Verschwiegenheitspflicht
Mit Gefängnis oder Geldstrafe wird bestraft: wer als Prüfer oder als Gehilfe eines Prüfers seine Pflicht zur Verschwiegenheit verletzt oder unbefugt Geschäfts- und Betriebsgeheimnisse, die er bei Wahrnehmung seiner Obliegenheiten erfahren hat, verwertet.

[2] Im einzelnen zu den Erwägungen des Gesetzgebers *Meyer* AG 1966, 115.

2. Das geschützte Rechtsgut

2 **Geschütztes Rechtsgut** sind die Interessen der Gesellschaft und ihrer Aktionäre an der Bewahrung der Geheimnisse der Gesellschaft.[3] – **Nicht geschützt** sind hingegen die Interessen der Gesellschaftsgläubiger[4] und der Arbeitnehmer (a. A. *KK/Geilen* Rdn. 11) der Gesellschaft. Die Tathandlung beeinträchtigt ihre Interessen *nicht unmittelbar*. Darüber hinaus ist aus der Ausgestaltung des Antragsrechts erkennbar, daß der Gesetzgeber die Interessen der Gesellschaft schützen wollte. Dieser Schutz umfaßt allerdings auch den Schutz der Aktionäre, denn die Interessen der Gesellschaft und die ihrer Eigner bilden eine Einheit.

3. Schutzgesetz

3 § 404 ist **Schutzgesetz** im Sinne des **§ 823 Abs. 2 BGB** zugunsten der Gesellschaft und der Aktionäre. – Die geschützten Interessen sind nicht nur verletzt, wenn die Betroffenen einen materiellen Schaden erleiden, sondern schon dann, wenn der Täter aus den ihm bei seiner Tätigkeit bekannt gewordenen Geheimnissen Kapital schlägt, denn auch dieses Verhalten stellt eine pflichtwidrige und zweckentfremdete Nutzung der erlangten Kenntnisse dar.

4. Die Rechtsnatur des Delikts

4 **Taugliche Täter** – Allein-, Mit-, Nebentäter, mittelbarer Täter – können nur die im Tatbestand ausdrücklich genannten Personen sein. § 404 ist deshalb ein **echtes Sonderdelikt**.

5 Daß die Tathandlung zu einer konkreten Gefährdung der Gesellschaft oder zu einem Schaden, insbes. zu einem Vermögensschaden geführt hat, ist nicht erforderlich. Das Delikt ist daher ein **abstraktes Gefährdungsdelikt**.

5. Die Systematik des Gesetzes

6 § 404 erfaßt **zwei Tatbestände**: das unbefugte Offenbaren eines Geheimnisses, Abs. 1, und die unbefugte Verwertung eines Geheimnisses Abs. 2 S. 2. – Abs. 2 S. 1 beschreibt eine Qualifizierung der unbefugten Geheimnisoffenbarung. – Abs. 3 legt fest, daß es sich in allen Tatalternativen um ein Antragsdelikt handelt.

II. Der objektive Tatbestand

1. Tauglicher Täter

7 a) Als **taugliche Täter** des Delikts kommen nur Vorstandsmitglieder – dazu im einzelnen § 399 Rdn. 19 –, auch stellvertretende – dazu im einzelnen § 399 Rdn. 28 f –,

---

[3] Vgl. *Fuhrmann* AktG, Anm. 1; *Geßler/Fuhrmann* AktG, Rdn. 2; *Hachenburg/Kohlmann* GmbHG, § 85 Rdn. 12; *Heymann/Otto* HGB, § 333 Rdn. 4; *Rowedder/Fuhrmann* GmbHG, § 85 Rdn. 1; *Scholz/Tiedemann* GmbHG, § 85 Rdn. 2. – Enger (Ausschluß der Gesellschafter): *Baumbach/Hueck/Schulze-Osterloh* GmbHG, § 85 Rdn. 1; *Hopt* WPg 1986, 466; *v. Stebut* DB 1974, 615 ff.

[4] Vgl. auch *Geßler/Fuhrmann* AktG, Rdn. 2; *Hachenburg/Kohlmann* GmbHG, § 85 Rdn. 12; *Rowedder/Fuhrmann* GmbHG, § 85 Rdn. 1; *Scholz/Tiedemann* GmbHG, § 85 Rdn. 2. – **A. A.** *Klug* Großkomm. 3. Aufl., Anm. 2.

Aufsichtsratsmitglieder – dazu im einzelnen § 399 Rdn. 31 ff –, Abwickler und ihre Stellvertreter – dazu im einzelnen § 399 Rdn. 185 ff –, sowie Prüfer und Prüfergehilfen – dazu § 403 Rdn. 7 f; zum Abschlußprüfer vgl. §§ 316, 318, 319 HGB – in Betracht, und zwar auch dann, wenn der **Bestellungsakt nicht rechtswirksam** erfolgt ist, sie jedoch die mit dem Amt verbundenen Funktionen faktisch wahrnehmen – dazu im einzelnen § 399 Rdn. 20 ff, 188 f, § 403 Rdn. 10. – Soweit als Abwickler oder als Prüfer eine juristische Person oder eine andere Personenvereinigung tätig wird – dazu im einzelnen § 399 Rdn. 186, § 403 Rdn. 11 f –, bestimmt sich die Täterschaft natürlicher Personen nach § 14 StGB. Strafrechtlich haften die gesetzlichen Vertreter (Organe oder vertretungsberechtigte Gesellschafter) der Gesellschaft. Interne Zuständigkeiten sind dabei irrelevant, sie berühren die Haftung nicht. – Bei der **Kommanditgesellschaft auf Aktien** treten die persönlich haftenden Gesellschafter an die Stelle der Vorstandsmitglieder, § 408 S. 2.

b) Der **zeitliche Zusammenhang** zwischen der Täterposition und der Erlangung der **8**
Kenntnis von dem Geheimnis. – Die vom Tatbestand vorausgesetzten persönlichen **Tätermerkmale** müssen *im Zeitpunkt der Kenntnisnahme* von dem Geheimnis vorliegen. Daß die Tätereigenschaft bei der Tathandlung noch gegeben ist, setzt der Tatbestand hingegen nicht voraus. – Nicht erfaßt aber ist der Fall, daß der Täter die Information bereits erlangt hat, als er die Tätereigenschaft noch nicht besaß, sie aber nach Erlangung der Eigenschaft offenbart oder verwertet (vgl. auch *KK/Geilen* Rdn. 17 f).

Die Verschwiegenheitspflicht der als Täter genannten Personen ist im Gesetz aus- **9**
drücklich normiert. Das betont ihre Sonderpflichtenposition, auch wenn die Strafbarkeit nicht mehr unmittelbar an die Verletzung der Verschwiegenheitspflicht anknüpft; vgl. zur Verschwiegenheitspflicht der Vorstandsmitglieder § 93 Abs. 1 S. 2, der Aufsichtsratsmitglieder §§ 116, 93 Abs. 1 S. 2, 394, der Abwickler §§ 258 Abs. 2 S. 1, 93 Abs. 1 S. 2, der Gründungsprüfer § 49 AktG, § 323 Abs. 1 HGB, der Sonderprüfer §§ 144, 258 Abs. 5 AktG, § 323 Abs. 1 HGB, der Abschlußprüfer § 323 Abs. 1 HGB sowie der Prüfergehilfen § 323 Abs. 1 HGB, der die Pflichten der Prüfergehilfen allgemein beschreibt und nicht nur die der Gehilfen eines Abschlußprüfers.

c) Der **funktionale Zusammenhang** zwischen Täterposition und Erlangung der **10**
Kenntnis von dem Geheimnis. – Dem Täter muß das Geheimnis in seiner die Sonderpflicht begründenden Eigenschaft als Vorstands- oder Aufsichtsratsmitglied, Abwickler, Prüfer oder Prüfergehilfe bekannt geworden sein. Hat der Täter auf andere Weise von dem Geheimnis Kenntnis erlangt, z. B. durch private Mitteilung oder aufgrund einer Information von dritter Seite, die mit seiner Position in dem Unternehmen nichts zu tun hat, so erfüllt die Offenbarung des Geheimnisses nicht den Tatbestand des § 404.[5]

d) **Geheimnisträger im Tatzeitpunkt**. – Nach dem Wortlaut des Gesetzes ist es **11**
zwar nicht erforderlich, daß der Täter die Sonderpflichtposition noch bei der Offenbarung oder Verwertung innehat, aber auch im Tatzeitpunkt muß es sich noch um ein „Geheimnis der Gesellschaft" handeln. Während es daher ohne Einfluß auf die Tatbestandsmäßigkeit der Handlung ist, wenn die Gesellschaft das Geheimnis **nach** der Tat veräußert oder offenbart, entfällt die Tatbestandsmäßigkeit des Verhaltens, wenn die Gesellschaft das Geheimnis **vor** der Tat veräußert oder offenbart. Der Täter offenbart oder verwertet dann kein Geheimnis der Gesellschaft.[6]

[5] Vgl. *Baumbach/Hueck/Schulze-Osterloh* GmbHG, § 85 Rdn. 12; *Fuhrmann* AktG, § 404 Anm. 3; *Geßler/Fuhrmann* AktG, Rdn. 8; *Hachenburg/Kohlmann* GmbHG, § 85 Rdn. 34; *Heymann/Otto* HGB, § 333 Rdn. 11; *KK/Geilen* § 404 Rdn. 18; *Meyer-Landrut* in: Meyer-Landrut/Müller/Niehus, HGB, §§ 238–335 Rdn. 1578; *Rowedder/Fuhrmann* GmbHG, § 85 Rdn. 7; *Scholz/Tiedemann* GmbHG, § 85 Rdn. 5.

[6] So auch *KK/Geilen* Rdn. 50. – **A. A.** *Scholz/Tiedemann* GmbHG, § 85 Rdn. 28.

2. Der Gegenstand der Tathandlung: das Unternehmensgeheimnis

12 Das Gesetz nennt als **Oberbegriff das Geheimnis der Gesellschaft** und hebt sodann das **Betriebs- und Geschäftsgeheimnis** besonders heraus. Damit fallen unter den Begriff alle Geheimnisse des Unternehmens, die zu seinem Schutz im Interesse seiner Wettbewerbsfähigkeit und seines Ansehens nicht bekannt werden sollen. Das **Unternehmensgeheimnis** in diesem Sinne entspricht daher dem des Wirtschaftsgeheimnisses im Sinne des § 17 UWG.[7]

13 Den **Begriff des Unternehmensgeheimnisses** konstituieren subjektive und objektive Merkmale: **Unternehmensgeheimnisse** sind nicht offenkundige, das Unternehmen betreffende Tatsachen, hinsichtlich deren das Unternehmen ein objektives Geheimhaltungsinteresse hat und die es nicht offenbaren will.[8]

14 a) **Offenkundigkeit.** – **Offenkundig** ist eine Tatsache, wenn sie entweder allgemein bekannt oder derart zugänglich ist, daß für jeden an ihr Interessierten die tatsächliche Möglichkeit besteht, sich unter Zuhilfenahme lauterer Mittel ohne weiteres Kenntnis von der Tatsache zu verschaffen (vgl. auch *Arians* Schutz, S. 326 ff m. w. N.). **Nicht offenkundig** ist demgemäß eine Tatsache, die nur einem eng begrenzten Personenkreis bekannt ist. Dieser Personenkreis braucht nicht durch gemeinsame Interessen verbunden zu sein, er darf aber nicht so weit ausgeweitet sein, daß das Geheimnis beliebigem fremden Zugriff preisgegeben ist. – Kenntnis der mit einem bestimmten, das Geheimnis erfassenden Arbeitsvorgang beschäftigten Betriebsangehörigen, einzelner Kunden oder Lieferanten führt hingegen noch nicht zur Offenkundigkeit.[9]

15 b) Das **Geheimhaltungsinteresse** wird bestimmt durch den Maßstab sachgemäßer Unternehmensführung. Es ist daher stets zu bejahen bei solchen Tatsachen, durch deren Offenbarung dem Unternehmen ein materieller oder immaterieller Schaden drohen könnte.[10]

16 Ob das Geheimhaltungsinteresse ein **rechtlich schutzwürdiges Geheimhaltungsinteresse** ist oder nicht, weil es sich z. B. auf ein *sitten- oder rechtswidriges Geheimnis* bezieht, z. B. eine Kartellabrede, eine Steuerhinterziehung, einen Verstoß gegen Umweltschutznormen oder die Verletzung eines Ausfuhrverbots, ist irrelevant.[11] Die Ver-

---

[7] Vgl. OLG Celle GRUR 1969, 548, 549; *Arians* Schutz, S. 325 f; *Degen* MuW 1927/28, 432; *Fuhrmann* AktG, Anm. 3; *Geßler/Fuhrmann* AktG, Rdn. 6; *GK/Otto* UWG, § 17 Rdn. 10; *Lampe* Geheimnisverrat, S. 1; *Nastelski* GRUR 1957, 1; *Stadler* Schutz, S. 6.

[8] Grundsätzlich übereinstimmend: BGH GRUR 1961, 40; BGH NJW 1982, 937; *Baumbach/Hueck/Schulze-Osterloh* GmbHG, § 85 Rdn. 7; *Brammsen* Anzeige, S. 80; *Fuhrmann* AktG, Anm. 3; *Geßler/Fuhrmann* AktG, Rdn. 6; *KK/Geilen* Rdn. 20 ff; *Otto* wistra 1988, 126; *Pfeiffer* FS Nirk, S. 866; *Scholz/Tiedemann* GmbHG, § 85 Rdn. 7; *v. Stebut* Geheimnisschutz, S. 49 f. – Desgl. zum Wirtschaftsgeheimnis vgl. *GK/Otto* UWG, § 17 Rdn. 11.

[9] Vgl. dazu RGSt. 42, 394, 396; *Baumbach/Hueck/Schulze-Osterloh* GmbHG, § 85 Rdn. 8; *Fuhrmann* AktG, Anm. 3; *Hachenburg/Kohlmann* GmbHG, § 85 Rdn. 24; *Heymann/Otto* HGB, § 333 Rdn. 14; *KK/Geilen* Rdn. 23; *Roschmann/Frey* AG 1996, 450; *Scholz/Tiedemann* GmbHG, § 85 Rdn. 11; *v. Stebut* Geheimnisschutz, S. 12 ff.

[10] Vgl. *Arians* Schutz, S. 334 ff; *Baumbach/Hueck/Schulze-Osterloh* GmbHG, § 85 Rdn. 10; *Fuhrmann* AktG, Anm. 3; *ders.* UWG, § 17 Anm. 2; *KK/Geilen* Rdn. 25, 35 ff, 40; *Lutter* Information, S. 133; *v. Stebut* Geheimnisschutz, S. 43 ff.

[11] Vgl. auch *Brammsen* Anzeige, S. 82 f; *GK/Otto* UWG, § 17 Rdn. 16; *Hachenburg/Kohlmann* GmbHG, § 85 Rdn. 33; *KK/Geilen* Rdn. 41 ff; *Niemeyer* in: Müller-Gugenberger, § 27 Rdn. 73; *Scholz/Tiedemann* GmbHG, § 85 Rdn. 13; *v. Stebut* Geheimnisschutz, S. 44 f.

treter der Gegenauffassung weisen demgegenüber darauf hin, daß das Strafrecht keine Mittel zur Verdeckung von strafbaren oder sonstigen rechtswidrigen Handlungen zur Verfügung stellen dürfe.[12] Ein allgemein gültiger Rechtsgrundsatz ist aus derartigen Behauptungen aber nicht herzuleiten. Zum einem ist es nicht zutreffend, daß das Strafrecht rechtswidrigen Sachverhalten keinen Schutz gewährt, wie sich z. B. aus dem Vermögensschutz des rechtswidrig erlangten Besitzes ergibt[13], zum anderen würde die Begrenzung des Geheimnisbegriffs an dieser Stelle eine Vermengung der konstitutiven Elemente des Tatgegenstandes mit denen der Schutzwürdigkeit des Tatgegenstandes im Einzelfall bedeuten. Diese Schutzwürdigkeit kann aber nicht grundsätzlich und für alle Fallgestaltungen verbindlich abstrakt bestimmt werden, denn einen allgemeinen Rechtssatz, daß schweigepflichtige Geheimnisträger dazu berufen sind, die Geheimhaltungsinteressen eines Unternehmens zu bewerten, und je nach dem Ergebnis dieser Bewertung die Grenzen ihrer Geheimhaltungspflicht bestimmen zu können, gibt es nicht. Sie sind weder Sittenrichter noch Kontrollorgan gegenüber dem Geheimnisberechtigten (vgl. auch *Brammsen* Anzeige, S. 83 m. w. N.).

c) Nach herrschender und zutreffender Meinung ist weiter der **Geheimhaltungswille** 17
des Geheimnisinhabers erforderlich, d. h. der Wille, andere von der Kenntnis des Geheimnisses auszuschließen. Streitig ist allerdings, auf welche Weise dieser Wille manifest geworden sein muß, ob insbes. eine bloße Willensvermutung genügt oder ob eine ausdrückliche oder konkludente Erklärung erforderlich ist.[14]

Derartige – den Geheimnisbegriff konstituierende – weitere formelle Erfordernisse 18
sind jedoch wenig überzeugend. Sie können nur Rechtsunsicherheit begründen, denn bei der Fülle möglicher Geheimnisse in einem Unternehmen ist eine auf den Einzelfall bezogene Bindung des Willens nicht mehr nachweisbar. Das Erfordernis der im Einzelfall nachweisbaren Manifestation des Geheimhaltungswillens muß daher zwangsläufig zu Vermutungen und Fiktionen führen, mit denen letztlich das angebliche Erfordernis der nachweisbaren Manifestation des Geheimhaltungswillens umgangen wird. Das Wesen des Geheimhaltungswillens wird damit verkannt. Nicht ein auf den Einzelfall bezogener Geheimhaltungswille ist hier erforderlich. Der hier relevante **Geheimhaltungswille ist Element des Willens, die Unternehmensinteressen zu wahren**. Der Geheimhaltungswille ist daher nicht für jedes einzelne Geheimnis positiv nachzuweisen. Er ist vielmehr im Unternehmensinteresse grundsätzlich angelegt. Er kann aber im konkreten Einzelfall – trotz eines objektiven Unternehmensinteresses – fehlen oder von dem Geheimnisberechtigten aufgegeben werden. Maßgeblich ist daher das **objektive Geheimhaltungsinteresse**, das den **Geheimhaltungswillen begründet**, soweit nicht ein ausdrücklich oder konkludent erklärter Offenbarungswille dieser Verknüpfung von Geheimhaltungsinteresse und Geheimhaltungswillen entgegensteht.[15] – Mit der ausdrücklichen oder konkludenten Erklärung des Offenbarungswillens des Geheimnisträgers wird das Geheimnis beseitigt.

---

[12] Vgl. dazu *Arians* Schutz, S. 337 f; *Elster* GRUR 1932, 34; *Rützel* GRUR 1995, 560; *Schaftheutle* Wirtschaftsspionage, S. 87 ff; *Tuffner* Schutz, S. 58 ff.

[13] Vgl. dazu auch *Brammsen* Anzeige, S. 83; *Scholz/Tiedemann* GmbHG, § 85 Rdn. 13; *v. Stebut* Geheimnisschutz, S. 45 f.

[14] Vgl. BGH GRUR 1961, 43; OLG Stuttgart wistra 1990, 277 f; *Brammsen* Anzeige, S. 81; *Hachenburg/Kohlmann* GmbHG, § 85 Rdn. 26 ff; *KK/Geilen* Rdn. 34; *Pfeiffer* FS Nirk, S. 867, *Scholz/Tiedemann* GmbHG, § 85 Rdn. 10.

[15] Vgl. auch *Baumbach/Hueck/Schulze-Osterloh* GmbHG, § 85 Rdn. 11; *Hachenburg/Kohlmann* GmbHG, § 85 Rdn. 29; *Heymann/Otto* HGB, § 333 Rdn. 15; *Lutter/Hommelhoff* GmbHG, § 85 Rdn. 4; *Scholz/Tiedemann* GmbHG, § 85 Rdn. 10; *v. Stebut* Geheimnisschutz, S. 23 ff; *ders.* DB 1974, 613 f.

19 **Zuständig für die Offenbarung** des Geheimnisses sind die für die Geschäftsführung des jeweiligen Unternehmens zuständigen Organe in dem ihnen zugewiesenen Geschäftsführungsbereich. – Das sind für die AG der Vorstand und – für seinen Bereich – der Aufsichtsrat, nicht aber die Hauptversammlung, die jedoch von ihren Weisungsrechten Gebrauch machen kann.

20 Die Offenbarung muß im Rahmen pflicht- und ordnungsgemäßer Geschäftsführung erfolgen. Die **pflichtwidrige Offenbarung** als solche beseitigt das Geheimnis nicht.[16] – Bei Unkenntnis der Pflichtwidrigkeit der Offenbarung kann aber ein Tatbestandsirrtum des Täters begründet sein; dazu vgl. Rdn. 48. – Hat die pflichtwidrige Offenbarung jedoch dazu geführt, daß das Geheimnis bereits **allgemein bekannt** geworden ist, so ist der Geheimnischarakter verlorengegangen.

21 d) Geheimnis und **vertrauliche Mitteilung.** – § 93 Abs. 1 S. 2 erstreckt die Verschwiegenheitspflicht der Vorstandsmitglieder ausdrücklich auf „vertrauliche Angaben und Geheimnisse der Gesellschaft". Das deutet auf einen begrifflichen Gegensatz hin, doch ist dieser Gegensatz keineswegs zwingend. Auch vertrauliche Angaben *können* ein Unternehmensgeheimnis zum Inhalt haben, nicht jede vertrauliche Mitteilung *muß* aber diesen Inhalt haben. Maßgeblich ist allein, ob die vertrauliche Angabe den begrifflichen Anforderungen an den Geheimnisbegriff entspricht.[17]

22 e) **Betriebs- und Geschäftsgeheimnisse.** – Man kann Betriebs- und Geschäftsgeheimnisse zwar grob danach unterscheiden, daß die zur technischen Seite eines Unternehmens gehörenden Geheimnisse den Betriebsgeheimnissen zugeordnet werden und die zur kaufmännischen Seite gehörenden den Geschäftsgeheimnissen, doch kommt der Unterscheidung keine sachliche Bedeutung zu.[18] Sie führt auch in vielen Bereichen nicht weiter, da zahlreiche Geheimnisse beiden Sphären zuzurechnen sein werden. Die ausdrückliche Nennung des Betriebs- und Geschäftsgeheimnisses hat daher nur die Aufgabe, zu betonen, daß sämtliche zum kaufmännischen oder technischen Bereich eines Unternehmens gehörenden Geheimnisse geschützt sind.

23 In Betracht kommen z. B. geschäftliche Vorhaben und geschäftspolitische Ziele der Gesellschaft (vgl. *Geßler/Fuhrmann* AktG, Rdn. 7), Fusionspläne, stille Beteiligungen, Gegenstand, Verlauf und Ergebnisse von Vorstands- und Aufsichtsratssitzungen (vgl. dazu BGHZ **64** 325), Kalkulationsunterlagen (OLG Düsseldorf GRUR **1954** 74), Geheimverfahren (BGZ **16** 172), Herstellungsmethoden (BGH NJW **1962** 2059; NJW **1969** 463, 464); Konstruktionsdaten, Kunden- und Lieferantenlisten, Musterzeichnungen, Computerprogramme und Personaldaten. Insider-Informationen bis zu ihrer Offenbarung durch den Geheimnisberechtigten.[19]

Zu beachten ist, daß der Gesetzgeber im Umwelt- und Gentechnikbereich bestimmten Unternehmensgeheimnissen den Schutz als Geheimnis versagt, vgl. § 22 Abs. 3 ChemikalienG, § 17 a Abs. 2 GentechnikG, Art. 16 EG-AltstoffVO, Art. 11 Abs. 1 S. 3 EG Gefahrguttransportrichtlinie 79/831.

---

[16] Vgl. auch *Baumbach/Hueck/Schulze-Osterloh* GmbHG, § 85 Rdn. 11; *Heymann/Otto* HGB, § 333 Rdn. 19; *v. Stebut* Geheimnisschutz, S. 101 ff.

[17] Vgl. auch *Baumbach/Hueck* Rdn. 5; *Geßler/Fuhrmann* AktG, Rdn. 7; *KK/Geilen* Rdn. 37. – **A. A.** *Meyer* AG 1966, 115.

[18] Vgl. dazu auch RGSt. 31, 90, 91; *GK/Otto* UWG, § 17 Rdn. 10; *Scholz/Tiedemann* GmbHG, § 85 Rdn. 6.

[19] Vgl. dazu auch *Ransiek* Unternehmensstrafrecht, 1996, S. 165 ff; *v. Stebut*, DB 1974, 613; *Ulsenheimer* NJW 1975, 1999 ff.

3. Die Tathandlung

Als **Tathandlungen** kommen das unbefugte Offenbaren, Abs. 1, und das unbefugte Verwerten, Abs. 2 S. 2, des Geheimnisses in Betracht. **24**

a) Die **Offenbarung des Geheimnisses.** – Der Täter *offenbart* das Geheimnis, indem er das Geheimnis einem anderen, dem das Geheimnis noch nicht bekannt ist, mitteilt, an ihn weitergibt, weiterleitet oder es ihm sonst zugänglich macht. Kenntnisnahme durch den anderen ist nicht erforderlich, es genügt, daß dem anderen die *Kenntnisnahme möglich ist.*[20] – Die Art, wie das Geheimnis dem anderen zugänglich gemacht wird, ist irrelevant. Die Bestätigung einer Vermutung oder eines Gerüchts genügt[21] genauso wie die Verbreitung des Geheimnisses als Gerücht. Irrelevant ist auch, ob der Adressat der Offenbarung selbst der Verschwiegensheitspflicht unterliegt oder nicht (vgl. auch BayObLG NJW **1995** 1623). – Allerdings kann eine befugte Offenbarung vorliegen, wenn der Adressat nach dem Willen des Geheimnisträgers in Kenntnis gesetzt werden sollte oder durfte. **25**

Die Offenbarung kann auch durch **Unterlassen** erfolgen, wenn der Sonderpflichtige es pflichtwidrig zuläßt, daß ein Dritter Einblick in die Unterlagen nimmt, die das Geheimnis enthalten. Die die Tätereigenschaft begründenden Sonderpflichtmerkmale begründen zugleich eine Garantenpflicht des Täters. **26**

b) **Die Verwertung des Geheimnisses.** – *Verwertung* ist jede über das „bloße Haben" des Geheimnisses hinausgehende Tätigkeit, die darauf gerichtet ist, das Geheimnis wirtschaftlich zum Zwecke der Gewinnerzielung zu nutzen.[22] – Die Ausnutzung des Geheimnisses zu politischen oder ideellen Zwecken genügt nicht. Eine derart weite Zielrichtung müßte zwangsläufig – über das strafbare Offenbaren hinaus – nicht strafwürdige Sachverhalte bei altruistischem Verhalten des Täters erfassen. Da zudem eine Verwertung in diesen Bereichen kaum ohne Offenbarung erfolgen kann, entsteht durch die restriktive Interpretation des Begriffs der Verwertung keine Strafbarkeitslücke.[23] **27**

Daß der wirtschaftliche Vorteil erzielt worden ist, setzt der Tatbestand nicht voraus. Es genügt die auf Gewinnerzielung gerichtete Tätigkeit. – Beschränkt sich die Verwertung allerdings auf eine **Offenbarung gegen Entgelt**, so liegt ein qualifizierter Fall der Offenbarung nach Abs. 2 S. 1 vor. Gegenüber der Verwertung nach Abs. 2 S. 2 ist die entgeltliche oder sonst zu Bereicherungszwecken erfolgende Preisgabe des Geheimnisses die speziellere Regelung. Damit hat die Verwertung nach Abs. 2 letztlich nur eigenständige Bedeutung für die Fälle einer wirtschaftlichen Ausnutzung des Geheimnisses, die anders als durch Offenbarung des Geheimnisses erfolgt.[24] **28**

---

[20] Vgl. auch RGSt. 26, 5, 8; *Baumbach/Hueck/Schulze-Osterloh* GmbHG, § 85 Rdn. 13; *Fuhrmann* AktG, Anm. 4; *Geßler/Fuhrmann* AktG, Rdn. 16; *Hachenburg/Kohlmann* GmbHG, § 85 Rdn. 36; *Heymann/Otto* HGB, § 333 Rdn. 29; *Scholz/Tiedemann* GmbHG, § 85 Rdn. 14.

[21] Vgl. RGSt. 26, 5, 7; 38, 62, 65; *Fuhrmann* AktG, Anm. 4; *Geßler/Fuhrmann* AktG, Rdn. 9; *Säcker* NJW 1986, 805.

[22] Vgl. BT-Drucks. 7/550, S. 244 zur Neufassung des § 204 StGB; RGSt. 63, 205, 207; *Baumbach/Hueck/Schulze-Osterloh* GmbHG, § 85 Rdn. 42; *Fuhrmann* AktG, Anm. 5; *Geßler/Fuhrmann* AktG, Rdn. 11; *Hachenburg/Kohlmann* GmbHG, § 85 Rdn. 38; *KK/Geilen* Rdn. 55; *Pfeiffer* FS Raisch, S. 264; *Scholz/Tiedemann* GmbHG, § 85 Rdn. 15.

[23] Vgl. auch *Baumbach/Hueck/Schulze-Osterloh* GmbHG, § 85 Rdn. 42; *Fuhrmann* AktG, Anm. 5; *Geßler/Fuhrmann* AktG, Rdn. 11; *Hachenburg/Kohlmann* GmbHG, § 85 Rdn. 38; *Heymann/Otto* HGB, § 333 Rdn. 24; *KK/Geilen* Rdn. 56 f. – **A. A.** *Baumbach/Hueck* Rdn. 8; *Godin/Wilhelmi* Anm. 8; *Ulsenheimer* NJW 1975, 2001.

[24] Vgl. auch BT-Drucks. 7/550, S. 244; *Baumbach/Hueck/Schulze-Osterloh* GmbHG, § 85 Rdn. 42; *KK/Geilen* Rdn. 59; *Scholz/Tiedemann* GmbHG, § 85 Rdn. 18.

29 Die Verwertung setzt nicht voraus, daß der Täter den erstrebten wirtschaftlichen **Vorteil auf Kosten des Unternehmens** erzielen will. Die beabsichtigte pflichtwidrige wirtschaftliche Nutzung fremder Geheimnisse durch Mißbrauch der Vertrauensposition begründet die Strafwürdigkeit des Verhaltens. Eines weiteren Unrechtsmerkmals bedarf es nicht.[25] Daher erfüllt auch die Ausnutzung sog. *Insider-Informationen*, soweit diese dem Geheimnisbegriff unterfallen, den Tatbestand der Verwertung.[26]

30 c) **Die Befugnisse zur Offenbarung oder Verwertung.** Die *Erteilung der Befugnis* zur Offenbarung oder Verwertung des Geheimnisses durch das zuständige Organ des Unternehmens schließt den Tatbestand aus, soweit in der Befugniserteilung der allgemeine Offenbarungswille des Geheimnisträgers zum Ausdruck kommt.[27] Das Geheimnis verliert damit seinen Charakter als Geheimnis. – Im übrigen ist das Merkmal „unbefugt" allgemeines Verbrechensmerkmal; vgl. dazu weiter unter Rdn. 37 ff.

III. Der subjektive Tatbestand

31 Beide Tatbestände, Abs. 1 und Abs. 2 S. 2, setzen **Vorsatz** voraus; bedingter Vorsatz genügt. – Der Vorsatz muß sich auf den Begriff des Geheimnisses beziehen derart, daß dem Täter die konstituierenden Merkmale dieses Begriffs in ihrem sozialen Bedeutungsgehalt bewußt sind. Darüber hinaus muß sich der Täter bewußt sein, daß ihm das Geheimnis in seiner Eigenschaft als Sonderpflichtträger bekannt geworden ist. – **Bedingt vorsätzlich** handelt der Täter, wenn er sich der konkreten Gefahr bewußt ist, daß sein Verhalten zur Offenbarung oder Verwertung eines Gesellschaftsgeheimnisses führt. – Zum Irrtum über die Befugnis, das Geheimnis zu offenbaren oder zu verwerten vgl. Rdn. 48 f.

IV. Die Tatvollendung

1. Die unbefugte Offenbarung

32 Der **Tatbestand** der unbefugten Offenbarung ist vollendet, wenn das Geheimnis durch das Tun oder Unterlassen des Täters mindestens einem Unbefugten zur Kenntnis gelangt ist. Ob der Mitteilungsempfänger die Mitteilung verstanden hat, ist irrele-

[25] Vgl. auch *Baumbach/Hueck/Schulze-Osterloh* GmbHG, § 85 Rdn. 42; *Geßler/Fuhrmann* AktG, Rdn. 11; *Hachenburg/Kohlmann* GmbHG, § 85 Rdn. 40 ff; *Heymann/Otto* HGB, § 333 Rdn. 25; *KK/Geilen* Rdn. 62; *v. Stebut* Geheimnisschutz, S. 77 ff; *ders.* DB 1974, 614; *Ulsenheimer* NJW 1975, 2001. – **A. A.** *Pfeiffer* FS Raisch, S. 265; *Schönke/Schröder/Lenckner* StGB, § 204 Rdn. 5; *Scholz/Tiedemann* GmbHG, § 85 Rdn. 16; *Volk* ZHR 1978, 1 ff.

[26] Vgl. auch *KK/Geilen* Rdn. 61 ff; *Heymann/Otto* HGB, § 333 Rdn. 25; *v. Stebut* Geheimnisschutz, S. 77 ff; *Ulsenheimer* NJW 1975, 1999. – Enger: *Ransiek* Unternehmensstrafrecht, S. 167 f, der einen Nachteil des Unternehmens voraussetzt.

[27] Vgl. *Baumbach/Hueck/Schulze-Osterloh* GmbHG, § 85 Rdn. 13; *Heymann-Otto* HGB, § 333 Rdn. 26; *KK/Geilen* Rdn. 76. – Weiter: Einverständnis beseitigt stets den Tatbestand: *Hachenburg/Kohlmann* GmbHG, § 85 Rdn. 44; *Schönke/Schröder/Lenckner* StGB, § 203 Rdn. 22; *Scholz/Tiedemann* GmbHG, § 85 Rdn. 19 f. – Enger: Stets nur eine Frage der Rechtswidrigkeit: *Fuhrmann* AktG, Anm. 4; *Geßler/Fuhrmann* AktG, Rdn. 10, 12.

vant. – Bei schriftlicher Mitteilung genügt es, daß die Mitteilung so in den Herrschaftsbereich des Unbefugten gelangt ist, daß diesem die Kenntnisnahme jederzeit möglich ist.[28]

2. Die unbefugte Verwertung

Der Begriff des **Verwertens** beschreibt eine auf Gewinnerzielung gerichtete Ausnutzung des Geheimnisses. Daß es zur Erzielung des angestrebten Gewinnes gekommen ist, setzt der Tatbestand nicht voraus. Damit eröffnet die Definition des Begriffs die Möglichkeit, jegliche nach der Vorstellung des Täters auf Gewinnerzielung gerichtete Tätigkeit bereits als vollendete Verwertung zu erfassen. Der Tatbestand würde damit nicht nur auf Handlungen erstreckt werden, die sachlich von der Gewinnerzielung her als Versuchshandlungen einzustufen wären, sondern schon auf Vorbereitungshandlungen. Diese weite Ausdehnung des Gesetzes ist offensichtlich nicht die Absicht des Gesetzgebers gewesen, da er den Versuch grundsätzlich nicht unter Strafe gestellt hat. Von dieser Entscheidung des Gesetzgebers her ist daher der Zeitpunkt der Vollendung zu bestimmen. Er liegt vor in der Situation, in der der Täter, von der (beabsichtigten) Gewinnerzielung her beurteilt, in das Versuchsstadium träte. Das wird dem Willen des Gesetzgebers, nicht auf den Eintritt der Gewinnerzielung abzustellen, aber auch die Strafbarkeit nicht zu weit in das Vorbereitungsstadium auszudehnen, gerecht. **33**

Der Tatbestand der **unbefugten Verwertung** ist daher vollendet, wenn der Täter nach seiner Vorstellung das Geheimnis soweit genutzt hat, daß der *Eintritt des erstrebten Erfolges* nach seiner Vorstellung unmittelbar bevorsteht, d. h. ihm die Gewinnerzielung unmittelbar möglich erscheint.[29] Das wird z. B. bei der Nutzung einer Insiderinformation bereits dann der Fall sein, wenn der Täter die Bank zum Kauf bestimmter Aktien beauftragt, bei der Herstellung einer Maschine unter Nutzung des Geheimnisses mit der erfolgreichen Herstellung, nicht aber erst mit dem Verkauf oder der Inbetriebnahme der Maschine. **34**

3. Versuch

Der Versuch der unbefugten Offenbarung oder Verwertung ist nicht strafbar, §§ 12 Abs. 2, 23 Abs. 1 StGB. **35**

V. Der Qualifikationstatbestand, Abs. 2 S. 1

Der gemäß Abs. 1 vorgesehene Strafrahmen von Freiheitsstrafe bis zu einem Jahr oder Geldstrafe wird auf maximal zwei Jahre Freiheitsstrafe oder Geldstrafe erweitert, wenn der Täter das Geheimnis gegen **Entgelt** offenbart oder er **beabsichtigt** hat, **sich oder einen anderen zu bereichern oder einen anderen zu schädigen.** – Die Voraussetzungen des Qualifikationstatbestandes entsprechen damit denen des § 403 Abs. 2; zu den Merkmalen im einzelnen vgl. § 403 Rdn. 30 ff. **36**

[28] Vgl. auch *Heymann/Otto* HGB, § 333 Rdn. 29; *Schönke/Schröder/Lenckner* StGB, § 203 Rdn. 72. – Die Möglichkeit der Kenntnisnahme lassen grundsätzlich genügen: *Baumbach/Hueck/Schulze-Osterloh* GmbHG, § 85 Rdn. 28; *Fuhrmann* AktG, Anm. 8; *Geßler/Fuhrmann* AktG, Rdn. 16; *KK/Geilen* § 404 Rdn. 66.

[29] Vgl. auch *Baumbach/Hueck/Schulze-Osterloh* GmbHG, § 85 Rdn. 47; *Fuhrmann* AktG, Anm. 8; *Geßler/Fuhrmann* AktG, Rdn. 17; *Hachenburg/Kohlmann* GmbHG, § 85 Rdn. 70; *Heymann/Otto* HGB, § 333 Rdn. 30; *KK/Geilen* Rdn. 67 ff.

VI. Rechtswidrigkeit

37 Offenbarung und Verwertung des Geheimnisses müssen unbefugt erfolgen. **Unbefugt** ist jede Tathandlung, für die ein Rechtfertigungsgrund nicht besteht.

1. Einverständnis und Einwilligung

38 **Einwilligung in die Offenbarung oder Verwertung.** Soweit das zuständige Organ des Unternehmens sein Einverständnis mit der Offenbarung des Geheimnisses erklärt hat, weil der Geheimhaltungswille aufgegeben werden soll, verliert das bisherige Geheimnis seinen Geheimnischarakter. Die Offenbarung ist **nicht tatbestandsmäßig,** dazu vgl. Rdn. 30.

39 In allen anderen Fällen, wenn z. B. durch die Offenbarung der Kreis der Geheimnisträger um eine Person erweitert werden soll, **rechtfertigt die Einwilligung** des zuständigen Organs des Unternehmens das Verhalten des Täters.

2. Gesetzliche Auskunfts- und Aussagepflichten

40 Gerechtfertigt handelt auch, wer aufgrund einer **gesetzlichen Auskunftspflicht,** die der Verschwiegenheitspflicht vorgeht, das Geheimnis offenbart. Eine derartige, begrenzte Auskunftspflicht ergibt sich z. B. für bestimmte Aufsichtsratsmitglieder und Prüfer aus §§ 394, 395. Personen, die von einer Gebietskörperschaft (Bund, Länder, Gemeindeverbände, Gemeinden) entsandt oder zu Prüfern bestellt worden sind, unterliegen nicht der Verschwiegenheitspflicht bei Äußerungen im dienstlichen Verkehr. – § 16 Wertpapierhandelsgesetz verleiht der Wertpapieraufsichtsbehörde ein Auskunftsrecht gegenüber Kreditinstituten und anderen Unternehmen. – Darüber hinaus kommt der gesetzlichen Auskunftspflicht praktisch kaum Bedeutung zu, denn die Anzeigepflicht gemäß § 138 StGB, die hier erörtert wird (vgl. dazu *Scholz/Tiedemann* GmbHG, § 85 Rdn. 21), wird kaum einmal relevant werden (vgl. auch *KK/Geilen* Rdn. 78).

41 Die **Aussagepflicht als Zeuge im Prozeß** oder vor einem **parlamentarischen Untersuchungsausschuß** (dazu eingehend BVerfGE 76 363, 387 f) wird begrenzt durch die Vorschriften über das Zeugnisverweigerungsrecht der Angehörigen, § 52 StPO, der Berufsgeheimnisträger und der Berufshelfer, §§ 53, 53 a StPO, die Regelung des Auskunftsverweigerungsrechts nach § 55 StPO sowie durch die Bestimmung des § 68 a StPO über die Zulässigkeit bloßstellender Fragen (vgl. BVerfGE 76, 363, 387). – Zum Zivilprozeß vgl. §§ 383 Abs. 1 Nr. 6, 384 Nr. 3 ZPO.

42 **Kein Zeugnis- oder Auskunftsverweigerungsrecht** ergibt sich hingegen aus gesellschaftsrechtlichen Geheimhaltungsbestimmungen, wie z. B. § 404 AktG. Die Pflicht des Zeugen zur Aussage geht aufgrund des öffentlichen Interesses an der Tatsachenermittlung solchen privaten Geheimhaltungsinteressen vor, soweit nicht das Prozeßrecht selbst diese als schützenswert anerkennt (BVerfG 76 363, 387 f m. w. N.).

3. Wahrung höherrangiger Interessen, § 34 StGB

43 Bei der Wahrung eigener Interessen, der Erstattung einer Strafanzeige oder allgemein bei der Wahrung höherrangiger Interessen kann eine Rechtfertigung nach den Grundsätzen des rechtfertigenden Notstandes, § 34 StGB, in Betracht kommen.

44 a) Die **Wahrung eigener Interessen** hat dann Vorrang, wenn der Täter eigene schutzwürdige Interessen gegenüber der Gesellschaft verfolgt, und die Offenbarung des Geheimnisses erforderlich ist, um z. B. die rechtswidrige Weigerung der Erfüllung einer Forderung zu beweisen (vgl. *Fuhrmann* AktG Anm. 4) oder wenn die Offenbarung des

Geheimnisses erforderlich ist zu einer erfolgreichen Verteidigung in einem Strafverfahren (vgl. dazu BGHSt. 1 366, 368).

b) Die **Erstattung einer Strafanzeige.** – Grundsätzlich sind die schweigepflichtigen Personen nicht Wahrer von Strafverfolgungsinteressen gegenüber der Aktiengesellschaft. Nicht jeder Rechtsverstoß ermöglicht es daher diesen Personen, sich zum Sachwalter der Strafverfolgungsinteressen zu machen und ihr Wissen zu offenbaren. Erst dann, wenn es sich um weitreichende wirtschaftskriminelle Straftaten oder um Verbrechen handelt, die bevorstehen, deren Wiederholung zu befürchten ist oder die die Rechtssicherheit aufgrund ihres Ausmaßes oder Schweregrades wesentlich beeinträchtigt haben, wird den öffentlichen Interessen Vorrang einzuräumen sein.[30] **45**

c) **Wahrung höherrangiger Interessen in Not- und Eilfällen, mutmaßliche Einwilligung.** – Nach den Grundsätzen des § 34 StGB, d. h. nach dem Grundsatz der Wahrung des höherrangigen Interesses ist auch zu entscheiden, wenn eine Offenbarung in **Eil- oder Notfällen** erfolgt und die Einwilligung des zuständigen Gesellschaftsorgans nicht eingeholt werden konnte. – Neben der Interessenabwägung im Rahmen des § 34 StGB kommt der **mutmaßlichen Einwilligung** keine eigenständige Bedeutung zu, denn ob der Täter die Einwilligung des Berechtigten voraussetzen durfte, ist nach den Grundsätzen des Interessenvorranges zu entscheiden. Sachlich begründet es aber keinen Unterschied, ob hier auf die mutmaßliche Einwilligung oder unmittelbar auf die Grundsätze des rechtfertigenden Notstandes zurückgegriffen wird.[31] **46**

VII. Irrtum

Im Falle eines Irrtums finden die allgemeinen Grundsätze des Strafrechts gemäß § 16 StGB (Tatbestandsirrtum) und § 17 StGB (Verbotsirrtum) Anwendung. **47**

1. Tatbestandsirrtum, § 16 StGB

Ein den Vorsatz ausschließender **Tatbestandsirrtum** liegt vor, wenn der Täter in Unkenntnis eines zum gesetzlichen Tatbestandes gehörenden Umstandes handelt; im einzelnen dazu § 399 Rdn. 95 ff. – Das ist insbes. dann der Fall, wenn der Täter über den Geheimnischarakter der offenbarten Tatsache irrt oder darüber, daß ihm das Geheimnis in seiner Eigenschaft als Sonderpflichtträger bekannt geworden ist. **48**

2. Verbotsirrtum, § 17 StGB

Ein **Verbotsirrtum** liegt vor, wenn der Täter über die Rechtswidrigkeit seines Verhaltens irrt; im einzelnen dazu § 399 Rdn. 99 f. – Ein solcher Irrtum kann vorliegen, wenn der Täter über die Schweigepflicht als solche irrt. **49**

VIII. Täterschaft und Teilnahme

Da der Tatbestand ein **echtes Sonderdelikt** erfaßt, können Personen, die nicht zum gesetzlich bestimmten Täterkreis gehören, weder Täter noch Mittäter oder mittelbare **50**

[30] Vgl. auch *Brammsen* Anzeige, S. 94; *KK/Geilen* Rdn. 83. – Weiter *Rützel* GRUR 1995, 560 f; *Scholz/Tiedemann* GmbHG, § 85 Rdn. 26; *v. Stebut* Geheimnisschutz, S. 125 f.

[31] Eingehender dazu *Otto* Grundkurs Strafrecht, A. T., Rdn. 129 ff.

Täter sein. Dagegen können Außenstehende unter den Voraussetzungen der §§ 26, 27 StGB als Anstifter oder Gehilfen an der Tat des Sonderpflichtigen teilnehmen.

51 **Handeln gegen Entgelt**, in **Bereicherungsabsicht** und **Schädigungsabsicht** sind **keine persönlichen Merkmale** im Sinne des § 28 StGB, da sie nicht die Pflichtenposition betreffen. § 28 Abs. 2 StGB findet daher auf das Handeln der Teilnehmer keine Anwendung.[32]

IX. Konkurrenzen

52 Die **unbefugte Offenbarung** und die **unbefugte Verwertung** eines Geheimnisses sind selbständige Delikte. Die Verwertung setzt nicht zwingend eine Offenbarung voraus, so z. B. nicht beim Ausnutzen einer Insidertatsache. – Je nach den Sachverhaltsgegebenheiten ist daher zwischen den beiden Tatbeständen **Tateinheit**, § 52 StGB, oder **Tatmehrheit**, § 53 StGB, möglich. Gegenüber dem Tatbestand des Abs. 1 Nr. 2 ist § 333 HGB **lex specialis**. – § 404 wiederum ist **lex specialis** gegenüber §§ 203, 204 StGB.[33]

53 **Tateinheit** kann mit § 17 UWG bestehen. Die Strafe ist dann dem § 17 UWG zu entnehmen, § 52 Abs. 2 StGB. – Weiter ist Tateinheit möglich mit Unterschlagung, § 246 StGB, und Untreue, § 266 StGB, sowie mit Landesverrat, § 94 StGB, Offenbarung von Staatsgeheimnissen, § 95 StGB, Preisgabe von Staatsgeheimnissen, § 97 StGB, landesverräterischer und geheimdienstlicher Agententätigkeit, §§ 98, 99 StGB, wenn die Mitteilung des Geheimnisses an Agenten oder Beauftragte eines anderen Staates im Zusammenhang mit einer Betriebsspionage erfolgt, sowie mit dem Mißbrauch von Insiderinformationen, § 38 WpHG.

54 Hat der Täter sich ein Objekt, das das Geheimnis verkörpert, durch eine rechtswidrige Zueignungshandlung zugeeignet, so ist die anschließende Verwertung **straflose Nachtat** (vgl. auch *Scholz/Tiedemann* GmbHG, § 85 Rdn. 38).

X. Strafantrag

1. Berechtigung zur Stellung des Antrags

55 Die **Strafverfolgung** einer Straftat nach § 404 setzt einen **Strafantrag** voraus, Abs. 3. **Antragsberechtigt** ist die Gesellschaft als Verletzte, Abs. 3 S. 1. Ist der Täter daher ein Prüfer oder Prüfergehilfe, so hat der Vorstand oder Abwickler als gesetzlicher Vertreter der Gesellschaft den Antrag zu stellen.

56 Ist der **Täter Organ der Gesellschaft**, so hat das Gesetz das Antragsrecht besonders geregelt: Hat ein Vorstandsmitglied oder ein Abwickler die Tat begangen, so ist der Aufsichtsrat als Ganzes, also nicht ein einzelnes Aufsichtsratsmitglied, antragsberechtigt. Hat ein Aufsichtsratsmitglied die Tat begangen, wird die Gesellschaft bei der Antragsstellung durch den Vorstand als Ganzes oder durch die Abwickler, also durch das Abwicklergremium, nicht durch einen einzelnen Abwickler, vertreten. – Hat die Gesellschaft nur ein Vorstandsmitglied oder nur einen Abwickler, dann vertreten diese allein die Gesellschaft.

---

[32] Vgl. auch *Schönke/Schröder/Lenckner* StGB, § 203 Rdn. 75. – **A. A.** *KK/Geilen* Rdn. 87.

[33] So auch *KK/Geilen* Rdn. 90; *Scholz/Tiedemann* GmbHG, § 85 Rdn. 36. – **A. A.** (Tateinheit) *Fuhrmann* AktG, Anm. 9; *Geßler/Fuhrmann* AktG, Rdn. 19.

2. Antragsfrist

Die **Antragsfrist** beträgt gemäß § 77 b Abs. 1 StGB drei Monate. Sie beginnt nach § 77 b Abs. 2 S. 1 StGB mit Ablauf des Tages, an dem der Antragsberechtigte von der Tat und von der Person des Täters Kenntnis erlangt hat. Sind mehrere Personen antragsberechtigt, so ist die Kenntnis sämtlicher Berechtigter maßgeblich.[34] **57**

3. Rücknahme des Antrags

Die **Rücknahme des Strafantrages** ist nach § 77 Abs. 1 StGB bis zum rechtskräftigen Abschluß des Strafverfahrens möglich. Ein zurückgenommener Antrag kann nicht nochmals gestellt werden, § 77 d Abs. 1 S. 3 StGB. **58**

4. Form

Zur **Form des Antrags** vgl. § 158 StPO. **59**

5. Verzicht

Ein **Verzicht auf den Strafantrag** kann nur wirksam gegenüber einer nach § 158 Abs. 2 StPO zuständigen Stelle erklärt werden. Ein allein dem Täter gegenüber erklärter Verzicht ist rechtlich irrelevant. **60**

XI. Strafverfolgung und Rechtsfolgen

1. Zuständigkeit der Wirtschaftsstrafkammer

Gemäß § 74 c Abs. 1 Nr. 1 GVG ist für Straftaten nach dem AktG eine Strafkammer als Wirtschaftskammer zuständig, soweit nach § 74 Abs. 1 GVG als Gericht des ersten Rechtszuges und nach § 74 Abs. 3 GVG für die Verhandlung und Entscheidung über das Rechtsmittel der Berufung gegen die Urteile des Schöffengerichts das Landgericht zuständig ist. **61**

2. Verjährung

Die **Strafverfolgung** einer Straftat nach Abs. 1 verjährt in drei Jahren, § 78 Abs. 3 Nr. 5 StGB, die einer Straftat nach Abs. 2 in fünf Jahren, § 78 Abs. 1 Nr. 4 StGB. – Die Verjährung beginnt mit Beendigung der Ausführungshandlung, § 78 a S. 1 StGB. **62**

Zur **Vollstreckungsverjährung** vgl. §§ 79–79 b StGB. – Die Vollstreckungsverjährung beginnt frühestens mit der rechtskräftigen Verhängung einer Strafe oder Maßnahme, § 11 Abs. 1 Nr. 8 StGB. **63**

3. Urteilstenor

Da § 404 zwei verschiedene Tatbestände umfaßt, muß der Urteilstenor hinreichend klar erkennen lassen, welchen Tatbestand der Täter verwirklicht hat. Im Urteilstenor, nicht erst in den Urteilsgründen, ist daher zum Ausdruck zu bringen, aufgrund welchen Tatbestandes der Täter verurteilt wird. **64**

---

[34] Vgl. auch *Heymann/Otto* HGB, § 333 Rdn. 47; *Schönke/Schröder/Stree* StGB, § 77 b Rdn. 4; *Scholz/Tiedemann* GmbHG, § 85 Rdn. 43.

4. Strafe

65 Die Straftaten nach § 404 sind Vergehen, § 12 Abs. 2 StGB. – Eine Tat nach Abs. 1 kann wahlweise mit Freiheitsstrafe bis zu einem Jahr oder mit Geldstrafe geahndet werden, eine Tat nach Abs. 2 wahlweise mit Freiheitsstrafe bis zu zwei Jahren oder mit Geldstrafe. Hat der Täter sich bereichert oder zu bereichern versucht, so kann neben einer Freiheitsstrafe zusätzlich auf eine Geldstrafe erkannt werden, § 41 StGB. – Zur Bemessung der Freiheitsstrafe vgl. §§ 38, 39 StGB, zur Geldstrafe § 40.

66 Fehlen bei einem Teilnehmer – Anstifter oder Gehilfen – die besonderen persönlichen Merkmale – dazu vgl. Rdn. 7 –, so ist die Strafe gemäß § 28 Abs. 1 StGB zu mildern.

§ 405
Ordnungswidrigkeiten

(1) Ordnungswidrig handelt, wer als Mitglied des Vorstands oder des Aufsichtsrats oder als Abwickler

1. Namensaktien ausgibt, in denen der Betrag der Teilleistung nicht angegeben ist, oder Inhaberaktien ausgibt, bevor auf sie der Nennbetrag oder der höhere Ausgabebetrag voll geleistet ist,

2. Aktien oder Zwischenscheine ausgibt, bevor die Gesellschaft oder im Fall einer Kapitalerhöhung die Durchführung der Erhöhung des Grundkapitals oder im Fall einer bedingten Kapitalerhöhung oder einer Kapitalerhöhung aus Gesellschaftsmitteln der Beschluß über die bedingte Kapitalerhöhung oder die Kapitalerhöhung aus Gesellschaftsmitteln eingetragen ist,

3. Aktien oder Zwischenscheine ausgibt, die auf einen geringeren als den nach § 8 zulässigen Mindestnennbetrag lauten, oder

4. a) entgegen § 71 Abs. 1 Nr. 1 bis 4 oder Abs. 2 eigene Aktien der Gesellschaft erwirbt oder, in Verbindung mit § 71 e Abs. 1, als Pfand nimmt,

b) zu veräußernde eigene Aktien (§ 71 c Abs. 1 und 2) nicht anbietet oder

c) die zur Vorbereitung der Beschlußfassung über die Einziehung eigener Aktien (§ 71 c Abs. 3) erforderlichen Maßnahmen nicht trifft.

(2) Ordnungswidrig handelt auch, wer als Aktionär oder als Vertreter eines Aktionärs die nach § 129 in das Verzeichnis aufzunehmenden Angaben nicht oder nicht richtig macht.

(3) Ordnungswidrig handelt ferner, wer

1. Aktien eines anderen, zu dessen Vertretung er nicht befugt ist, ohne dessen Einwilligung zur Ausübung von Rechten in der Hauptversammlung oder in einer gesonderten Versammlung benutzt,

2. zur Ausübung von Rechten in der Hauptversammlung oder in einer gesonderten Versammlung Aktien eines anderen benutzt, die er sich zu diesem Zweck durch Gewähren oder Versprechen besonderer Vorteile verschafft hat,

3. Aktien zu dem in Nummer 2 bezeichneten Zweck gegen Gewähren oder Versprechen besonderer Vorteile einem anderen überläßt,

4. Aktien eines anderen, für die er oder der von ihm Vertretene das Stimmrecht nach § 20 Abs. 7, § 21 Abs. 4, §§ 71 b, 71 d Satz 4, § 134 Abs. 1, §§ 135, 136, 142 Abs. 1 Satz 2, § 285 Abs. 1 nicht ausüben darf, einem anderen zum Zweck der Ausübung des Stimmrechts überläßt oder solche ihm überlassene Aktien zur Ausübung des Stimmrechts benutzt,

5. Aktien, für die er oder der von ihm Vertretene das Stimmrecht nach § 20 Abs. 7, § 21 Abs. 4, §§ 71b, 71d Satz 4, § 134 Abs. 1, §§ 135, 136, 142 Abs. 1 Satz 2, § 285 Abs. 1 nicht ausüben darf, einem anderen zum Zweck der Ausübung des Stimmrechts überläßt oder solche ihm überlassene Aktien zur Ausübung des Stimmrechts benutzt,

6. besondere Vorteile als Gegenleistung dafür fordert, sich versprechen läßt oder annimmt, daß er bei einer Abstimmung in der Hauptversammlung oder in einer gesonderten Versammlung nicht oder in einem bestimmten Sinne stimme oder

7. besondere Vorteile als Gegenleistung dafür anbietet, verspricht oder gewährt, daß jemand bei einer Abstimmung in der Hauptversammlung oder in einer gesonderten Versammlung nicht oder in einem bestimmten Sinne stimme.

(4) Die Ordnungswidrigkeit kann mit einer Geldbuße bis zu fünfzigtausend Deutsche Mark geahndet werden.

Übersicht

Schrifttum

Schrifttum zum Gesetz über Ordnungswidrigkeiten (OWiG): *Erbs/Kohlhaas/Senge* Strafrechtliche Nebengesetze, Loseblatt, Bd. III, §§ 111–131 OWiG, Stand der Erläuterung: 1. 1. 1991; *Göhler* Gesetz über Ordnungswidrigkeiten, 11. Aufl. 1995; *Haniel* Gesetz über Ordnungswidrigkeiten, Stand: 33. Lieferung, 1. Januar 1992; *Karlsruher Kommentar* zum OWiG, hrsg. von *Boujong*, 1989; *Meier* Gesetz über Ordnungswidrigkeiten, Stand: 35. Lieferung, November 1991; *Mitsch* Recht der Ordnungswidrigkeiten, 1995; *Rebmann/Roth/Herrmann* Gesetz über Ordnungswidrigkeiten, 2. Auflage, Stand: 6. Lieferung, Januar 1995; *Rotberg/Kleinewefers/Boujong/Wilts* Ordnungswidrigkeitengesetz, 5. Aufl. 1975.

Schrifttum zum Aktienrecht: *Aha* Verbot des Erwerbs eigener Aktien nach §§ 71 ff AktG und eigener Genußscheine nach § 10 Abs. 5 Satz 5 KWG, AG 1992, 218; *Bosebeck* Geschäftemacherei von Berichtsopponenten, AG 1963, 203; *Fuld* Aktienstrafrecht, GS 37, 431; *Hirte* Der Nennwert der Aktie. – EG-Vorhaben und Situation in anderen Ländern, WM 1991, 753; *Jordan* Strafbarkeit des Stimmenkaufs im Aktienrecht, 1897; *Meyer* Die Strafvorschriften des neuen Aktiengesetzes, AG 1966, 109; *Overrath* Die Stimmrechtsbindung, Diss. Bochum 1972; *Schäfer* Leichtfertige Übertretung von aktienrechtlichen Stimmverboten, BB 1967, 69; *Simon* Vertretung eigener Aktien, in: FS Wilke, 1900, S. 293; *Schnellenbach* Änderungen des Aktienstrafrechts, Diss. Köln 1963.

I. Grundsätze des Ordnungswidrigkeitenrechts

1. Ordnungswidrigkeit und Strafrecht

1 **Ordnungswidrigkeiten** sind keine kriminellen Delikte, es handelt sich vielmehr um Rechtsgutsbeeinträchtigungen unterhalb der Grenze der Strafwürdigkeit und Strafbedürftigkeit (im einzelnen dazu *Göhler* Vor § 1 Rdn. 2 ff). – Die Einzelheiten des Ord-

nungswidrigkeitenrechts ergeben sich aus dem Gesetz über die Ordnungswidrigkeiten (OWiG) v. 24. Mai 1968 in der Fassung der Bekanntmachung v. 19. Februar 1987 (BGBl. I, 602). – Den **Begriff der Ordnungswidrigkeit** – der entsprechend dem der Straftat aufgebaut ist – bestimmt § 1 OWiG:

§ 1 Begriffsbestimmung

(1) Eine Ordnungswidrigkeit ist eine rechtswidrige und vorwerfbare Handlung, die den Tatbestand eines Gesetzes verwirklicht, das die Ahndung mit einer Geldbuße zuläßt.

(2) Eine mit Geldbuße bedrohte Handlung ist eine rechtswidrige Handlung, die den Tatbestand eines Gesetzes im Sinne des Absatzes 1 verwirklicht, auch wenn sie nicht vorwerfbar begangen ist.

2. Der Geltungsbereich des OWiG

a) Der **sachliche** Geltungsbereich: 2

§ 2 Sachliche Geltung

Dieses Gesetz gilt für Ordnungswidrigkeiten nach Bundesrecht und nach Landesrecht.

b) Der **zeitliche** Geltungsbereich: 3

§ 3 Keine Ahndung ohne Gesetz

Eine Handlung kann als Ordnungswidrigkeit nur geahndet werden, wenn die Möglichkeit der Ahndung gesetzlich bestimmt war, bevor die Handlung begangen wurde.

§ 4 Zeitliche Geltung

(1) Die Geldbuße bestimmt sich nach dem Gesetz, das zur Zeit der Handlung gilt.

(2) Wird die Bußgelddrohung während der Begehung der Handlung geändert, so ist das Gesetz anzuwenden, das bei Beendigung der Handlung gilt.

(3) Wird das Gesetz, das bei Beendigung der Handlung gilt, vor der Entscheidung geändert, so ist das mildeste Gesetz anzuwenden.

(4) Ein Gesetz, das nur für eine bestimmt Zeit gelten soll, ist auf Handlungen, die während seiner Geltung begangen sind, auch dann anzuwenden, wenn es außer Kraft getreten ist. Dies gilt nicht, soweit ein Gesetz etwas anderes bestimmt.

(5) Für Nebenfolgen einer Ordnungswidrigkeit gelten die Absätze 1 bis 4 entsprechend.

§ 6 Zeit der Handlung

Eine Handlung ist zu der Zeit begangen, zu welcher der Täter tätig geworden ist oder im Falle des Unterlassens hätte tätig werden müssen. Wann der Erfolg eintritt, ist nicht maßgebend.

c) Der **räumliche** Geltungsbereich: 4

§ 5 Räumliche Geltung

Wenn das Gesetz nichts anderes bestimmt, können nur Ordnungswidrigkeiten geahndet werden, die im räumlichen Geltungsbereich dieses Gesetzes oder außerhalb dieses Geltungsbereichs auf einem Schiff oder Luftfahrzeug begangen werden, das berechtigt ist, die Bundesflagge oder das Staatszugehörigkeitszeichen der Bundesrepublik Deutschland zu führen.

§ 7 Ort der Handlung

(1) Eine Handlung ist an jedem Ort begangen, an dem der Täter tätig geworden ist oder im Falle des Unterlassens hätte tätig werden müssen oder an dem der zum Tatbestand gehörende Erfolg eingetreten ist oder nach der Vorstellung des Täter eintreten sollte.

(2) Die Handlung eines Beteiligten ist auch an dem Ort begangen, an dem der Tatbestand des Gesetzes, das die Ahndung mit einer Geldbuße zuläßt, verwirklicht worden ist oder nach der Vorstellung des Beteiligten verwirklicht werden sollte.

3. Besonderheiten des Ordnungswidrigkeitenrechts

5 a) **Vorsatz und Fahrlässigkeit.** – Als Ordnungswidrigkeit kann **nur vorsätzliches Verhalten** geahndet werden, wenn das Gesetz fahrlässiges Verhalten nicht ausdrücklich mit Geldbuße bedroht, § 10 OWiG. – Dies ist in § 405 nicht der Fall.

6 b) **Versuch.** – Der Versuch einer Ordnungswidrigkeit kann nur geahndet werden, wenn das Gesetz dieses ausdrücklich bestimmt, § 13 Abs. 2 OWiG. – § 405 enthält eine derartige Bestimmung nicht.

7 c) **Täterschaft und Teilnahme.** – Im Gegensatz zum Strafrecht gilt im Ordnungswidrigkeitenrecht die durch § 14 OWiG eingeführte Einheitstäterlösung.

§ 14 Beteiligung

(1) Beteiligen sich mehrere an einer Ordnungswidrigkeit, so handelt jeder von ihnen ordnungswidrig. Dies gilt auch dann, wenn besondere persönliche Merkmale (§ 9 Abs. 1), welche die Möglichkeit der Ahndung begründen, nur bei einem Beteiligten vorliegen.

(2) Die Beteiligung kann nur dann geahndet werden, wenn der Tatbestand eines Gesetzes, das die Ahndung mit einer Geldbuße zuläßt, rechtswidrig verwirklicht wird oder in Fällen, in denen auch der Versuch geahndet werden kann, dies wenigstens versucht wird.

(3) Handelt einer der Beteiligten nicht vorwerfbar, so wird dadurch die Möglichkeit der Ahndung bei den anderen nicht ausgeschlossen. Bestimmt das Gesetz, daß besondere persönliche Merkmale die Möglichkeit der Ahndung ausschließen, so gilt dies nur für den Beteiligten, bei dem sie vorliegen.

(4) Bestimmt das Gesetz, daß eine Handlung, die sonst eine Ordnungswidrigkeit wäre, bei besonderen persönlichen Merkmalen des Täters eine Straftat ist, so gilt dies nur für den Beteiligten, bei dem sie vorliegen.

§ 9 Handeln für einen anderen

(1) Handelt jemand

1. als vertretungsberechtigtes Organ einer juristischen Person oder als Mitglied eines solchen Organs.
2. als vertretungsberechtigter Gesellschafter einer Personenhandelsgesellschaft oder
3. als gesetzlicher Vertreter eines anderen,

so ist ein Gesetz, nach dem besondere persönliche Eigenschaften, Verhältnisse oder Umstände (besondere persönliche Merkmale) die Möglichkeit der Ahndung begründen, auch auf den Vertreter anzuwenden, wenn diese Merkmale zwar nicht bei ihm aber bei dem Vertretenen vorliegen.

(2) Ist jemand von dem Inhaber eines Betriebes oder einem sonst dazu Befugten

1. beauftragt, den Betrieb ganz oder zum Teil zu leiten, oder
2. ausdrücklich beauftragt, in eigener Verantwortung Aufgaben wahrzunehmen, die dem Inhaber des Betriebes obliegen,

und handelt er auf Grund dieses Auftrages, so ist ein Gesetz, nach dem besondere persönliche Merkmale die Möglichkeit der Ahndung begründen, auch auf den Beauftragten anzuwenden, wenn diese Merkmale zwar nicht bei ihm, aber bei dem Inhaber des Betriebes vorliegen. Dem Betrieb im Sinne des Satzes 1 steht das Unternehmen gleich. Handelt jemand auf Grund eines entsprechenden Auftrages für eine Stelle, die Aufgaben der öffentlichen Verwaltung wahrnimmt, so ist Satz 1 sinngemäß anzuwenden.

(3) Die Absätze 1 und 2 sind auch dann anzuwenden, wenn die Rechtshandlung, welche die Vertretungsbefugnis oder das Auftragsverhältnis begründen sollte, unwirksam ist.

Täter einer Ordnungswidrigkeit ist nach dieser Regelung **jeder Tatbeteiligte**, ohne daß zwischen Tätern und Teilnehmern (Anstifter, Gehilfen) im Sinne des Strafrechts differenziert wird. Der Begriff der Beteiligung erfaßt demnach unmittelbare und mittelbare Täterschaft, Mittäterschaft, Anstiftung und Teilnahme im Sinne des Strafrechts, ohne daß im einzelnen eine Abgrenzung erforderlich ist. 8

Besondere persönliche Merkmale, §§ 14 Abs. 1 S. 2, 9 Abs. 1 OWiG, welche die Möglichkeit der Ahndung begründen, brauchen nur bei **einem Tatbeteiligten** vorzuliegen, um die Möglichkeit der Bebußung aller Tatbeteiligten zu eröffnen. 9

d) **Irrtum.** – Die Regelung des Irrtums, § 11 OWiG, entspricht der des StGB, §§ 16, 17 StGB; dazu im einzelnen § 399 Rdn. 93 ff. 10

§ 11 Irrtum

(1) Wer bei Begehung einer Handlung einen Umstand nicht kennt, der zum gesetzlichen Tatbestand gehört, handelt nicht vorsätzlich. Die Möglichkeit der Ahndung wegen fahrlässigen Handelns bleibt unberührt.

(2) Fehlt dem Täter bei Begehung der Handlung die Einsicht, etwas Unerlaubtes zu tun, namentlich weil er das Bestehen oder die Anwendbarkeit einer Rechtsvorschrift nicht kennt, so handelt er nicht vorwerfbar, wenn er diesen Irrtum nicht vermeiden konnte.

e) Das **Zusammentreffen mehrerer Gesetzesverletzungen** regeln §§ 19–21 OWiG: 11

§ 19 Tateinheit

(1) Verletzt dieselbe Handlung mehrere Gesetze, nach denen sie als Ordnungswidrigkeit geahndet werden kann, oder ein solches Gesetz mehrmals, so wird nur eine einzige Geldbuße festgesetzt.

(2) Sind mehrere Gesetze verletzt, so wird die Geldbuße nach dem Gesetz bestimmt, das die höchste Geldbuße androht. Auf die in dem anderen Gesetz angedrohten Nebenfolgen kann erkannt werden.

§ 20 Tatmehrheit

Sind mehrere Geldbußen verwirkt, so wird jede gesondert festgesetzt.

§ 21 Zusammentreffen von Straftat und Ordnungswidrigkeit

(1) Ist eine Handlung gleichzeitig Straftat und Ordnungswidrigkeit, so wird nur das Strafgesetz angewendet. Auf die in dem anderen Gesetz angedrohten Nebenfolgen kann erkannt werden.

(2) Im Falle des Absatzes 1 kann die Handlung jedoch als Ordnungswidrigkeit geahndet werden, wenn eine Strafe nicht verhängt wird.

II. Allgemeines

1. Entstehungsgeschichte

§ 405 ist im wesentlichen das Ergebnis von Entpönalisierungsbemühungen des Gesetzgebers. Tatbestände, die im AktG 1937 und zuvor im HGB als Vergehenstatbestände enthalten waren, wurden z. T. in modifizierter Form zu Ordnungswidrigkeiten herabgestuft (dazu *Meyer* AG 1966, 116), weil der Gesetzgeber in den entsprechenden Verhaltensweisen kein strafbedürftiges und strafwürdiges Unrecht sah (vgl. dazu RegE bei *Kropff* AktG, S. 506 ff). So sind Abs. 1 Nr. 1–3 auf § 296 Abs. 1 Nr. 3–5 AktG 1937, Abs. 2 auf § 300 Nr. 4 AktG 1937, Abs. 3 Nr. 1–5 auf § 300 Nr. 1–3 AktG 1937 und Abs. 3 Nr. 6, 7 auf § 299 AktG 1937 zurückzuführen. Die Straftatbestände der 12

§§ 296 Nr. 1–3, 299, 300 Nr. 1, 2 AktG 1937 waren selbst wiederum unter Anlehnung an §§ 314 Nr. 2, 3, 317, 318 HGB a. F. ausformuliert worden.

13 Durch das EGOWiG v. 24. 5. 1968 (BGBl. I, 503) wurde Abs. 4 geändert und durch Gesetz vom 13. 12. 1978 (BGBl. I, 1959) Abs. 1 Nr. 3 umgestaltet sowie Abs. 1 Nr. 4 a, b, c neu in den § 405 eingefügt. Abs. 3 Nr. 5 wurde durch Gesetz v. 25. 10. 1982 (BGBl. I, 1425) geändert und durch das BilanzrichtlinieG v. 19. 12. 1985 (BGBl. I, 2355) aufgehoben. Da die Regelungen über den Jahresabschluß für Kapitalgesellschaften im HGB getroffen wurden, erwies sich die Umsetzung der Vorschrift in das HGB als notwendig. Die Verletzung der Bestimmungen über Form und Inhalt der Bekanntmachung des Jahresabschlusses und des Geschäftsberichts einer AG oder eines Konzerns ist nunmehr in § 334 Abs. 1 Nr. 5 HGB erfaßt. – In der Praxis kommt den Tatbeständen nur geringe Bedeutung zu. Das rechtfertigt auch nachträglich die Entkriminalisierung, obwohl im Einzelfall durchaus einmal streitig sein kann, ob ein Tatbestand nicht doch strafwürdiges Unrecht erfaßt (vgl. dazu *KK/Geilen* Rdn. 1, 13).

2. Geschütztes Rechtsgut und Schutzgesetz

14 Die verschiedenen Tatbestände des § 405 dienen nicht dem Schutz eines einzigen einheitlichen Rechtsguts, noch umreißen sie einen einheitlichen Schutzbereich. – Geschütztes **Rechtsgut** und **Schutzbereich** sind für die einzelnen Tatbestände selbständig zu bestimmen.

3. Die Rechtsnatur des Delikts und die Systematik des Gesetzes

15 **Gesetzestechnisch** handelt es sich bei den verschiedenen Ordnungswidrigkeitstatbeständen um sog. **unechte Blankettnormen**, die entweder auf andere Vorschriften des Gesetzes verweisen oder Begriffe verwenden, deren Bedeutung anderen Vorschriften des Gesetzes zu entnehmen ist. Die einzelnen Bußgeldnormen ergeben sich dementsprechend durch das **Zusammenlesen** der Blankettnormen des § 405 mit den entsprechenden Blankettausfüllungsnormen des Gesetzes; im einzelnen dazu Vor § 399 Rdn. 113.

16 Die Ordnungswidrigkeiten des § 405 sind **nur** als **vollendete Taten** ahndbar, da das Gesetz die Ahndung des Versuchs nicht ausdrücklich vorsieht, vgl. dazu § 13 Abs. 2 OWiG.

17 Die einzelnen Tatbestände des § 405 sind nach **Täterkreisen** gruppiert. Abs. 1 und Abs. 2 setzen bestimmte „Tätereigenschaften" voraus. *Gesetzestechnisch* handelt es sich daher bei diesen Tatbeständen um **echte Sondertatbestände**, während Abs. 3 als Allgemeindelikt ausgestaltet ist. – Zu beachten ist aber im Ordnungswidrigkeitenrecht, daß auch *nicht sonderpflichtige Beteiligte* den Sondertatbestand verwirklichen können, wenn in der *Person eines der Beteiligten die Sonderpflichtmerkmale* vorliegen; vgl. dazu Rdn. 7 f.

4. Sonderpflichtige Tatbeteiligte gemäß Abs. 1, 2

18 a) **Sonderpflichtige Tatbeteiligte gemäß Abs. 1** können nur Vorstandsmitglieder – dazu im einzelnen § 399 Rdn. 19 –, auch stellvertretende – dazu im einzelnen § 399 Rdn. 28 –, Aufsichtsratsmitglieder – dazu im einzelnen § 399 Rdn. 31 ff – sowie Abwickler und ihre Stellvertreter – dazu im einzelnen § 399 Rdn. 185 ff – sein, und zwar auch dann, wenn der **Bestellungsakt nicht rechtswirksam** erfolgt ist, sie jedoch die mit dem Amt verbundenen Funktionen faktisch wahrnehmen – dazu im einzelnen § 399 Rdn. 20, 189. – Soweit als Abwickler eine juristische Person oder eine andere Personenvereinigung tätig wird – dazu im einzelnen § 399 Rdn. 186 –, bestimmt sich die

Beteiligteneigenschaft natürlicher Personen nach § 9 OWiG. Es haften bußgeldrechtlich die gesetzlichen Vertreter (Organe oder vertretungsberechtigte Gesellschafter) der Gesellschaft; vgl. dazu auch Rdn. 7 f. Interne Zuständigkeiten berühren die Haftung nicht. – Bei der **Kommanditgesellschaft auf Aktien** treten die persönlich haftenden Gesellschafter an die Stelle der Vorstandsmitglieder, § 408 S. 2.

b) **Sonderpflichtige Tatbeteiligte gemäß Abs. 2.** – Sonderpflichtige Tatbeteiligte gemäß Abs. 2 können nur Aktionäre – dazu vgl. § 400 Rdn. 83 – oder Vertreter eines Aktionärs sein. Vertreter des Aktionärs ist außer einem gesetzlichen Vertreter jede natürliche Person, die von dem Aktionär ermächtigt worden ist, ihn bei der Wahrnehmung seiner Rechte zu vertreten; vgl. dazu auch § 69. **19**

III. Die einzelnen Tatbestände des Abs. 1

Die Tatbestände des Abs. 1 erfordern, daß einer der Tatbeteiligten die besondere Täterqualifikation als Mitglied des Aufsichtsrats oder als Abwickler aufweist; dazu im einzelnen Rdn. 9. **20**

1. Die Ausgabe von Namens- oder Inhaberaktien, Abs. 1 Nr. 1

a) **Geschütztes Rechtsgut und Schutzbereich.** – Abs. 1 Nr. 1 knüpft an das Emissionsverbot des § 10 Abs. 2 an. § 10 Abs. 2 S. 1 bestimmt, daß Aktien, wenn sie vor der vollen Leistung des Nennbetrags oder des höheren Ausgabebetrags ausgegeben werden, nicht auf den Inhaber lauten dürfen. Die in dieser Situation ausgegebenen Namensaktien müssen den Betrag der bereits erbrachten Teilleistungen ausweisen, § 10 Abs. 2 S. 2. – Da der gutgläubige Erwerber das entgegen § 10 Abs. 2 S. 2 verbriefte Mitgliedsrecht als vollwertiges Recht erwirbt, ohne für den noch unerfüllten Teil der Einlageverpflichtung zu haften (dazu im einzelnen *Brändel* § 10 Rdn. 33) tangiert die verbotswidrige Ausgabe der Aktien unmittelbar die Vermögensinteressen der Gesellschaft und der jetzigen sowie künftigen Aktionäre. Die Interessen der Gläubiger und Dritter sind hingegen nur mittelbar betroffen (**a. A.** *KK/Geilen* Rdn. 24). **Geschütztes Rechtsgut** sind daher die Vermögensinteressen der Gesellschaft und der jetzigen und künftigen Aktionäre. In diesem Rahmen ist Abs. 1 Nr. 1 zugleich **Schutzgesetz i. S. des § 823 Abs. 2 BGB.**[1] **21**

b) **Der objektive Tatbestand.** – Der objektive Tatbestand des Abs. 1 Nr. 1, 1. Alt. setzt die Ausgabe von Namensaktien – dazu im einzelnen *Brändel* § 1 Rdn. 79 ff, § 10 Rdn. 2 ff – voraus, in denen entgegen § 10 Abs. 2 S. 2 der Betrag der Teilleistung nicht angegeben ist, obwohl nur ein Teilbetrag des Nennbetrages oder des höheren Ausgabebetrags geleistet worden ist. – Abs. 1 Nr. 1, 2. Alt. erfaßt die Ausgabe von Inhaberaktien – dazu *Brändel* § 1 Rdn. 79 ff, § 10 Rdn. 2 ff –, bevor auf sie der Nennbetrag oder der höhere Ausgabebetrag voll geleistet ist. **22**

Die **volle Leistung** ist dann **erbracht**, wenn die Einzahlung so erfolgt ist, daß der einzuzahlende Betrag „endgültig zur freien Verfügung des Vorstands steht", § 36 Abs. 2 in Verb. mit § 34 Abs. 3; im einzelnen dazu § 399 Rdn. 56. Als **Leistung** ist nicht nur die Leistung eines Bar-Betrages zu verstehen, sondern auch die Leistung einer Sacheinlage, denn Abs. 1 Nr. 1 stellt nicht auf den *Betrag einer Barleistung* ab, sondern auf den *in der Aktie genannten Betrag*. Ob dieser in Form einer Bar- oder Sachleistung **23**

---

[1] Vgl. auch *Baumbach/Hueck* Rdn. 5; *Fuhrmann* AktG, Anm. 3; *Geßler/Fuhrmann* AktG, Rdn. 4. – Weiter: *KK/Geilen* Rdn. 24.

erbracht wurde, ist demgegenüber irrelevant[2], auch wenn zu beachten ist, daß bei Sacheinlagen grundsätzlich keine Teilleistung in Betracht kommt. Sie müssen vollständig geleistet werden, § 36 a (vgl. auch *Brändel* § 10 Rdn. 16 m. w. N.).

24 Ob es sich bei den ausgegebenen Aktien um **rechtswirksam ausgegebene Aktien** oder um **nichtige Aktien** handelt, ist ohne Bedeutung, wie sich aus § 41 Abs. 4 S. 2 ergibt. § 41 Abs. 4 S. 2 erklärt die Aktien oder Zwischenscheine für nichtig, wenn sie vor der Eintragung der Gesellschaft ausgegeben werden. An diesen Sachverhalt knüpft aber gerade § 405 Abs. 1 Nr. 2 an. Das zeigt, daß das Gesetz nicht von der Ausgabe gültiger Aktien ausgeht.[3]

25 Die **Ausgabe** einer Aktie liegt vor, wenn die Aktie in den Rechtsverkehr gebracht wird. Erforderlich ist, daß der Täter unter endgültiger Aufgabe seiner eigenen Verfügungsgewalt alles seinerseits Erforderliche getan hat, um die Aktien in Umlauf zu bringen. Die Gegenseite braucht den Erwerb noch nicht rechtlich abgeschlossen zu haben.[4]

26 c) Der **subjektive Tatbestand** erfordert Vorsatz, bedingter Vorsatz genügt. — Der Täter muß daher gewußt haben, sich zumindest aber der konkreten Gefahr bewußt gewesen sein, daß er die entsprechenden Aktien ausgibt.

27 d) **Vollendet** ist die Tat, wenn auch nur eine Aktie so weitergegeben worden ist, daß sie unter endgültiger Aufgabe der Verfügungsgewalt des Täters in den Rechtsverkehr gelangt und damit der Umlauf der Aktie ermöglicht wird. — Das ist noch nicht der Fall, wenn der Täter eine Bank oder sonstige Stelle mit der Ausgabe beauftragt hat und nunmehr dem „Vermittler" die Aktien zur Ausgabe überläßt. Hier ist der „Vermittler" dem Täter noch als „interner Geschäftsgehilfe" zuzurechnen und nicht als Repräsentant des Publikums anzusehen.[5]

2. Die Ausgabe von Aktien und Zwischenscheinen vor Eintragung, Abs. 1 Nr. 2

28 a) Das **geschützte Rechtsgut** und der **Schutzbereich**. — Abs. 1 Nr. 2 soll die Interessen der durch die vorzeitige Emission betroffenen Erwerber sowie der nachfolgenden Erwerber der Aktien oder Zwischenscheine schützen. Deren Vermögensinteressen sind gefährdet, wenn sie Aktien erwerben, die vor der Eintragung ausgegeben worden sind, da die Eintragung konstitutive Wirkung hat; vgl. auch §§ 41 Abs. 4, 191. — **Geschütztes Rechtsgut** sind daher die Vermögensinteressen der Erwerber der vorzeitig ausgegebenen Aktien und Zwischenscheine sowie die Vermögensinteressen nachfolgender Erwerber. — In diesem Rahmen ist Abs. 1 Nr. 2 **Schutzgesetz i. S. des § 823 Abs. 2 BGB.**[6]

29 b) Der **objektive Tatbestand** setzt die verbotene Ausgabe von Aktien oder Zwischenscheinen voraus. — Zum Begriff der **Aktie** und dem des Zwischenscheins vgl. § 402 Rdn. 7. Zur **Ausgabe** von Aktien oder Zwischenscheinen vgl. Rdn. 22.

30 Das Gesetz knüpft an folgende **Verbote** an:

aa) Das Verbot der Ausgabe von Aktien oder Zwischenscheinen vor Eintragung der Gesellschaft in das Handelsregister, § 41 Abs. 4.

---

[2] So auch *Fuhrmann* AktG, Anm. 3; *Geßler/Fuhrmann* AktG, Rdn. 5. — **A. A.** *KK/Geilen* Rdn. 28.

[3] Vgl. auch RGSt. 30, 354, 355; *KK/Geilen* Rdn. 17.

[4] Vgl. *Fuhrmann* AktG, Anm. 3; *Geßler/Fuhrmann* AktG, Rdn. 5; *KK/Geilen* Rdn. 18.

[5] Vgl. auch *Fuhrmann* AktG, Anm. 3; *Geßler/Fuhrmann* AktG, Rdn. 5; *Godin/Wilhelmi* Anm. 4; *KK/Geilen* Rdn. 20.

[6] Vgl. auch *Baumbach/Hueck* Rdn. 6; *Fuhrmann* AktG, Anm. 4; *Geßler/Fuhrmann* AktG, Rdn. 6; *KK/Geilen* Rdn. 31f.

bb) Das Verbot der Ausgabe von Aktien oder Zwischenscheinen aus einer Kapitalerhöhung vor Eintragung der Durchführung der Erhöhung des Grundkapitals in das Handelsregister, § 191.

cc) Das Verbot der Ausgabe von Aktien oder Zwischenscheinen aus einer bedingten Kapitalerhöhung vor der Eintragung des Beschlusses über die bedingte Kapitalerhöhung – in Betracht kommen Kapitalerhöhungen nach §§ 192ff, 202ff – in das Handelsregister, §§ 197, 203 Abs. 1.

dd) Das Verbot der Ausgabe von Aktien oder Zwischenscheinen aus einer Kapitalerhöhung aus Gesellschaftsmitteln vor Eintragung des Beschlusses über die Erhöhung des Grundkapitals in das Handelsregister, § 219.

Die Verletzung des **Verbots**, vor Eintragung der Gesellschaft **Anteilsrechte** zu übertragen, §§ 41 Abs. 4, 191, ist nicht bußgeldrechtlich sanktioniert. Der Abschluß derartiger Verträge ist zwar rechtlich unwirksam, doch ist das Verhalten in § 405 Abs. 1 Nr. 2 nicht als Ordnungswidrigkeit erfaßt. **31**

Der der Ausgabe zugrundeliegende Vertrag oder Beschluß braucht nicht rechtswirksam zu sein. Tatbestandsmäßig ist daher auch die entsprechende Ausgabe von Aktien oder Zwischenscheinen, die auf einem unwirksamen Beschluß der Hauptversammlung beruht (RGSt. **30** 354, 355). **32**

c) Der **subjektive Tatbestand** erfordert Vorsatz, bedingter Vorsatz genügt. – Der Täter muß wissen, zumindest sich aber der konkreten Gefahr bewußt sein, daß er Aktien oder Zwischenscheine entgegen einem der genannten Verbote ausgibt. **33**

d) Zur Vollendung der Tat vgl. Rdn. 27. **34**

3. Die Ausgabe von Aktien oder Zwischenscheinen, die den Mindestnennbetrag nicht erreichen, Abs. 1 Nr. 3

a) Das **geschützte Rechtsgut** und der **Schutzbereich**. – Abs. 1 Nr. 3 knüpft an § 8 Abs. 1, 4 an. Danach sind Aktien und Zwischenscheine über einen geringeren Nennbetrag als fünf Deutsche Mark nichtig. Das Verbot soll verhindern, daß es zur Ausgabe von Aktien mit einem geringeren Nennbetrag als 5 DM kommt. **Geschütztes Rechtsgut** sind daher die Vermögensinteressen der Gesellschaft, ihrer Aktionäre und Zwischenerwerber sowie der Erwerber der nach § 8 Abs. 1, 4 nichtigen Aktien oder Zwischenscheine. – In diesem Rahmen ist Abs. 1 Nr. 3 **Schutzgesetz i. S. des § 823 Abs. 2 BGB.**[7] **35**

b) Der **objektive Tatbestand** erfaßt die Ausgabe der genannten Aktien und Zwischenscheine. – Zum Begriff der **Aktie** und dem des **Zwischenscheins** vgl. § 402 Rdn. 7. Zur **Ausgabe** von Aktien oder Zwischenscheinen vgl. Rdn. 22. **36**

c) Der **subjektive Tatbestand** erfordert Vorsatz, bedingter Vorsatz genügt. – Der Täter muß wissen, sich zumindest aber der konkreten Gefahr bewußt sein, daß er die entsprechenden Aktien oder Zwischenscheine ausgibt. **37**

d) Zur **Vollendung** der Tat vgl. Rdn. 27. **38**

4. Zuwiderhandlungen bei Erwerb- und Veräußerung eigener Aktien, Abs. 1 Nr. 4

a) **Geschütztes Rechtsgut** und **Schutzbereich**. – Die Vorschrift knüpft an die in §§ 71–71e normierten Ver- und Gebote im Zusammenhang mit dem Erwerb bzw. der **39**

---

[7] Vgl. auch *Fuhrmann* AktG, Anm. 5; *Geßler/Fuhrmann* AktG, Rdn. 14; *KK/Geilen* Rdn. 39.

Aufrechterhaltung des Besitzes eigener Aktien an. Diese Ge- und Verbote sollen den Gefahren begegnen, die mit dem Erwerb und dem Besitz eigener Aktien für den Bestand der Gesellschaft insoweit vorhanden sind, als die Gesellschaft durch den Kauf eigener Aktien den Kurs der Aktie manipulieren und andere über die wirtschaftliche Situation der Gesellschaft täuschen kann. Weitere Gefahren liegen in der Festlegung wirtschaftlicher Mittel, die für u. U. notwendige Investitionen dann nicht mehr zur Verfügung stehen. **Geschütztes Rechtsgut** sind dementsprechend **die Vermögensinteressen** der Gesellschaft, ihrer Aktionäre, ihrer Gläubiger und der Personen, die rechtliche oder tatsächliche Beziehungen zu der Gesellschaft unterhalten. — Zu Gunsten dieses Personenkreises ist Abs. 1 Nr. 4 **Schutzgesetz i. S. des § 823 Abs. 2 BGB.**[8]

40 b) Das **Tatobjekt** der einzelnen Alternativen des Tatbestandes ist die eigene Aktie. **Eigene Aktien** sind die in einer Aktienurkunde, in einem Zwischenschein beurkundeten oder die noch nicht beurkundeten Aktienrechte, die von der Gesellschaft selbst ausgegeben worden sind. Irrelevant ist es, ob die zu leistende Einzahlung schon oder noch nicht oder nur z. T. erfolgt ist. Da die Gesellschaft jedoch ihre Aktien nicht zeichnen darf, § 56 Abs. 1, muß zunächst an diesen Aktien ein fremdes Aktionärsrecht bestanden haben (vgl. *Fuhrmann* AktG, Anm. 6).

c) Die **einzelnen Tatalternativen**:

41 aa) Der **Erwerb** eigener Aktien der Gesellschaft, deren Erwerb nicht nach § 71 Abs. 1 Nr. 1–4 oder Abs. 2 zulässig ist, Abs. 1 Nr. 4 a, 1. Alt. — *Erwerb* ist die Erlangung der tatsächlichen Verfügungsgewalt über die Aktie auf derivativem Wege, d. h. im einverständlichen Zusammenwirken mit dem Vorbesitzer mittels Rechtsgeschäfts.[9] In Betracht kommen hier Kauf, Tausch, Sicherungsübereignung, unregelmäßige Verwahrung gemäß § 700 BGB, §§ 13, 15 DepotG, Reportgeschäfte, d. h. Erwerb mit der Verpflichtung zum späteren Wiederverkauf an den Verkäufer, und Deportgeschäfte, d. h. Verkauf an einen anderen mit der Verpflichtung zum späteren Wiederverkauf von ihm an den Verkäufer.[10] — **Vollendet** ist die Tat mit dem Erwerb.

42 bb) Die **Inpfandnahme** eigener Aktien, deren Erwerb nicht nach § 71 Abs. 1 und 2 zulässig ist, die von einem Dritten oder einem abhängigen Unternehmen für die Gesellschaft unzulässig erworben worden sind, § 71 d, oder die von einem Kreditinstitut bis zu dem in § 71 Abs. 2 bestimmten Gesamtbetrag als Pfand genommen worden sind, Abs. 1 Nr. 4 a, 2. Alt. — *Inpfandnahme* im Sinne der Vorschrift ist auch die Legitimationsübertragung (vgl. *Fuhrmann* AktG, Anm. 6), während die Sicherungsübereignung als volle Eigentumsübertragung als Erwerb anzusehen ist.[11] — Mit der Inpfandnahme ist die Tat **vollendet.**

43 cc) Das **Nichtanbieten** eigener Aktien, die nach § 71 c Abs. 1 und 2 zu veräußern sind, Abs. 1 Nr. 4 b. — Tatbestandsmäßig handelt der Täter, der es unterläßt, entgegen dem Gebot des § 71 c Abs. 1 und 2 die Aktien zum Erwerb durch einen Dritten anzubieten. Die Ordnungswidrigkeit ist demgemäß ein **echtes Unterlassungsdelikt.**

44 **Vollendet** ist die Tat mit Ablauf der in § 71 c Abs. 1 und 2 genannten Fristen. Der *Eintritt des Absatzerfolges* innerhalb dieser Fristen ist nicht erforderlich. Der Täter

---

[8] Vgl. auch *Fuhrmann* AktG, Anm. 6; *Geßler/Fuhrmann* AktG, Rdn. 16; *KK/Geilen* Rdn. 42, 44.

[9] Vgl. BGH StV 1981, 625; *Fuhrmann* AktG, Anm. 6; *Geßler/Fuhrmann* AktG, Rdn. 18; *KK/Geilen* Rdn. 53.

[10] Vgl. dazu *Fuhrmann* AktG, Anm. 6; *Geßler/Fuhrmann* AktG, Rdn. 18; *KK/Geilen* Rdn. 53.

[11] Vgl. auch *KK/Geilen* Rdn. 53. — **A. A.** *Fuhrmann* AktG, Anm. 6; *Geßler/Fuhrmann* AktG, Rdn. 19.

genügt seiner Pflicht durch Abgabe eines ernsthaften Angebots der Aktien vor Fristablauf.

dd) Das **Nichttreffen der Maßnahmen**, die zur Vorbereitung der Beschlußfassung über die Einziehung der eigenen Aktien nach § 71 c Abs. 3 erforderlich sind, Abs. 1 Nr. 4 c. Die notwendigen *Maßnahmen* sind die in § 237 bei der Einziehung von Aktien anläßlich der Herabsetzung des Kapitals vorgeschriebenen Maßnahmen. – Die Tat wird auch hier durch pflichtwidriges Unterlassen verwirklicht. Die Ordnungswidrigkeit ist daher ein **echtes Unterlassungsdelikt**. 45

Vollendet ist die Tat mit Ablauf der in § 71 c Abs. 3 in Verb. mit § 75 Abs. 1 und 2 genannten Fristen. 46

d) Der **subjektive Tatbestand** erfordert Vorsatz, bedingter Vorsatz genügt. – Ausgeschlossen ist der Vorsatz, wenn der Täter eine den Erwerb legitimierende Situation nach § 71 Abs. 1 annimmt. Das sich sein Irrtum dann auf einen tatbestandsrelevanten Umstand bezieht, ist es irrelevant, ob der Irrtum auf einer unrichtigen Beurteilung der tatsächlichen Situation oder auf einem Bewertungsirrtum beruht (**a. A.** *KK/Geilen* Rdn. 51). Gleiches gilt bei einer irrtümlichen Verkennung der Fristen des § 71 c Abs. 3. 47

IV. Unterlassene oder unrichtige Angaben zum Teilnehmerverzeichnis, Abs. 2

Der Tatbestand des Abs. 2 erfordert, daß einer der Tatbeteiligten die besondere Beteiligtenqualifikation als Aktionär oder Vertreter eines Aktionärs aufweist; dazu im einzelnen Rdn. 19. 48

1. Geschütztes Rechtsgut und Schutzbereich

Der Tatbestand soll die Richtigkeit und Vollständigkeit des Teilnehmerverzeichnisses der Hauptversammlung, § 129, sicherstellen und damit die Echtheit der aktienrechtlichen Meinungsbildung gewährleisten. **Geschützes Rechtsgut** ist daher die Echtheit der aktienrechtlichen Meinungsbildung in der Hauptversammlung der Gesellschaft. Dieser Schutz dient den Interessen der Gesellschaft und ihrer Aktionäre. Zu ihren Gunsten ist Abs. 2 daher **Schutzgesetz i. S. des § 823 Abs. 2 BGB.**[12] 49

2. Der objektive Tatbestand

Die Tathandlung knüpft an die Verletzung der Pflicht an, bestimmte Angaben gemäß § 129 Abs. 1–3 zu machen. Nach dieser Bestimmung ist ein Verzeichnis in der Hauptversammlung aufzustellen. Es soll die erschienenen oder vertretenen Aktionäre und die Vertreter von Aktionären mit Angabe ihres Namens und Wohnorts sowie des Betrags der von jedem vertretenen Aktien unter Angabe ihrer Gattung verzeichnen. Will jemand in eigenem Namen das Stimmrecht für Aktien ausüben, die ihm nicht gehören (Legitimationsübertragung), so hat er den Betrag und die Gattung dieser Aktien zur Aufnahme in das Verzeichnis gesondert anzugeben. Das vom Hauptversammlungsvorsitzenden zu unterzeichnende Verzeichnis ist vor der ersten Abstimmung zur Einsicht auszulegen (im einzelnen dazu vgl. *Werner* § 129 Rdn. 4 ff). Irrelevant ist es, 50

[12] Vgl. auch *Baumbach/Hueck* Rdn. 10; *Fuhrmann* AktG, Anm. 7; *Geßler/Fuhrmann* AktG, Rdn. 22; *KK/Geilen* Rdn. 66, 68.

ob das Verzeichnis den gesetzlichen Anforderungen entspricht, wenn es als Teilnehmerverzeichnis aufgestellt wird.

51 a) **Tatalternativen.** – Der Tatbestand kann durch **drei Verhaltensweisen** verwirklicht werden:

52 aa) Der Täter macht **überhaupt keine Angaben** zum Teilnehmerverzeichnis. – In dieser Alternative ist der Tatbestand ein **echtes Unterlassungsdelikt.** Die Ordnungswidrigkeit ist in dem Augenblick **vollendet,** in dem die erste Angabe spätestens hätte erfolgen müssen.

53 bb) Der Täter macht **unvollständige Angaben,** denn auch unvollständige Angaben sind unrichtige Angaben. Zum Begriff der unvollständigen Angaben vgl. § 399 Rdn. 41. – **Vollendet** ist die Tat in dieser Alternative, wenn der Täter seine Absicht manifestiert, keine weiteren Angaben zu machen, obwohl seine bisherigen Angaben noch nicht vollständig sind.

54 cc) Der Täter macht **unrichtige Angaben.** Zum Begriff der unrichtigen Angabe vgl. § 399 Rdn. 38 ff. – **Vollendet** ist die Tat in dieser Alternative in dem Augenblick, in dem der Täter gegenüber dem beurkundenden Notar die erste falsche Angabe macht.

55 b) Wird das Tatverhalten durch ein **kollusives Zusammenwirken** mit der beurkundenden Person ermöglicht, so haften beide als Tatbeteiligte, da der Tatbestand lediglich die Tatbeteiligung eines Sonderpflichtigen voraussetzt, andere Tatbeteiligte sodann aber gleichfalls als Täter haften. Die Frage, ob der beurkundende Notar oder der Versammlungsleiter als Täter haften können, ist insoweit unrichtig gestellt, da grundsätzlich eine Haftung als Tatbeteiligter in Betracht kommt, wenn nur einer der Tatbeteiligten die besondere Täterqualifikation aufweist.

56 Es besteht auch kein Anlaß, **kollusives Verhalten** aus dem Tatbestand herauszunehmen, denn eine Täuschung der die Angaben entgegenehmenden Person setzt der Tatbestand nicht voraus (**a. A.** *KK/Geilen* Rdn. 66). Die Gefahr für das geschütztes Rechtsgut realisiert sich nämlich nicht nur, wenn die Person getäuscht wird, die die Angaben entgegennimmt, sondern wenn die Meinungsbildung nicht in der gesetzlich vorgesehenen Weise zustandekommt.

57 c) **Nicht tatbestandsmäßiges Verhalten. – Nicht tatbestandsmäßig** ist die Verletzung von Pflichten, die die nach § 129 geforderten Angaben nicht betreffen, so z. B. die Pflicht zur Aufstellung des Verzeichnisses, § 129 Abs. 1, oder zur Auslegung des Verzeichnisses, § 129 Abs. 4. – Auch eine Pflicht der erschienenen Aktionäre oder ihrer Vertreter, die Richtigkeit des Verzeichnisses zu garantieren, ist dem Tatbestand nicht zu entnehmen. Dieser umschreibt konkret die relevante Tathandlung dahin, daß der Täter tatbestandsmäßig handelt, wenn er die nach § 129 in das Verzeichnis aufzunehmenden Angaben nicht oder nicht richtig macht. Nicht tatbestandsmäßig handelt danach der Aktionär oder Aktionärsvertreter, der das Teilnehmerverzeichnis dadurch unrichtig macht, daß er die Hauptversammlung vorzeitig verläßt, ohne sich abzumelden (vgl. auch *KK/Geilen* Rdn. 73).

3. Der subjektive Tatbestand

58 Der **subjektive Tatbestand** erfordert Vorsatz, bedingter Vorsatz genügt. Der Täter muß daher wissen, sich zumindest aber der konkreten Gefahr bewußt sein, daß er die Angaben, zu denen er nach § 129 verpflichtet ist, nicht vollständig oder unrichtig macht.

4. Irrtum

Ein Irrtum über die Verpflichtung zu den Angaben ist **Tatbestandsirrtum**[13], da die Verletzung der Pflicht hier ein unrechtskonstituierendes Merkmal des Tatbestandes ist; vgl. dazu im einzelnen § 399 Rdn. 95 f. – Ein bloßer **Verbotsirrtum** liegt hingegen vor, wenn der Täter trotz Kenntnis der Verpflichtung nach § 129 davon ausgeht, die Verletzung der Verpflichtung habe keine negativen Rechtsfolgen. 59

V. Die einzelnen Tatbestände des Abs. 3

1. Geschütztes Rechtsgut und Schutzbereich

Abs. 3 will in allen Alternativen die Hauptversammlung oder gesonderte Versammlungen vor illegalen Einflußnahmen sichern. **Geschütztes Rechtsgut** ist daher in allen Tatbeständen die Echtheit der aktienrechtlichen Meinungsbildung in der Hauptversammlung und in gesonderten Versammlungen, d. h. die unverfälschte Meinungs- und Willensbildung in diesen Versammlungen. Dieser Schutz dient den Interessen der Gesellschaft und ihrer Aktionäre. Zu ihren Gunsten ist Abs. 3 daher **Schutzgesetz i. S. des § 823 Abs. 2 BGB.**[14] 60

2. Besondere Täterqualifikationen

Besondere Täterqualifikationen in der Person zumindest eines der Tatbeteiligten setzt Abs. 3 ausdrücklich nicht voraus. Die Ordnungswidrigkeiten können von jedermann begangen werden, ohne daß zwischen Täter und Teilnehmer differenziert wird; dazu im einzelnen Rdn. 7 f. 61

3. Aktienbenutzung ohne Vertretungsbefugnis und Einwilligung, Abs. 3 Nr. 1

a) **Tathandlung** ist die Benutzung von Aktien eines anderen ohne dessen Vertretungsbefugnis und Einwilligung zur Ausübung von Rechten in der Hauptversammlung oder einer gesonderten Versammlung. 62

aa) Der Tatbestand setzt die mißbräuchliche *Benutzung von Aktien* voraus. Diese Formulierung spricht auf den ersten Blick dafür, daß hier die urkundlich verbrieften Aktienrechte in Form von Inhaber- oder Namensaktien gemeint sind, wie in Abs. 1 Nr. 2 und 3. Diese Auslegung des Begriffs Aktien würde den hier gewährten Schutz jedoch ohne Sachgrund auf einen Teilbereich des geschützten Rechtsguts beschränken. Der Begriff ist daher nicht in diesem engen Sinne, sondern umfassend zu verstehen. **Aktien** im Sinne des Tatbestandes sind die zur Mitwirkung an der aktienrechtlichen Meinungsbildung berechtigenden Rechte. Das sind neben den in Aktien urkundlich verbrieften Aktienrechten – dazu vgl. Rdn. 40 – auch die Zwischenscheine und die Aktionärs-Stimmrechte einer AG, die keine Aktien ausgegeben hat. Da nämlich kein Zwang zur Ausgabe von Aktienurkunden besteht (vgl. RGSt. 8 34) und weder der Bestand der Aktiengesellschaft (dazu RGSt. 31 400, 403) noch der Bestand des Anteilsrechts selbst von der Ausgabe einer Aktienurkunde abhängig ist[15], dient der Schutz des 63

---

[13] A. A. *Baumbach/Hueck* Rdn. 10; *KK/Geilen* Anm. 75.

[14] Vgl. auch *Baumbach/Hueck* Rdn. 11, 15, 17; *Fuhrmann* AktG, Anm. 8 ff; *Geßler/Fuhrmann* AktG, Rdn. 24, 28, 32, 33, 34, 45; *KK/Geilen* Rdn. 77. – Zu den Aktionärsinteressen vgl. auch OLG Kiel HESt. 2, 88, 89.

[15] Vgl. RGZ 31, 17, 22; 34, 110, 115; 41, 9, 13; 49, 22, 25; 52, 417, 423.

unverbrieften Aktionärs-Stimmrecht in gleichem Maße der unverfälschten Willensbildung in den genannten Versammlungen wie dem der verbrieften Aktionärsrechte. Eine Differenzierung wäre sachlich unangemessen und ist nach dem Wortlaut des Gesetzes nicht vorgegeben.[16]

64 bb) Für die Beantwortung der Frage, ob es sich um **Aktien eines anderen** handelt, ist die Rechtslage nach bürgerlichem Recht maßgebend. Sie müssen einem anderen gehören. Auf die Eintragung im Aktienbuch, § 67, sofern ein solches existiert, kommt es nicht an.[17] Die im Rahmen eines Report- oder Deportgeschäfts erworbenen Aktien sind eigene Aktien des Erwerbers.

65 cc) Der Täter muß die Aktien zur Ausübung von Rechten in der Hauptversammlung, oder in einer gesonderten Versammlung, § 134, benutzen. **Benutzen zur Ausübung** der genannten Rechte bedeutet *Gebrauchmachen von den Mitgliedsrechten* eines Aktionärs als Anteilseigner der AG in den genannten Versammlungen. Das bloße Hinterlegen der Aktien, § 123 Abs. 2, 3, und das Anmelden nach § 123 Abs. 4 stellen noch kein Gebrauchmachen dar, sondern bereiten dieses erst vor. Sie sind daher noch nicht tatbestandsmäßig.[18]

66 dd) Die Benutzung der Aktien muß **zur Ausübung von Rechten in der Hauptversammlung, §§ 118 ff, oder in einer gesonderten Versammlung, § 138,** erfolgen. Als Rechte kommen hier vor allem in Betracht das Stimmrecht, §§ 135 ff, das Auskunftsrecht, § 131, sowie die in der Hauptversammlung oder in einer gesonderten Versammlung geltend zu machenden Minderheitenrechte, §§ 50, 93 Abs. 4, 116, 117 Abs. 4, 302 Abs. 3, 309 Abs. 3.

67 Str. ist, ob bereits die **Ausübung des Teilnahmerechts** und **des Rederechts** unter den Tatbestand fallen. Begründet wird der Ausschluß dieser Rechte mit dem Hinweis, daß eine solche Ausdehnung des Schutzes hier gegenüber der Regelung des § 300 Nr. 1 AktG 1937 vom Gesetzgeber nicht beabsichtigt gewesen sei.[19] – Diese Auslegung ist jedoch nach dem Wortlaut des Gesetzes nicht zwingend, noch sachlich angemessen. Sie kann hinsichtlich der Ausübung des Teilnahmerechts akzeptiert werden, weil durch die unberechtigte Teilnahme als solche das Ergebnis der Abstimmung noch nicht verfälscht wird. Die Ausübung des Rederechts kann hingegen von wesentlichem Einfluß auf das Ergebnis einer Abstimmung sein. Der Ausschluß dieses Rechts aus dem Tatbestand wäre daher sachwidrig.[20]

68 ee) Die Benutzung muß **ohne Vertretungsbefugnis und ohne Einwilligung** erfolgen. – Die *Vertretungsbefugnis* kann auf allgemeiner Vollmacht, Sondervollmacht, Prokura, Handlungsvollmacht oder auf einem gesetzlichen Vertretungsverhältnis, z. B. als Vormund, Konkursverwalter, Testamentsvollstrecker usw., beruhen. Dagegen gewähren Verwahrung, Pfandrecht und Pfändungsrecht an sich kein solches Vertretungsrecht, die Hinterlegung und das Pfandrecht jedoch dann, wenn der Verwahrer oder Pfandnehmer das Recht hat, andere Stücke statt der hinterlegten oder verpfändeten wiederzugeben, und die Aktien bereits in das Eigentum des Verwahrers oder Gläubigers übergegangen sind; vgl. § 700 Abs. 2 BGB und §§ 13, 15 DepotG.

---

[16] Vgl. auch *Baumbach/Hueck* Rdn. 11; *Fuhrmann* AktG, Anm. 8; *Geßler/Fuhrmann* AktG, Rdn. 25; *Godin/Wilhelmi* Anm. 9; *KK/Geilen* Rdn. 80.

[17] Vgl. auch *Godin/Wilhelmi* Anm. 9; *Fuhrmann* AktG, Anm. 8; *Geßler/Fuhrmann* AktG, Rdn. 25.

[18] Vgl. auch *Baumbach/Hueck* Rdn. 12; *Fuhrmann* AktG, Anm. 8; *Geßler/Fuhrmann* AktG, Rdn. 26; *KK/Geilen* Rdn. 89.

[19] Vgl. Begr. zu § 390 RegE bei *Kropff* AktG; *Baumbach/Hueck* Rdn. 12.

[20] Vgl. auch *Fuhrmann* AktG, Anm. 8; *Geßler/Fuhrmann* AktG, Rdn. 26; *KK/Geilen* Rdn. 88.

Bei der Wahrnehmung des **Stimmrechts von Banken**, § 135 Abs. 1, oder den ihnen gleichgestellten Institutionen gemäß § 135 Abs. 9 kann ein tatbestandsmäßiges Verhalten i. S. des Abs. 3 Nr. 1 vorliegen, wenn keine schriftliche, ausdrückliche Ermächtigung zur Wahrnehmung der Stimmrechte der Kunden vorliegt. Dennoch greift hier nicht Abs. 3 Nr. 1 ein, da Abs. 3 Nr. 4 insoweit als lex specialis vorgeht.[21] **69**

Eine **Einwilligung** dessen, dem die Aktien gehören, führt zum Ausschluß des Tatbestandes. Einwilligung heißt vorherige Zustimmung. Diese kann ausdrücklich oder konkludent erklärt worden sein. — Hat der Berechtigte der Ausübung der Rechte zugestimmt, so entfällt der Tatbestand auch dann, wenn für die Zustimmung vorgesehene Formvorschriften nicht beachtet wurden (vgl. RGZ **118** 330, 333). **70**

Das gilt auch für den in **§ 135 Abs.** 7 geregelten Fall, daß ein als angeblicher Aktionär im Aktienbuch eingetragenes Kreditinstitut bei Namensaktien das Stimmrecht nur aufgrund einer schriftlichen Ermächtigung ausüben darf[22], denn auch in diesem Fall wird die hier maßgebliche materielle Berechtigung zur Ausübung der Rechte nicht verletzt, so daß keine *sachlich fehlerhafte* Ausübung der Aktienrechte erfolgt. Zu beachten ist allerdings, daß der Sachverhalt von der Spezialregelung des Abs. 3 Nr. 4 erfaßt wird. **71**

Eine **konkludent erteilte Einwilligung** kann auch in einem unentgeltlichen Aktienleihvertrag und in einer Verpfändung von Aktien gesehen werden. Hier ist es angemessen, davon auszugehen, daß dem Entleiher bzw. Gläubiger und Pfandnehmer das Stimmrecht eingeräumt ist, sofern sich aus den konkreten Umständen nichts Gegenteiliges ergibt. — Allerdings kann in diesen Fällen u. U. Abs. 3 Nr. 2 oder 3 verwirklicht werden (vgl. auch *KK/Geilen* Rdn. 86). — Zur **mutmaßlichen Einwilligung** vgl. Rdn. 76. **72**

Eine nachträgliche **Genehmigung** berührt das tatbestandliche Verhalten nicht. Ihr kann aber indizielle Wirkung zukommen für die Beurteilung von Umständen, die die Mutmaßung zulassen, daß bereits im Tatzeitpunkt eine Einwilligung vorlag (vgl. auch *KK/Geilen* Rdn. 85). Im übrigen aber kann der nachträglichen Genehmigung nur bei der Bemessung der Geldbuße Bedeutung zukommen bzw. bei der Frage, ob das Verfahren einzustellen ist, § 47 Abs. 1 OWiG. **73**

b) Der **subjektive Tatbestand** erfordert Vorsatz, bedingter Vorsatz genügt. Der Täter muß daher gewußt haben, zumindest sich aber der konkreten Gefahr bewußt gewesen sein, daß er Aktien eines anderen, zu dessen Vertretung er nicht befugt war, ohne dessen Einwilligung in der entsprechenden Weise benutzte. **74**

c) **Tatvollendung. — Vollendet** ist die Tat erst, wenn die Benutzung der Aktien erfolgt ist, d. h. wenn der Täter begonnen hat, die mit der Aktie gewährten Rechte auszuüben. — Zu einer Beendigung der Rechtsausübung braucht es hingegen nicht gekommen zu sein, da der Tatbestand bereits die Benutzung zur Ausübung der Rechte erfaßt, nicht aber erst die *erfolgreiche* Benutzung. **75**

d) Während der Tatbestand nach seinem Wortlaut nur ausgeschlossen ist, wenn eine Einwilligung des Berechtigten vorgelegen hat, kann eine **mutmaßliche Einwilligung des Berechtigten** die Rechtswidrigkeit des Verhaltens ausschließen. Maßgeblich sind insoweit die Grundsätze des rechtfertigenden Notstands, § 34 StGB. Gerechtfertigt ist das Verhalten daher, wenn die Ausübung der Mitgliedsrechte erfolgt, um höherrangige Interessen des berechtigten Aktionärs zu wahren und keine Möglichkeit bestand oder **76**

---

[21] Vgl. auch *Fuhrmann* AktG, Anm. 8; *Geßler/Fuhrmann* AktG, Rdn. 27; *KK/Geilen* Rdn. 84.

[22] So auch *KK/Geilen* Rdn. 85. — **A. A.** *Fuhrmann* AktG, Anm. 8; *Geßler/Fuhrmann* AktG, Rdn. 27.

besteht, dessen Einwilligung herbeizuführen (vgl. auch *KK/Geilen* Rdn. 92). – Die bloße Vermutung, der Berechtigte werde mit der Ausübung der Rechte einverstanden sein, ist hingegen keine tragfähige Grundlage einer Rechtfertigung.

4. Aktienbenutzung nach Gewähren oder Versprechen eines besonderen Vorteils, Abs. 3 Nr. 2

77 a) **Tathandlung** ist die Benutzung von Aktien eines anderen zur Ausübung von Rechten in der Hauptversammlung oder in einer gesonderten Versammlung, die der Täter sich zu diesem Zweck durch Versprechen oder Gewähren besonderer Vorteile verschafft hat. – Nicht nötig ist, daß der Verleiher der Aktien der Aktionär ist. Der Täter kann sich die Aktien auch von einem Dritten, z. B. von einem Verwahrer, verschafft haben.

78 aa) Das die Tathandlung bestimmende Merkmal des Tatbestandes ist die **Entgeltlichkeit** der Verschaffung. Der Täter muß sich die Aktien durch das Gewähren oder Versprechen von **besonderen Vorteilen** verschafft haben. Dieser besondere Vorteil muß innerhalb der Vereinbarung zwischen Ver- und Entleiher die Gegenleistung für die Überlassung der Aktien sein.

79 **Vorteil** ist jede unentgeltliche Leistung, auf die der Täter keinen Anspruch hat und die die wirtschaftliche, rechtliche oder persönliche Lage des Empfängers objektiv verbessert. Irrelevant ist es, ob der Vorteil den Täter unmittelbar oder mittelbar zufließt (vgl. auch BGH StV **1981** 238) oder ob der Vorteil materieller oder immaterieller Art ist. Bei immateriellen Vorteilen wird man jedoch eine Erheblichkeit derart fordern müssen, daß es sich um eine persönliche Besserstellung handelt, die der Besserstellung durch einen erheblichen materiellen Vorteil vergleichbar ist. – Insoweit kann hier auf Rechtsprechung und Literatur zu den Bestechungstatbeständen des StGB, §§ 331 ff, und dem Tatbestand des UWG, § 12, zurückgegriffen werden.[23]

80 Der **materielle Wert** des Vorteils ist grundsätzlich unbeachtlich, doch scheiden Vorteile, die so geringfügig sind, daß sie üblicherweise nicht als Gegenleistung für die Überlassung der Aktien angesehen werden, sondern nur als Gefälligkeit oder Aufmerksamkeit anläßlich der Hergabe der Aktie – Werbegeschenke, Flasche Wein – als tatbestandsmäßige Vorteile aus. Der Tatbestand setzt eine quasi-synallagmatische Verknüpfung von Vorteil und Aktienhergabe voraus (vgl. auch *KK/Geilen* Rdn. 103). Diese *kann* bei geringwertigen Vorteilen fehlen.

81 Weiter kommt als Vorteil im Sinne des Abs. 3 Nr. 2 jedoch nur ein Vorteil in Betracht, der sich nicht aus der Ausübung der Rechte, z. B. der Ausübung des Stimmrechts selbst ergibt, denn der hier relevante Vorteil muß das Mittel zum erstrebten Zweck sein (vgl. *Geßler/Fuhrmann* AktG, Rdn. 30).

82 Schließlich ist erforderlich, daß der Vorteil ein **besonderer Vorteil** ist. Er darf nicht allen Aktionären zukommen, sondern muß sich als Sondervergünstigung darstellen.[24] Eine allen Aktionären gegebene Dividendengarantie ist demnach kein besonderer Vorteil (vgl. RG JW **1929** 642 Nr. 7). Anders ist es hingegen, wenn der Entleiher als einziger Aktionär für das Zur-Verfügung-Stellen seiner Aktien eine Dividendengarantie er-

---

[23] Im einzelnen dazu *Otto* Grundkurs Strafrecht, B. T., § 99 II 1a; *GK/Otto* UWG, § 12 Rdn. 9 ff.

[24] Vgl. auch RGZ 133, 90, 94; *Baumbach/Hueck* Rdn. 13; *Fuhrmann* AktG, Anm. 9; *Geßler/Fuhrmann* AktG, Rdn. 30.

hält (vgl. OLG Stuttgart HRR **1931** Nr. 526). Ebenso ist es ein besonderer Vorteil, wenn als Gegenleistung ein gut dotiertes Aufsichtsratsmandat versprochen wird.[25]

Als besondere **immaterielle** Vorteile kommen Protektion, Herstellung von gesellschaftlichen, wirtschaftlichen oder politischen Kontakten in Betracht. – **Materielle** Vorteile können der Verkauf von Aktien zu einem überhöhten Kurs (vgl. KG OLGR 24 142), die Vereinbarung, gekaufte Aktien unter allen Umständen zum Einkaufspreis abzunehmen (vgl. OLG Bamberg LZ **1919** 612 Nr. 10), Reisekostenersatz, Übernahme von Bewirtungskosten, „Entschädigungszahlungen" (dazu RGSt. **11** 218) u. ä. sein. **83**

bb) **Gewähren** der Vorteile bedeutet die tatsächliche Übergabe oder jede sonstige Hingabe des Vorteils mit dem Willen, daß die Verfügungsgewalt auf den Vorteilsnehmer übergehen soll. Der Vorteil muß von dem Vorteilsnehmer ausdrücklich oder stillschweigend angenommen werden.[26] **84**

Ein **Versprechen** von Vorteilen liegt vor, wenn die Vorteilsgewährung für die Zukunft in Aussicht gestellt wird. – Das Versprechen ist eine einseitige Willenserklärung, die vom Vorteilsnehmer nicht angenommen zu werden braucht, sondern die ihm lediglich zur Kenntnis gebracht werden muß. **85**

Das Gewähren oder Versprechen der Vorteile muß darauf gerichtet sein, sich die Aktien eines anderen zu beschaffen. Zwischen dem Gewähren oder Versprechen und dem Verschaffen der Aktien muß deshalb ein **finaler Zusammenhang** bestehen. **86**

Verschaffen bedeutet, die tatsächliche Verfügungsmacht über die Aktien in der Weise zu erlangen, daß der Täter in der Lage versetzt ist, die Mitgliedsrechte aus der Aktie auszuüben. **87**

cc) **Zur Benutzung der Aktien eines anderen zur Ausübung von Rechten in der Hauptversammlung oder in einer gesonderten Versammlung** vgl. Rdn. 62 ff. **88**

b) Der **subjektive Tatbestand** erfordert bereits beim Verschaffen der Aktien die **Absicht** des Täters, die Aktien zur Ausübung ihrer Rechte in der Hauptversammlung oder in einer gesonderten Versammlung zu benutzen. – Darüber hinaus ist **Vorsatz** erforderlich, bedingter Vorsatz genügt. Der Täter muß demnach wissen, sich zumindest aber der konkreten Gefahr bewußt sein, daß er Aktien eines anderen zur Ausübung von Rechten in der Hauptversammlung oder in einer gesonderten Versammlung benutzt, die er sich zu diesem Zweck durch Gewähren oder Versprechen besonderer Vorteile verschafft hat. **89**

c) **Tatvollendung.** – **Vollendet** ist die Tat mit dem Beginn der Benutzung der fremden Aktien, d. h. mit der erstmaligen Ausübung der Rechte in der Hauptversammlung oder einer gesonderte Versammlung. **90**

5. Aktienüberlassung nach Gewähren oder Versprechen eines besonderen Vorteils, Abs. 3 Nr. 3

Der Tatbestand bildet auf seiten des Vorteilsnehmers das spiegelbildliche Gegenstück zu Abs. 3 Nr. 2. Während Abs. 3 Nr. 2 den Vorteilsgeber erfaßt, der sich die Aktien verschafft und sie benutzt, stellt Abs. 3 Nr. 3 den Vorteilsnehmer unter Bußgeld, der dem Vorteilsgeber die Aktien gegen das Gewähren oder Versprechen eines besonderen Vorteils zu Benutzung bei der Ausübung von Rechten in der Hauptversammlung oder einer gesonderten Versammlung überlassen hat. **91**

---

[25] Vgl. auch *Fuhrmann* AktG, Anm. 9; *Geßler/Fuhrmann* AktG, Rdn. 30. – **A. A.** *Baumbach/Hueck* Rdn. 13.

[26] Vgl. BGHSt. 15, 184, 185; RGSt. 29, 413 f; *Fuhrmann* AktG, Anm. 9; *Geßler/Fuhrmann* AktG, Rdn. 31.

92 a) **Tathandlung** ist das Überlassen der Aktien an einen anderen gegen Gewähren oder Versprechen besonderer Vorteile. – Die Benutzung der Aktien zur Ausübung von Rechten in der Hauptversammlung oder in einer gesonderten Versammlung ist hingegen nicht Bestandteil der objektiven Tathandlung.

93 **Überlassen** bedeutet die Herbeiführung der tatsächlichen Verfügungsgewalt des anderen, d. h. die Einräumung der Möglichkeit, die tatsächliche Verfügungsgewalt über die Aktie und die Rechte auszuüben.

94 Zum **Gewähren und Versprechen besonderer Vorteile** vgl. Rdn. 78 ff.

95 b) Der **subjektive Tatbestand** erfordert zunächst beim Täter die Zielsetzung, daß er dem Vorteilsgeber die Aktien überläßt, damit dieser sie zur Ausübung ihrer Rechte in der Hauptversammlung oder in einer gesonderten Versammlung benutzt. Er muß daher nicht nur wissen, wozu der Vorteilsgeber die Aktien benutzen will, er selbst muß vielmehr auch in der **Absicht** handeln, diese Benutzung zu ermöglichen. – Darüber hinaus ist **Vorsatz** erforderlich, bedingter Vorsatz genügt. Der Täter muß wissen, sich zumindest aber der konkreten Gefahr bewußt sein, daß er die zur Ausübung der Rechte einem anderen überlassenen Aktien diesem gegen Gewähren oder Versprechen besonderer Vorteile überlassen hat.

96 c) **Tatvollendung. – Vollendet** ist die Tat mit dem Überlassen der Aktien. Die Benutzung der Aktien durch den Entleiher zur Ausübung von Rechten in der Hauptversammlung, §§ 118 ff, oder in einer gesonderten Versammlung, § 138, braucht nicht hinzuzukommen.[27]

6. Aktienbenutzung zur Ausübung des Stimmrechts unter Verletzung von § 135 Abs. 3 Nr. 4

97 Der Tatbestand stellt gegenüber Abs. 3 Nr. 1 eine lex specialis dar. Er ahndet das Benutzen von Aktien eines anderen zur Ausübung des Stimmrechts durch einen Täter, der dazu nicht nach § 135 legitimiert ist. – Erfaßt wird nur die Benutzung der Aktien zur Ausübung des Stimmrechts, nicht hingegen die Benutzung zur Ausübung anderer Rechte, z. B. des Auskunftsrechts, des Teilnahme- oder Rederechts.

98 a) **Anknüpfungspunkt** der Regelung ist § 135. Dieser regelt, unter welchen Voraussetzungen Kreditinstitute die Stimmrechte aus Inhaber- oder Namensaktien anderer Personen in der Hauptversammlung oder in einer gesonderten Versammlung ausüben oder für sich ausüben lassen dürfen. Nach § 135 Abs. 9 gelten die gleichen Voraussetzungen auch für Vereinigungen von Aktionären, Geschäftsleiter und Angestellte von Kreditinstituten, denen Aktien zur Verwahrung anvertraut sind, und Personen, die sich mit der geschäftsmäßigen Vertretung von Aktionären in der Hauptversammlung befassen.

99 Nach § 135 Abs. 1 S. 1 ist eine schriftliche Vollmacht, in der eigenen Hauptversammlung eine ausdrückliche Weisung zu den einzelnen Gegenständen der Tagesordnung erforderlich, § 135 Abs. 1 S. 2. Die Vollmacht darf nur einem bestimmten Kreditinstitut und nur für längstens 15 Monate erteilt werden, § 135 Abs. 2 S. 1. Zur Unterermächtigung ist das Kreditinstitut berechtigt, wenn sie sich diese Befugnis zur Erteilung der Ermächtigung ausdrücklich von ihrem Kunden einräumen läßt, § 135 Abs. 3. – Ein Verstoß gegen die Sollvorschrift des § 135 Abs. 2 S. 4 – Datierung der Vollmachts-

---

27 Vgl. auch *Fuhrmann* AktG, Anm. 10; *Geßler/Fuhrmann* AktG, Rdn. 32; *KK/Geilen* Rdn. 104.

urkunde – begründet hingegen keine Ordnungswidrigkeit, denn die Datierung ist weder Wirksamkeitsvoraussetzung der Bevollmächtigung noch begründet ihr Fehlen ein Abstimmungsverbot (vgl. auch *KK/Geilen* Rdn. 112).

b) Eine **besondere Täterqualifikation** fordert Abs. 3 Nr. 4 nicht, doch ergibt sich aus § 135 eine personale Einschränkung der Täterschaft, da – zumindest – einer der Tatbeteiligten für ein Kreditinstitut gehandelt haben muß. Allerdings braucht es sich nicht um einen gesetzlichen Vertreter des Kreditinstituts gehandelt zu haben. Erforderlich ist allein ein Handeln für ein Kreditinstitut. Quasi sonderpflichtiger Tatbeteiligter kann daher auch ein Prokurist, ein Handlungsbevollmächtigter, sonstiger Angestellter oder ad hoc bestellter Vertreter, z. B. ein Rechtsanwalt sein. – Eine **weitere Tätergruppe** ergibt sich aus § 135 Abs. 9. Danach können Täter auch solche natürliche Personen sein, die Vereinigungen von Aktionären vertreten, ferner Geschäftsleiter und Angestellte eines Kreditinstituts, wenn die ihnen nicht gehörenden Aktien dem Kreditinstitut zur Verwahrung anvertraut sind, und schließlich Personen, die sich geschäftsmäßig gegenüber Aktionären zur Ausübung des Stimmrechts in der Hauptversammlung erbieten. **100**

c) Zur **Tathandlung**, der Benutzung der Aktien eines anderen vgl. Rdn. 62 ff. – Zur Ausübung des Stimmrechts vgl. §§ 133 ff. **101**

d) Der **subjektive Tatbestand** erfordert Vorsatz, bedingter Vorsatz genügt. Der Täter muß wissen, zumindest sich der konkreten Gefahr bewußt sein, daß er Aktien eines anderen unter Verletzung des § 135 zur Ausübung des Stimmrechts benutzt. **102**

e) **Tatvollendung. – Vollendet** ist die Tat mit der ersten Stimmabgabe. **103**

f) Eine **Rechtfertigung** durch Einwilligung oder mutmaßliche Einwilligung desjenigen, dem die Aktien gehören, kann nicht in Betracht kommen, da der Gesetzgeber selbst die Rechtswirksamkeit der Stimmabgabe hier an besondere Formerfordernisse geknüpft hat. Die Verwirklichung des Tatbestandes des Abs. 3 Nr. 4 ist unabhängig davon, ob die Vollmacht nicht erteilt wurde, durch Zeitablauf oder durch Widerruf erloschen oder wegen Verstoßes gegen die Formerfordernisse des § 135 nichtig ist. Diese ausdrückliche Entscheidung des Gesetzgebers kann nicht durch das Handeln im Interesse oder im Einverständnis mit dem Berechtigten umgangen werden. **104**

7. Aktienmißbrauch durch Überlassen oder Benutzen von Aktien, die einem Stimmrechtsverbot unterliegen, Abs. 3 Nr. 5

Der Tatbestand ahndet zwei Formen der Umgehung von Stimmrechtsverboten. Zum einen das Überlassen von Aktien an einen anderen zum Zweck der Ausübung des Stimmrechts, für die der Täter oder der von ihm Vertretene das Stimmrecht aufgrund eines Stimmrechtsverbots nicht ausüben darf. Zum anderen das Benutzen von Aktien zur Ausübung des Stimmrechts, die dem Täter von einem anderen überlassen worden sind und aus denen der Überlassende selbst oder derjenige, der vertritt, das Stimmrecht aufgrund eines Stimmrechtsverbots nicht ausüben darf. **105**

a) Die Tathandlung knüpft an bestimmte, im einzelnen aufgezählte **Stimmrechtsverbote** an: **106**

aa) § 20 Abs. 7: Sobald einem Unternehmen mehr als ein Viertel der Aktien einer Gesellschaft mit Inlandssitz gehört, hat das betreffende Unternehmen dies der Gesellschaft unverzüglich schriftlich mitzuteilen, § 20 Abs. 1. Das gleiche gilt, wenn dem Unternehmen eine Mehrheitsbeteiligung, § 16 Abs. 1, gehört. Auch in diesem Falle entsteht eine Mitteilungspflicht. Rechte aus Aktien, die einem Unternehmen gehören, das **107**

eine der beiden Mitteilungspflichten nicht erfüllt hat, dürfen für die Zeit, für die das Unternehmen die Mitteilung nicht gemacht hat, nicht ausgeübt werden.

108 bb) **§ 21 Abs. 4:** Sobald einer Gesellschaft mehr als ein Viertel der Anteile einer anderen Kapitalgesellschaft oder bergrechtlichen Gewerkschaft mit Sitz im Inland gehört, hat sie dies dem Unternehmen, an dem die Beteiligung besteht, unverzüglich schriftlich mitzuteilen, § 21 Abs. 1. Sobald der Gesellschaft eine Mehrheitsbeteiligung gemäß § 16 Abs. 1 an einem anderen Unternehmen gehört, hat sie dies dem Unternehmen ebenfalls unverzüglich schriftlich mitzuteilen, § 21 Abs. 2. Rechte aus Anteilen, die einer nach § 21 Abs. 1 oder 2 mitteilungspflichtigen Gesellschaft gehören, können für die Zeit, für die sie die Mitteilung nicht gemacht hat, nicht ausgeübt werden.

109 cc) **§§ 71b, 71d S. 4:** Nach § 71b darf die Gesellschaft aus ihren eigenen Aktien keine Rechte herleiten. Das gilt auch dann, wenn Strohmänner oder abhängige Unternehmen für die Gesellschaft Aktien erworben haben, § 71d S. 4.

110 dd) **§ 134 Abs. 1:** Für den Fall, daß einem Aktionär mehrere Aktien derselben Gesellschaft gehören, kann die Satzung dieser Gesellschaft das Stimmrecht durch Festsetzung eines Höchstbetrags oder von Abstufungen beschränken. Das Stimmrecht der über den Höchstbetrag oder die bei der Abstufung festgelegten Grenzen hinausgehenden Aktien darf nicht ausgeübt werden.

111 ee) **§ 135:** Diese Bestimmung schränkt die Ausübung des Stimmrechts aus fremden Aktien ein. Danach dürfen Kreditinstitute, Vereinigungen von Aktionären, Geschäftsleiter und Angestellte eines Kreditinstituts, wenn die ihnen nicht gehörenden Aktien dem Kreditinstitut zur Verwahrung anvertraut sind, und Personen, die sich geschäftsmäßig gegenüber Aktionären zur Ausübung des Stimmrechts in der Hauptversammlung erbieten, das Stimmrecht nur ausüben oder ausüben lassen, wenn die in § 135 genannten Voraussetzungen (schriftliche Vollmacht, ausdrückliche Weisung zu den einzelnen Gegenständen der Tagesordnung, Vollmachterteilung nur für längstens fünfzehn Monate usw.) erfüllt sind.

112 ff) **§ 136:** Diese Bestimmung enthält das Verbot, daß niemand für sich oder für einen anderen das Stimmrecht ausüben darf, wenn darüber Beschluß gefaßt wird, ob er zu entlasten oder von einer Verbindlichkeit zu befreien ist, oder ob die Gesellschaft gegen ihn einen Anspruch geltend machen soll. Für Aktien, aus denen der Aktionär in diesen Fällen das Stimmrecht nicht ausüben kann, kann das Stimmrecht auch nicht durch einen anderen ausgeübt werden, Abs. 1. Ferner kann nach dieser Bestimmung das Stimmrecht nicht ausgeübt werden für Aktien, die der Gesellschaft oder einem abhängigen Unternehmen, § 17, oder einem anderen für Rechnung der Gesellschaft oder eines abhängigen Unternehmens gehören, Abs. 2.

113 gg) **§ 142 Abs. 1 S. 2:** Hier verbietet das Gesetz den Vorstands- oder Aufsichtsratsmitgliedern, weder für sich noch für einen anderen mitzustimmen bei der Beschlußfassung der Hauptversammlung über die Bestellung von Sonderprüfern, wenn sich die Prüfung auf Vorgänge erstrecken soll, die mit der Entlastung eines Mitglieds des Vorstands oder des Aufsichtsrats oder mit der Einleitung eines Rechtsstreits zwischen der Gesellschaft und einem Mitglied des Vorstands oder des Aufsichtsrats zusammenhängen.

114 hh) **§ 285 Abs. 1:** Die persönlich haftenden Gesellschafter einer Kommanditgesellschaft auf Aktien, §§ 278 ff, haben in der Hauptversammlung nur ein Stimmrecht für ihre Aktien, also beispielsweise nicht für ihre Beteiligung mit Einlagen, die nicht auf das Grundkapital gemacht sind, § 281 Abs. 2. Daraus folgt jedoch nicht, daß sie nicht als gesetzliche oder gewählte Vertreter (Bevollmächtigte) anderer Kommanditaktionäre

das Stimmrecht in der Hauptversammlung ausüben dürfen, soweit sie nicht nach § 285 Abs. 1 S. 2 von der Abstimmung ausgeschlossen sind. Wollte man dem § 285 Abs. 1 S. 1 bereits ein allgemeines Verbot für die persönlich haftenden Gesellschafter einer KGaA, das Stimmrecht für fremde Aktien auszuüben, entnehmen, so wäre § 285 Abs. 1 S. 2 z. T. überflüssig.[28] Das Verbot, dessen Verletzung nach Abs. 3 Nr. 5 geahndet wird, enthält § 285 Abs. 1 S. 2. Hiernach können persönlich haftende Gesellschafter einer KGaA das Stimmrecht weder für sich noch für einen anderen ausüben bei Beschlußfassungen über die Wahl und Abberufung des Aufsichtsrats, über die Entlastung der persönlich haftenden Gesellschafter und der Aufsichtsratsmitglieder, über die Bestellung von Sonderprüfern, über die Geltendmachung von Ersatzansprüchen, über den Verzicht auf Ersatzansprüche und über die Wahl von Abschlußprüfern.

b) Für das tatbestandsmäßige Abstimmungsverhalten **relevante Versammlungen** sind nur in den Fällen der §§ 20 Abs. 7, 21 Abs. 4 die Hauptversammlung *und* eine gesonderte Versammlung. In den anderen Fällen kommt *nur* die Hauptversammlung in Betracht, da Abs. 3 Nr. 5 nicht auf § 138 Abs. 2 bezug nimmt (vgl. auch *KK/Geilen* Rdn. 122). **115**

c) **Tathandlungen** sind zum einen das *Überlassen von Aktien* – dazu vgl. Rdn. 92f –, die einem Stimmrechtsverbot unterliegen, zum Zweck der Stimmrechtsausübung, zum anderen das *Benutzen von Aktien* – dazu vgl. Rdn. 62ff –, die einem Stimmrechtsverbot unterliegen, zur Stimmrechtsausübung. – In der 2. Tatalternative ist die Ausübung des Stimmrechts Voraussetzung des Tatbestandes. Dieser fordert eine Benutzung der Aktien zur Ausübung des Stimmrechts. Bei der 1. Tatalternative kommt es hingegen nicht darauf an, daß der Entgegennehmende die Aktien tatsächlich zur Stimmrechtsausübung benutzt. Es genügt die Überlassung „zum Zweck der Ausübung des Stimmrechts" (subjektives Tatbestandsmerkmal). **116**

d) Der **subjektive Tatbestand** erfordert in der **ersten Alternative** zunächst die **Absicht** des Täters, dem anderen die Aktien zur Ausübung des Stimmrechts zu überlassen. Im übrigen ist **Vorsatz** erforderlich, bedingter Vorsatz genügt. Der Täter muß wissen, sich zumindest aber der konkreten Gefahr bewußt sein, daß er einem anderen Aktien überläßt, für die er oder der von ihm Vertretene das Stimmrecht nach einem der genannten Stimmrechtsverbote nicht ausüben darf. **117**

In der **zweiten Alternative** ist **Vorsatz** hinsichtlich der Tathandlung erforderlich, bedingter Vorsatz genügt. Der Täter muß wissen, zumindest aber sich der konkreten Gefahr bewußt sein, daß er ihm überlassene Aktien entgegen einem der genannten Stimmrechtsverbot zur Ausübung des Stimmrechts benutzt. **118**

e) **Tatvollendung. – Vollendet** ist die Tat beim Überlassenden mit der Überlassung mindestens einer Aktie zum Zweck der Stimmrechtsausübung und beim Entgegennehmenden mit der ersten Stimmabgabe. **119**

8. Stimmenverkauf, Abs. 3 Nr. 6

Beim Stimmenverkauf, Abs. 3 Nr. 6, und beim Stimmenkauf, Abs. 3 Nr. 7, ist das Verhalten des Verkäufers und des Käufers jeweils abschließend in der entsprechenden Vorschrift geregelt. Verkäufer und Käufer haften daher wegen ihres Verhaltens allein gemäß Abs. 3 Nr. 6 bzw. Abs. 3 Nr. 7 und nicht zugleich als Tatbeteiligte an der Tat **120**

---

[28] Vgl. auch *Fuhrmann* AktG, Anm. 12h; *Geßler/Fuhrmann* AktG, Rdn. 44. – **A. A.** *Baumbach/Hueck* Rdn. 16.

des jeweiligen Vertragspartners. Das gilt auch dann, wenn sie den Vertragspartner zur Tat angestiftet haben oder über das notwendige Maß hinaus Beihilfe geleistet haben. Abs. 3 Nr. 6 und Abs. 3 Nr. 7 enthalten für den dort genannten Täterkreis jeweils eine **Exklusivregelung**.

121 a) **Täter** des Stimmenverkaufs kann nach dem Wortlaut des Gesetzes jedermann sein. Jedoch setzt der Stimmenverkauf de facto voraus, daß der Stimmenverkäufer die Möglichkeit hat, in der Hauptversammlung oder in der gesonderten Versammlung sein Stimmrecht auch auszuüben. **Tatsächlich** kommen danach als **Täter** nur der **stimmberechtigte Aktionär** selbst, **sein Vertreter** (Bevollmächtigter und gesetzlicher Vertreter), der **Legitimationsaktionär** und der **künftige Erwerber** von Aktien in Betracht.

122 Der für die Ausübung des Stimmrechts **Bevollmächtigte** verhält sich allerdings nur dann ordnungswidrig, wenn er die von ihm vertretenen Stimmen an einen Dritten verkauft. Auf das Verhältnis zu seinem Auftraggeber findet Abs. 3 Nr. 6 keine Anwendung. Die Tatbestände dieser Bestimmung wollen die Echtheit der Mehrheitswillensbildung in der Hauptversammlung schützen. Wenn der Beauftragte selbst dort, wo er entgeltlich tätig wird, im Sinne seines Auftraggebers stimmt, so wird durch die zwischen diesem und jenem bestehenden vertraglichen Absprachen der Mehrheitswille in keiner Weise verfälscht. Wäre der Auftraggeber selbst in der Hauptversammlung erschienen, hätte sich bei dieser Fallsituation an dem Ergebnis der Abstimmung nichts geändert. Die ist z. B. der Fall bei der Stimmrechtsausübung der Banken für ihre Depotkunden. – Läßt sich hingegen der Bevollmächtigte von einem Dritten durch die Gewährung oder durch das Versprechen besonderer Vorteile dafür gewinnen, daß er bei einer Abstimmung der Hauptversammlung nicht oder in einem bestimmten Sinne stimmt, dann findet Abs. 3 Nr. 6 auf sein Verhalten Anwendung. – Täuscht dagegen jemand einen anderen darüber, daß er angeblich über ein Stimmrecht verfügt, und stellt er dieses vermeintliche Stimmrecht für einen Stimmenverkauf zur Verfügung, so kann ein solches Verhalten den Tatbestand des Abs. 3 Nr. 6 nicht verwirklichen. Möglich wäre hier allerdings eine Strafbarkeit wegen Betrugs gemäß § 263 StGB.[29] – Glaubt der Täter, ihm stünde ein Stimmrecht für den Verkauf zur Verfügung, obwohl dies in Wirklichkeit nicht der Fall ist, dann läge ein nicht bußgeldbewehrter untauglicher Versuch vor.

123 Ebenso wie Bevollmächtigte kommen **gesetzliche Vertreter** als Täter nur dann in Frage, wenn sie sich von dritter Seite nach Maßgabe des Tatbestands beeinflussen lassen. Schon in den Motiven zum Aktiengesetz 1884 (Bd. II, 256) wurde mit Recht darauf hingewiesen, daß Bevollmächtigte und gesetzliche Vertreter grundsätzlich als Täter ebenso wie Aktionäre in Frage kommen.

124 Das für Bevollmächtigte und gesetzliche Vertreter Gesagte gilt grundsätzlich auch für **Strohmänner**. Unter Strohmännern sind in diesem Zusammenhang Personen zu verstehen, die auf Grund einer Scheinübertragung von Aktien nach außen hin in der Lage sind, als freie Stimmrechtsausübende aufzutreten. Auch hier wird die Abstimmung als solche nicht verfälscht, so daß für ein Eingreifen des Abs. 3 Nr. 6 kein Raum ist. Daß der Strohmann von einem in Wirklichkeit berechtigten Hintermann gelenkt wird und so abstimmt, wie dieser es wünscht, ändert hieran nichts. Wäre der Hintermann selbst in die Hauptversammlung gekommen und hätte dort sein Stimmrecht ausgeübt, würde sich dasselbe Abstimmungsergebnis herausgestellt haben. Also selbst dann, wenn die Einschaltung eines Strohmannes aus irgendwelchen anderen Gründen

[29] Vgl. auch *Godin/Wilhelmi* Anm. 14; *KK/Geilen* Rdn. 130.

in hohem Maße bedenklich ist, kommt jedenfalls eine Strafbarkeit aus Abs. 3 Nr. 6 nicht in Betracht.

Für die bei der Wahrnehmung der Stimmrechte in der Hauptversammlung besonders wichtige **Legitimationsübertragung** gilt für die Anwendung des Abs. 3 Nr. 6 keine Besonderheit. Die dargelegten Grundsätze für die Bevollmächtigten und die gesetzlichen Vertreter finden auf den Fall der Legitimationsübertragung Anwendung. Eine Ordnungswidrigkeit kommt also für diejenigen, die auf Grund einer Legitimationsübertragung das Stimmrecht ausüben, erst dann in Betracht, wenn sie sich von Dritten durch das Versprechen oder das Gewähren von besonderen Vorteilen in ihrer Stimmrechtsausübung beeinflussen lassen. Eine Einflußnahme derjenigen, die ihnen das Stimmrecht übertragen haben, führt zu keiner Verfälschung des Abstimmungsbildes in der Hauptversammlung und kann daher auch bei Entgeltlichkeit des zwischen dem Legitimierten und demjenigen, der ihm die Legitimation erteilte, keine Verwirklichung des Tatbestands nach Abs. 3 Nr. 6 sein. – Zur Legitimationsübertragung vgl. § 134. **125**

Da der Tatbestand die Aktionärseigenschaft nicht im Tatzeitpunkt voraussetzt, sondern lediglich eine Vereinbarung hinsichtlich der Stimmrechtsausübung erfordert, kann sich der Stimmenverkauf auch auf **künftig zu erwerbende Aktien** beziehen (vgl. *KK/Geilen* Rdn. 131). **126**

Keine Anwendung findet der Tatbestand, wenn die *Aktien verkauft werden.* Für den *Scheinverkauf* gilt dies allerdings nicht (vgl. RGZ **38** 257, 259). Bei Report- und Deportgeschäften geht jeweils das Eigentum an den Aktien über, so daß zugleich die Stimmrechte als solche übertragen werden. Abs. 3 Nr. 6 kann daher in diesen Fällen keine Anwendung finden. Auch hier darf es sich aber nicht um bloße Scheingeschäfte zur Umgehung der Stimmrechtsvorschriften handeln. **127**

b) **Tathandlung** ist das Fordern, Sichversprechenlassen oder Annehmen eines besonderen Vorteils als Gegenleistung für ein zukünftiges Abstimmungsverhalten in der Hauptversammlung oder in einer gesonderten Versammlung. Das Verhalten muß daher auf eine **„Unrechtsvereinbarung"**, d. h. auf eine Vereinbarung über die Käuflichkeit des Abstimmungsverhaltens gerichtet sein. Diese braucht in der Alternative des *Forderns* nicht zum Abschluß gekommen zu sein, während in den Alternativen des *Sichversprechenlassens* oder des *Annehmens* die Unrechtsvereinbarung zustande gekommen sein muß. **128**

aa) Zum Begriff des **Vorteils** und zu dem des **besonderen Vorteils** vgl. Rdn. 78 ff. **129**

Eine besondere Problematik ergibt sich bei Vorteilen, die sich aus **Stimmrechtsverträgen** ergeben. So ist z. B. das Aufsichtsratsmandat, das einer bestimmten Aktionärsgruppe aufgrund einer Abstimmung gemäß eines Stimmrechtsvertrags zukommen soll, kein allen Aktionären zugute kommender Vorteil, noch ergibt sich dieser Vorteil unmittelbar aus der Abstimmung (vgl. *KK/Geilen* Rdn. 145). Gleichwohl besteht Einigkeit, daß Abs. 3 Nr. 6 keine Anwendung findet auf diejenigen Stimmrechtsausübenden, die in der Hauptversammlung nach Maßgabe von *Konsortial-*, *Pool-*, *Schutzgemeinschafts-* und sonstigen *Stimmrechtsverträgen* abstimmen. Damit wird die Konsequenz aus der Tatsache gezogen, daß Stimmrechtsverträge grundsätzlich als rechtlich zulässig angesehen werden.[30] **130**

---

[30] Vgl. dazu auch RGZ 119, 386; 131, 179; 132, 33; 133, 90; 156, 129, 139; 160, 257, 262; 165, 68, 78; BGHZ 29, 385; *Fuhrmann* AktG, Anm. 13 a; *Geßler/Fuhrmann* AktG, Rdn. 46; *KK/Geilen* Rdn. 145; *Noack* Gesellschaftsvereinbarungen bei Kapitalgesellschaften, 1994, S. 37,

131 Konsortial-, Schutzgemeinschafts-, Pool- und sonstige Stimmrechtsverträge dienen häufig der Vermeidung von Machtkämpfen zwischen Aktionärsgruppen und damit der Bewahrung von Ruhe und Stetigkeit der Verwaltung. Nicht selten ist es der Zweck derartiger Absprachen, die Interessen des Unternehmens den Sonderinteressen einzelner Aktionäre oder Aktionärsgruppen voranzustellen. Außerdem können die Stimmrechtsvereinbarungen auch den Sinn haben, die Mitverantwortung von Aktionärsgruppen im Aufsichtsrat sicherzustellen. An der wirtschaftlichen und rechtlichen Bedeutung derartiger Verträge kann nicht gezweifelt werden. Seit langem ist daher ihre Zulässigkeit unbestritten (vgl. RG in HRR **1936** Nr. 747). Meistens wird es sich bei Stimmrechtsvereinbarungen um solche zwischen Aktionären oder Aktionärsgruppen der betreffenden Gesellschaft handeln. Erforderlich für die Zulässigkeit dieser Verträge ist das jedoch nicht. Denkbar und zulässig ist es auch, daß sich jemand einem dritten Außenstehenden gegenüber zu einer bestimmten Ausübung des Stimmrechts verpflichtet. Die grundsätzliche aktienrechtliche Zulässigkeit dieser und der vorangehend erwähnten Stimmrechtsbindungen ergibt sich daraus, daß es sich in jedem Falle um eine rein schuldrechtliche Bindung handelt, welche die Wirksamkeit einer ihr zuwiderlaufenden Ausübung des Stimmrechts selbst nicht berührt.

132 bb) **Fordern** ist das ausdrücklich oder konkludent zum Ausdruck gebrachte einseitige Verlangen des Täters, einen Vorteil als Gegenleistung für die Stimmabgabe haben zu wollen. Das Verlangen ist daher eine auf Abschluß einer Unrechtsvereinbarung zielende Erklärung (vgl. BGHSt. **15** 88, 97), die dem ins Auge gefaßten Vorteilsgeber oder seinem Mittelsmann zur Kenntnis gebracht werden muß (vgl. RGSt. **39** 193, 198). Ob dieser die Bedeutung des Ansinnens erkennt oder nicht, ist irrelevant (RGSt. **70** 166, 172; BGHSt. **10** 237, 241). Es genügt, daß der Täter auf die Unrechtsvereinbarung abzielt, d. h. daß er davon ausgeht, der Erklärungsempfänger werde die Bedeutung des Ansinnens erkennen (dazu auch BGHSt. **15** 88, 98).

133 **Sichversprechenlassen** ist die Annahme eines auch nur bedingten Angebots der späteren Zuwendung eines Vorteils. Ob die spätere Zuwendung wirklich erfolgt, ist irrelevant. Die Annahme kann ausdrücklich oder konkludent erfolgen, inhaltlich muß sie zum Ausdruck bringen, daß der Täter die ihm von dem Vorteilsgeber angebotene Unrechtsvereinbarung annimmt (vgl. BGHSt. **15** 88, 97), d. h. daß er den Vorteil als Gegenleistung für die Stimmabgabe annehmen will (vgl. OLG Hamm MDR **1973** 68). Nimmt der Täter nur irrig das Vorliegen eines Angebots an, so ist keine Unrechtsvereinbarung zustandegekommen, ein Sichversprechenlassen liegt nicht vor, doch kann – je nach den Umständen des Einzelfalles – ein Fordern in Betracht kommen.

134 **Annehmen** ist die tatsächliche Entgegennahme des Vorteils mit dem Willen, über diesen zu eigenen Zwecken und nach eigenem Willen zu verfügen (BGHSt. **14** 123, 127). An einer Annahme in diesem Sinne fehlt es daher, wenn der Vorteil an Dritte weitergeleitet werden soll (dazu BGHSt. **8** 214, 215; **14** 123, 127). Der Vorbehalt, den Vorteil u. U. später zurückzugeben, hindert die Annahme nicht (BGH GA **1963** 147, 148), hingegen genügt nicht die Entgegennahme, wenn es dem Empfänger nur darum geht, Beweismittel für das unlautere Verhalten des Vorteilsgebers zu erlangen (RGSt. **58** 263, 267; BGHSt. **15** 88, 97). Erlangt der Vorteilsnehmer die Sachherrschaft über die Zuwendung ohne Kenntnis des damit angestrebten Zwecks, so liegt eine Annahme erst in dem Moment vor, in dem er ausdrücklich oder konkludent zu erkennen gibt, daß er das Geschenk als Gegenleistung für die erstrebte Stimmabgabe behalten will (vgl. BGHSt. **15** 88, 103; OLG Köln MDR **1960** 156).

135 cc) Der Täter muß den besonderen Vorteil als **Gegenleistung** für das in Aussicht genommene Abstimmungsverhalten fordern, sichversprechenlassen oder annehmen.

Zwischen dem Täter und seinem Partner muß ein Gegenseitigkeitsverhältnis durch die korrespondierende Zusage des Täters, sich in der Hauptversammlung oder in einer gesonderten Versammlung entsprechend zu verhalten, entstehen. Diese **Unrechtsvereinbarung** muß bei den Tatalternativen des Sichversprechenlassens und des Annehmens zustande gekommen sein. Es genügt nicht, daß der Täter lediglich den Eindruck erweckt, er werde in dem bestimmten Sinne abstimmen. Es müssen die sich entsprechenden Willenserklärungen vorliegen. – Im Falle des Forderns reicht es hingegen aus, daß der Täter dem Vorteilsgeber den Abschluß der Vereinbarung anbietet.

Gegenstand der Unrechtsvereinbarung ist die Freiheit der Entschließung des Abstimmenden in der betreffenden Versammlung (vgl. auch OLG Bamberg LZ **1919** 612 Nr. 10). Deren Bindung in bestimmter Weise muß nicht ausdrücklich ausgesprochen werden. Es genügt die Erkennbarkeit aus konkludentem Verhalten oder aus dem Sinn der getroffenen Abrede. Daher kann die Zusage des Stimmens in einem bestimmten Sinne auch durch verschleierte Formulierungen deutlich genug zum Ausdruck kommen, so daß die Unrechtsvereinbarung zustande kommt. Es genügt, wenn sich der Stimmenverkäufer verpflichtet hat, „im Interesse einer bestimmten Person“ oder „mit einer bestimmten Person“ zu stimmen. Auch die Zusage, „bedingungslos für alle Vorschläge des Vorstands oder des Aufsichtsrats“ zu stimmen, gehört hierher, denn bei ihr liegt ebenfalls die Zusage vor, gegebenenfalls bei der Abstimmung gegen die bessere Einsicht zu handeln. Schließlich kann die Zusage des Stimmverkäufers, daß er bei einer Abstimmung nicht stimmen werde, auch in der Weise gegeben werden, daß er sich verpflichtet, von der Versammlung fern zu bleiben. **136**

Nicht tatbestandsmäßig ist die Zusage, der Versammlung beizuwohnen und in ihr abzustimmen, oder in der Versammlung in bestimmter Weise von dem Rederecht Gebrauch zu machen. Der Tatbestand fordert eine Unrechtsvereinbarung über das Abstimmungsverhalten selbst. **137**

c) Als **Abstimmung** kommt nur die Ausübung des Stimmrechts in der Hauptversammlung, §§ 133 ff, oder in der gesonderten Versammlung § 138, in Betracht. Abstimmungen im Vorstand oder im Aufsichtsrat fallen nicht unter den Tatbestand.[31] **138**

d) Der **subjektive Tatbestand** erfordert in allen drei Tatalternativen Vorsatz, bedingter Vorsatz genügt. Der Täter muß daher wissen, zumindest sich aber der konkreten Gefahr bewußt sein, daß er besondere Vorteile als Gegenleistung dafür fordert, sich versprechen läßt oder annimmt, daß er in den genannten Versammlungen nicht oder in einem bestimmten Sinne abstimmt. **139**

Darüber hinaus muß der Täter **im Falle des Forderns** den Abschluß einer Unrechtsvereinbarung anstreben. Hier ist Absicht im Sinne eines zielgerichteten Wollens, d. h. dolus directus 1. Grades erforderlich. Dem Täter muß es darauf ankommen, daß der ins Auge gefaßte Vorteilsgeber die angebotene Unrechtsvereinbarung erkennt und auf diese eingeht. Irrelevant ist es hingegen, welche Erfolgschancen sich der Täter ausrechnet. **140**

Im Falle des **Sicherversprechenlassens** und der **Annahme** genügt es hingegen, daß der Täter sich der Unrechtsvereinbarung bewußt ist. **141**

e) Die **Tatvollendung** ist in den drei Tatbestandsalternativen unterschiedlich zu bestimmen: Im Falle des *Forderns* der besonderen Vorteile ist die Tat mit dem Zugang **142**

---

31 Vgl. auch *Baumbach/Hueck* Rdn. 19; *Fuhrmann* AktG, Anm. 13 c; *Geßler/Fuhrmann* AktG, Rdn. 48; *KK/Geilen* Rdn. 141.

der Forderung bei demjenigen, der die Stimmbindung kaufen soll – also etwa durch Briefeingang oder Hören der mündlich geäußerten Forderung – vollendet. Hat sich der Täter die Vorteile *versprechen lassen*, ist die Tat mit dem Abschluß der Unrechtsvereinbarung vollendet. Hat der Täter die Vorteile angenommen, ohne daß eine Forderung oder ein Sichversprechenlassen voranging, ist die Tat erst mit der Entgegennahme der Vorteile vollendet, sofern gleichzeitig die Stimmbindung zugesagt wird; wird die Zusage erst später gegeben, ist die Tat erst in diesem Zeitpunkt vollendet. – Irrelevant für die Tatvollendung ist es, ob sich der Stimmverkäufer später in der Versammlung an die Absprache hält oder nicht.

143 f) Im **Verhältnis der verschiedenen Tatalternativen** zueinander bildet das Annehmen des besonderen Vorteils mit dem Fordern bzw. dem Sichversprechenlassen dann eine tatbestandliche Handlungseinheit, wenn die Annahme auf eine Unrechtsvereinbarung zurückgeht, die den zu leistenden besonderen Vorteil bereits genau festlegte. Ist das nicht der Fall, so liegt in der Annahme eine eigenständige Tat (vgl. BGH StV **1995** 84, 85).

9. Der Stimmenkauf, Abs. 3 Nr. 7

144 Abs. 3 Nr. 7 bildet auf seiten des Vorteilsgebers das spiegelbildliche Gegenstück zu Abs. 3 Nr. 6.

145 a) **Täter** der Ordnungswidrigkeit kann jedermann sein. Neben Aktionären, die ihren Stimmrechtseinfluß vergrößern wollen, und neben Vorstandsmitgliedern, Mitgliedern des Aufsichtsrats oder sonstigen zur Gesellschaft gehörenden Personen, die sich absichern wollen oder sonstige Absichten mit der Stimmenmanipulation verfolgen, können auch irgendwelche Außenstehende Täter sein.

146 b) **Tathandlung** ist das Anbieten, Versprechen oder Gewähren eines besonderen Vorteils als Gegenleistung für ein bestimmtes zukünftiges Abstimmungsverhalten in der Hauptversammlung oder in einer gesonderten Versammlung.

147 **Anbieten** (einer gegenwärtigen Leistung) und **Versprechen** (einer zukünftigen Leistung) sind auf Abschluß einer Unrechtsvereinbarung gerichtete, ausdrückliche oder stillschweigende Erklärungen (vgl. BGHSt. **16** 40, 46), die auch in vorsichtig formulierten Fragen und Sondierungen bestehen können (dazu OLG Hamm JMBlNRW **1970** 190) und die dem anderen Beteiligten zur Kenntnis gebracht werden (vgl. BGHSt. **15** 88, 102; **16** 40, 46). Ob dieser den Sinn der Erklärung versteht, ist unerheblich, es genügt, daß er ihn verstehen soll (dazu BGHSt. **15** 88, 102; **15** 184, 185; **16** 40, 46). Das Anbieten entspricht dem Fordern und das Versprechen dem Versprechenlassen beim Stimmenverkauf, Abs. 3 Nr. 6.

148 **Gewähren** ist die tatsächliche Übergabe mit dem Willen, daß die Verfügungsgewalt auf den Vorteilsnehmer übergehen soll (dazu *Fuhrmann* GA **1959** 99). Es entspricht der Annahme durch den Vorteilsnehmer beim Stimmenverkauf, Abs. 3 Nr. 6. Es ist eine zumindest stillschweigende oder konkludente Annahmeerklärung des Vorteilsnehmers erforderlich, den Vorteil anzunehmen, doch braucht auch hier der Empfänger nicht zu verstehen, daß ihm der Vorteil im Vollzug einer Unrechtsvereinbarung gewährt wird.

149 Zwischen dem angestrebten Abstimmungsverhalten durch den Vorteilsnehmer und dem Vorteil muß in diesem Fall ein Zusammenhang bestehen, daß der besondere **Vorteil als Gegenleistung** für das Abstimmungsverhalten gedacht ist. Der Vorteilsgeber muß daher mit seinem Verhalten auf eine **Unrechtsvereinbarung** mit dem Vorteilsempfänger derart abzielen, daß der besondere Vorteil die Gegenleistung für das erwartete

Abstimmungsverhalten sein soll.[32] – Daß der Vorteilsnehmer das Ziel der Unrechtsvereinbarung erkennt, ist nicht erforderlich.

Zum Begriff des **besonderen Vorteils** vgl. Rdn. 82. – Zum erwarteten Abstimmungsverhalten, dem **Nichtabstimmen** oder dem **Abstimmen in einem bestimmten Sinne in der Hauptverhandlung oder in einer gesonderten Versammlung** vgl. Rdn. 136 ff. **150**

c) Der **subjektive Tatbestand** erfordert Vorsatz, bedingter Vorsatz genügt, sowie die Absicht des Täters zu einer Unrechtsvereinbarung zu gelangen. **Vorsätzlich** handelt der Täter, wenn er weiß, sich zumindest aber der konkreten Gefahr bewußt ist, daß er besondere Vorteile als Gegenleistung dafür anbietet, verspricht oder gewährt, daß der Vorteilsnehmer in den genannten Versammlungen nicht oder in einem bestimmten Sinne abstimmt. **151**

d) **Tatvollendung. – Vollendet** ist die Tat beim *Anbieten* und beim *Versprechen* eines besonderen Vorteils, wenn der Täter dem in Aussicht genommenen Vorteilsnehmer seine entsprechende Willensäußerung zur Kenntnis gebracht hat (vgl. RGSt. 26 424, 425; BGHSt. 15 88, 97). Beim *Gewähren* eines besonderen Vorteils muß der Vorteilsnehmer den Vorteil angenommen haben. Ob der Erklärungsempfänger die Äußerung in ihrer Bedeutung verstanden oder ob der Vorteilsempfänger die Bedeutung der Gewährung des besonderen Vorteils erkannt hat oder nicht, ist irrelevant. In gleicher Weise ist es bedeutungslos, ob der Vorteilsnehmer in der erwarteten Weise abstimmt oder abstimmen will (vgl. BGHSt. 15 88, 97). **152**

Darüber hinaus muß der Täter die **Absicht** haben, **zu einer Unrechtsvereinbarung zu gelangen.** Der Täter muß den Abschluß einer Unrechtsvereinbarung anstreben. Auch hier ist Absicht im Sinne eines zielgerichteten Wollen, d. h. dolus directus 1. Grades, erforderlich. **153**

Da der Gegenstand der Unrechtsvereinbarung gerade die Zusage des erwarteten Abstimmungsverhaltens ist, folgt daraus, daß der Täter den Vorteil als Gegenleistung für ein zukünftiges Verhalten verstanden wissen will. Dem Täter muß es daher darauf ankommen, daß der andere die Handlung vornimmt. Irrelevant ist es hingegen, welche Erfolgschancen sich der Täter ausrechnet. **154**

e) Im **Verhältnis der verschiedenen Tatalternativen** zueinander bildet das Gewähren des besonderen Vorteils mit dem Anbieten bzw. Versprechen dann eine tatbestandliche Handlungseinheit, wenn die Gewährung auf eine Unrechtsvereinbarung zurückgeht, die den zu leistenden besonderen Vorteil bereits genau festlegte. Ist das nicht der Fall, so liegt in der Gewährung des besonderen Vorteils eine eigenständige Tat (vgl. entsprechend zur Annahme BGH StV **1995** 84, 85). **155**

VI. Konkurrenzen

§ 405 faßt das Ordnungswidrigkeitenrecht im Rahmen des Aktienrechts zusammen. Die Bestimmung enthält daher eine Gruppe von **Ordnungswidrigkeiten, die jeweils eigenständigen Rechtscharakter** haben. Ihre Regelung in ein und demselben Paragraphen hat nur gesetzestechnische Bedeutung. Hieraus folgt, daß zwischen den einzelnen Delikten *Tateinheit* bestehen kann. Dies gilt nicht nur für die verschiedenen Nummern **156**

[32] Vgl. dazu auch BGHSt. 15, 88, 97; 15, 239, 242, 249; BGH wistra 1983, 258; 1991, 99, 101; OLG Düsseldorf JR 1987, 168 mit Anm. *Geerds* S. 169 ff; *Pfeiffer* FS v. Gamm, 1990, S. 136 f.

des § 405, sondern teilweise auch für Begehungsvarianten unter einer Nummer. Hierfür ist die verbotene Aktienausgabe Abs. 1 Nr. 1 ein Beispiel. Unter dieser Nummer sind zwei selbständige Ordnungswidrigkeitstatbestände geregelt. Diese kann der Täter **tateinheitlich** verwirklichen. Entsprechendes gilt auch für Abs. 1 Nr. 2 und Nr. 4.

157 Eine **spezielle Regelung** stellt Abs. 3 Nr. 4 gegenüber dem umfassenderen Tatbestand des Abs. 3 Nr. 1 dar. Die Ausübung des Stimmrechts ist eines der Rechte, die auch Abs. 3 Nr. 1 erfaßt.

158 Im übrigen folgt aus der rechtlichen Eigenständigkeit der Tatalternativen des § 405, daß einzelne Tatbestandsverwirklichungen – je nach den Tatumständen – auch in **Tatmehrheit** stehen können.

159 Bei **Tateinheit** greift § 19 OWiG ein. Die dortige Regelung entspricht § 52 StGB. Verletzt also der Täter durch dieselbe Handlung mehrere Gesetze – und das können auch hier Nummern ein und desselben Paragraphen sein –, nach denen diese Handlung als Ordnungswidrigkeit geahndet werden kann, oder ein solches Gesetz (z. B. eine solche Nummer) mehrmals, so wird nur eine einzige Geldbuße festgesetzt (§ 19 Abs. 1 OWiG). Sind mehrere Gesetze verletzt, so wird die Geldbuße nach dem Gesetz bestimmt, das die höchste Geldbuße androht (§ 15 Abs. 2 OWiG). – Für Tatmehrheit bestimmt § 20 OWiG: Sind mehrere Geldbußen verwirkt – der Täter verletzt z. B. nacheinander § 405 Abs. 3 Nr. 4 und 7 –, so wird jede gesondert festgesetzt. Im Gegensatz zur Tatmehrheitsregelung des § 53 StGB wird also hier im Ordnungswidrigkeitenrecht bei mehreren verwirkten Geldbußen nicht auf eine „Gesamtgeldbuße" erkannt. – Treffen *Ordnungswidrigkeit(en) und Straftat(en) tateinheitlich* zusammen, was bei § 405 für Betrug, § 263 StGB, Untreue, § 266 StGB, aber auch für Falsche Angaben, § 399 AktG, in Betracht kommen kann, dann wird nach § 21 OWiG nur das Strafgesetz angewendet, § 405 tritt dann zurück, taucht jedoch dann wieder auf, wenn eine Strafe (z. B. nach §§ 153 ff StPO) nicht verhängt wird.[33] – Treffen jedoch *Ordnungswidrigkeit(en) und Straftat(en) tatmehrheitlich* zusammen, wird nebeneinander wegen der letztgenannten Strafe und wegen der erstgenannten, falls nicht § 47 Abs. 2 OWiG (Einstellung durch das Gericht mit Zustimmung der Staatsanwaltschaft) zum Zuge kommt, Geldbuße verhängt.

VII. Die Geldbuße

1. Der Betrag der Geldbuße

160 Zuwiderhandlungen gegen § 405 können mit einer Geldbuße bis zu 50 000,– DM geahndet werden, Abs. 4. – Der Mindestbetrag des Bußgeldes beträgt 5,– DM, § 17 Abs. 1 OWiG.

2. Die Bemessung der Geldbuße

161 Bei der Bemessung der Geldbuße sind die wirtschaftlichen Verhältnisse des Täters zu berücksichtigen, § 17 Abs. 3 OWiG.

[33] Vgl. dazu auch OLG Hamm BB 1965, 648, 649; *Göhler* OWiG, § 21 Rdn. 27; *Mitsch* Recht, Teil III, § 7 Rdn. 22; *Rebmann/Roth/Herrmann* OWiG, § 21 Rdn. 16; *Rotberg* OWiG, § 40 Rdn. 4; *Meier* OWiG, § 21 Anm. 6. – **A. A.** OLG Frankfurt/Main wistra 1995, 279, 280 f; *KK OWiG/Bohnert* § 47 Rdn. 65; *Zettel* MDR 1978, 531, 533.

3. Überschreiten des gesetzlichen Höchstmaßes

Übersteigt der wirtschaftliche Vorteil, den der Täter aus der Tat gezogen hat, das mögliche Höchstmaß der Geldbuße, so besteht die Möglichkeit, das gesetzliche Höchstmaß der Geldbuße zu überschreiten, § 17 Abs. 4 OWiG. **162**

4. Bußgeld gegen eine Gesellschaft

Unter den Voraussetzungen des § 30 OWiG kann ein Bußgeld gegen eine Gesellschaft verhängt werden, wenn eine vertretungsberechtigte Person eine Zuwiderhandlung begangen hat; vgl. § 30 Abs. 1, 4 OWiG. **163**

VIII. Verfolgung und Verjährung

1. Verfolgung

Ordnungswidrigkeiten werden von Amts wegen verfolgt. – Sachlich zuständig für die Verfolgung ist die fachlich in Frage kommende oberste Landesbehörde oder eine sonstige Verwaltungsbehörde, die die Landesregierung durch Rechtsverordnung dazu bestimmt hat, § 36 OWiG. – Zur örtlichen Zuständigkeit vgl. § 37 OWiG. – Über Einleitung und Durchführung der Verfolgung einer Ordnungswidrigkeit ist nach dem Opportunitätsgrundsatz zu entscheiden, § 47 OWiG. **164**

2. Zur Verjährung

Die Verfolgungsverjährung tritt in allen Fällen des § 405 nach drei Jahren ein, § 31 Abs. 2 Nr. 1 OWiG. – Zur Vollstreckungsverjährung vgl. § 34 OWiG. **165**

§ 406

Aufgehoben durch Art. 45 des Einführungsgesetzes zum Gesetz über Ordnungswidrigkeiten vom 24. 5. 1968 (BGBl. I, 503).

Die Bestimmung regelte die Verjährung der aktienrechtlichen Ordnungswidrigkeiten. Sie ist durch § 27 Abs. 2 Nr. 1 OWiG überflüssig geworden.

§ 407
Zwangsgelder

(1) Vorstandsmitglieder oder Abwickler, die § 52 Abs. 2 Satz 2 und 3, § 71 c, § 73 Abs. 3 Satz 2, §§ 80, 90, 104 Abs. 1, § 111 Abs. 2, § 145, §§ 170, 171 Abs. 3, §§ 175, 179 a Abs. 2 Satz 1 und 2, 214 Abs. 1, § 246 Abs. 4, § 259 Abs. 5, § 268 Abs. 4, § 270 Abs. 1, § 273 Abs. 2, §§ 293 f, 293 g Abs. 1, § 306 Abs. 6, § 312 Abs. 1, § 313 Abs. 1, § 314 Abs. 1 nicht befolgen, sind hierzu vom Registergericht durch Festsetzung von Zwangsgeld anzuhalten; § 14 des Handelsgesetzbuchs bleibt unberührt. Das einzelne Zwangsgeld darf den Betrag von zehntausend Deutsche Mark nicht übersteigen.

(2) Die Anmeldungen zum Handelsregister nach den §§ 36, 45, 52, 181 Abs. 1, §§ 184, 188, 195, 210, 223, 237 Abs. 4, §§ 274, 294 Abs. 1, § 319 Abs. 3 werden durch Festsetzung von Zwangsgeld nicht erzwungen. Für die Einreichung der der Zahl der Zweigniederlassungen entsprechenden Stückzahl der Anmeldungen verbleibt es bei § 14 des Handelsgesetzbuchs.

Übersicht

Schrifttum

Bassenge Tatsachenermittlung, Rechtsprüfung und Ermessensausübung in den registergerichtlichen Verfahren nach §§ 132–144 FGG, Rpfleger 1974, 173; *Bumiller/Winkler* Freiwillige Gerichtsbarkeit, 5. Aufl. 1992; *Hofmann* Zwangsgeldverfahren in der freiwilligen Gerichtsbarkeit, Rpfleger 1991, 283; *Jansen* FGG, 2. Aufl. Bd. 1, 1969, Bd. 2, 1970, Bd. 3, 1971; *Keidel/Kuntze/Winkler* Freiwillige Gerichtsbarkeit Teil A: FGG, 13. Aufl. 1992.

I. Entstehungsgeschichte

1 § 407 geht auf § 303 AktG 1937 zurück, der selbst wiederum an § 319 HGB anknüpfte. Inhaltlich wurde § 407 erweitert. Änderungen erfuhr die Vorschrift durch die Gesetze v. 2. 3. 1974 (BGBl. I, 469), v. 13. 12. 1978 (BGBl. I, 1959), v. 25. 10. 1982 (BGBl. I, 1425), durch das BilanzrichtlinieG v. 19. 12. 1985 (BGBl. I, 2355) und durch Art. 6 des UmwBerG v. 28. 10. 1994 (BGBl. I, 3210). – Abs. 2 S. 1 stellt bestimmte Anmeldungen zum Handelsregister vom Zwangsgeld frei. Abs. 2 S. 2 begründet jedoch wiederum eine Gegenausnahme für die Einreichung der der Zahl der Zwangsniederlassungen entsprechenden Stückzahl der Anmeldungen. Das entspricht der Regelung des § 303 Abs. 2 AktG 1937.

II. Die Funktion des § 407

1. Erzwingung pflichtgemäßen Verhaltens

2 a) **Betroffene.** – § 407 eröffnet dem Handelsregistergericht die Möglichkeit, **Vorstandsmitglieder** – dazu im einzelnen § 399 Rdn. 19 ff –, **Abwickler** – dazu im einzelnen § 399 Rdn. 185 ff – sowie gemäß § 408 die **persönlich haftenden Gesellschafter** der KGaA durch die **Festsetzung von Zwangsgeld** zur Befolgung bestimmter Vorschriften des AktG anzuhalten. Daß nur gegen das einzelne Vorstandsmitglied oder nur den einzelnen Abwickler ein Zwangsgeld festgesetzt werden kann, gilt selbst dann, wenn der Abwickler eine juristische Person ist. Da das Zwangsgeld keine Strafe ist und deshalb dem strafrechtlichen Schuldprinzip nicht untersteht, könnte es an und für sich auch gegen die Gesellschaft als solche festgesetzt werden. Nur deshalb, weil der Gesetzgeber den § 407 ausdrücklich auf die vorgenannten Betroffenen beschränkt hat, ist dies ausgeschlossen. – Sind nur einzelne Vorstandsmitglieder oder Abwickler oder persönlich haftende Gesellschafter säumig, so kann das Erzwingungsverfahren nur gegen sie stattfinden (LG Hamburg bei Holdheim **13**, 198).

3 § 407 **ergänzt § 14 HGB**, wie sich aus der Regelung des Abs. 1 S. 1, 2. Halbsatz ergibt. Zusammen mit § 14 HGB hat die Regelung des § 407 abschließenden Charakter.

Das ergibt sich zwingend aus der Enumeration des Abs. 1 S. 1 und der Tatsache, daß die in Abs. 2 erfaßten Modifikationen sonst nicht sinnvoll wären (vgl. *Geßler/Fuhrmann* AktG, Rdn. 2). Eine Erweiterung der Befugnis zur Festsetzung von Zwangsgeld auf andere Vorschriften ist nicht zulässig (vgl. Begr. RegE bei *Kropff* AktG, S. 509).

b) Das **Zwangsgeld** ist weder Kriminalstrafe noch Geldbuße, sondern eine Zwangs- und Beugemaßnahme, die ausschließlich dazu dient, das in den genannten Vorschriften geforderte Verhalten zu erzwingen. Voraussetzung der Zwangsgeldfestsetzung ist daher zwar rechtswidriges, aber nicht schuldhaftes Verhalten der Mitglieder der vertretungsberechtigten Organe der Kapitalgesellschaft. – Die Vorschriften des Straf- und Ordnungswidrigkeitenrechts finden keine Anwendung. Das Zwangsgeldverfahren regeln die §§ 132 ff FGG. **4**

2. Androhung und Festsetzung

Gemäß § 132 FGG wird das Zwangsgeld zunächst unter Fristsetzung für die herbeizuführende Handlung **angedroht**. Erfolgt das verlangte pflichtgemäße Verhalten nunmehr, und sei es auch nach Ablauf der Frist, aber vor Festsetzung des Zwangsgeldes, so darf das Zwangsgeld nicht mehr festgesetzt werden. **5**

3. Normadressaten

Normadressaten gemäß § 407 Abs. 1 S. 1, 1. Halbsatz sind die **Vorstandsmitglieder** und die **Abwickler** der Gesellschaft, nicht aber die Gesellschaft selbst. – Vorstandsmitglieder sind auch die stellvertretenden Vorstandsmitglieder, doch kann gegen sie nur vorgegangen werden, wenn sie nach Maßgabe der Geschäftsordnung für die Vornahme der Handlung zuständig sind, die erzwungen werden soll. Müssen mehrere Mitglieder des Vertretungsorgans bei der Vornahme der Handlung mitwirken, so richtet sich das Verfahren gegen alle nicht mitwirkungsbereiten Mitglieder. Gegen **Mitglieder des Aufsichtsrats** findet ein Zwangsgeldverfahren nicht statt, und zwar auch nicht nach § 14 HGB, da sie auch nach § 14 HGB nicht zur Vornahme zwangsgeldbewehrter Handlungen verpflichtet sind (vgl. *Geßler/Fuhrmann* AktG, Rdn. 11). – Eine **Ausnahme** ist nur dann gegeben, wenn Mitglieder des Aufsichtsrats nach § 105 Abs. 2 zu Stellvertretern von Vorstandsmitgliedern bestellt sind (vgl. *Jansen* FGG, § 132 Rdn. 48). **6**

An die Stelle der Vorstandsmitglieder treten bei der **KGaA** deren persönlich haftende Gesellschafter, § 408. – Ist eine **juristische Person** mit der Abwicklung der Gesellschaft betraut oder hat eine juristische Person die Komplementärrolle bei der KGaA inne, so richtet sich das Zwangsgeldverfahren gegen die gesetzlichen Vertreter der juristischen Person (vgl. auch *Geßler/Fuhrmann* AktG, Rdn. 13). **7**

III. Die einzelnen erzwingbaren Handlungen, gemäß Abs. 1

1. **§ 52 Abs. 2 S. 2:** Auslegung von Nachgründungsverträgen im Geschäftsraum der Gesellschaft zur Einsicht der Aktionäre. **8**

2. **§ 52 Abs. 2 S. 3:** Erteilung von Abschriften der Nachgründungsverträge auf Verlangen der Aktionäre. **9**

3. **§ 71c:** Veräußerung eigener Aktien der Gesellschaft. **10**

4. **§ 73 Abs. 3 S. 2:** Anzeige der Aushändigung oder gerichtlichen Hinterlegung neuer Aktien, die an Stelle von für kraftlos erklärten Aktien ausgegeben worden sind. **11**

5. **§ 80:** Angaben auf Geschäftsbriefen (Rechtsform und Sitz der Gesellschaft, Registergericht, Eintragungsnummer, Namen und Vornamen der Vorstandsmitglieder sowie **12**

des Vorsitzenden des Aufsichtsrats, Kennzeichnung des Vorstandsvorsitzenden als solchen und gegebenenfalls weitere Angaben nach § 80).

13 6. **§ 90:** Berichte des Vorstands an den Aufsichtsrat.

14 7. **§ 104 Abs. 1:** Antrag auf gerichtliche Ergänzung des Aufsichtsrats, falls dem Aufsichtsrat die zur Beschlußfähigkeit nötige Zahl von Mitgliedern nicht angehört. – Die Verpflichtung zur Antragsstellung nach Abs. 2 kann dagegen nicht durch die Festsetzung von Zwangsgeld erzwungen werden. Das Gesetz nennt in § 407 Abs. 1 nur den ersten Absatz des § 104.

15 8. **§ 111 Abs. 2:** Ermöglichung von Einsichtnahmen und Prüfungen durch den Aufsichtsrat.

16 9. **§ 145 Abs. 1:** Gestattung der Prüfung durch Sonderprüfer.

17 10. **§ 145 Abs. 2:** Information (Aufklärungen und Nachweise) für die Sonderprüfer.

18 11. **§ 145 Abs. 3:** Information der Sonderprüfer durch Konzernunternehmen sowie durch abhängige oder herrschende Unternehmen.

19 12. **§ 145 Abs. 4:** Erteilung von Abschriften des Prüfungsberichts an Aktionäre, Vorlage des Prüfungsberichts beim Aufsichtsrat und Bekanntmachung des Prüfungsberichts als Gegenstand der Tagesordnung bei der Einberufung der nächsten Hauptversammlung.

20 13. **§ 170 Abs. 1:** Vorlage des Prüfungsberichts, des Jahresabschlusses und des Lageberichts beim Aufsichtsrat.

21 14. **§ 170 Abs. 2:** Vorlage des Vorschlags, den der Vorstand der Hauptversammlung für die Verwendung des Bilanzgewinns machen will, beim Aufsichtsrat.

22 15. **§ 171 Abs. 3:** Fristsetzung gegenüber dem Aufsichtsrat für die Zuleitung des Prüfungsberichts des Aufsichtsrats an den Vorstand.

23 16. **§ 175 Abs. 1:** Einberufung der ordentlichen Hauptversammlung.

24 17. **§ 175 Abs. 2:** Auslage des Jahresabschlusses, des Lageberichts, des Berichts des Aufsichtsrats und des Vorschlags des Vorstands für die Verwendung des Bilanzgewinns zur Einsicht der Aktionäre und Erteilung von Abschriften an die Aktionäre.

25 18. **§ 175 Abs. 3:** Entsprechende Maßnahmen wie Abs. 1 und 2, falls die Hauptversammlung den Jahresabschluß festzustellen hat.

26 19. **§ 179 a Abs. 2 S. 1:** Auslegung des Vertrags, in dem sich die Gesellschaft zur Übertragung des gesamten Gesellschaftsvermögens verpflichtet.

27 20. **§ 179 a Abs. 2 S. 2:** Verpflichtung zur Erteilung einer Abschrift des Vertrages nach § 179 a Abs. 1 S. 1.

28 21. **§ 214 Abs. 1:** Aufforderung an die Aktionäre, nach Eintragung der Kapitalerhöhung die neuen Aktien abzuholen, sowie Bekanntmachung der Aufforderung in den Gesellschaftsblättern.

29 22. **§ 246 Abs. 4:** Bekanntmachung der Erhebung einer Anfechtungsklage in bezug auf einen Hauptversammlungsbeschluß und des Termins zur mündlichen Verhandlung in den Gesellschaftsblättern.

30 23. **§ 259 Abs. 5:** Bekanntmachung der abschließenden Feststellungen der Sonderprüfer anläßlich einer Sonderprüfung wegen unzulässiger Unterbewertung in den Gesellschaftsblättern.

31 24. **§ 268 Abs. 4:** Angaben auf Geschäftsbriefen einer sich in Abwicklung befindlichen Gesellschaft (Rechtsform, Sitz, Tatsache, daß sich die Gesellschaft in der Abwicklung befindet, Namen der Abwickler, Namen des Aufsichtsratsvorsitzenden usw.).

25. § 270 Abs. 1: Aufstellung der Abwicklungs-Eröffnungsbilanz mit einem erläuternden Bericht sowie der Jahresabschlüsse und der Lageberichte durch die Abwickler. 32

26. § 273 Abs. 2: Hinterlegung der Bücher und Schriften der Gesellschaft nach der Beendigung der Abwicklung. 33

27. § 293 f: Auslage von Unterlagen (Unternehmensvertrag, Jahresabschlüsse, Lageberichte, Berichte) zur Vorbereitung der Hauptversammlung, die über die Zustimmung zum Unternehmensvertrag beschließen soll. 34

28. § 293 g Abs. 1: Auslage der Unterlagen nach § 293 f in der Hauptversammlung. 35

29. § 306 Abs. 6: Bekanntmachung der rechtskräftigen Entscheidung über die Festsetzung des angemessenen Ausgleichs und die Festsetzung der angemessenen Abfindung für die außenstehenden Aktionäre bei Beherrschungs- oder Gewinnabführungsverträgen in den Gesellschaftsblättern. 36

30. § 312 Abs. 1: Aufstellung eines Berichts durch den Vorstand einer abhängigen Gesellschaft über die Beziehungen der Gesellschaft zu verbundenen Unternehmen, falls kein Beherrschungsvertrag besteht. 37

31. § 313 Abs. 1: Vorlage des Berichts über die Beziehungen zu verbundenen Unternehmen gleichzeitig mit dem Jahresabschluß und dem Geschäftsbericht bei den Abschlußprüfern der Gesellschaft. 38

32. § 314 Abs. 1: Vorlage des Berichts über die Beziehungen zu verbundenen Unternehmen und des Prüfungsberichts der Abschlußprüfer beim Aufsichtsrat. 39

IV. Einschränkungen des § 14 HGB gemäß Abs. 2 S. 1:

Nach Abs. 1 S. 1, 2. Halbsatz bleibt die Regelung des **§ 14 HGB** grundsätzlich unberührt von § 407, soweit nicht Abs. 2 etwas anderes bestimmt. – § 14 HGB ermächtigt und verpflichtet das Registergericht, die Erfüllung von **Anmelde-, Zeichnungs- und Einreichungspflichten durchzusetzen.** 40

Bei den **Anmeldungen,** die von der Ausnahmeregelung des Abs. 2 S. 1 nicht erfaßt werden, handelt es sich im wesentlichen um die in §§ 81, 94, 201, 298 vorgesehenen Anmeldungen, bei denen die aufgrund der Anmeldung vorzunehmenden Eintragungen nicht konstitutiven Charakter haben. – Bei der **Zeichnung von Unterschriften** und der **Einreichung von Schriftstücken** gilt § 14 HGB für alle Pflichten, die ohne Rücksicht auf eine nicht erzwingbare Anmeldung gemäß Abs. 2 S. 1 zu erfüllen sind, z. B. die Verpflichtung des Sonderprüfers nach §§ 145 Abs. 4 S. 3, 259 Abs. 1 S. 3, 315 seinen Bericht zum Handelsregister einzureichen (vgl. auch *Geßler/Fuhrmann* AktG, Rdn. 17). 41

Folgende Anmeldungen zum Handelsregister, bei denen die Eintragung konstituierend wirkt, dürfen in **Einschränkung des § 14 HGB** nicht durch Festsetzung von Zwangsgeld erzwungen werden: 42

1. § 36: Anmeldung der Gesellschaft durch die Gründer, die Vorstands- und die Aufsichtsratsmitglieder. 43

2. § 45: Anmeldung der Sitzverlegung. 44

3. § 52: Anmeldungen von Nachgründungsverträgen. 45

4. § 181 Abs. 1: Anmeldungen von Satzungsänderungen. 46

5. § 184: Anmeldung des Beschlusses über die Erhöhung des Grundkapitals gegen Einlagen. 47

6. § 188: Anmeldung der Durchführung der Erhöhung des Grundkapitals gegen Einlagen. 48

49 7. § 195: Anmeldung des Beschlusses über die bedingte Kapitalerhöhung.

50 8. § 210: Anmeldung des Beschlusses über eine Erhöhung des Grundkapitals durch Umwandlung von offenen Rücklagen in Grundkapital.

51 9. § 223: Anmeldung des Beschlusses über eine Herabsetzung des Grundkapitals.

52 10. **§ 237 Abs. 4:** Anmeldung des Beschlusses über eine Herabsetzung des Grundkapitals durch Einziehung von Aktien, wenn die Aktien, sofern auf sie der Nennbetrag oder der höhere Ausgabebetrag voll geleistet ist, der Gesellschaft unentgeltlich zur Verfügung gestellt oder zu Lasten des Bilanzgewinns oder einer freien Rücklage, soweit sie zu diesem Zweck verwandt werden können, eingezogen werden (§ 237 Abs. 3).

53 11. **§ 274:** Anmeldung über die Fortsetzung einer aufgelösten Gesellschaft.

54 12. **§ 294 Abs. 1:** Anmeldung des Bestehens und der Art eines Unternehmensvertrags (Definition: §§ 291, 292) sowie des Namens des anderen Vertragsteils, bei Teilgewinnabführungsverträgen außerdem die Vereinbarung über die Höhe des abzuführenden Gewinns.

55 13. **§ 319 Abs. 3:** Anmeldung der Eingliederung einer Gesellschaft und der Firma der Hauptgesellschaft, in die sich die Gesellschaft eingegliedert hat.

V. Ausnahmen von den Einschränkungen des § 14 HGB gemäß Abs. 2 S. 2

56 Als Ausnahme von den vorstehenden Einschränkungen der Anwendbarkeit des § 14 HGB – also als Ausnahme von der Ausnahme – kann derjenige, der seiner Pflicht zur Einreichung der der Zahl der Zweigniederlassungen entsprechenden Stückzahl der Anmeldungen zum Handelsregister nicht nachkommt, vom Registergericht hierzu durch Festsetzung von Zwangsgeld angehalten werden. Insoweit verbleibt es bei § 14 HGB. Voraussetzung ist, daß die Zweigniederlassungen eingetragen sind, § 43 Abs. 1 S. 1, 1. Halbsatz. Die die Stückzahl betreffende Einreichungspflicht wird in § 43 Abs. 1 S. 1, 2. Halbsatz festgesetzt. Da Abs. 2 S. 2 keine Einschränkungen zum Ausdruck bringt, kann die Befolgung der sich auf die Stückzahl der Anmeldungen beziehenden Einreichungspflicht bei Gesellschaften mit Zweigniederlassungen auch in den Fällen durch die Festsetzung von Zwangsgeld erzwungen werden, in denen die Anmeldung selbst zu den in Abs. 2 S. 1 genannten Ausnahmefällen zählt und deshalb ihrerseits durch die Festsetzung von Zwangsgeld nicht erzwungen werden kann (vgl. *Baumbach/Hueck* Rdn. 8). Unmittelbar findet § 14 HGB indessen Anwendung auf die den nach Abs. 2 S. 1 nicht erzwingbaren Anmeldungen beizufügenden Unterlagen. Derartige Beifügungspflichten nennen beispielsweise die §§ 37 Abs. 2, 52 Abs. 6, 181 Abs. 1, 188 Abs. 3, 195 Abs. 2, 294 Abs. 1, 319 Abs. 3. Allerdings ist vorauszusetzen, daß es trotz unvollständiger Unterlagen zur Eintragung gekommen ist. Vor der Eintragung besteht entsprechend der Regelung des Abs. 2 S. 1 kein Registerzwang.[1] Bei der Anmeldung ist in diesem Fall auf den Mangel hinzuweisen und seine Berichtigung zu ermöglichen, § 26 HRegVfg. Wird dem Mangel nicht abgeholfen, so ist die Anmeldung zurückzuweisen (vgl. *Geßler/Fuhrmann* AktG, Rdn. 20). Wird die Anmeldung, zu der die Unterlagen gehören, zurückgenommen, entfällt die erzwingbare Beifügungspflicht selbstverständlich wieder.

---

[1] So auch *Geßler/Fuhrmann* Rdn. 20. – **A. A.** *Baumbach/Hueck* Rdn. 8; *Godin/Wilhelmi* AktG, Anm. 4.

VI. Das Zwangsgeldverfahren

1. Zuständigkeit

Zuständig ist das Registergericht, d. h. in der Regel das Amtsgericht des Sitzes der Kapitalgesellschaft. Das Verfahren ist in den §§ 132–139 FGG, d. h. im Siebenten Abschnitt des FGG, geregelt. Gemäß § 3 Nr. 2d Rechtspflegergesetz sind die nach den gesetzlichen Vorschriften vom Richter wahrzunehmenden Geschäfte des Amtsgerichts – mit Ausnahme der in § 17 des Rechtspflegergesetzes aufgeführten Geschäfte – in Handelssachen im Sinne des Siebenten Abschnitts des FGG vom Rechtspfleger wahrzunehmen. 57

2. Das Verfahren

Nach § 132 Abs. 1 FGG hat das Registergericht, nachdem es von einem sein Einschreiten nach § 407 rechtfertigenden Sachverhalt **glaubhaft Kenntnis** erhält, den Vorstandsmitgliedern oder Abwicklern und bei der KGaA den persönlich haftenden Gesellschaftern unter Androhung eines Zwangsgeldes aufzugeben, innerhalb einer bestimmten Frist den gesetzlichen Verpflichtungen nachzukommen oder die Unterlassung mittels Einspruchs gegen die Verfügung zu rechtfertigen. Das Gericht hat keinen Ermessensspielraum. Es muß tätig werden.[2] – Die Beschwerde gegen die Verfügung des Gerichts ist unzulässig, § 132 Abs. 2 FGG. 58

Wird innerhalb der gesetzten Frist weder der gesetzlichen Verpflichtung genügt noch Einspruch erhoben, so ist das angedrohte Zwangsgeld festzusetzen und das Gericht hat die frühere Verfügung unter Androhung eines erneuten Zwangsgeldes zu wiederholen, § 133 Abs. 1 FGG. In gleicher Weise hat das Gericht fortzufahren, bis der gesetzlichen Verpflichtung genügt oder Einspruch erhoben worden ist, § 133 Abs. 2 FGG. – Über den Einspruch entscheidet der Rechtspfleger; dazu KG NJW **1959** 1829. – Wird der Einspruch verworfen, so ist das angedrohte Zwangsgeld im gleichen Beschluß festzusetzen, § 135 Abs. 2 FGG. Fehlt die Festsetzung in dem Beschluß, so kann dieser nachträglich ergänzt werden; vgl. OLG Düsseldorf, Beschl. v. 21. 6. 1996–3 Wx 190/96. 59

Gegen den Beschluß, durch den das Zwangsgeld festgesetzt oder der Einspruch verworfen worden ist, findet die sofortige Beschwerde statt, § 139 Abs. 1 FGG. Ist das Zwangsgeld gemäß § 133 FGG festgesetzt worden, so kann die Beschwerde nicht darauf gestützt werden, daß die Verfügung, durch die das Zwangsgeld angedroht worden ist, nicht gerechtfertigt gewesen sei, § 139 Abs. 2 FGG. Gegen die Entscheidung des Beschwerdegerichts ist die sofortige weitere Beschwerde an das Oberlandesgericht zulässig; im einzelnen dazu §§ 22 ff FGG. 60

VII. Die Zwangsgeldbemessung

Das einzelne Zwangsgeld darf den **Höchstbetrag** von 10 000,– DM nicht übersteigen, § 407 Abs. 1 S. 2. – Bei wiederholter Festsetzung kann stets erneut bis an die Höchstgrenze herangegangen werden. Wird das Zwangsgeld wegen der Nichtbefolgung mehrerer Pflichten gemäß § 407 Abs. 1 festgesetzt, so kann für jede einzelne Hand- 61

---

[2] Vgl. LG Lüneburg BB 1963, 324; *Bassenge* Rpfleger 1974, 173 f; *Geßler/Fuhrmann* AktG, Rdn. 22; *Jansen* FGG, § 132 Rdn. 47; *Keidel/Kuntze/Winkler* FGG, § 132 Rdn. 22.

lungspflicht die Höchstsumme festgesetzt werden. – Der Mindestbetrag liegt bei 5,– DM, Art. 6 Abs. 1 S. 1 EGStGB.

62 Bei der **Bemessung** des Zwangsgeldes sind die wirtschaftlichen Verhältnisse der verpflichteten Person zu berücksichtigen.[3] Bei wiederholter Festsetzung ist die Überlegung einzubeziehen, ob die bisherige Festsetzung ihre Wirkung verfehlt hat.

§ 408
Strafbarkeit persönlich haftender Gesellschafter einer Kommanditgesellschaft auf Aktien

Die §§ 399 bis 407 gelten sinngemäß für die Kommanditgesellschaft auf Aktien. Soweit sie Vorstandsmitglieder betreffen, gelten sie bei der Kommanditgesellschaft auf Aktien für die persönlich haftenden Gesellschafter.

I. Allgemeines

1 Gesetzestechnischer Zweck des § 408 ist es, Wiederholungen durch die jeweilige Einbeziehung der Kommanditgesellschaft auf Aktien und der persönlich haftenden Gesellschafter in die einzelnen Bestimmungen des dritten Teils im fünften Buch des Gesetzes zu ersparen. Die Überschrift kennzeichnet nur einen Teil des Wirkungsbereichs dieser Norm, denn es handelt sich in § 408 nicht nur um die Anwendung der Strafbestimmungen der §§ 399 bis 404, sondern auch um die Anwendung der Ordnungswidrigkeitsvorschrift des § 405 und der Zwangsgeldregelung des § 407 auf die entsprechenden Sachverhalte bei der Kommanditgesellschaft auf Aktien. Zugleich ist der Täterkreis nicht nur auf persönlich haftende Gesellschafter beschränkt, sondern schließt auch Aufsichtsratsmitglieder, die Abwickler usw. der Kommanditgesellschaft auf Aktien ein.

II. Einzelheiten der Regelung

1. Die Verweisung des S. 1

2 Durch Satz 1 ist klargestellt, daß es bei der Anwendung der §§ 399–407 grundsätzlich keinen Unterschied ausmacht, ob es sich bei der Anwendung dieser Vorschriften auf Sachverhalte des Aktienrechts jeweils um eine gewöhnlich Aktiengesellschaft oder um eine Kommanditgesellschaft auf Aktien handelt. Demzufolge kommen als Straftäter i. S. der §§ 399–404, abgesehen vom persönlich haftenden Gesellschafter, auch in Frage: Gründer, Aufsichtsratsmitglieder, Abwickler, Prüfer, insbesondere Abschlußprüfer, Sonderprüfer, Gründungsprüfer und Prüfergehilfen einer Kommanditgesellschaft auf Aktien. Bei den Tatbeständen der §§ 399 Abs. 1 Nr. 3 und 402 kommt auch jeder Außenstehende, jeder beliebige Dritte als Täter in Betracht, sofern sich sein Verhalten im Rahmen der dort genannten Tatbestandsmerkmale auf eine Kommanditgesellschaft auf Aktien bezieht. – Für die Ordnungswidrigkeitentäter, § 405, gilt das gleiche. Hin-

[3] Vgl. BayObLGZ 1974, 351, 354; *Geßler/Fuhrmann* AktG, Rdn. 16; *Hofmann* Rpfleger 1991, 283.

zukommen dort, wo die Aktionäre einer gewöhnlichen Aktiengsellschaft Täter sein können, kraft der Verweisung in § 408 die Kommanditaktionäre, § 278 Abs. 1. – Betroffene im Zwangsgeldverfahren können neben den persönlich haftenden Gesellschaftern auch die Abwickler einer Kommanditgesellschaft auf Aktien sein.

2. Die Gleichstellung des S. 2

S. 2 zieht die Konsequenz aus dem Rechtssatz, daß in der Kommanditgesellschaft **3** auf Aktien die persönlich haftenden Gesellschafter die Funktionen der Vorstandsmitglieder der gewöhnlichen Gesellschaft ausüben und an ihre Stelle treten, §§ 282, 283. Soweit die §§ 399–407 die Vorstandsmitglieder betreffen, gelten sie daher bei der Kommanditgesellschaft auf Aktien für die persönlich haftenden Gesellschafter. Dort, wo die Tatbestände von jedermann begangen werden können, sind die persönlich haftenden Gesellschafter selbstverständlich schon ohne die Regelung des § 408 S. 2 erfaßt.

3. Juristische Personen als Komplementär

Nach h. M. kann ein persönlich haftender Gesellschafter einer KGaA nur eine na- **4** türliche Person sein. Nach einer Mindermeinung kommen hingegen auch juristische Personen oder Personengesellschaften als Komplementäre in Betracht.

Folgt man der Mindermeinung, so sind die Mitglieder des vertretungsberechtigten **5** Organs der juristischen Person und die vertretungsberechtigten Gesellschafter einer Personengesellschaft strafrechtlich verantwortlich, § 14 Abs. 1 StGB. Für Ordnungswidrigkeiten nach § 405 gilt das gleiche gemäß § 9 OWiG (vgl. auch *KK/Geilen* AktG, Rdn. 4).

§ 409
Geltung in Berlin

– gegenstandslos –

§ 410
Inkrafttreten

Dieses Gesetz tritt am 1. Januar 1966 in Kraft.

Sachregister

Die fett gedruckten Zahlen verweisen auf die Paragraphen des AktG, die gewöhnlich gedruckten Zahlen auf die Anmerkungen (Randziffern).

www.ingramcontent.com/pod-product-compliance
Lightning Source LLC
LaVergne TN
LVHW010548300926
849162LV00002B/270
* 9 7 8 3 1 1 0 1 5 6 5 4 6 *